U0608280

本书由"董氏文史哲研究奖励基金"资助出版

良知与担当

20世纪法国知识分子史

吕一民 朱晓罕 著

浙江大学出版社 全国百佳图书出版单位

目　录

绪　　论

一　外国知识分子史：
我国世界史学科亟待拓展的研究领域

　　"知识分子"（其法文、英文单词分别为"intellectuels"和"intellectuals"）是一个在传媒中出现频率甚高的术语。尽管如此，学界对于知识分子这一社会群体的界定，至今仍然是众说纷纭，莫衷一是。[①] 在中外学者就这一问题提出的多得令人眼花缭乱的论述中，笔者较为倾向于认同著名学者余英时先生在其名著《士与中国文化》的自序中对"知识分子"所做的理解和界定。余先生认为：知识分子"首先也必须是以某种知识技能为专业的人；他可以是教师、新闻工作者、律师、艺术家、工程师、科学家或任何其他行业的脑力劳动者。但是，如果他的全部兴趣始终局限于职业范围之内，那么，他仍然没有具备'知识分子'的充足条件。根据西方学术界的一般理解，所谓'知识分子'，除了献身于专业工作之外，同时还必须深切地关怀着国家、社会以及世界上一切有关公共利益之事，而且这种关怀又必须是超越于个人（包括个人所属的小团体）的

[①]　关于知识分子的定义，可参见郑也夫《知识分子的定义》，载《北京社会科学》1997年第3期；萨义德：《知识分子论》，单德兴译，三联书店2002年版；雷蒙·阿隆：《知识分子的鸦片》，吕一民、顾杭译，译林出版社2005年版；崔卫平：《知识分子二十讲》，天津人民出版社2009年版。另可参见 Charles Kuzman and Lynn Owens, "The Sociology of Intellec-tuals", *Reviews of Sociology*, Vol. 28 (2002), pp. 63—90. 此外，还可参看方维规：《Intel-lectuals 的中国版本》，载《中国社会科学》2006第5期。

私利之上的"①。在充分表示认同之余,笔者亦将基本借用余英时先生对"知识分子"的上述理解和界定来观照本书的研究对象。

有意思的是,虽然"知识分子"的界定至今仍歧义纷呈,但世界各国的人们在谈到知识分子时,脑海中往往会浮现出一些法国知识界著名人士的形象:

在德雷福斯事件中愤然宣布"我控诉!"的埃米尔·左拉(Emile Zola);被誉为20世纪后半叶"时代的良心"(conscience de son temps)的让-保罗·萨特(Jean-Paul Sartre);积极充当法国监狱改革运动等诸多社会运动先锋的米歇尔·福柯(Michel Foucault);不时以反"全球化"的斗士或自由资本主义的狙击手面貌出现在世人面前的皮埃尔·布尔迪厄(Pierre Bourdieu),等等。

显然,上述人士已被世人奉为知识分子的楷模。与此同时,法国知识分子似乎有太多的理由被世界各国的同道所羡慕。在其他国家的知识分子看来,似乎没有一个国家的知识分子有20世纪,尤其是战后"知识分子的辉煌的30年"(les trente glorieuses de l'intelligentsia)中法国知识分子那么高的对社会政治生活的参与程度,享有如此之高的社会地位,起着如此之大的社会作用,以至于他们的言行几乎时时刻刻都成为法国传媒(有不少时候甚至是国际传媒)关注的焦点。②

我们以为,这一现象的出现与凸显很大程度上是与法国知识分子

---

① 余英时:《士与中国文化》,上海人民出版社1987年版,自序,第2页。

② 时至今日,类似现象仍时有出现。例如,当今法国媒体知识分子"第一人",其名被简称为众所周知的BHL的贝尔纳-亨利·列维(Bernard-Henri Lévy),在2011年利比亚事件爆发后不顾生命危险来到利比亚第二大城市、反政府武装的大本营班加西,并在利比亚反政府武装与法国总统萨科齐之间发挥了不可思议的桥梁作用。正是在他的穿针引线下,反叛军组建的全国过渡委员会代表于3月10日来到法国总统府爱丽舍宫。萨科齐在接见全国过渡委员会的代表后,随即宣布承认该组织为利比亚的合法代表。法国此举无异于表态卡扎菲政权已非合法政权。此后,列维又促使萨科齐对利比亚进行干涉,并支持萨科齐劝说英国和美国政府以及联合国干预利比亚,以阻止卡扎菲对班加西进行"屠城"。为此,他公开宣称:"伊拉克战争是可憎的,而利比亚战争则不可避免。"在这一过程中,有如法国在利比亚问题上的"第二外交部长"的贝尔纳-亨利·列维的相关言行不仅受到法国媒体,而且还包括整个国际媒体的高度关注。

对社会政治生活的高度"介入"（engagement）密切相关的。事实也确实如此，在德雷福斯事件中，以从形容词转化而来的名词"intellectuel"来指称的这一社会群体就已表现出这样一个基本特征：以自己的思想和观念为出发点，积极介入社会政治生活。此后，这个特征被法国知识界广泛接受，有意识地加以继承、改造和发挥，从而使知识分子对社会政治生活的参与活动从个别知识分子的自发性行为，发展成这个社会群体的带有普遍意义的自觉性行为，并将其作为身份认同的标志。从德雷福斯事件以来，法国知识分子开始将这种"介入"作为自己最主要的生存方式。在第二次世界大战结束之后"知识分子的辉煌的 30 年"中，"介入"甚至被认为是知识分子唯一的生存方式。鉴此，法国史学家勒内·雷埃菲尔（René Rieffel）曾指出："所谓'介入的知识分子'这个称谓纯粹是一种同义反复，一种多此一举。在我们法国，不存在不介入社会政治生活的知识分子。"①另一位法国著名史学家让－弗朗索瓦·西里奈利（Jean-François Sirinelli）也指出，知识分子广泛地参与社会政治生活，在法国享有崇高的社会地位，这种现象可以称之为法兰西的"特质"（singularité）。②

对知识分子的研究，自 20 世纪中叶以来，始终是国外人文社会科学领域的热点之一。其中，被世人奉为知识分子，尤其是左翼知识分子楷模的法国知识分子，更是成为有关研究者普遍关注的对象。关于 20 世纪的法国知识分子的研究，此前国内曾有一些学者（他们基本上不是从事史学工作的）有所涉及，但大多属个案研究。从历史学的视角出发，以一个或半个多世纪为时段，从整体上对此一时期的法国知识分子展开较为系统、全面的研究，此在国内尚属空白。相形之下，法国等国的西方史学家在这方面所做出的努力与取得的成绩就给人留下了更深的印象。尤其是在法国，在政治史重新焕发生机和社会文化史日趋升温的背景下，甚至还诞生了一门新的以研究 20 世纪法国知识分子为重点

① René Rieffel，*La tribu des Clercs，les Intellectuels sous la V République*，Paris：Calmamn-Lévy，1993，p. 16.

② Jean-François Sirinelli，"L'engagement des Intellectuels aux XX siècle"，*Sciences Humaines*，numéro 128，juin 2002，p. 18.

的史学分支——"知识分子史"。

法国知识分子史的萌生首先得归因于"年鉴—新史学派"第三代的领衔人物雅克·勒高夫(Jacques Le Goff)的开拓之功。他在20世纪50年代中后期出版了其名著《中世纪的知识分子》①。该书问世后一度引发了法国史学界研究知识分子的热潮。20世纪80年代以来,在让—弗朗索瓦·西里奈利等一批年富力强的史学家、社会学家、政治学家等的共同努力下,20世纪法国知识分子史研究在法国进一步受到人们的重视,知识分子史亦逐渐成为20世纪晚期法国史坛的"显学"。1986年初,西里奈利在法国新锐史学刊物《20世纪历史杂志》(*Vingtième Siècle. Revue d'histoire*)上发表了长篇论文《偶然还是必然? 一种正在建构中的史学:知识分子史》②,引人瞩目地打出了知识分子史的旗号,并对这一新的史学分支的研究对象及其研究方法与特征做了初步的阐释。两年后,他又在法国当代著名政治史学家勒内·雷蒙(René Rémond)主编的《为了一种政治史》(一译《捍卫政治史》)③中,以《知识分子》一文继续就知识分子史的特征及其研究方法作了阐发。西里奈利在文中反复强调,知识分子史的研究领域由政治史、社会史和文化史交叉而成,因而在其研究过程中,有三种研究方法最值得倚重:其一是对知识分子发展历程的梳理,其二是对知识分子社交性(sociabilité)结构的考察,其三是从"代"的角度对知识分子进行审视。80年代中期,在法国著名史学研究机构——当代史研究所(L'Institut d'histoire du temps présent)建立了一个由来自不同学科的中青年学者组成的专门研究法国知识分子史的研究团体,其表现极为活跃。有关20世纪法国知识分子史的著作往往在问世时,即在史学界、乃至在整个文化界产生了相当大的影响。如西里奈利的《知识分子的"代"——两次大战之间的

---

① Jacques Le Goff, *Les Intellectuels au Moyen Age*, Paris: Seuil, 1957.

② Jean-François Sirinelli, "Le hasard ou la necessite? Une histoire en chantier: l'histoire des intellectuel", *Vingtième Siècle. Revue d'histoire*, N。9, janvier-mars 1986, pp. 97-108.

③ René Rémond, *Pour une histoire politique*, Paris: Seuil, 1988.

高等师范文科预备班和巴黎高师的学员》①、《知识分子与法兰西激情——20 世纪的宣言与请愿》②、《20 世纪的两位知识分子：萨特与阿隆》③和米歇尔·维诺克（Michel Winock）的《知识分子的世纪》④。与此同时，法国不少著名的刊物，如《新观察家》（Le Nouvel Observateur）、《快报》（L'Express）、《争鸣》（Le Débat）、《20 世纪历史杂志》（Vingtième Siècle，Revue d'histoire）等也曾以专辑或专栏对 20 世纪的法国知识分子展开了激烈的讨论。⑤

在 20 世纪 80 年代中后期至 90 年代中期的 10 多年时间里，英美国家也有多种涉及 20 世纪法国知识分子史的专著问世，如英国学者杰里米·詹宁斯（Jeremy Jennings）的《20 世纪法国的知识分子》⑥、《政治中的知识分子：从德雷福斯事件到拉什迪》⑦；美国学者托尼·朱特（Tony Judt）的《未完成的昔日：1944—1956 年的法国知识分子》⑧、《责任的重负：勃鲁姆、加缪、阿隆和法国的 20 世纪》⑨。进入 21 世纪以来，则有英国学者大卫·德拉克（David Drake）的《从德雷福斯事件到二战时期的

---

① Jean-François Sirinelli, *Génération intellectuelle，Khâgneux et normaliens dans l'entre-deux-guerres*，Paris：Fayard，1988.

② Jean-François Sirinelli, *Intellectuels et Passions françaises. Manifestes et pétition au XX siècle*，Paris：Fayard，1990.

③ Jean-François Sirinelli, *Deux intellectuels dans le siècle，Sartre et Aron*，Paris：Fayard，1995.

④ Michel Winock, *Le siècle des intellectuels*，Paris：Seuil，1999.

⑤ 相关详情可参看吕一民：《法国学者对法国知识分子史的研究述评》，载《世界历史》，2001 年第 2 期。

⑥ Jeremy Jennings（ed.），*Intellectuals in Twentieth-Century France：Mandarins and Samurais*，London：St Martin's Press，1993.

⑦ Jeremy Jennings, *Intellectuals in Politics：from Dreyfus Affair to Salmon Rushdie*，London：Routledge，1997.

⑧ Tony Judt, *Past Imperfect：French Intellectuals*，1944—1956. University of California Press，1992.

⑨ Tony Judt, *The Burden of Responsibility：Blum，Camus，Aron，and the French Twentieth Century*. University of Chicago Press，1998.

法国知识分子与政治》①和《二战之后的法国知识分子与政治》②等力作。至于史学刊物中刊登的相关论文，则更是明显逐年增多。

无独有偶，当西方国家西方知识分子史研究日趋升温之际，国内外专治中国思想史、文化史的学者亦对中国知识分子的研究表现出越来越浓厚的兴趣。在这一背景下，在近一二十年的时间里，学术界曾先后出现了"胡适（研究）热"、"陈寅恪（研究）热"以及"顾准（研究）热"。其间，有不少相关著作在问世后（或译成中文在中国出版后）不仅好评如潮，甚至一时洛阳纸贵，如美国学者史景迁（Jonathan D. Spence）的《天安门：知识分子与中国》③和中国学者陆键东的《陈寅恪的最后 20年》④。更让人感到欣喜的是，在中国知识分子研究佳作迭出的同时，学界也涌现出了一批专门研究（至少是把主要精力用于）中国知识分子的名家。如华东师范大学教授、曾著有《无穷的困惑：近代中国两个知识者的历史旅程》等著作的许纪霖，厦门大学教授、曾著有《西南联大与中国知识分子》等著作的谢泳，等等。⑤

相形之下，我国世界史工作者在同一时期对外国知识分子的研究略显冷漠。也正因为如此，这一领域的研究自然也就处于极为薄弱的状态。笔者以为，我国世界史工作者对知识分子史研究的冷漠是不正常的。在进入 21 世纪后，中国的世界史工作者很有必要加强对外国知识分子史的研究。这种研究不仅具有不言而喻的学术价值，而且还具有非同寻常的理论意义和实践意义。概而言之，它的理论意义是，有助于进一步理解和完善马克思主义的知识分子理论；实践意义是：(1)通

---

① David Drake, *French Intellectuals and Politics from the Dreyfus Affair to the Occupation*, Basingstoke；New York：Palgrave Macmillan, 2005.

② David Drake, *Intellectuals and politics in Post-War France*, Basingstoke；New York：Palgrave Macmillan，2002.

③ Jonathan D. Spence, *The Gate of Heavenly Peace：The Chinese and Their Revolution*，1895－1980，Penguin Books，1981；其中译本《天安门：知识分子与中国革命》2002年由中央编译出版社出版。

④ 陆键东：《陈寅恪的最后 20 年》，三联书店 1995 年版。

⑤ 许纪霖：《无穷的困惑：近代中国两个知识者的历史旅程》，上海三联书店 1988 年版；谢泳：《西南联大与中国知识分子》，湖南文艺出版社 1998 年版。

过对外国知识分子(尤其是 20 世纪中的知识分子)的借鉴,将有助于我国当代知识分子进一步认清自己的社会定位,更好地评估自己的社会角色和功能,更好地坚守良知、勇于担当,力争为中国的社会进步做出应有的贡献。(2)有关部门也可以从这方面的研究成果中得到某些启示,更好地制订并执行知识分子政策,充分调动我国知识分子的积极性,使其在促进社会主义物质文明、政治文明和精神文明协调发展,推进中华民族的伟大复兴方面能够起更大的作用。

毋庸讳言,我国的世界史研究至今尚未引起有关部门的充分重视,其在社会上的影响力也仍然不够大。这种状况的出现,固然有许多客观因素,但对我们世界史工作者而言,更重要的还得多从自己身上找找原因。西人常云,自助者天助之(Aide－toi, le ciel t'aidera.)。我们觉得,我们世界史工作者不妨时时以此言激励自己。同时,本书作者还认为,若要提高我国世界史学科在国内的学术地位,扩大它的社会影响,其重要途径之一就是积极涉足诸多人文社会科学同时感兴趣的那些现实社会中的热点问题。换言之,就是要有勇气和兄弟学科的同道同台竞技,并在这一过程中拿出既有分量、更有特色的研究成果,令后者对世界史学科及世界史工作者刮目相看。在这方面,我国已故著名的世界史学者罗荣渠先生在现代化问题研究中所取得的巨大成就及其引人瞩目的社会影响力就是例证。我们认为,在 21 世纪里,知识分子研究也可望成为世界史工作者和相关学科同道比试技艺的舞台。因此,本书作者热切希望今后有更多的世界史工作者投身于这一领域。①

---

① 本书作者曾在 2000 年 4 月在北京大学召开的"20 世纪中国的世界史研究"学术讨论会上的发言中首先提出中国的世界史工作者应当在新的世纪里加强对外国知识分子史的研究。令我们甚感欣喜的是,近年来已有若干国内的世界史学者开始重视这方面的研究,并取得可喜的成果。如北京师范大学张建华教授对俄罗斯知识分子的研究,武汉大学李工真教授关于德意志知识界的研究,均不乏可圈可点之处。

二 知识分子史的研究对象与方法

本书是国内史学界对德雷福斯事件以来的法国知识分子的发展历程予以梳理和探析的初次尝试。要研究知识分子的历史,首先必须对"知识分子"这个概念作一个基本界定。如同笔者在本绪论的开头所表明的那样,我们将基本借用余英时先生对"知识分子"的理解和界定来观照本书的研究对象。与此同时,鉴于"知识分子"这一概念内涵异常丰富,加之其在不同国家与地区、不同的历史时期有着自己独特的"语境",我们认为,对"知识分子"这样一个处于发展变化中的研究对象,若只是满足于下一个僵硬的定义而不充分考虑社会变化的因素,似乎也不是非常合适。换言之,我们在研究过程中不妨适当地对"知识分子"这一研究对象采取更为宽泛和灵活的理解,同时,亦应更多地参考其他学者就此所作的理解与界定。

在此意义上,笔者觉得,法国著名历史学家、当今法国知识分子史研究的领军人物让一弗朗索瓦·西里奈利从知识分子的社会功能角度出发来对相关群体进行界定的做法颇有可取之处。

西里奈利认为,知识分子必须同时满足两个条件:首先是"文化的创造者和媒介"。[①] 在他看来,知识分子的作用就在于将文化的生产、传播和接受联结在一起。因而,"知识分子"可以是记者、作家、教师和学者,也包括部分大学生,因为他们是文化潜在的创造者和中介,还包括其他类型的所有文化接受者。不过,更值得我们注意的是,西里奈利还进一步指出,仅仅满足上述定义的,只是社会学意义上的从文化功能上定义的知识分子,仍不足以成为知识分子史研究的对象。知识分子还必须满足另一个条件:"介入",也就是参与社会政治生活。这种参与可以是直接参与,也可以是间接参与。直接参与主要有两种形式,其一是

---

① Jean-François Sirinelli, *Génération intellectuelle*, *Khâgneux et normaliens dans l'entre-deux-guerres*, Paris : Fayard, 1988, p. 10.

直接在社会政治生活中担当角色,成为"当事人",和其他社会政治因素发挥同样的作用。例如,担任政府公职参与制订政策,或是支持某一派政党,宣传该政党的政治和社会主张。在公共领域内为该政党争夺公共舆论等。其二是充当"见证"人,通过公共领域和意识形态内部的争论,知识分子能将当时国家和社会生活中的焦点问题和社会问题反映出来,或者梳理清晰。在这个过程中,知识分子既可以起到概括阐明社会问题的作用,也可能由于他们观察问题的独特视角和不同的思想倾向,起到放大或者缩小这个问题的作用。间接参与指的是本身不直接参加前两类知识分子的活动,但是在知识界发挥影响,对一个时代的重大意识形态问题的定位起决定性作用,进而成为当时流行的文化氛围的一个要素。

尤其值得一提的是,二次大战结束之后,随着高等教育事业的发展,拥有大学及以上文凭的人数激增,他们内部的差异性导致原先通常以受教育程度作为知识分子的标准已经不再能够满足学术研究的需要。鉴此,1960 年,美国著名社会学家西摩·马丁·利普赛特(Seymour Martin Lipset)[1]首先提出:"所有创造、传播、应用文化的人是为知识分子,而文化是人的符号世界,包括艺术、科学和宗教。"[2]西里奈利认为自己提供的定义"在很大程度上印证了利普赛特的观点"[3],可以为利普赛特的观点在当代西方国家是否具有普遍性这个问题提供法国经验研究的支持。而笔者认为,西里奈利对知识分子进行定义的意义在于从法国的历史语境出发,对什么是知识分子的基本特征这个人文社会科学重要理论命题,提出了自己的创见,为进一步深入思考这个问题提供了一个新的视角。

在大致明确了知识分子史的研究对象之后,显然有必要再对知识分子史的研究方法略作探讨。学界时下普遍认为,知识分子史属于政治文化史学的范畴,其研究领域由政治史、文化史和社会史交叉而成,

---

① 西摩·马丁·李普塞特(1922—2006),美国著名社会学家、政治学家。

② 马丁·李普赛特:《政治人:政治的社会基础》,张绍宗译,上海人民出版社 1997 年版,第 295 页。

③ René Rémond, *Pour une histoire politique*, Paris : Seuil, 1988, p. 210.

因而,其研究方法需在保持史学研究基本特征的基础上有所创新。对此,西里奈利的一些观点似颇具启发性。西里奈利在其论著中涉及知识分子史研究方法论的部分中,始终强调知识分子史的研究过程中有三种研究方法最值得倚重,或曰必须要运用下述三套"工具"(outil):"历程"(itinétaire)、"社交性"(sociabilité)和"代"(génération)。① 在此,"历程"指的是在法国历史发展的背景下,将各个历史时期知识分子的发展过程进行梳理;"社交性"是指对知识分子群体内部结构的独特性进行考察;而"代"则是从代际更替的角度,把握知识界内部的新陈代谢。鉴于西里奈利的相关观点为不少从事法国知识分子史研究的学者所普遍接受,而且确实不乏启迪意义,加之它们能较为集中地反映法国学者在知识分子史研究中的偏好与取向,特在此分别加以介绍和展开。

(一)法国知识分子的"历程"

法国学者通常把 19 世纪末的德雷福斯事件作为知识分子"诞生"的标志性事件,法国知识分子的"历程"亦由此开始。在这一过程中,正如西里奈利所强调的那样,必须同时研究三种知识分子的历程。

首先,是一些具有代表性的著名知识分子,例如著名作家路易·阿拉贡(Louis Aragon)②和安德烈·纪德(André Gide)③、身兼教授和记者双重身份的雷蒙·阿隆、从作家转变为政府部长的安德烈·马尔罗(André Malraux)④、著名哲学家和文学家让-保罗·萨特等。这些知识分子参与社会政治活动的时间长,思想主张鲜明,社会知名度高,对法国知识分子思想和行动的发展产生了深远的影响,构成了法国知识分子历史的主干。

其次,要研究知名度稍逊一筹的知识分子,例如一些作家、著名记者、知名教授等。这些职业在法国社会中享有较高的地位,在知识分子对重大社会政治问题采取集体行动的时刻,这些知识分子是不可缺少

---

① Pascal Ory et Jean-François Sirinelli , *Les intellectuels en France* , Paris: Armand Colin, 2002, p. 254.

② 路易·阿拉贡(1897—1982),法国著名作家。

③ 安德烈·纪德(1869—1951),法国著名作家,1947 年诺贝尔文学奖获得者。

④ 安德烈·马尔罗(1901—1976),法国著名作家、政治家。

的中坚力量。

最后，还特别要注意挖掘一些以前被忽略的知识分子，他称这些人为"启发者"（réveilleur），这些知识分子名声并不显赫，但是在某个特定的历史时期或特定的知识分子群体中，他们对其他知识分子的思想和行动产生了关键性的影响。例如，德雷福斯事件时期，巴黎高等师范学院图书馆的管理员吕西安·赫尔（Lucien Herr），在左拉之前，挺身而出为德雷福斯伸张正义，利用自己的职务之便说服了很多人加入了支持德雷福斯的阵营。在这些人当中，包括后来在事件中起重要作用的左拉。法国知识分子历史进程中的一些重要走向，事实上正是由这些"启发者"定位的，只有加上这些知识分子，充分考虑到这些知识分子在法国知识分子历史上的地位与作用，法国知识分子的发展脉络才会比较清晰。

要全面展示法国知识分子的发展过程，除了对以上三类知识分子个体历程进行梳理之外，显然还需要对一些同质性的知识分子群体的共同历程开展研究，例如，20 年代中期的巴黎高师文科班，其中有后来成为左派知识分子领袖的萨特和自由派知识分子代表的阿隆。这些具有相同精英教育背景的知识分子，在毕业之后采用了不同的"介入"社会的方式，充实和影响了法国知识分子历史的发展。通过对他们历程的共同性和特殊性的比较研究，可以进一步分析不同时期具有典型性的知识分子群体的发展过程。这种群体的共同性与知识分子个体经历相结合，共同构成法国知识分子历史的完整性。

（二）法国知识分子的"社交性"结构

法国史学界通常使用的"社交性"（sociabilité）这个概念源于社会学，广义上的"sociabilité"指的是人在社会中生活的能力，通常可以译为"社会性"。狭义上的"sociabilité"则指的是人的社会生活能力当中，更容易经常和自己有某些相似之处的人交往的这种倾向，因此将其译为"社交性"。[①] 在这种倾向的基础上，人们结成各种共同体，这种共同体

---

① Nicole Racine，Maurice Agulhon，"Sociabilité et modernité politique"，*Cahier d'IHTP*，Numéro 20，p. 32.

就是社交性的基本表现形式，共同体内部成员之间的互动关系构成了社交性的结构。

首先将"社交性"这个概念引入法国史学研究的是法国著名史学家莫里斯·阿居隆（Maurice Agulhon）。他在研究从旧制度末期到1848年革命时期的普罗旺斯地区的社会团体的时候发现了一个非常有意思的现象：生活在瓦尔（Var）地方的村镇之中的人们的政治态度，从复辟王朝到第二共和国这段时期发生了一个戏剧性的转变，亦即从1815年极端的保王派，变成1848年坚定的共和派。阿居隆经过研究认为，造成这个转变的关键因素在于当地独特的"社交性"结构。当地广泛地存在着一种独特的传统社交方式"尚博莱"（chambrée）——一种晚餐之后的聚会活动①，功能类似于城市中的咖啡馆和沙龙。村一级的乡村资产阶级和共济会等小团体在这种社交活动中产生，新的思想观念得以传播，促成了人们政治观念的转变。通过进一步研究，阿居隆提出，作为各种"社交性"表现形式的各种社会团体，既超出了带有自然性质的以血缘关系为基础的家庭的范围，也不同于国家、民族等建立在社会强制力基础上的各种身份共同体，而是位于这两者的中间地带，将个体生活和集体生活连接在一起，应该成为历史研究的重要对象。阿居隆甚至主张，一部"文明史"就是以各种社会共同体为表现形式的各种"社交性"的历史。②

在知识分子史的研究中，法国学界普遍使用"社交性"概念来研究法国知识界内部结构的独特性。其中，法国知识分子"介入"社会政治活动的重要阵地——各种杂志和出版社，一直是研究对象的首选。每本杂志和每家出版社，都有相对比较固定的编辑和作者群体，这些知识分子聚集在各自的杂志或出版社周围，形成了各种知识界内部的小团体。

----

① Maurice Agulhon, *The Republic in the Village : the People of the Var from the French Revolution to the Second Republic*, Cambridge: Cambridge University Press, 1982, p. 141.

② Nicole Racine, Maurice Agulhon, "Sociabilité et modernité politique", *Cahier d'IHTP*, Numéro 20, p. 33.

然而,西里奈利认为,这种团体网络性特点并不能完全概括法国知识界社交性结构的全部特征。因为它忽略了另一个要素,在知识界的各种小团体形成和运转的过程中,知识分子之间的情感因素有着不容忽视的影响。这些知识界小团体对一些知识分子具有吸引力,同时也对另一些知识分子具有排斥性。产生吸引力的原因有多种可能,可能是知识分子之间的私人友谊,也可能是对小团体所代表的某种共同事业的忠诚。产生排斥性的原因也有多种可能,可能是杂志特定的政治立场和思想倾向,也可能是内部由于思想观点的冲突而产生的分裂。在西里奈利看来,知识界内部的社交性结构的特殊性在于同时具有网络性和情感性的双重特征,因而在考察知识界内部的社交性结构的时候,必须充分考虑到情感因素的作用,才能真实地再现知识界内部的运作机制。

鉴于许多著名的出版社和杂志的历史已经得到了充分的研究,西里奈利独辟蹊径,在1990年出版了《知识分子和法兰西激情:20世纪的声明和请愿》一书,对法国知识分子的"社交性"结构的另一种表现形式——声明和请愿书的历史进行了研究。对国家社会中的重大事件发表声明,提出请愿,这是法国知识分子"介入"社会政治的重要方式。西里奈利认为,对请愿书的研究不仅是一个"地震仪",人们可借助它洞察各个时期意识形态领域中力量的对比变化,更可以把它作为一个"观象台",从宣言和请愿书形成的过程中审视知识界的社交性结构。将这些宣言和请愿书的签署者的名单作为一个"索引",可以看出,每一次宣言和请愿,都是知识界内部的一次动员。每一份宣言或请愿书通常都有一个发起者,然后知识界中的某些共同体就接过了接力棒。如同一本杂志的编辑和作者群体的组成一样,一份请愿书的签署者名单也是一个赞同、选择和排斥的结果。选择一部分人,排斥一部分人,与另一部分人做斗争,知识界独特的社交性结构就蕴涵在这样的动员和取舍的运作机制之中。

(三)法国知识分子的新陈代谢——"代"的现象

自德雷福斯事件以降,伴随着跌宕起伏的20世纪法国历史的进程,法国知识分子走过了一段波诡云谲的百年历程。知识界内部的新陈代谢始终没有停止，种种不同的思想观念、政治主张，"介入"社会生活的方式在不同的历史时期各领风骚，变动不息。西里奈利指出："思想观念以何种方式在知识界内部传承，这是知识分子史研究的关键性问题之一。"①这就需要将知识分子内部的代际更替作为切入点。通过代际更替，知识分子的思想观念体现的是连续还是断裂？产生这种连续性或者断裂性的原因何在？对知识分子的历史产生了什么样的影响？这些都是需要进行深入探讨的问题。代际更替的现象，并不是简单的年龄更替的自然现象，其实质是知识界内部新陈代谢的实现方式。

事实上，每一"代"知识分子都是特定历史环境的产物，他们的共同特征起源于某个特定的历史事件。例如，德雷福斯事件为法国第一代知识分子的诞生提供了时间和空间，支持德雷福斯的一代知识分子，在参与社会政治生活时所持的思想、立场和方式，都起源于这个全国性的事件。正是因为这些共同的观念和行为的特征，这一代知识分子被称为"德雷福斯分子"（Dreyfusard），他们也将这些特征，作为身份认同的标志，和其他知识分子相区别。然而，催生一代知识分子的事件并不局限于全方位影响法国社会的重大历史事件，例如两次世界大战，它们对法国社会生活的几乎所有方面都产生了重大影响，知识界自然不能例外。但是，知识分子的活动领域，主要集中在思想文化和意识形态领域，这些领域中发生的重大变故，波及全国的争论，对知识分子能够产生同样深度和广度的影响，塑造一代全新的知识分子。例如，二战结束之后的冷战，没有造成法国各项基本社会制度的变革，对普通民众的生活也没有带来实质性的冲击，但是在意识形态领域，却成为绵延数十年的冲突焦点，对知识界的力量对比及其变化起到了决定性的作用，从中诞生了一代支持或者同情共产主义事业的左翼知识分子，知识分子的历史走向和内容得到了全面改写。

重大的社会历史和政治事件，作为各代知识分子的起点，将各代知识分子在知识分子史的坐标上进行了定位。事件为一代知识分子的共

---

① Jeremy Jennings (ed.), *Intellectuals in Twentieth-Century France: Mandarins and Samurais*, London: St Martin's Press, 1993, p. 83.

同特征的形成提供了起点和背景,而在一代知识分子的共同特征,尤其是共同的"代"的意识的形成过程当中,"代"的内部结构也起到了不可忽视的作用。在通常情况下,一个人的人格气质形成于其早年的经历。对知识分子而言,青年时期所受的教育塑造了成年之后的思想观念和社会参与活动的特征。青年知识分子所在的学校、班级的组成结构和运行方式,即青年知识分子团体的特定社交性结构,对塑造一代知识分子的精神气质和思想倾向,起到了决定性的作用。在他于 1988 年出版的国家博士论文《知识分子的"代"——两次大战之间的高等师范文科预备班和巴黎高师的学员》中,西里奈利选取了 20 年代中期的巴黎高师文科预科班和高师文科班作为研究对象,将其作为一个切片,通过查阅大量档案文献,采访当事人,经过细致的考证梳理,令人信服地说明了一代知识分子如何从一个和平主义的母体出发,经由哲学教师阿兰(Alain)①为代表的"启发者"的引导,逐渐完成政治觉醒,参与到社会政治生活中去的一个过程。他还分析了在这过程中起作用的各种因素,为在知识界的新陈代谢中新的一代如何形成这个问题提供了研究的典范。

此后,西里奈利继续研究了 1945 届高师文科班普遍思想左倾的"共产主义"的一代、50 年代中期共同支持当时著名的政治家皮埃尔·孟戴斯-弗朗斯(Pierre Mendès-France)的"孟戴斯主义"(le Mendèsisme)的一代、受 1968 年"五月风暴"影响形成相似社会政治主张的"1968 年的一代"等多代法国知识分子,为法国知识界的新陈代谢勾勒出了大致的轮廓。通过这些细致的经验研究,西里奈利进而探寻了影响知识界代际更替的诸多因素。其中,最主要的是社会因素和政治因素。例如,第一次世界大战使法国丧失了大量的青壮年人口,为出生于 1905 年左右的一代知识分子迅速进入知识界提供了便利条件,大大缩短了新一代占据知识界主流通常所需的时间。而第二次世界大战结束后知识界针对附敌分子的清洗运动,使得同一代知识分子的内部发生了换班的现象,和法西斯或维希政府合作的知识分子退出了历史舞台,同代人中

---

① 阿兰是其笔名,真名为埃米尔·夏蒂埃(Emile Chartier,1868—1951),法国哲学家。

的另一批知识分子开始占据知识界的中心。

在对知识分子的"介入"行动进行解释的时候,通常人们根据政治倾向的区别将知识分子分成左派和右派两大类。这种简单的两分法在一些情况下可以提供解释的基本框架,但是在许多情况下缺乏解释能力。例如,在阿尔及利亚战争时期,许多知识分子都参加了反对战争的宣言和请愿活动,在同一份宣言中的署名名单中,会同时出现左派和右派知识分子的名字,政治倾向的差异性在这里无法解释。而从知识分子的"代"的现象这个角度出发,或许能够为这个问题提供更具合理性的解释。

三　本书的主要思路与观点、基本框架

我们之所以写作此书,其初衷是想在历史唯物主义的指导下,从历史学的视角出发,广泛运用社会学、政治学、文化学等学科的理论和方法,对法国知识分子从德雷福斯事件以来所走过的历程,以及在法国社会生活、政治生活、文化生活中所起的作用及其变迁进行探讨。其间,既力求对宏观背景有准确的认识与把握,又力争对某些至关重要的个案做深入细致的分析。我们希望,通过这一研究,能够从一个侧面反映出法国社会在 20 世纪里的嬗变,从而有助于人们更好地认识西欧社会从现代到后现代的转型。同时,我们更希望,这一研究能够为当代中国知识分子在总结中国知识分子在 20 世纪的非凡经历时提供一个参照对象,从而有助于当代中国知识分子对自己的社会角色作出正确的定位,更好地发挥自己的独特作用。

鉴于法国知识分子"诞生"于 19、20 世纪之交的德雷福斯事件期间,而曾让不少法国人感叹不已的法国知识分子的"终结"亦发生于 20 世纪晚期,因此,严格地说,一部法国知识分子史或许也可以浓缩为 20 世纪的法国知识分子史。也正是这一原因,在 20 世纪晚期,法国研究法国知识分子史的史家基本上把自己研究的人与事限定在 20 世纪内。换言之,堪称 20 世纪晚期法国史坛显学之一的法国知识分子史实际上只不

过是 20 世纪法国知识分子史。从宏观的角度,笔者管见,一部 20 世纪法国知识分子史可大致分为以下四个时期:德雷福斯事件时期(或曰"诞生"的时期)、战争与危机的年代、"辉煌的 30 年"、20 世纪晚期至今(或曰"终结"的时期)。行文至此,笔者不由得想到在 2010 年去世的法国当代著名电影大师埃里克·侯麦(Eric Rohmer)的代表作《四季的故事》(Contes des quatre saisons)——这一系列由分别以春夏秋冬为背景的 4 部影片组成;同时也自然而然地想到,构成整部 20 世纪法国知识分子史的 4 个时期,实际上在很大程度上宛如一组 20 世纪法国知识分子的"四季歌"。其中,如果说前两个时期分别具有春天的万木萌发、夏日的赤日炎炎的特点的话,那么,后两个时期,则分别具有秋季的硕果累累、冬日的肃杀悲凉的特征。

从问题意识出发,同时在很大程度上依照时间顺序,本书将通过以下章节对 20 世纪法国知识分子史予以系统梳理和深入探讨。

第一章以"德雷福斯事件和法国知识分子的诞生"为题。20 世纪法国知识分子史显然应以发生于 19、20 世纪之交的德雷福斯事件为"起点"。之所以如此,不仅是因为德雷福斯事件为法文"知识分子"(Intellectuel)一词的"诞生"提供了语境,更重要的是,20 世纪法国知识分子在充当"社会的良心"、"介入"社会生活中所采取的手段及表现出来的特点,大多可在这一时期的法国知识分子身上找到先例。而 20 世纪法国知识分子史上的一些重要现象,如知识分子内部的"两极化"(bipolarisation)、普遍主义(le universalisme 一译"普世主义")或世界主义(le cosmopolitisme)与民族主义价值取向的持久对立、知识分子的话语霸权与反理智主义(l'anti-intellectualisme,一译"反智主义")之间的斗争以及 20 世纪法国知识界突出的"左倾化"特征等,均发端于此期。

第二章追踪法国知识分子在第一次世界大战中的表现。一方面,曾因德雷福斯事件而四分五裂的法国知识界在很大程度上实现了"神圣联盟",不少法国知识分子勇敢地走上前线,为保卫祖国浴血奋战。与此同时,法国更多的知识分子则在"国内战线"积极投入战争。另一方面,就在大多数法国知识分子以各自的方式在不同战线为祖国而战之际,也有个别知识分子始终坚持反战立场,其中主张超乎混战之上的罗曼·罗兰(Romain Roland)最为引人瞩目。此外,在战争后期,和平主义知识分子群体亦开始在法国崛起。

第三章梳理两次世界大战之间的法国知识分子的历程。在此时期的法国知识阶层中,尤其是在作家、艺术家身上,对传统价值观的怀疑和政治上的左倾往往是联系在一起的,而这一时期"政治上的左倾"则又往往意味着亲苏、亲共。另外,由于法国法西斯主义运动的浪潮也开始涌现,在法国社会中产生了不可忽视的影响。与此同时,进步知识分子在反战、反法西斯运动,尤其是人民阵线运动中的作用更不容忽视。如人民阵线的建立即与由法国知识界的三位著名人士阿兰、保尔·里韦(Paul Rivet)①、保尔·朗之万(Paul Langevin)②发起创立的反法西斯知识分子警惕委员会的活动有着直接的联系。

第四章展现第二次世界大战中的法国知识分子表现的复杂性。二战期间,法国知识分子大致可分为两大类:一些知识分子顺从乃至支持维希政权的统治,另一些知识分子则积极从事抵抗活动。在为维希政权与纳粹德国效劳的知识分子中,不乏一些在两次大战之间的法国文坛颇具声望与影响力的文人学者。需要指出的是,也有一小批法国知识分子在大战期间的政治态度或价值取向却不仅让人有点难以捉摸,而且其在战争初期与后期的表现亦判若两人。还有一批以前被忽略的知识分子,他们流亡到了美国。与德国流亡知识分子不同的是,这些知识分子中的绝大部分在战后回到了法国。

第五章进入了知识分子的"辉煌的30年"阶段。本书将重点探讨战后初期对附敌知识分子的清洗及其对法国知识界左右翼力量对比的影响;萨特时代的开始以及萨特在"介入"方面为法国知识分子所作的表率;冷战时代之初的法国知识分子,其中又将择要探讨法国左翼知识分子对苏联的好感以及与法共的密切关系,对美国,尤其是美国的文化帝国主义的反感与抵制;萨特等人力图在日益两极化的世界里走第三条道路,等等。此外,还将探讨萨特与加缪的反目、与莫里斯·梅洛一庞

---

① 保尔·里韦(1876—1958),法国著名生物学家。
② 保尔·郎之万(1872—1946),法国著名物理学家。

蒂(Maurice Merleau-Ponty)①的分手，以及和雷蒙·阿隆的对垒。最后，还将重点探讨阿隆的知识分子观，并对其名作《知识分子的鸦片》进行文本分析。

第六章以"五六十年代的法国知识分子"为题，首先探讨匈牙利事件对法国左翼知识分子的心理冲击，然后分析法国知识分子与阿尔及利亚战争这一在战后法国知识分子史上甚为重要的事件的关系，接着以结构主义、马尔罗和萨特为重点，勾勒60年代法国知识界的版图，最后，追寻知识分子在战后法国最重要的历史事件——1968年"五月风暴"中的表现。在这一时期，国际局势和法国国内政局风云变幻，知识界的"介入"也达到了空前的广度和深度。

第七章展示1970年代法国知识界的新特点。自70年代初以来，知识界左右两翼力量发生了重大的转变。萨特进一步激进化，"新哲学家"和"新右派"开始登上历史舞台，而德勃雷和福柯则提出了新的知识分子观。最引人注目的是，左翼知识分子在"五月风暴"余波的影响下，积极寻求新的社会介入方式，把触角伸向了女权运动、保护生态运动、反精神病学运动与监狱改革运动等新的斗争领域。同时，他们还积极投身于保护外来移民权利、声援苏联东欧国家的持不同政见者的斗争，为知识分子的"介入"提供了新的内容。

第八章以"1980年代以来的法国知识分子"为题，对20世纪晚期法国知识分子的主要表现及其特点等加以探讨。80年代初期，萨特、阿隆、福柯等知识界巨星相继陨落，并且相对而言，进入20世纪晚期的法国知识分子似乎已失却了20世纪早期与中期时的激情。法国社会出现了知识分子已经"终结"的观点，法国知识分子中的一些有识之士也开始对知识分子在新的社会历史条件下的角色定位与作用重新进行审视。但与此同时，皮埃尔·布尔迪厄继承了左拉和萨特的传统，AT-TAC组织②大张旗鼓地开展反对全球化运动，这些现象清楚地表明，尽

---

① 莫里斯·梅洛—庞蒂(Maurice Merleau-Ponty，1908—1961)，法国著名哲学家。

② 全称为"为征收托宾税以援助公民而斗争"(Action pour une Taxe Tobin d'Aide aux Citoyens)。

管时下法国知识分子的社会角色和生存方式已发生了不容忽视的变化，但他们的前辈传给他们的担当道义和社会良心的精神在他们身上仍然一定程度地存在着。也正是这一原因，笔者认为，法国的知识分子并没有"终结"，而且在以后相当长的时期内也不会"终结"。

本书除了由绪论、结语和上述 8 章组成的正文外，还将附有《20 世纪法国知识分子史大事年表》和《主要参考书目》。

第一章　"人类良心的一刹那"
——德雷福斯事件与法国知识分子的"诞生"

一　德雷福斯事件的爆发

当 19 世纪的帷幕即将落下的时候,法国发生了震惊世界的德雷福斯事件(L'Affaire Dreyfus)。众所周知,法文中的"知识分子"(intellectuel)一词"诞生"于德雷福斯事件期间。由于德雷福斯事件是促成法国知识分子"诞生"的催生婆,加之该事件还由于其与法国知识分子的关系异常密切而被人称为"知识分子的事件",故此,从知识分子史的视角出发,对作为 20 世纪法国知识分子史重要界标之一的德雷福斯事件的爆发及其过程作一较为详尽的论述似仍有必要。①

德雷福斯事件的爆发是由一个名叫阿尔弗雷德·德雷福斯(Alfred Dreyfus,1859—1935)的法籍犹太军官在 1894 年下半年被当作德国间谍蒙冤入狱引起的。德雷福斯出生于阿尔萨斯一个犹太血统的纺织资本家家庭。普法战争后,家乡被普鲁士侵占,德雷福斯一家被迫离开该

---

①　作为法国历史上的重要事件,从 20 世纪初开始,法国史学界就对德雷福斯事件展开了研究,取得了许多成果。近年来出版的比较重要的著作有 Pierre Birnbaum et Jean-Marc Berlière (dir), *La France de l'affaire Dreyfus*, Gallimard, Paris, 1994；Jean-Denis Bredin, *L'Affaire*, Fayard, Paris, 1993, Michel Drouin (dir), *L'affaire Dreyfus de A à Z*, Paris, Flammarion, 1994 ；Vincent Duclert, *Biographie d'Alfred Dreyfus*, *l'honneur d'un patriote*, Fayard, Paris, 2006 等。英语学界最新近的有分量的研究著作是 Ruth Harris, *The man on Devil's Island : Alfred Dreyfus and the affair that divided France*, London ：Allen Lane ：Penguin, 2010。翻译成中文的重要著作有迈克尔·伯恩斯的《法国与德雷福斯事件》,郑约宜译,江苏教育出版社 2006 年版。

省,并加入了法国国籍。1892 年,从军事学校毕业后进入法国陆军总参谋部任见习上尉军官。1894 年 9 月 26 日,在德国驻巴黎大使馆充当女仆的一个法方情报人员,从德国武官马克西米利安·冯·施瓦茨科彭(Maximilien von Schwartzkoppen)上校的字纸篓里发现一份分项列出法国军事机密文件的清单,单中所列文件均已由一个法国军官交给身为武官的这位德国在法国的军事间谍网的头目。至少已有 3 年光景,法国反间谍机关一直怀疑在法国参谋总部里有一个向施瓦茨科彭提供军事机密情报的人。这份清单的发现表明这一猜测绝非空穴来风。

当时,由于震惊全法的"巴拿马丑闻"(Scandale de Panama)①,在民族主义分子的鼓噪下,法国到处弥漫着强烈的反犹排犹气氛,而军队中的这种情绪更为浓烈。情报处副处长于贝尔—约瑟夫·亨利(Hubert-Joseph Henry)少校等仅仅因为在参谋总部见习的德雷福斯是犹太人,便以笔迹相似为由,认定德雷福斯就是那位向德方提供军事机密情报的人。对此,陆军部的其他一些军官根据其对德雷福斯的了解,提出怀疑,于是,最后请专家鉴定笔迹。然而,虽然法兰西银行笔迹专家和警察署罪犯人体检测处技术人员的鉴定结论截然相反,10 月 15 日,在陆军部长奥古斯特·梅尔西埃(Auguste Mercier)擅越职权,亲自下令之下,德雷福斯仍以间谍罪和叛国罪嫌疑被捕,并被拘留在军事监狱中。更有甚者,在军事法庭对德雷福斯进行审判之前,巴黎的报界已在军方的唆使下,对其横加罪名。审判前数周,陆军部长梅尔西埃在单独会见法国的两家著名报纸《晨报》(Le Matin)和《费加罗报》(Le Figaro)的记者时,便断言德雷福斯的叛国罪"是毋庸置疑的"。不久,所有其他的报纸亦纷纷载文说,叛国者已经供认了他的滔天罪行。与此同时,这些报纸在报道此事时还不惜塞进了一些他们自己臆想出来的细节。1894 年12 月 22 日,在根本没有确凿证据的情况下,军事法庭秘密判处德雷福斯无期徒刑,后将其押送到法属圭亚那附近的魔鬼岛服刑。德雷福斯无论是在审讯中和流放地,始终拒绝认罪,他的家属也竭尽全力为其申冤平反,可是无济于事。

---

① 1893 年法国政界因开凿巴拿马运河而涉及受贿的一件丑闻。

事情演变至此,在政府、军方以及广大公众看来,德雷福斯案件就算结束了。叛国者被逮捕、受审并根据法律判了刑。但是在一些人的头脑里,特别是德雷福斯的家人及律师的头脑里,德雷福斯肯定是清白无辜的。如果法国参谋总部确实有人为德国方面充当间谍的话,那必定也是别的军官所为。即使在德雷福斯在参谋总部见习时的监督人乔治·皮卡尔(George Picquart)看来,此案也颇多疑窦。他曾以陆军部官方观察员的身份出席法庭,深知对德雷福斯的判决是在证据不足的情况下做出的,并因此而感到困惑和不安。审判结束以后6个月,皮尔卡被任命为情报处新的负责人。1896年3月,情报处截获了德国驻巴黎武官寄给也在法国参谋总部供职的费迪南·沃尔森—艾斯特拉齐(Ferdinand Walsin-Esterhazy)少校的"速达邮件"。后者是匈牙利一个显赫家族的后裔,其家族甚至在欧洲也颇有名气。艾斯特拉齐的作战记录虽然十分出色,但私生活却一塌糊涂:生活腐化,嫖赌皆好,并经常负债。皮卡尔将艾斯特拉齐和德雷福斯的手迹和当初发现的清单反复比较,判定真正的罪犯是前者而非后者。皮卡尔把这一发现报告了负责处理此事的副总参谋长夏尔—阿尔蒂尔·贡斯(Charle-Arthur Gonse)将军,希望重审德雷福斯案件。然而,总参谋部却以维护军队威信为由,拒绝重审此案,并撤销了皮卡尔情报处长的职务,将他调往正在与阿拉伯人进行零星战斗的突尼斯前线,还命令他不许声张真情。

但是,皮卡尔决心不把这个秘密带到坟墓里去。1896年4月2日,他给共和国总统写了一封私人信件,陈述他深信德雷福斯无罪,并指出真正的叛国者是艾斯特拉齐,还说明德雷福斯是遭人陷害的。此信写好后,皮卡尔并没有立即将它寄出。两个月之后,当他即将离开巴黎奔赴前线时,他把这封信留给了他的律师与至友路易·勒布卢瓦(Louis Lebloir),要求勒布卢瓦在他万一死于前线时务必将信寄给总统。在他的律师发誓保证决不泄密的条件下,他将他所发现的证据告诉了他。后来,他又同意勒布卢瓦可以将事件的真相透露给某些对此案感到关切的可以信赖的议员们,条件是不得说明他是消息来源者。不久,真相泄露了出去,并开始传播开来。

1897年11月,巴黎《晨报》刊登了作为德雷福斯罪证的那封信的照片和艾斯特拉齐的字迹样本，以确凿的证据证明真正的罪犯是后者，从而要求政府重新审理此案。然而，当时的陆军部长却一再声称，德雷福斯已经得到了"公正合法的惩处"，而内阁总理儒勒·梅里纳（Jules Méline）也于 1897 年 12 月 24 日在公开场合郑重其事地宣布："不存在德雷福斯事件。"①由于德雷福斯的哥哥一再要求军事法庭审讯真正的罪犯艾斯特拉齐，并释放德雷福斯，巴黎军事法庭只得装模作样进行提审。1898 年 1 月 11 日，巴黎军事法庭竟宣判艾斯特拉齐无罪，而皮卡尔却以泄露机密罪遭到逮捕。这一蛮横无理的判决使反犹主义者弹冠相庆，在大街小巷狂呼"处死犹太人"。而正直的民主人士再也无法抑制住自己的愤慨之情，他们也要采取行动了。

二 "我控诉！"：笔杆子向枪杆子的挑战与知识分子的"诞生"

如上所述，德雷福斯事件起初只不过是一起在法国当时到处弥漫着反犹排犹气氛的背景下出现的由军方制造的冤案。诚然，在事件发生后的最初几年，对事件真相有所了解、且富于正义感的新闻记者贝尔纳·拉扎尔（Bernard Lazare）②与巴黎高等师范学校图书馆馆员吕西安·赫尔（Lucien Herr）③等后来被人称为"知识分子"的文人学者，首先站出来为受害者伸张正义，但由于他们的影响力毕竟有限，因而他们的活动并未引起整个社会的广泛关注，而德雷福斯事件亦没有演变为

① Madeleine Rebérioux, *La République* 1898—1914, Paris, Fayard, 1975, p13.

② 贝尔纳·拉扎尔（Bernard Lazare, 1865—1903），关于拉扎尔在德雷福斯事件中的作用，可参见 David Drake, *French intellectuals and politics from the Dreyfus Affair to the Occupation*, Basingstoke, New York：Palgrave Macmillan, 2005, pp. 15—17.

③ 吕西安·赫尔（Lucien Herr, 1864—1926），关于赫尔在德雷福斯事件中的作用，参见 Anne-Cécile Grandmougin, *Lucien Herr bibliothécaire*, Mémoire d'étude DCB, EMSSIB, janvier, 2011.

全国性的政治事件。德雷福斯事件之所以能够演变为全国性的政治事件，这与在当时的法国文坛声望隆隆的埃米尔·左拉（Emile Zola）的"介入"有着密切的关系。

德雷福斯蒙冤入狱的最初几年，左拉因埋头创作其具有人道主义倾向的三部曲《三个城市》，对德雷福斯案件既不清楚，也没兴趣。直到1897年11月，新闻记者贝尔纳·拉扎尔向他提供了各种可靠的材料之后，左拉才确信这是一桩蓄意制造的冤案。强烈的正义感和一个作家对社会的责任心使他难以袖手旁观。1897年12月初，在一次纪念巴尔扎克的晚会上，左拉当众阐明了自己的观点，要求重审此案。与此同时，他还在《费加罗报》上连续发表了三篇文章。第一篇向主张重审此案的参议院副议长奥古斯特·舍雷尔－凯斯特纳尔（Auguste Scheurer-Kestner）致敬，文章的结尾是："真理在前进，没有任何东西能够阻挡它。"第二篇驳斥民族沙文主义者散布的谣言，他们诬蔑为德雷福斯辩护的人都是被犹太财团收买了的。第三篇揭露"无聊的报界"，斥责他们每天向读者灌输反犹太人的仇恨情绪。这些文章发表后，反德雷福斯派人士纷纷到报社抗议，致使《费加罗报》不敢再发表左拉的文章。于是，左拉在1897年12月14日以小册子的形式印发了《致青年的信》。他在这本小册子中大声疾呼，要坚持人道、真理与公正，并劝告那些盲从轻信的青年应该头脑清醒，不要被人利用。翌年1月6日，他又印发了第二本小册子《致法国的信》，信中写道："我恳求你，法兰西，你应当仍然是伟大的法兰西，你应当苏醒过来，不再迷路。"①

如果说在此之前，左拉对当局尚抱有一些幻想，对事态的发展还持乐观态度的话，那么，军事法庭在1898年1月11日做出的颠倒黑白的判决结果，则使左拉怒不可遏。他夜以继日地写了一封致共和国总统费里克斯·富尔（Felix Faure）的公开信。公开信共一万余字，义正辞严，笔锋犀利。当该信1月13日在《震旦报》（L'Aurore）发表时，该报的主编，一位相貌酷似蒙古人、性格顽强、来自旺代的激进共和派政治家乔治·克雷孟梭（George Clemenceau）突然心血来潮，给公开信冠上了"我控诉（J'accuse）！"

---

① Michel Winock，*Le siècle des intellectuels*，Paris，Seuil，1999，p.26.

这样一个富于挑战性并被载入史册的通栏标题。

左拉在公开信中愤怒地控诉阻止德雷福斯案件重审的一切人是存心不良，蓄意制造冤案。他认为这些人是违犯人道，违犯正义，践踏法律。他在信中指出："真理在前进，任何力量都无法阻挡！……当人们把真理埋在地下，它就会在地下积聚起来，酿成爆炸性的巨大力量；而一旦爆发，就会使一切归于毁灭。"在公开信的后半部分，左拉使用了激烈的言辞，尖刻地点名指控那些将军们，特别指控负责直接逮捕审问德雷福斯并得到晋升的杜帕蒂·德·克朗（Du Party de Clam）上校精心策划的对德雷福斯的陷害，并指控军方亲自下令释放真正的叛国犯艾斯特拉齐：

> 我控告陆军中校杜帕蒂·德·克朗制造了一起骇人听闻的冤案；我愿意相信，他当时这样做并不是出于恶意，但是三年来，他一直在用一些荒谬透顶、罪恶昭彰的欺骗伎俩为自己损害他人的行为辩护。

> 我控诉梅西尔将军参与了本世纪最大的一起冤案，他这样做至少是意志薄弱。

> 我控诉毕约（Billot）将军，他手中明明掌握着证明德雷福斯无罪的确实证据，但他一声不吭；他出于某种政治目的和为了替卷进事件的参谋部开脱罪责而公然侵犯人权，亵渎法律。

> 我控诉此案的同谋波瓦戴费尔（Boisdeffre）将军和贡斯将军，波瓦戴费尔参与这一罪行无疑是为了维护教会的利益，贡斯则可能是由于一种小集团的思想作祟，想把国防部的各个机构变成谁也碰不得的禁区。

> 我控诉德帕利欧（de Pellieux）将军和拉瓦里（Ravary）侦察长搞了一个伤天害理的调查，我指的是他们的调查偏袒一方，令人发指，其证明是：拉瓦里的报告中，妄加断言之处不胜枚举。

> 我控诉三位字迹鉴定专家：贝劳姆、瓦里昂和古阿尔。他们的报告无中生有，欺世盗名，如果医生能证明他们患有眼疾或思维混乱，那自当别论。

> 我控诉陆军部的各个机构无耻地在报刊上，特别是在《闪电

报》(L'Eclair)和《巴黎回声报》(L'Echo de Paris)上，大肆造谣惑众，掩盖其错误言行。

　　最后，我控诉第一军法处侵犯人权，不将定案材料向被告披露便将他判罪；我控诉第二军法处根据上面的命令袒护这一非法行为，他们渎犯法律，居然宣判一个罪犯无罪了。①

左拉深知其言行会带来什么样的后果，他在公开信的结尾写道：

　　在我提出这些控告之际，我并不是不知道冒着受到1881年7月29日新闻法第三十条和第三十一条的规定的惩处诽谤罪打击的危险，但我甘愿这样做。
　　至于被我控告的人，我并不认识他们，从未见过他们，我对他们既无怨尤，更无仇恨。在我看来，他们只不过是心怀社会邪恶灵魂的几个实体罢了。而我在这里所做的工作，仅仅是促使真理和正义早日爆发出来的一种革命手段。
　　我只有这样一种激情，以全人类的名义看到光明；人类遭受了无穷的苦难，应该有权获得幸福。我的激动的抗议是我灵魂的呼声。让人们把我带到刑庭受审吧，我要求公开的调查！
　　我正等候着。②

　　左拉的这封公开信在《震旦报》第87期以头版的整个版面发表后，引起了强烈的反响。许多原先漠不关心的人也站了出来，支持重审德

---

　　① 左拉:"我控诉!"(1898年1月13日),楼均信等选译:《1871—1918年的法国》,商务印书馆1989年版,第65—66页。
　　② 左拉:"我控诉!"(1898年1月13日),楼均信等选译:《1871—1918年的法国》,第66页。

雷福斯案件。① 刊登此信的 30 万份《震旦报》很快被抢购一空。有人在大量购买后将它到处张贴，四处分发；也有人对此恨之入骨，成捆成捆地买来销毁。

《我控诉！》的发表标志着德雷福斯事件出现了伟大的转折。从政治史的维度来看，它标志着德雷福斯案件已演化为一桩全国性的政治事件；从知识分子史的维度来看，它标志着"笔杆子"终于要向"枪杆子"无畏地提出挑战了。

从左拉的公开信发表后第二天起，《震旦报》连续 20 多期在专栏中刊登了两则"抗议书"（protestation）。② 抗议书篇幅简短，它日复一日地逐渐得到了数百名赞同者的签名支持。③ 两则抗议书中更重要的一则宣称："签名者们抗议 1894 年审讯中对法律形式的践踏，抗议围绕着艾斯特拉齐事件的种种见不得人的勾当，坚持要求重审。"④签名者基本上由大学里的师生或持有高等教育文凭的人组成。此外还有作家与艺术家。在大学师生中，有著名的社会学家埃米尔·涂尔干（Emile Durkheim）⑤，著名的经济学家弗朗索瓦·西米安（Françoir Simi-

---

① 勃鲁姆关于此事的回忆清楚地说明了这一点：当《震旦报》发表左拉的《我控诉！》时，"我正居住在卢森堡街边一幢寓所的一楼。我的寓所附近有一个售报亭，卖报人是格拉内（Granet）老爹。虽然我平时经常去该处买报，但却一直不知道这位售报人与我的牙医一样，也是德雷福斯派分子。我清楚地记得，正是在那个冬日的早晨，我才知道他也是个德雷福斯派分子。那天早晨，格拉内老爹在屋外一边敲打着我的房间的护窗板，一边喊着：'快，先生，快来看，快来看这篇左拉发表在《震旦报》的文章！'我急忙打开窗户，从格拉内老爹手里接过这张报纸。我越读此报，越感到浑身充满力量。我觉得自己恢复了信心与勇气。干吧！事情并未结束。我们遭受的失败并非无可挽回。我们还能够斗争，我们还能够取得胜利。"Léon Blum, *Souvenirs sur l'Affaire*, Paris, Gallimard, Paris, Gallimard, 1935, pp. 117—118.

② 并非如人们过去所说的那样是一则"宣言"（manifeste）.

③ 第一则征得了 17 批次的签名，第二则征得 16 批次的签名，之后还有一次补充抗议。签名者名单详见 Jacques Julliard et Michel Winock (dir.), *Dictionnaire des intellectuels français*, Paris, Seuil, 2009, pp. 443—462.

④ Pascal Ory et Jean-François Sirinelli, *Histoire des intellectuels en France de l'affaire Dreyfus à nos jours*, Paris, Armand Colin, 2002, p. 6.

⑤ 埃米尔·涂尔干（Emile Durkheim, 1858—1917），现代社会学奠基人。

and)①。在作家中,既有带头签名的早已声名赫赫的文豪阿纳托尔·法朗士(Anatole France),②又有刚刚在文坛崭露头角的马塞尔·普鲁斯特(Marcel Proust)③与安德烈·纪德(Andre Gide)④。在艺术家中,有印象派大师克洛德·莫奈(Claude Monet)⑤,著名的音乐家阿尔贝里克·玛尼阿尔(Alberic Magnard)⑥。在科学家中,有巴斯德研究所第二任所长埃米尔·迪克洛(Emile Duclaux)⑦。此外,还有一些自由职业者,如建筑师、律师、住院医生,等等。

尽管这些后来将被人称为"知识分子"的人已经为了一个共同的目标汇集在了一起,但是,"知识分子"(Intellectuel)一词却还没有问世。最早使用该词的又是乔治·克雷孟梭这位激进共和党的斗士。克雷孟梭在最初的时候,与几乎所有其他人一样,确信德雷福斯是为德国效劳的间谍,并曾以他惯用的激烈言词痛斥"叛国者"。⑧ 他甚至认为把德雷福斯发配到魔鬼岛的处罚实在太轻,因为那样"就等于让他⑨去了世外桃源"。但是当真相开始逐渐显露出来时,他便毅然为案件的复审而斗争。多年来,他始终不懈地对军方和政府施加压力,在他所办的日报《震旦报》上就德雷福斯事件发表的文章总计共达 800 多篇。特别是以"我控诉!"的通栏标题发表左拉的公开信之后,使《震旦报》和他本人进一步成为社会舆论关注的焦点。1 月 23 日,当他提笔写出"来自各个地方的所有知识分子为了一种看法而汇集在一起,这难道不是一种征兆吗?"这句话的时候,出人意料地把"intellectuel"这一形容词作为名词来

---

① 弗朗索瓦·西米安(Françoir Simiand,1973—1935),经济史学派创始人。
② 阿纳托尔·法朗士(Anatole France,1844—1924),1921 年诺贝尔文学奖获得者。
③ 马塞尔·普鲁斯特(Marcel Proust,1871—1922),法国著名作家。
④ 安德烈·纪德(Andre Gide,1869—1951),1947 年诺贝尔文学奖获得者。
⑤ 克洛德·莫奈(Claude Monet,1840—1926),法国著名画家。
⑥ 阿尔贝里克·玛尼阿尔(Alberic Magnard,1865—1914),法国音乐家。
⑦ 埃米尔·迪克洛(Emile Duclaux,1840—1904),法国生物学家。
⑧ 威廉·夏伊勒:《第三共和国的崩溃:1940 年法国沦陷之研究》,戴大洪译,新星出版社 2010 年版,第 53 页。
⑨ 指德雷福斯——笔者注。

使用,并用斜体加以凸现。"知识分子"一词由此"诞生"。① 不过,"知识分子"这一新词并未立即就传播开来。多少具有一点讽刺意味的是,该词的广泛使用还得等一个星期之后,即有待于被当时的不少年轻人视为偶像的作家巴雷斯(Maurice Barrès)②使用该词。作为反德雷福斯派的主将之一,1898 年 2 月 1 日,时年 36 岁的巴雷斯在影响及销量远远大于《震旦报》的《日报》上发表了一篇专栏文章,题目为"知识分子的抗议!"。巴雷斯在该文中公开地嘲笑德雷福斯派报刊"罪恶的自命不凡",并在结语中刻薄地写道:"总之,绰号叫知识分子的那些人,除了犹太人与新教徒外,大部分是蠢头蠢脑的家伙,其次是外国人,最后也有若干好的法国人。"③显然,在巴雷斯的笔下,这一由形容词演变而来的名词是含有贬义的。但是,德雷福斯派的知识分子们并不理会这一点。他们坦然地接过此词,并自豪地以知识分子自居。比如在巴雷斯对知识分子大加嘲讽后没几天,坐落在于尔姆街的巴黎高等师范学校图书馆的管理员吕西安·赫尔,这位被视为德雷福斯派最主要的发动者之一的人,在《白色评论》(La Revue Blanche)上发表了《致莫里斯·巴雷斯先生》的公开信,并不无骄傲地在信中用此词指称自己及其同道。在这之后,知识分子一词不断地被公众所接受,并迅速地广泛流行。在此还需要指出的是,正如法国学者所普遍认为的那样,"知识分子"一词的"诞生"同时也意味着法国社会中现代意义上的知识分子群体的崛起。换言之,德雷福斯事件不仅为"知识分子"一词提供了"诞生"的语境,而且也促成了法国现代意义上的知识分子的"诞生"。④

---

① Pascal Ory et Jean-François Sirinelli, *Histoire des intellectuels en France de l'affaire Dreyfus à nos jours*, Paris, Armand Colin, 2002, p. 6.

② 莫里斯·巴雷斯(Maurice Barrès,1862—1923),法国著名作家。

③ Pascal Ory et Jean-François Sirinelli, *Histoire des intellectuels en France de l'affaire Dreyfus à nos jours*, Paris, Armand Colin, 2002, p. 6.

④ 有关德雷福斯事件与法国知识分子的"诞生",还可参见法国著名文化史专家克里斯托弗·夏尔的著作 Caristophe Charle, *Naissance des "intellectuels"*, 1880—1900, Paris: Les Ed. de Minuit. 1990.

三 德雷福斯事件与法国知识分子的首次分化与"内战"

如果说德雷福斯事件促成了法国知识分子的"诞生",那么,也正是这一事件直接导致了法国知识分子史上的首次分化与"内战"。

在德雷福斯司法案件逐渐演变成为全国性的德雷福斯事件之后,整个法国从上到下出现了两军对垒的局面。这两个公开对垒的派别就是修改判决派(即德雷福斯派)和反修改判决派(即反德雷福斯派)。前者主要由资产阶级共和派和一些新教徒、社会主义者及先进工人组成,后者则基本上由天主教徒、军国主义者、极端的民族主义者、君主主义者等组成。一般而言,前者体现的是革命的原则、理性主义、唯科学主义以及对正义与平等的热爱,后者支持与信奉的是宗教、军队、国家利益、对共和国的仇恨及等级观念。

令人瞩目的是,在两大营垒的公开对抗中,两派的知识分子始终活跃异常,处于斗争的最前列。他们不仅利用自己的学识充当了各自营垒的代言人,而且还不时凭借自己及其掌握的报刊在公众中的影响力,扮演起组织者的角色。一时间,他们的言论与行动成了法国乃至世界公众关注的焦点。也正是这一原因,不少法国史学家将德雷福斯事件称为"知识分子的事件"。[1] 由于德雷福斯事件中对立的双方展开了不可调和、几近你死我活的斗争,那么处于斗争最前列的双方知识分子之间的对抗自然而然也就达到了白热化的程度。换言之,由于德雷福斯事件的影响,法国知识分子在"诞生"之初就出现了严重的分化并展开了"内战"。

在德雷福斯派营垒中,其知识分子代表首推左拉。这位著名作家在发表《我控诉!》后不久,被军方以侮辱军队的罪名送上法庭。左拉受审时,许多军官在法庭内吆喝捣乱。当旁听者向左拉的辩护律师鼓掌

---

[1] Pascal Ory et Jean-François Sirinelli, *Histoire des intellectuels en France de l'affaire Dreyfus à nos jours*, Paris, Armand Colin, 2002, p. 13.

时,他们竟然露出军刀加以威胁。法庭外,围聚着一群暴徒,扬言要痛殴左拉,把他扔到塞纳河里喂鱼。一些右派报刊也参加围攻和恫吓,其中一家报纸甚至宣称,应该枪毙左拉。以总参谋长波瓦戴费尔为首的军方代表当庭以高级将领集体辞职胁迫陪审团追究左拉的"罪责"。尽管如此,面对来自各方的压力,左拉在法庭上毫无惧色,并镇定自若地说道:"我发誓,德雷福斯是无罪的! 我以我的生命做保证。参众两院、内政和军事当局、发行量很大的报纸、被这些报纸毒化了的公众舆论似乎都反对我。我问心无愧。我一定会胜利。"左拉甚至还在法庭上充满自信地宣称:"在这里,人们可以攻击我。但总有一天,法兰西将会因我帮助她拯救了声誉而感谢我。"①

在左拉被迫流亡国外之后,让·饶勒斯(Jean Jaurès)②充当了德雷福斯派知识分子的领衔人物。饶勒斯认为,德雷福斯事件不只是事关一个军官是否有罪的斗争,而是全国进步势力同军队和教权派的反动势力之间的决战,是那些相信《人权宣言》原则的民主人士同那些否认《人权宣言》原则的反民主人士之间的决战,是那些拥护共和政体的人同反对共和政体的人之间的决战。为此,饶勒斯充满激情地为左拉一案写了一份证词。他在证词中愤怒地指出:"无论是制定法律的地方,还是在执行法律的地方,都无法知道法律是否被人遵守,这在一个自诩为自由的国度里,实在是荒谬的。"③身为议员的饶勒斯还在议会发表演说指出:"未来的民族罪人,不是那些现在及时指出错误的人,而是那些正在犯错误的人,他们过去是帝国保护下的宫廷将领,今天是共和国保护下的耶稣会将领。"④

在德雷福斯派营垒中堪与左拉、饶勒斯比肩的著名知识分子还有早已誉满文坛的大作家阿纳托尔·法朗士。法朗士在德雷福斯案件演变成为德雷福斯事件后,始终站在斗争的前列。在左拉发表公开信之

---

① 楼均信主编:《法兰西第三共和国兴衰史》,人民出版社1996年版,第151页。
② 让·饶勒斯(Jean Jaurès,1859—1914),法国历史学家,记者,著名政治家。
③ Jean Jaurès, "Déposition au procès Zola", *Œvres de Jean Jaurès*, *tone 6*: *L'Affaire Dreyfus*, Paris, Fayard, 2001, p.146.
④ 沙尔·拉波波尔:《饶勒斯传》,陈柞敏、王鹏译,三联书店1982年版,第51页。

后,法朗士即在第二天在《震旦报》的抗议书上带头签名。当法庭开庭审判左拉时,他又勇敢地出庭为左拉作证。此前,法朗士给人的印象是个温和的人道主义者。然而在德雷福斯事件中他却一反常态,不顾一切地投入了激烈的斗争。如当左拉因发表《我控诉!》受到迫害、被褫夺荣誉团勋章时,法朗士亦毅然退回自己的勋章。为此,对他恨之入骨的反德雷福斯派文人给他起了个绰号叫"安纳托尔·普鲁士先生"(M. Anatole Prusse,"法朗士"的法文为 France,亦即与"法兰西"一词的法文相同),并对他百般攻击。面对种种压力,法朗士仍毫不动摇,坚持斗争。法朗士在德雷福斯事件期间发表的多卷本小说《现代史话》(*L'Histoire contemporaine*)中的《红宝石戒指》(*L'Anneau d'améthyste*)、《贝日莱先生在巴黎》(*Monsieur Bergeret à Paris*)均有关于德雷福斯事件的直接的议论,尤其是《贝日莱先生在巴黎》中的主人公,那位原先头脑清醒但不问政治、后激于义愤参与德雷福斯事件斗争的大学教授贝日莱先生,更是堪称作者本人的化身。

　　除上述三人外,属于德雷福斯派营垒的重要知识分子还有拉扎尔、赫尔及青年诗人兼哲学家夏尔·佩居伊(Charles Péguy)[①]。拉扎尔利用其记者身份,千方百计地收集能证明德雷福斯无辜的证据,并把相关证据展现在那些他认为重要的知识界人士面前,使后者能积极投身于德雷福斯派的斗争。例如,左拉的"介入"在很大程度上就得归功于拉扎尔向前者提供了大量的材料;赫尔则借助于本人在巴黎高等师范学校图书馆工作的便利,尤其是自己与广大巴黎高等师范学校师生良好的人际关系,一方面努力说服、动员一些知识界的重要人士站在德雷福斯派的营垒,另一方面则发动大批青年学生参与这场斗争。饶勒斯与佩居伊、勃鲁姆就是在他的说服、动员下才积极参与德雷福斯派的斗争的;[②]而佩居伊始则利用自己在拉丁区的大学生中的较高的威望,把大批的青年学生争取到德雷福斯派的营垒,继而又在 1900 年以"阐说真理"为目标,创建了《半月丛刊》(*Cahiers de la Quinzaine*)。在佩居伊的

---

① 夏尔·佩居伊(Charles Péguy),一译贝玑,1873—1914,法国作家。
② Léon Blum,*Souvenir sur l'affaire*,Paris,Gallimard,1935,p. 28.

苦心经营下,《半月丛刊》在德雷福斯事件后半期为德雷福斯派知识分子提供了一个重要的舆论阵地。当时,饶勒斯、法朗士等德雷福斯派知识分子的代表人物均在该刊上发表过涉及德雷福斯事件的政论文或小说。

在反德雷福斯派营垒中,其知识分子的首席代表是当时的青年人最为崇拜的作家莫里斯·巴雷斯。巴雷斯 1862 年出生于洛林省一个资产阶级家庭。1870 年普法战争爆发,年仅 8 岁的巴雷斯亲眼目睹了法国军队在战争中溃败,阿尔萨斯、洛林被割让给德国。这一切在巴雷斯幼小的心灵里留下了很深的印象,并成为他一生强烈的民族爱国主义激情的源泉。1882 年,巴雷斯在从南锡的一所寄宿学校毕业后来到巴黎。在巴黎,他先学习法律,后转向文学创作。使巴雷斯在文坛大放异彩的是他的《自我崇拜》(Le culte de moi)三部曲。该三部曲由《在野蛮人的监视下》(Sous l'œil des barbares)、《自由人》(Un Homme libre)和《贝丽妮斯的花园》(Le Jardin de Bérénice)组成。这些作品一方面真实地勾画了法国身处"世纪末"的资产阶级青年厌恶现实、沉湎于自我、苦苦追求所谓自我完善、渴望激情而又对一切都麻木不仁的精神状态;另一方面则淋漓尽致地表现出作者对社会上流行的消沉颓废的思潮的关注,以及力图帮助同龄人走出"自我"的良苦用心。① 小说出版后,很快就赢得了大批青年读者,巴雷斯本人亦因此被这些青年人奉为自己心目中的"大师"。如后来被誉为"德雷福斯派第一人"的记者拉扎尔,当年曾是《自我崇拜》的入迷的读者;而普鲁斯特则曾给巴雷斯写信道:"您是一位过去大概从没有人能够成为的人。您是夏多布里昂自己在任何程度上都不能与之相比的人。"② 而年轻的勃鲁姆曾在 1897 年 11 月 15 日出版的《白色评论》上这样写道:"如果巴雷斯未曾降临人世,如果他未曾写过东西,他的时代就会完全不同,而我们亦将完全不同。"③

巴雷斯从 27 岁时开始从事社会政治活动,要求将普法战争后被德

---

① 张玉书:《20 世纪欧美文学史》,北京大学出版社 1995 年版,第 39—40 页。

② 贝尔纳-亨利·雷威:《自由的冒险历程——法国知识分子之我见》,曼玲、张放译,中央编译出版社 2000 年版,第 23 页。"雷威"亦译"列维"。

③ Michel Winock, *Le siècle des intellectuels*, p. 9.

国人侵占的阿尔萨斯、洛林归还法国。不久,他从爱国主义立场出发,逐步转向狂热的民族主义。1892 年 7 月 4 日,他在《费加罗报》上曾发表过题为《民族主义者与世界主义者的论战》的政论文。法国学者一般都认为,即便巴雷斯不是"民族主义的(者)"(nationaliste)一词的发明者,那他也是把该词引入法国的第一人。不过,巴雷斯与其说是一位严谨的民族主义理论家,倒不如说是一位善于煽情的民族主义小说家与诗人。为了进一步扩大其民族主义思想的影响,他又以《民族精力的小说》(*Le Roman de l'énergie nationale*)为总题目创作了一个新的三部曲,其中第一部《离乡背井的人》(*Les Déracinés*)1897 年问世后,更使这位民族主义作家声名大噪。在德雷福斯事件的整个过程中,巴雷斯以其一系列极富煽动性的言论表明,他是反德雷福斯派最主要的宣传鼓动家。

此外,反德雷福斯派营垒中的重要知识分子还有夏尔·莫拉斯(Charles Maurras)[1]、保尔·戴鲁莱德(Paul Déroulède)[2]、爱德华·德律蒙(Edouard Drumont)[3]、亨利·罗什福尔(Henri Rochefort)[4]等。

在德雷福斯事件期间,两派知识分子均已经充分运用发动请愿、征求签名、组织集会等后来 20 世纪法国知识分子惯常使用的"介入"社会生活的手段来为自己的营垒效力,而且也已经充分表现出 20 世纪法国知识分子的另一个突出的特点,即充分利用自己控制的报刊与对手大打笔仗。当时代表德雷福斯派观点的报刊主要有《震旦报》、《小共和国报》(*La Petite République*)、《白色评论》杂志及在该事件后期创刊的《人道报》(*L'Humanité*)、《半月丛刊》等,代表反德雷福斯派观点的报刊主要有《日报》(*Le Journal*)、《自由言论报》(*La Libre Parole*)、《十字架报》(*La Croix*)、《法兰西行动报》(*L'Action Française*)、《朝圣者报》(*Le Pélerin*)、《不妥协者报》(*L'Intransigeant*)等。

尽管两大营垒的知识分子在进行社会动员与互打笔仗时各自使用

---

[1] 夏尔·莫拉斯(Charles Maurras,1868—1952),法国作家。
[2] 保尔·戴鲁莱德(Paul Déroulède,1846—1914),法国作家。
[3] 爱德华·德律蒙(Edouard Drumont,1844—1917),法国政论家。
[4] 亨利·罗什福尔(Henri Rochefort,1831—1913),法国作家,记者。

的五花八门、蛊惑力极强的言论往往使人眼花缭乱，无所适从。但我们若冷静地分析，就会不难发现，此期法国知识分子的内战很大程度上可归结为真理至上还是民族利益至上之争。换言之，这场"内战"也是"普遍主义"(le universalisme)或"世界主义"(le cosmopolitisme)与"民族主义"(le nationalisme)之间的决战。

具体而言，在德雷福斯派知识分子眼中，"正义"、"平等"等观念或信仰是放之四海而皆准的，它们应当受到全人类的尊重，不论用何种理由去损害乃至践踏它们都属邪恶之举。因此，德雷福斯派知识分子在斗争中往往以代表全人类的身份或普遍真理的捍卫者的身份出场。而在反德雷福斯派知识分子看来，"民族利益"至高无上，为了更好地维护"民族利益"，付出再大的代价也是值得的。因而，反德雷福斯派知识分子往往把自己等同于民族利益的捍卫者。这方面的例子很多，在此，我们举例如下。

其一，左拉在《我控诉！》的结尾处曾这样写道："我只有一种激情，以全人类的名义看到光明；人类遭受了无穷的苦难，应该有权获得幸福。我的激动的抗议是我灵魂的呼声。"①又如，德雷福斯派知识分子在斗争中始终坚持：真理就是真理，正义就是正义。当反德雷福斯派人士鼓吹重审及修改判决会损害国家和军队的荣誉时，德雷福斯派知识分子不容置疑地宣称：国家和军队的荣誉必须以真理为基础，而谎言恰恰会玷污这种荣誉。佩居伊在回忆此期斗争时写的一段话真实而贴切地反映了德雷福斯派知识分子在充当"社会的良心"时的心境与追求："对于真理和正义的热情，对于虚假事物的厌烦，对于谎言和不公正的憎恶，占据了我们的全部时间，并且耗尽了我们的全部精力。"②

其二，反德雷福斯派知识分子在坚持德雷福斯有罪的同时竟然一再强调：即使德雷福斯无罪，也还是让他去遭受囚犯的折磨为好，因为这总比让国家赖以防卫的军队的威信和荣誉受到怀疑好得多。单个人

---

① 左拉："我控诉！"(1898 年 1 月 13 日)，楼均信等选译：《1871—1918 年的法国》，第66 页。

② 夏伊勒：《第三共和国的崩溃》，第 50 页。

的生命和荣誉比起民族的生命和荣誉来，又算得了什么呢？① 在参与制造冤案的亨利上校因事情败露自杀之后，莫拉斯在君主主义者的报纸《法兰西报》（*La Gazette de France*）上竭力为亨利上校的欺骗行径辩护。他在文中写道，亨利制造伪证是"爱国主义"行为，这些伪证是"为了全国人民的利益和荣誉"而搞出来的。莫拉斯的弦外之音显然是，为了"全国人民的利益和荣誉"冤枉一个犹太籍军官又算得了什么呢？更有甚者，莫拉斯还荒唐地提出"替代假设"：亨利的假文件是为了替代某份不宜公开的真文件，因为这份真文件如发表，就有跟德国发生战争的危险。② 无独有偶，巴雷斯则宣称，亨利即便有罪，那他犯的也只是"爱国罪"。③ 更有甚者，反德雷福斯派作家保罗·莱奥托（Paul Léautaud）在他捐款给为亨利上校的遗孀筹募的基金时公然写下了这样的附言："为了秩序，反对正义和真理！"④

与此同时，我们还要看到，此期法国知识分子的"内战"在一定程度上也可归结为"理智主义"（le intellectualisme，一译"唯智主义"）与"反理智主义"（l anti-intellectualisme）之间的斗争。这具体表现在当信奉前者的德雷福斯派知识分子凭借自己的学识积极介入社会生活时，反德雷福斯派的知识分子们⑤却对"知识分子"极尽讽刺、谩骂之能事。如克雷孟梭首次使用"知识分子"一词后仅一周，巴雷斯于 1898 年 2 月 1 日在影响及销售量远远大于《震旦报》的《日报》上发表专栏文章《知识分子的抗议！》。⑥ 至于把德雷福斯派知识分子称为"思想的贵族"（aristocrates de la pensée）、"已丧失种族本能与民族情感的、受到毒化的才智之士"的言辞，更是充斥反德雷福斯派的报刊。⑦

---

① 夏伊勒：《第三共和国的崩溃》，第 49 页。
② 楼均信主编：《法兰西第三共和国兴衰史》，第 153 页。
③ Michel Winock, *Le siècle des intellectuels*, p. 69.
④ 夏伊勒：《第三共和国的崩溃》，第 49 页。
⑤ 不过，当时他们并不认为自己是"知识分子"。
⑥ Pascal Ory et Jean-François Sirinelli, *Histoire des intellectuels en France de l'affaire Dreyfus à nos jours*, Paris, Armand Colin, 2002, p. 6.
⑦ Michel Winock, *"Esprit", des intellectuels dans la cité*, Paris, Seuil, 1996, p. 10.

四　德雷福斯事件的结局与法国知识界的"左倾"

1903年,当初曾力劝德雷福斯暂时接受"特赦"的饶勒斯再次发起了要求重审的运动。在饶勒斯等人的努力下,1906年7月12日,高等上诉法院的三个分庭又进行了一次会审,会审的结果是,认为根本就不存在任何不利于被审判者的证据,德雷福斯是被"错误地和冤屈地"判罪的,故宣布雷恩审判的判决无效。与此同时,会审法庭还提出,不得对德雷福斯再进行任何审讯。会审结束后不久,议会还通过一项政府的议案,恢复德雷福斯和皮卡尔的军籍。德雷福斯被提升为少校,并被授予荣誉勋章,皮卡尔则晋升为准将,并有权得到优先提拔。后者在1908年还出任了克雷孟梭政府的陆军部长。至此,近12年的沉冤终于得以昭雪,正义最终战胜了邪恶。

遗憾的是,左拉没能看到这一天,1902年9月29日,他在巴黎去世。10月6日,法朗士在《震旦报》上发表了名为"赞颂左拉"的悼文,最后结尾这样写道:"让我们羡慕他,他以多产的著作和高贵的行为为祖国带来荣誉。让我们羡慕他:他的使命和善心给了他伟大无比的命运,他是人类良心的一刹那。"①1908年,左拉的灵柩被移入先贤祠,这是对法兰西做出非凡贡献的人才能享有的殊荣。"人类良心的一刹那"成为了法国知识分子乃至整个法国集体记忆中的不可分割的重要组成部分。

如果说,围绕着德雷福斯事件所展开的斗争及其结局在法国政治史上的意义则是重新端正了共和国的方向,使法国政治向左转,那么,它在法国知识分子史上的意义则是抑制住了极端民族主义思潮在法国知识界的影响,使法国知识界出现了向左转的倾向。自布朗热运动以来,法兰西第三共和国的政治舞台呈现出日益右倾的状况。其突出的

---

① 迈克尔·伯恩斯:《法国与德雷福斯事件》,郑约宜译,江苏教育出版社2006年版,第163页。

表现是极端民族主义思潮———一种唯一能够在当时把原先各自为政的反动保守势力———军国主义、君主主义、教权主义与反犹主义———整合在一起的社会政治思潮的影响力日见扩大。与此相应,法国的社会文化界亦日趋右倾。其最突出的表现是一个具有极端民族主义思想的知识分子群体在迅速地崛起。这一知识分子群体的最初的特征主要是军国主义的狂热、教权主义和反犹主义的倾向,以及对议会制共和国的软弱无能的憎恶。其具体表现又可分为以下三个方面:

第一,这些对法国在普法战争中的失败耿耿于怀的民族主义分子为了对德报仇雪耻,对军队充满深深的敬仰之情。只要能维护军队的利益,他们甚至不惜牺牲一切(包括牺牲政治原则),由此,在他们身上已被深深地打上了军国主义的烙印。第二,这些知识分子早就对议会制度极度地厌恶。早在布朗热运动期间,一些反动文人就多次对议会制共和国发起进攻,如德律蒙及其领导的小团体"爱国者同盟"就是如此。德雷福斯事件为他们提供了新机会。通过各种蛊惑性极强的宣传,民族主义知识分子从中小资产阶级的广大阶层中获得了不少支持者,使自己的运动成为一种引人瞩目的城市运动。这一富于大众性与战斗性的知识分子群体,通过自己控制的组织"爱国者同盟"、"法兰西同盟"、"法兰西行动同盟"等,在大街上不断制造骚乱。同时,其控制的各种报刊则日复一日、连篇累牍地谴责议会里的"骗子手"。也正是在反议会制共和国这一点上,法国原有的反动保守势力在这些民族知识分子身上找到了共同点。由此,复辟之心未绝的君主主义者、顽固保守的天主教徒与他们纠集在了一起。当然,这些民族主义知识分子本身的政治目标也不是全然一致的。如巴雷斯主张建立专制集权的共和国,而莫拉斯则认为还是君主政体才能拯救法国。①

第三,这些知识分子开始与歇斯底里的排犹反犹思潮结合在一起。19世纪晚期,由于犹太人在法国的经济界,尤其是金融界拥有相当大的势力,犹太资本家与法国资本家集团经常发生尖锐的冲突,又由于不少犹太人在普法战争中英勇地为捍卫自己的新祖国———法国而战,使法

---

① 楼均信:《法兰西第三共和国兴衰史》,第157页。

国军队中出现了不少犹太籍军官,这又招致了很多法国军官的妒忌与不满,而19世纪最大的舞弊案"巴拿马丑闻"的爆发,更使一场新的反犹浪潮蔓延全国。反犹主义知识分子的突出代表德律蒙耸人听闻地提出,种族上低劣并信奉原始宗教的犹太人已控制了法国。1886年,他先是抛出了小册子《犹太人的法国》,继而又创办了副标题是"为法国人的法国"的《自由言论报》(La Libre Parole),将法国社会所有的弊端统统归罪于犹太人,呼吁将犹太人赶出法国。

莫拉斯多次宣称,法国有"四个外来的毒害者",即新教徒、犹太人、共济会会员和归化为法国籍的外国人。巴雷斯则断言,法国自大革命以来发生的坏事都和犹太思想、新教思想以及外来思想有关。更有甚者,出于对犹太人的极度厌恶,巴雷斯后来甚至宣称,根据德雷福斯的种族和他的鼻子的形状,就可断定他是有罪的。①

毋庸讳言,在德雷福斯事件爆发前夕,这些具有极端民族主义思想的文人在法国知识界的影响不容低估。事实上,他们在当时的影响力甚至要超过后来加入德雷福斯派阵营的那些文人学者。因而,当时的法国知识界就整体而言已日趋右倾。也正是这一原因,在德雷福斯事件爆发之初,向来被认为执法国知识界之牛耳的法兰西学院的几乎所有院士都是反德雷福斯派。然而,德雷福斯派知识分子在德雷福斯事件期间的英勇斗争及其胜利的结局不仅有效地阻止了法国知识界向右滑的趋势,而且还成功地使其向左转。更有甚者,德雷福斯事件还使一大批法国知识分子进一步走上为社会主义或为人类的进步事业而奋斗的道路。这方面以饶勒斯和法朗士最为突出。

饶勒斯是一位集演说家、政治家、哲学家和历史学家于一身的才气横溢的知识分子。他出身于富裕的资产阶级家庭,1876年入著名的路易十四中学就读,1878年考入曾被罗曼·罗兰称为"人道主义修道院"的著名高等学府——巴黎高等师范学院,1881年在该校毕业,并与后来

---

① 贝尔纳-亨利·雷威:《自由的冒险历程——法国知识分子史之我见》,第25页。

的法国哲学大师亨利·柏格森（Henri Bergson）①一起通过了法国大学和中学教师学衔的考试。1881年至1883年，他在塔尔纳的阿尔比中学（lycée L'apérouse d'Albi）任哲学教员，随后去图鲁兹大学任讲师。1885年，他在年仅26岁时就首次当选为众议院议员。任期届满后，于1889年回到图鲁兹大学重掌教鞭，并开始撰写国家博士论文。饶勒斯从1893年首次当选为众议院议员时就开始加入社会主义运动，从那以后他就一直站在为争取实现世俗的和社会的共和制而斗争的最前列。饶勒斯在德雷福斯事件的斗争中不顾个人安危，连续发表文章并多次发表演说，为德雷福斯作无罪辩护，与反动保守势力展开不屈的斗争，并进而完全信仰社会主义，最终形成了他的社会主义观。他认为，社会主义的理想是民主制和共和制发展的最后终结，认为社会主义的最好定义就是实现全部的权利、全部的正义，就是使人成为真正的人。他还强调自己的社会主义起源于法兰西，受法兰西精神的鼓舞，是法兰西性质的。由于饶勒斯积极支持和领导工人运动，努力争取改善工人的生活条件和工作条件，因而在工人群众中享有崇高的威望，同时也被其政敌恨之入骨。当时，攻击和诽谤饶勒斯的文章多得不可胜数。单单法国当时最大的资产阶级报纸《时代报》（Le Temps）每天都要发表一篇——多时数篇——攻击饶勒斯的文章。但是，即使是这样的一份报纸，在饶勒斯被人刺杀身亡时，也不得不承认他"思想极端敏锐"，"为人无比廉洁正直"。②

作为一位声名显赫的大作家，法朗士通过德雷福斯事件进一步走上了为人类的进步事业而奋斗的道路。在斗争过程中，法朗士虽然一度处于少数甚至孤立的地位，但他仍然无所畏惧地走在德雷福斯派的前列，使自己从一位名作家转变为国内外知名的进步人士。这一时期，法朗士在国内除了为德雷福斯伸张正义之外，还开始积极同情无产阶级和劳动人民的事业，例如积极投身于在德雷福斯事件期间兴起的大规模的工人教

---

① 亨利·柏格森（Henri Bergson，1859—1941），法国著名哲学家，1927年诺贝尔文学奖获得者。

② 沙尔·拉波波尔：《饶勒斯传》，第112页。

育运动——"民间大学"运动,如主持一些"民间大学"的开学典礼,多次在相关集会上发表演说。法朗士还积极参与了当时法国的反教权主义的斗争,为法国最终实现政教分离做出了重要贡献。1903年,在任期内将打击教权主义势力作为头等大事的埃米尔·孔勃(Emile Combes)总理把反映自己观点的主要演说结集为《一个世俗的运动》出版时,卷首的长篇序言就出自法朗士的手笔。法朗士在序言中旗帜鲜明地主张法国实行政教分离,其态度甚至比孔勃这位坚定的反教权主义者更为鲜明,从而使这篇序言成了反对教权主义的有力武器。更为引人瞩目的是,法朗士在这一时期还开始走上了国际政治舞台,他积极地声援世纪之交被屠杀的亚美尼亚人民,主持了为亚美尼亚孤儿募捐的义演,不遗余力地参加这方面的各种集会并发表演说。法朗士还积极支持俄国人民反对沙俄专制统治的斗争。1905年,沙皇政府因财政困难准备向法国借款时,法朗士作为刚成立的"俄国人民之友协会"的主席,立即组织集会表示抗议。在俄国当局宣布要秘密审讯高尔基的时候,以他为首的这一协会立即发表了呼吁书,迫使审讯延期。同时,法朗士也不放过一切机会来谴责殖民主义和种族主义。例如谴责法国殖民官员在刚果用炸药炸死黑人的行径,抗议罗马尼亚政府对犹太人的歧视和迫害,甚至还对欧洲列强对中国进行侵略的行为进行了抨击。①

由于德雷福斯派知识分子在使法国知识界向左转方面取得了令人瞩目的成就,因而,20世纪各个时期的法国左翼知识分子几乎无一例外地把德雷福斯派知识分子当作自己谱系中的英雄,并每每把自己视为他们的继承人。在这一过程中,有关德雷福斯派知识分子的"神话"也不断出现。不过,依笔者管见,虽然从长远看,德雷福斯派知识分子在使法国知识界向左转方面功绩显著,意义重大,但就较短的时段而言,我们似不应对此估计过高。因为在德雷福斯派取得斗争的最后胜利后不久,因战争威胁日益逼近,尤其是法德矛盾更形尖锐,因在德雷福斯事件中严重受挫而曾经有所收敛的原反德雷福斯派知识分子再度甚嚣尘上。由此,一战前夕与大战期间的法国知识界在这些人的兴风作浪

---

① 吴岳添:《法朗士——人道主义斗士》,长春出版社1995年版,第121—128页。

下又重新向右逆转。

通过我们从法国知识分子史的角度对德雷福斯事件所做的上述考察，我们可以看到：第一，德雷福斯事件为法国知识分子的"诞生"提供了时间与空间；第二，曾被世界各国的知识分子奉为楷模的 20 世纪法国的各代知识分子在充当"社会的良心"、"介入"社会生活中时所采取的手段及表现出来的特点，大多可在德雷福斯事件期间的法国知识分子身上找到先例；第三，20 世纪法国知识分子史上的一些重要现象，如知识分子内部的"两极化"（bipolarisation）、普遍主义或世界主义与民族主义价值取向的持久对立、知识分子的话语霸权与反理智主义（后者实际上也可理解为反知识分子主义）之间的斗争以及 20 世纪法国知识界突出的"左倾化"特征等，均发端于此期。由此，我们完全可以断言：德雷福斯事件是 20 世纪法国知识分子史上最重要的界标之一。

第二章 "神圣同盟"和"超乎混战之上"
——第一次世界大战中的法国知识分子

一 大战前夕民族沙文主义知识分子的甚嚣尘上

德雷福斯事件后期,因在两大营垒的斗争中连连受挫,包括民族主义知识分子在内的反德雷福斯派知识分子曾经一度有所收敛。然而,在德雷福斯事件结束后不久,随着战争威胁日益逼近,尤其是在法德矛盾更形尖锐的背景下,极端民族主义与普法战争后法兰西民族中始终存在的收复失地、对德复仇的潜意识相结合,民族沙文主义在法国一时甚嚣尘上。在这一过程中,原来属于反德雷福斯派的民族主义知识分子莫拉斯、巴雷斯等人的气焰尤其嚣张,起了很大的作用。更有甚者,一些原先站在德雷福斯派营垒中的知识分子斗士,如夏尔·佩居伊等也成为民族沙文主义的鼓吹者。

在这方面,当时社会影响最大的首推以夏尔·莫拉斯为首的"法兰西行动"(Action Française)。其首领夏尔·莫拉斯是一个双耳失聪的来自普罗旺斯(Provence)地区的诗人,在德雷福斯事件中崭露头角。莫拉斯多年热衷于古希腊、罗马文明的研究,造诣极深,而对其身处的现代世界却极为厌恶,他认为,在他所生活的年代,天主教的、具有拉丁传统的法国已经蜕变为新教徒、犹太人和外国佬的(métèque)法国。莫拉斯对产生于法国大革命的现代社会的厌恶很大程度上源于其家庭,尤其是母系家庭成员的影响。具体而言,他的外祖父是一位狂热的正统主义者,而他的母亲则从小就生活在对大革命深感痛恨与恐惧的环境之中。与此同时,反德雷福斯派的代表人物之一德律蒙的反犹主义言论对年轻的莫拉斯的思想也影响很大,后者对前者写给他的信中的名言:"如同巴黎统治着法国,犹太人正统治着巴黎"深信不疑。① 莫拉斯同时还是一个咄咄逼人、令人生畏的小册子作者和新闻工作者。他的追随者认为,他是一位知识渊博的哲学家,他的"天才"便是他有本事去仇恨,并以他那恶毒、尖刻的笔调煽动公众的仇恨。

早在德雷福斯事件期间,为了扩大自己的影响,莫拉斯就力图创办一份价格低廉,并以反犹太主义、反议会制度和倡导法兰西传统为宗旨的日报,但由于资金方面的原因,一时未能如愿。因而,他在 1899 年 8 月先创办了一份名为《法兰西行动》的杂志,并直到 1908 年才将该杂志改为《法兰西行动报》(*L'Action* Française)。尤其要指出的是,莫拉斯有一种把善于煽动事端的文人聚拢在自己周围的本领。在这类文人中,其最突出的代表有三:一是 19 世纪的大作家、《最后一课》的作者阿尔封斯·都德(Alphonse Daudet)的儿子莱昂·都德(Léon Daudet),②当时他被人称为巴黎最擅长骂街的"笔杆子";二是性格古怪但却才华横溢的保王派历史学家雅克·邦维尔(Jacques Bainville)③;三是先以擅长撰写抨击性文章著称,后又以小说《在撒旦的阳光下》轰动法国文坛的乔治·贝尔纳诺(Georges Bernanos)④。就是在这些文人的配合下,莫拉斯把自己主办的日报《法兰西行动报》办成了巴黎文笔最生动的报刊,其读者不仅有出身名门、具有右派思想的上层阶级人士,特别是军官和主教们,而且还不乏作家、新闻记者、高级常任官员、律师和医生,甚至还有不少是大学里的焦躁不安的学生和青年教师。由此,《法兰西行动报》对法国知识界的动向有着相当大的影响。它成功地使不少知

---

① Michel Winock, *Le siècle des intellectuels*, Paris, Seuil, 1999, p.88.
② 莱昂·都德(Léon Daudet,1867—1942),法国作家,记者。
③ 雅克·邦维尔(Jacques Bainville,1879—1936),法国历史学家,记者。
④ 乔治·贝尔纳诺(Georges Bernanos,1888—1948),法国作家。

识分子,尤其是青年知识分子成为极端民族主义的追随者。①

　　著名民族主义作家巴雷斯继 1897 年出版总题为《民族精力的小说》的三部曲中的第一部《离乡背井的人》,又于 1900 年和 1902 年分别出版了该三部曲中的第二、第三部《向军人发出号召》(*L'Appel au soldat*)、《他们的嘴脸》(*Leurs figures*)。需要指出的是,如果说在三部曲的第一部中,巴雷斯的民族主义思想还只是初露端倪的话,那么,在这一新的两部曲中,其民族主义思想倾向已昭然若揭。更有甚者,巴雷斯在创作这新的两部时,还力图从理论的高度对民族主义进行阐发,并在 1902 年抛出了自己在这方面的代表作《民族主义的舞台与学说》(*Scènes et Doctrines du nationalism*e)②。不久之后,随着法德关系更趋紧张,战争威胁日益严重,巴雷斯为了进一步地煽动收复失地、对德复仇的民族主义情绪,又创作了以《东面的支柱》(*Les Bastions de l'Est*)为题的系列作品,其中包括 1905 年出版的《在德国军队中服役》(*Au service de l'Allemagne*)和 1909 年出版的《柯丽特・波多什,麦茨一少女的故事》(*Colette Baudoche : Histoire d'une jeune fille de Metz*)等,这些作品多以洛林为背景,并触及法德两国之间的关系这样一个在当时甚为敏感的问题。由于巴雷斯的作品在当时拥有非常可观的读者群,其在青年,尤其是青年大学生中的感召力极强。故此,就个人而言,此期的巴雷斯是大战前夕法国民族沙文主义最有力的推动者。

----

　　① 关于"法兰西行动"及其对 20 世纪前半叶法国右翼运动的影响,欧美学者已有相当深入的研究,其中最有分量的论著是 Eugen Weber, *Action Française, royalism and reaction in twentieth-century France*, Stanford, Stanford University Press, 1962。新近出版比较有分量的著作有 Michel Leymarie et Jacques Prévotat (éds.), *L'Action française* [1], *culture, société, politiques*, Villeneuve d'Ascq : Presses universitaires du Septentrion, 2008; Olivier Dard et Michel Grunewald(éds.), *L'Action francaise, culture, politique, société. II., Charles Maurras et l'étranger, l'étranger et Charles Maurra s*,Bern ; Berlin ; Bruxelles] : P. Lang, cop. 2009 ; Olivier Dard, Michel Leymarie, Neil McWilliam(éds.), *L'Action française, culture, société, politique. III. Le maurrassisme et la culture*, Villeneuve-d'Ascq : Presses universitaires du Septentrion. 2010; François Huguenin, *L'Action française : une histoire intellectuelle*, Paris : Perrin, 2011.

　　② Maurice Barrès, *Scènes et Doctrines du nationalisme*, Paris : Juven, 1902.

更值得注意的是，在德雷福斯事件中坚决地站在德雷福斯一边，并使自己所开的书店成为德雷福斯派作家的活动中心的夏尔·佩居伊此时的政治态度发生了变化，成为极端民族主义的积极鼓吹者。他除多次以其故乡奥尔良（Orleans）的圣女贞德（Jeanne d'Arc）为题材创作宣扬民族沙文主义精神的戏剧与诗歌外，还在自己的一篇著名文章《银钱》（L'Argent）里，公开地对主张国际主义、坚持反对战争立场的饶勒斯进行了指责。后来，他又在其他文章中把饶勒斯看作是德国的代理人。更有甚者，佩居伊一次在其主办的《半月丛刊》（Cahiers de la Quinzaine）编辑部里和罗曼·罗兰（Romain Rolland）等几位朋友聊天时，竟杀气腾腾地宣称：一旦宣战，我们该做的第一件事，就是枪毙饶勒斯。①

关于佩居伊此期的政治态度为何会发生如此大的变化，学界至今尚无令人满意的解释。笔者认为，著名作家罗曼·罗兰在《佩居伊传》中对其老友的分析或许会有助于我们思考这一问题。罗曼·罗兰认为，在佩居伊引人注目地从社会主义向右转到民族主义之前，他的精神面貌就已经充满了矛盾和两重性。换言之，佩居伊的思想观点向来就有折衷主义。他想把势如冰炭的东西搅和在一起。例如，佩居伊在很长的时期中，既是一位坚定的共和政体的拥护者，同时又是一个同样坚定的天主教徒。罗曼·罗兰在把佩居伊称为"信天主教的雅各宾党人"时，甚至引用了当时的史学大师拉维斯对佩居伊的调侃之语："佩居伊吗？他把巴黎公社的煤油用圣水兑稀了。"②笔者管见，至少有三点因素在促使佩居伊向右转的过程中起了不容忽视的作用。其一是对德雷福斯事件的结局的失望，尤其是对因德雷福斯派获胜而在政界、知识界身居高位的"昔日的战友"在后来的所作所为极度反感；其二是对改良社会主义的幻想的破灭；其三是在德国的威胁日益加剧的情况下对祖国命运的担忧。

---

① Jean-Jacques Becker，Annette Becker(dir.)，*La France en guerre*（1914—1918），Bruxelle，Editions Complexe，1988，p.11.

② 莫蒂列瓦：《罗曼·罗兰的创作》，上海译文出版社1989年版，第463页。

诚然，这些集结在民族沙文主义旗帜下的知识分子的政治观点并不完全一致，其诉求的政治目标更是五花八门，如莫拉斯主张复辟君主制，认为只有君主政体才能制止法国的衰落，拯救法兰西；巴雷斯力倡以专制集权的共和国取代议会制的共和国；而佩居伊则力图把民族主义和社会主义调和起来。然而，他们却无一例外地叫喊战争，鼓吹对德复仇、对德战争、收复失地、扩张殖民地，把矛头对准一切德国人和所谓的"坏法国人"。他们对法国在摩洛哥危机①中的让步深感耻辱，认为避免战争并不一定要下跪，与其屈服，不如和德国人拼个鱼死网破。这些极端民族主义知识分子清楚地知道，自己的这种好战政策并未被所有法国人接受，因此他们把反对战争、主张和平，甚至在对外政策上奉行忍认政策的人统称为"坏外国人"。这些知识分子还采用各种手段扩大自己的影响。他们利用自己控制的报刊大造战争舆论，利用文学作品极力煽动民族情绪，尤其是侵蚀青年的灵魂。为此，他们频频采用所谓的调查、科研的手段，夸大法国受德国威胁的紧迫性，声称德国对法国的威胁同时来自"大陆、海洋、殖民地和经济方面"。他们还到处宣扬法国青年的好战情绪。例如他们宣称，根据政治科学私立学校的调查可以确定，（法国）青年人不害怕战争，并渴望行动。"法兰西行动"甚至利用摩洛哥危机，在巴黎里沃利街（Rue de Rivoli）贞德塑像前和在协和广场的麦茨（Metz）和斯特拉斯堡（Strasbourg）的象征塑像前多次举行示威。

在这样一种背景下，奉行和平外交的政府总理约瑟夫·卡约（Joseph Caillaux）②更是成了法国极端民族沙文主义知识分子攻击的头号目标。在对卡约进行肆意攻击的人当中，表现得最为猖獗的是法国当时主要的保守派日报之一《费加罗报》的编辑加斯东·卡尔梅特（Gaston Calmette）。1914 年 1 月，卡尔梅特发表了一系列署名文章攻击卡约，指责卡约的对德政策已达到叛国的边缘。这些文章所用言辞

---

① 1905－1906 年和 1911－1912 年，法德围绕在摩洛哥的殖民利益而爆发的两次外交冲突。

② 约瑟夫·卡约（Joseph Caillaux，1863－1944），1911 年 6 月至 1912 年 1 月任政府总理。

之粗暴、尖刻,甚至使对报纸上的谩骂文章本已司空见惯的巴黎人都为之咋舌。为了进一步搞臭卡约,卡尔梅特甚至在报上发表了卡约在尚未与他的第二任妻子结婚前写给她的几封充满激情的情书的复制件。当时他们两人一个是有妇之夫,一个是有夫之妇。这种攻击对于卡约的第二任妻子来说实在是太过分了,以至于怒不可遏的她在同年3月16日携枪来到《费加罗报》编辑部的办公室,对卡尔梅特的腹部连发了六颗子弹。此事在当时震惊全法,同时亦使卡约的政治形象严重受损。

二　为反战而献身的饶勒斯

与极端民族主义知识分子形成鲜明对照的是,在战争威胁日益逼近的关键时刻,饶勒斯,这位具有人道主义、国际主义和理想主义的杰出知识分子仍不顾个人安危,忘我投身于制止战争、保卫和平的斗争之中。他的这种斗争是在各方面进行的:议会、报刊、公共集会、社会党国际代表大会,斗争的场合既在国内,也在国外。

为了反对战争,饶勒斯在1905年7月准备应德国社会民主党的邀请赴柏林这个最大的好战堡垒去反对战争狂热。德国政府对此颇为害怕,竟通过其驻巴黎大使请求饶勒斯取消此行。德国大使在接到指示后亲自登门拜访饶勒斯,像对待一个大国一样,告诉他德国政府的这一决定。但是,饶勒斯仍然义无反顾地前往柏林发表了著名的反战演说。饶勒斯认为,协约国和同盟国就像两个"把各自的列车在同一条线路上对开过去的火车司机",指出阻止这场灾难性冲突的唯一办法就是无产阶级的同时的国际行动。

1913年3月,饶勒斯在议会挺身而出,坚决反对法国政府为达到扩军目的而将二年义务兵役制改为三年的新义务兵役法。同年5月,饶勒斯在一次有15万人参加的群众大会上发表演说,坚决反对三年兵役制。为了彻底摆脱反动的黩武主义,饶勒斯还在议会中大胆地提出一项实行全民武装的议案,希望把人民同军队结合起来,把人民变成武装的人民,也就是说,变成以捍卫和平与自由为唯一宗旨的武装的人民。在饶勒斯的提议下,法国社会党在 1913 年 7 月召开的全国代表大会上,一致通过了关于反对三年兵役制的最后决议。会后,在社会党的号召下,巴黎和许多法国城市掀起了一场抗议三年兵役法的运动。

1914 年 7 月 14—16 日,在大战迫在眉睫的紧急关头,饶勒斯使自己的反战主张在社会党的非常代表大会上获得一致认同,使大会做出了呼吁采用一切办法制止战争的决议。饶勒斯在大会上进一步表现出来的反战立场以及此次社会党非常代表大会的结果,更加引起了极端民族主义分子对饶勒斯的仇恨。他们迫不及待地采用各种极为恶毒的语言,对饶勒斯进行谩骂攻击,并给饶勒斯扣上了一顶顶"卖国"的罪名。如夏尔·莫拉斯在 1914 年 7 月 18 日的《法兰西行动报》上发表了一篇题为《论政权的严肃性》的社论,文中在提及饶勒斯时,说他是犯有"叛国罪"的叛徒、"大家的公敌"、"德国的走卒",认为饶勒斯在这次"社会党非常代表大会"之前,就有过成百次类似的(叛国)举动,所以,国人应当鄙弃他、唾骂他。① 而这一切,恰恰从反面证明了饶勒斯反战立场的坚定,以及其活动的影响力巨大。

社会党非常代表大会结束后,饶勒斯仍风尘仆仆地四处奔走,为反对军国主义、反对战争和保卫和平而展开各种活动。7 月 25 日,饶勒斯在里昂向法国公众发表了最后一项公开演讲,他愤怒地揭露了战争灾祸的来临,并号召各国无产阶级团结起来,共同反对战争。7 月 28 日,饶勒斯前往比利时的布鲁塞尔参加社会党国际局为拯救和平于 29 日在那里召开的大会。他在布鲁塞尔皇家马戏场发表了演说,继续为制止战争、争取和平而大声疾呼。回到巴黎后,他又坚持参加各种会议,想尽一切办法去拯救和平,避免战争。

7 月 31 日,饶勒斯在《人道报》上发表了他生前的最后一篇文章《冷静是必要的》。文章指出:"形势虽然危急,但只要我们能够保持清醒的头脑和顽强的意志,只要我们善于忍耐,在行动上英勇果敢,那么这种危险也不是不可克服的。我们只有现实地对待自己的使命,才能有力量去完成他。"在结尾中,饶勒斯还呼吁道:"当前重要的是,要不停地开

---

① 沙尔·拉波波尔:《饶勒斯传》,第 104—105 页。

展斗争,工人阶级在思想上的警惕性不能有片刻的放松。只有这样才能保卫和平。"①晚上快 8 点时,饶勒斯未吃晚饭就从外交部径直赶到《人道报》编辑部,与报社经理及几位编辑商谈工作。谈完工作后,他们一起来到报社附近的"新月"餐馆用餐。晚上 10 点差一刻,饶勒斯在吃完饭准备离座时,突然他座位旁的窗帘被掀了起来,一支手枪对准了饶勒斯的头。随着两声枪响,饶勒斯应身倒地,凶手是民族沙文主义者拉乌尔·维兰(Raoul Villain)。饶勒斯被暗杀的消息震动了全巴黎,愤怒的群众涌向被害现场,无不失声痛哭。各报,包括《法兰西行动报》、《时代报》等一直反对饶勒斯的报刊,都对这一暗杀事件进行了严厉的谴责,并以最美好的语言对这位伟大的死者给予赞扬。如 8 月 2 日的《时代报》写道:"正当形势危急,每个法国人都感到需要团结起来保卫祖国的时候,一个狂徒、无赖昨天晚上在《人道报》附近的一家餐馆杀害了让·饶勒斯。凶手从他的背后打了两枪,一枪打在太阳穴上。不管我们对这位伟大的社会党演说家所起的政治作用有怎样的看法,每一个正直的人听到这个令人深恶痛绝的谋杀事件后无不感到义愤填膺。……我们尽管一直反对这位《人道报》的负责人,揭露他起的十分危险的作用,谴责他这个思想极端敏锐、无比廉洁正直的人所持的反对军队的态度和在对外政策上所犯的错误,况且他的报纸对我们也是从来不留情面的,但我们仍要对他的被害表示我们的愤怒,并向死者表示我们的敬意。"②不仅如此,巴雷斯,这位此期法国极端民族主义思想的头号鼓吹者,曾在议会中就三年兵役法与饶勒斯展开唇枪舌剑的右翼议员,亦在饶勒斯遇害的次日赴其寓所吊唁,并称饶勒斯是一位"高尚、伟大的人物"。③ 巴雷斯和《时代报》的编者们的这些反应,使马塞尔·桑巴(Marcel Sembat)④更感痛心地在《人道报》中写道:"你们这些过去对他竭尽污辱的狂人! 现在他死了,你们才发现他是怎样一个了不起的人,你们现在为杀害这样一个伟大的人物而颤抖了。你们现在才承认他是

---

① 沙尔·拉波波尔:《饶勒斯传》,第 108－109 页。
② 沙尔·拉波波尔:《饶勒斯传》,第 111－112 页。
③ Michel Winock, *Le siècle des intellectuels*, Paris, Seuil, 1999, pp. 162－163.
④ 马塞尔·桑巴(Marcel Sembat,1862－1922),法国政治家。

一盏明灯,因为这盏明灯熄灭了。在 1870 年战争中,当法国处于国破家亡,需要把自己剩余的力量聚集起来的时刻,她找到了甘必大(Gambetta)①来完成这一艰巨的使命。现在饶勒斯死了,我们当中谁还能撑得起这根擎天柱? ……饶勒斯一死,动员令就颁布了! 他一走战争便接踵而来。"②不过,不管怎么说,巴雷斯此举显然有利于促进大战期间法国知识界"神圣联盟"的形成。

1924 年,在遇刺 10 年之后,饶勒斯的灵柩被移入先贤祠,和左拉一样,跻身于"为法兰西作出非凡贡献的伟人"之列,受到后人的永久怀念。

三　在两条战线为祖国奋战

就在饶勒斯被刺杀的当天,德国政府向法国发出了一份最后通牒。法国政府毫不犹豫地拒绝了德国方面的要求,并在 8 月 1 日发出动员令。法国政府在《告全国同胞书》中号召法国人民履行"爱国主义"的职责,支持政府,团结一致,维护和平。它指出:"政府寄希望于全体法国的爱国主义,并知道没有一个法国人不准备履行自己的职责。现在,正常不复存在,只有一个永存的法国,一个爱好和平的坚定的法国。只有一个自主的、正义的、在镇静、警惕和庄严之中团结一致的法国。"③次日,全国教堂、修道院都敲响大钟,法国进入了战争状态。圣西尔军校的学生头戴红色军帽,身着蓝色军上装,手戴白手套,骑着高头大马,在巴黎列队游行。沿途受到巴黎市民的热烈欢迎。巴黎车站更是洋溢着民众欢送士兵出征的激昂情绪。不少妇女把花朵挂在赴前线作战的士兵的枪口上,并对他们呼喊,盼望他们早日胜利凯旋。

---

① 莱昂·甘必大(Leon Gambetta,1838—1882),法国著名政治家,第三共和国缔造者之一。

② 沙尔·拉波波尔:《饶勒斯传》,第 112 页。

③ Georges Bonnefous, *Histoire Politique de la IIIe République*, Vol. 3, Paris, PUF, 1967, pp. 24—25.

在这关键时刻,曾经多少次口诛笔伐反对可能发生的战争的社会党和工团主义的领导人与知识分子也很快地改变了自己的立场,使面对着德国威胁的法国迅速地在"保卫祖国"、"保卫法兰西"的口号下实现了法兰西全民族的"神圣联盟"。8月1日,向来专事反军国主义和反极端民族主义的社会党人知识分子居斯塔夫·埃尔韦(Gustave Herve)①在其主编的《社会战争报》(*La Guerre Sociale*)上登出了大字标题:"国防第一!他们谋杀了饶勒斯!我们决不谋杀法兰西!"8月2日,社会党人马塞尔·桑巴在巴黎瓦格拉姆大厅召开的群众大会上号召:"你们要为保卫法国文化和人民的自由而战!"8月4日,总工会的领导人莱昂·儒奥(Léon Jouhaux)②在饶勒斯的葬礼上公然表示,法国工人阶级将在战争中忠诚于祖国和共和国,号召劳动者为反对德国而战。同日,社会党议会党团一致决定在议会投票中投票赞成战争拨款。8月底,曾长期担任记者的社会党领导人茹尔·盖得(Jules Guesde)③与马塞尔·桑巴一起加入了以勒内·维维亚尼(René Viviani)④为首的联合内阁。

面对正在熊熊燃烧的战火,不少法国知识分子勇敢地走上前线,投入了抗击德军,保卫祖国的战斗。这当中,既有以不顾自己的年龄已四十有六,仍自愿赴前线的著名哲学家阿兰为代表的中年知识分子,更多的是血气方刚的青年知识分子与大学生。例如,著名的青年作家夏尔·佩居伊在战争伊始即率先入伍,他在队伍开向前线时写道:"我们是共和国的士兵,上前线去是为了全面裁军与进行最后一次战争。"⑤1914年9月5日,佩居伊就在大战初期著名的马恩(Marne)河战役中献出了自己年轻的生命。又如,著名诗人纪尧姆·阿波利奈(Guillaume

---

① 居斯塔夫·埃尔韦(Gustave Herve,1871—1944),法国作家。

② 莱昂·儒奥(Léon Jouhaux,1879—1954),法国政治家,1951年诺贝尔和平奖获得者。

③ 茹尔·盖得(Jules Guesde,1845—1922),法国政治家。

④ 勒内·维维亚尼(René Viviani,1862—1925),法国政治家,1914年6月至1915年10月任政府总理。

⑤ 让-皮埃尔·阿泽马、米歇尔·维诺克:《法兰西第三共和国》,商务印书馆1994年版,第147—148页。

Apollinaire)①在这方面的表现也颇为引人瞩目。阿波利奈在 20 岁时来到巴黎,并在 20 世纪初法国文艺领域中风靡一时的先锋派运动中出尽风头。战争爆发时,这位意大利军官与波兰女移民的儿子还未加入法国国籍,尽管如此,此时已把法兰西视为自己祖国的阿波利奈仍积极地申请参军,并曾担任步兵少尉,直到 1916 年受伤退伍时才从前线回到巴黎。在这期间,阿波利奈加入了法国国籍。

这方面的其他例子还有,曾以小说《火线》(又译《炮火》)荣获龚古尔文学奖的法国著名小说家亨利·巴比塞(Henri Barbusse)②在大战开始时就志愿加入了法国步兵,由于作战勇敢两次荣获嘉奖,1917 年因负伤退役。因善于描写自然风貌和农村生活被人称为农民小说家的让·季奥诺(Jean Giono)③曾在大战期间参加过举世闻名的凡尔登战役,并是所在连队 11 名幸存者之一。另外,在 20 世纪法国文学史上占有一席之地的法兰西学院院士亨利·德·蒙泰朗(Henry de Montherlant)④,以《在茫茫黑夜中的漫游》(*Voyage au bout de la nuit*)轰动法国文坛的著名作家路易－菲迪南·塞利纳(Louis-Ferdinand Celine)⑤,以作品构思新颖、风格清丽潇洒、文笔典雅婉约著称的让·吉罗杜(Jean Giraudoux)⑥等一大批青年知识分子都曾经在大战中参加过前线的战斗。

与文学界相比,法国的教育界在大战中表现出来的勇敢精神丝毫也不逊色。根据 1919 年初《大学评论》(*La Revue Universitaire*)杂志提供的初步统计资料显示,有 6000 名小学教师、460 名大学教师在大战期间战死沙场。而 1914 年时全法共有 65000 名小学男教师,其中一半多人(35817 人)应征入伍。后来的资料又表明,大战中牺牲的男教师应在 8117 到 8419 人之间,也就是说,被征召的这些教师中,有四分之一左右丧生。至于高校教师,1914 年其总数刚刚超过 1000 人,其中 260 人战

① 纪尧姆·阿波利奈(Guillaume Apollinaire,1880－1918),法国诗人。
② 亨利·巴比塞(Henri Barbusse,1873－1935),法国作家。
③ 让·季奥诺(Jean Giono,1895－1970),法国作家。
④ 亨利·德·蒙泰朗 (Henry de Montherlant,1895－1972),法国作家。
⑤ 路易－菲迪南·塞利纳(Louis-Ferdinand Celine,1894－1961),法国作家。
⑥ 让·吉罗杜(Jean Giraudoux,1882－1944),法国作家。

死的数字表明,其牺牲者并不仅仅是应征者的四分之一,而是大学教师总数的四分之一强。由于年龄方面的因素,大战对大学生的影响尤其大。比如政治科学私立学校,1914 年时有 800 名学生,由于许多学生应征入伍等原因,1915 年初竟只剩下 72 名,其中三分之一还是外国学生。又如巴黎大学,1914 年 7 月时的注册者有 14198 人,而在 1915、1916、1917、1918 年时分别只有 3323、4369、4827、5998 人。如果考虑到大战期间女大学生人数明显增长的因素,那么,投笔从戎的男大学生所占比例之高就更可想而知了。[①] 不仅如此,在大战中牺牲的大学生,特别是"大学校",即那些需通过竞争极为激烈的考试才能入学的著名的高等专科学校的学生相当的多。例如,在阿兰的指导下,在 1913 年从著名的亨利四世中学考入巴黎高等师范学校的 54 名学生中,竟有 28 人在第一次世界大战中阵亡。另外,竖立在巴黎高等师范学校校园内的烈士纪念碑上刻有 239 人的姓名,而这些人只是大战期间为国捐躯的巴黎高师应征入伍的历届校友中的一小部分。

作为人类历史上的第一场总体战争,各交战国在第一次世界大战中的战争努力绝不可能仅仅局限于征召国内的年轻人披上戎装赴前线打仗。为了能够打败敌人,各交战国必须要动用全民的力量。一战期间出现的新词"国内战线"(le front national)确切地说明了平民投入战争的规模。同时,为了能够打败敌人,各交战国都必须竭尽全力地开发本国的各种资源。这些资源当中,最重要的当然是经济方面的资源,但是,另一种资源,即思想文化方面的资源也同样极为重要。事实上,法国公众舆论在大战爆发时对宣战所表示的热烈欢迎、广大民众阶层爱国主义情绪火山一般地迸发清楚地表明,法国在这方面有着得天独厚的资源。

笔者以为,此期法国民众的爱国主义情绪之所以会像火山一般地迸发,在很大程度上得归因于茹尔·费理(Jules Ferry)[②]的教育改革。

---

① Pascal Ory et Jean-François Sirinelli, *Histoire des intellectuels en France de l'affaire Dreyfus à nos jours*, Paris, Armand Colin, 2002, p. 62.

② 茹尔·费理(Jules Ferry,1832—1893),法国著名政治家,1880 年 9 月至 1881 年 11 月和 1883 年 2 月至 1885 年 3 月两次出任总理。

自19世纪80年代初费理全力推行教育改革方案,特别是明确地提出了世俗的、免费的小学义务的口号以来,法国的学校开始摆脱教会的控制,教育普及的程度大大提高。尤其值得注意的是,费理时代以来的小学成功地把爱国主义情感的培养融入了自己的教育之中。当时由欧内斯特·拉维斯(Ernest Lavisse)①这位著名的史学大师主编的小学教科书《爱国主义义务》的最后一段这样写道:

> 战争虽然不是多半要发生的,但却是可能的。正因为这样,法国必须保持武装,时刻准备自卫。虽然它有一个同盟者和一些朋友,但首先要靠自己。
>
> 保卫法兰西,就是保卫我们生于斯的土地,这是世界上最美丽富饶的土地。
>
> 保卫法兰西,我们的一举一动,要像祖国好儿女一样。我们要履行对我们祖先应尽的义务,许多世纪以来,他们历经千辛万苦,创建了我们的祖国。
>
> 保卫法兰西,我们就是为一切国家的人民而工作,因为法兰西自大革命以来,已经在世界上传播了正义和人道的思想。
>
> 法兰西是最公正、最自由、最人道的祖国。②

总之,通过几十年的教育,市镇小学一届又一届的毕业生们早已在精神上做好了反德战争的准备。为了自卫,战争是正义的;为了保卫共和国,战争更是神圣的。

在一场无限制的总体战争中,发动大规模的宣传战来增强本国的士气、涣散敌人的军心已日益成为重要的战争手段。大战爆发之后,法国的广大知识分子都迅速地成为了这条没有硝烟的战线的战斗者。8月6日,居斯塔夫·埃尔韦在《社会战争报》上公开地表示:"难道这场神圣的战争,这场我们参加的保卫祖国和保卫各国自由的战争,不是一场

---

① 欧内斯特·拉维斯(Ernest Lavisse,1842—1922),法国著名史学家。

② 让—皮埃尔·阿泽马、米歇尔·维诺克:《法兰西第三共和国》,第144页。

真正的社会战争，一场法国民主政体及其盟友反对德国封建军事等级集团的战争吗？在战争期间，我们的口号是：'43 年前，俾斯麦曾在法国给了我们共和政体！我们要为德国人民同样效劳，帮助他们建立德意志共和国！'"①埃尔韦后来甚至把自己的报纸易名为《胜利报》(La Victoire)。巴黎高等师范学校文科预备班的教授勒内·皮雄(René Pichon)在《两个世界评论》(La Revue des deux monde)中一连发表了《古代罗马的人道主义与爱国主义》、《蒙森与德国人的心态》等数篇文章，对法国人爱国主义的历史根源与德国人侵略扩张的行径进行阐释。1914 年 8 月 8 日，著名的哲学大师柏格森(Henri Bergson)在政治与伦理科学院宣称，德法之间的战争是文明与野蛮之间的斗争。因此，他将致力于社会、伦理与心理学问题的研究，以便完成这样一项任务，即从德国的暴行与厚颜无耻中，从德国对一切正义与真理的蔑视中，揭示出德国在向野蛮状态退化。② 埃米尔·布特鲁(Emile Boutroux)③也在1914 年 9 月的《两个世界评论》上对所谓的"日耳曼精神"进行了思考与剖析。许多著名的专家学者则利用自己的学术专长在这条战线上为祖国而战。埃米尔·马勒(Emile Male)④在 1917 年发表了《德国的艺术与法国的艺术》。文章将德国艺术对罗曼风格时代与哥特风格时代的所有重要影响予以一笔抹煞。维克多·贝拉尔(Victor Berard)⑤则谴责了德国学术界在荷马史诗研究中的"谎言"。⑥ 而著名史学家、巴黎大学法国大革命史讲座教授阿尔封斯·奥拉尔(Alphonse Aulard)⑦则极力阐述 1893 年法国大革命中的爱国者与新的"勇士"(poilus)⑧之间的

---

① 让－皮埃尔·阿泽马、米歇尔·维诺克：《法兰西第三共和国》，第 145 页。
② Michel Winock, *Le siècle des intellectuels*, Paris，Seuil，1999，p.169.
③ 埃米尔·布特鲁(Emile Boutroux，1845－1921)，法国哲学家。
④ 埃米尔·马勒(Emile Male，1862－1954)，法国艺术史家。
⑤ 维克多·贝拉尔(Victor Berard，1864－1931)，法国古典学家。
⑥ Pascal Ory et Jean-François Sirinelli, *Histoire des intellectuels en France de l'affaire Dreyfus à nos jours*, Paris，Armand Colin，2002，p.65.
⑦ 阿尔封斯·奥拉尔(Alphonse Aulard，1849－1928)，法国著名历史学家。
⑧ 此为一战中法国士兵的绰号，该词在古代具有勇士、英雄之意。

联系,想借此激励法国士兵的斗志。①

在这一过程中,占据巴黎大学与法兰西学院中的重要教席的知识界名流身体力行,起了表率作用。他们发起建立了战争研究与文献委员会,其主席为声名隆隆的史学大师欧内斯特·拉维斯,秘书长为著名的社会学家埃米尔·涂尔干。涂尔干编撰了许多该委员会的宣传册,如《"高于一切的"德国》、《德国人的心态与战争》。拉维斯则与夏尔·安德勒(Charles Andler)②联袂阐述了"德国人的战争学说与实践"。后者还在《泛日耳曼主义:德国在世界上的扩张计划》(Le Pangermanisme, ses plans d'expansion allemande dans le monde)中谴责了泛日耳曼主义。尤其值得注意的是,许多当年属于德雷福斯派营垒的知识精英也积极参与了这一委员会,并成为其重要的成员,其中有法国实证主义史学大师夏尔·瑟诺博斯(Charles Seignobos)③、著名的文学评论家和文学史专家居斯塔夫·朗松(Gustave Lanson)④。由此,与全国已实现的"神圣联盟"相呼应,法国的知识界在很大程度上也实现了"神圣联盟"。在此也需要指出的是,如果说大多数法国人把第一次世界大战视为报普法战争之仇的机会的话,那么,对不少法国知识分子来说,它同样也是法兰西文明向德国思想"复仇"的天赐良机。因为在第三共和国前期,法国的舆论中流行着这样一种说法,即认为德国不仅在(普法战争的)战场上打败了法国,而且在思想领域里也打败了法国。

尤其值得注意的是,在大战爆发前后,许多法国知识分子的态度可谓是判若两人。如另一位法国著名史学家、法国大革命史权威阿尔贝·马迪厄(Albert Mathiez)⑤在1914年2月时还是个和平主义者,并在一份致法国政府的请愿书上签名,要求法国政府放弃一切收复阿尔萨斯、洛林的努力。但在法国政府宣战后,马迪厄却立即转而为"神圣联盟"辩护,并在《集合号》(Le Rappel)杂志上发表了一系列文章,讴歌

---

① Michel Winock, *Le siècle des intellectuels*, Paris, Seuil, 1999, p. 168.
② 夏尔·安德勒(Charles Andler, 1866—1933),法国日耳曼学家。
③ 夏尔·瑟诺博斯(Charles Seignobos, 1854—1942),法国著名历史学家。
④ 居斯塔夫·朗松(Gustave Lanson, 1857—1934),法国著名文学史家、文学批评家。
⑤ 阿尔贝·马迪厄(Albert Mathiez, 1874—1932),法国著名历史学家。

那些血洒疆场的大学生。而马迪厄的同事，曾积极参与民间大学运动的于贝尔·布尔甘（Hubert Bourgin）①亦在大战爆发后一改战前反对三年制兵役法的态度，并以"战士—公民"为笔名，在《人道报》上发表了一系列好战的文章。② 在那时的特殊氛围中，就连向来反对战争、主张人道主义的大作家法朗士也只能随波逐流。1914 年 9 月 22 日，法朗士曾不顾当时的战争狂热，对报界发表了一个和平主义的声明："我们不会用任何罪行来玷污我们的胜利，当我们在他们的土地上击败他们的最后一支军队、攻克他们的最后一个堡垒之后，我们将要宣布法国人民以它的友谊接受战败的敌人。"③法朗士此话的本意是表示对敌人的宽宏大量，可是战争伊始就高谈友谊显然犯了众怒，在社会上掀起了轩然大波。夏尔·莫拉斯在《法兰西行动报》上猛烈地对法朗士进行指责，说他要法国人民用友谊接受野蛮的屠杀者，说正是有了他这样残忍的博爱者人民才白白地流血。与此同时，500 多封匿名信像雪片一样向他飞来，对他进行侮辱和威胁。这一切，使法朗士颇感惊慌，不得不在 9 月 28 日发表了一则"更正"，表示自己只想获得胜利，拒绝接受不可靠的和平。几天后，他又写信给米勒兰总理要求去当兵，以证明自己是一个爱国的公民。在这之后，法朗士开始汇入了沙文主义与爱国主义的大合唱。他在《1914 年圣诞节》一文中，赞美法国军队士气高涨、官兵平等、有高度的自我牺牲精神，法国的士兵是正义事业的捍卫者，一定会取得胜利。1915 年元旦，他又写信给报社，向战斗在前线的士兵们致意，表示"要动员法国的一切力量，军事、经济、工业、物质和精神的力量"来打败德国。4 月 15 日，他再次呼吁在敌人被击败之前决不要媾和，认为此时指实现和平"是一个巨大而危险的错误"，甚至要议会宣布一切建议与德国谈判的人为叛徒。同年法国的国庆日，他又撰文表示，要和士兵们一起战斗到完全胜利。④

---

① 于贝尔·布尔甘（Hubert Bourgin，1874－1955），法国作家，文学教授。
② Sergio Luzzatto, *L'Impôt du sang*, *La gauche française à l'épreuve de la guerre mondiale*（1900－1945），Lyon, Presses Universitaires de Lyon, 1996, p.26.
③ 吴岳添：《法朗士：人道主义斗士》，第 178 页。
④ 吴岳添：《法朗士：人道主义斗士》，第 179 页。

四　反战运动的兴起与和平主义知识分子的活动

就在大多数法国知识分子以各自方式在不同的战线为祖国而战之际，著名作家罗曼·罗兰①所采取的"超乎混战之上"的态度与立场鹤立鸡群般地格外引人瞩目。

作为一位作家，罗曼·罗兰走上创作道路伊始即表现出对战争问题的关注。其后，他更是通过自己的一些重要作品，如《约翰·克利斯朵夫》、《哥拉·布勒尼翁》等小说中的主人公的言行，表达自己反对战争、主张和平的立场。战争爆发后，侨居在中立国瑞士的罗曼·罗兰丝毫没有用隔岸观火的心情对待战争。这场人类历史上前所未有的浩劫使他在精神上感到极度痛苦："我痛苦万分，简直想一死了之。生活在这种发狂的人类中，无可奈何地眼看文明崩溃，多么可憎可怕。这场欧战是几世纪以来历史上最大的灾祸，这是我们寄托在人类博爱上的最神圣的希望在破灭。"②面对着战火正在欧洲大陆猛烈延烧，长期来一直埋首书斋的罗曼·罗兰觉得再也坐不住了，他告别了闭门读书、潜心著述、几乎不问世事地生活，成为一个直接干预公众生活、经常关怀世界大事的作家。

罗曼·罗兰在大战初期所做的两件事清楚地表明了他的这一转变。其一是参加设在日内瓦的国际红十字会"战俘通讯处"的工作；其二是在报上发表公开信，谴责德军炮轰比利时的著名历史古城卢汶（Louvain）。

罗曼·罗兰在"战俘通讯处"工作的几个月，使他对战争给人类带来的痛苦与灾难有了更深的认识。由于战俘和其家人不能直接通信，

---

① 　罗曼·罗兰（Romain Rolland，1866－1944），法国著名作家。1915 年诺贝尔文学奖获得者。有关罗曼·罗兰作为知识分子的"介入"活动，可参见 David Fisher, *Romain Rolland and the politics of intellectual engagement*, Berkeley : University of California press，1988。

② 　罗大冈：《论罗曼·罗兰》，上海文艺出版社 1979 年版，第 56 页。

"通讯处"的作用,首先在于将大批战俘的信转达给各人的家属,同时把家属的信设法送到战俘手里。也有前线战壕中士兵寄给战俘,或后方的家人寄给已经失去联系的前线士兵的信。这些信充分表明了战争给人类带来的痛苦与灾难。有时,战壕中士兵,或野战医院中的伤员,自己觉得已无生还的希望,悲痛地写信和后方的亲人诀别,或者相反,后方的家人惨遭不幸,写信给没有希望再见到的在前线的亲人。生离死别,字字血泪,令人不忍卒读。这段经历给罗曼·罗兰上了极其重要的人生一课。1915年4月,他在日记中写道:"痛苦,我认识了你!七个月来,在'战俘通讯处',我天天沉浸在悲痛与哀伤的海洋中。"①

　　1914年8月下旬,比利时著名的历史名城卢汶的古代建筑与历史文物在德军的炮火下均化为灰烬。罗曼·罗兰无法忍受这种对于人类文明的狂暴摧残。于是,他在8月29日给德国著名剧作家、1912年诺贝尔文学奖得主盖哈尔特·霍普特曼(Gerhart Hauptmann)②写了一封公开信。公开信发表在9月2日的《日内瓦日报》(Le Journal de Genève)上。罗曼·罗兰在信中谴责德国的文人学者,面对德军的罪行,采取了默许的态度,并责问德国的知识分子:"你们是歌德的后裔,还是阿提拉③的后裔?"④罗曼·罗兰之所以把信写给霍普特曼,主要是希望曾在许多作品中表现出人道主义思想的霍普特曼能成为自己的志同道合者。因此,他在信中发出呼吁:"为了我们的欧洲(而您一直是欧洲最光荣的战士之一),为了文明,为了德国人民的荣誉,我恳求您,霍普特曼,我向您,向德国的优秀人物(其中有不少是我的朋友)呼吁:请你们尽最大的努力来反对犯罪行为,不然的话,你们也将担负犯罪的责任。"⑤让罗曼·罗兰深感失望乃至愤怒的是,在此信发表后不久,德国知识界包括霍普特曼在内的90多位知名人士联名发表公开宣言,宣称

---

　　① 杨晓明:《欣悦的灵魂:罗曼·罗兰》,四川人民出版社1997年版,第259页。
　　② 盖哈尔特·霍普特曼(Gerhart Hauptmann,1862—1946),德国著名作家。
　　③ 阿提拉(Attila,406—453),匈奴首领,曾率领匈奴人对东西罗马帝国造成沉重打击,被称为"上帝之鞭"。
　　④ 罗大冈:《论罗曼·罗兰》,第61页。
　　⑤ 杨晓明:《欣悦的灵魂:罗曼·罗兰》,第261页。

德国知识界完全支持本国政府的行为。

　　1914 年 9 月 15 日,罗曼·罗兰在《日内瓦日报》上发表了他生平第一篇长篇政论《超乎混战之上》(Au－dessus de la mélée)。"超乎混战之上",这不仅是一篇文章的标题,同时也是这位著名作家面对战争所采取的基本立场。"混战"是指当时欧洲若干民族、若干国家之间的一场大战。罗曼·罗兰采取高高在上的超然态度,就是说,他不站在任何一个民族或国家的本位立场上,反对一切民族沙文主义和爱国主义。《超乎混战之上》的要点有三:第一,对于交战双方在战场上流血牺牲的大批热血青年表示哀悼:"啊,全世界英勇的青年们! 你们用热血浇灌干渴的大地,这是何等慷慨的狂欢! 在夏日的骄阳下,倒下的庄稼何等壮观! 你们这些所有国家的年轻人,怀着的是一个悲剧性的共同理想,自相残杀。"①第二,认为各民族之间不存在必须开战的理由,即使必须开战,也不应该在西方本土破坏自己的文明。如果为了争夺全球利益,那也可以采取和谈的方式。第三,建议成立一个国际纠纷的仲裁机构,借以避免新的战祸:"我们的首要任务是在全世界范围内倡导建立一个机构,一个高等道德法院,一个良心的法庭,执行监督并仲裁所有对人权的粗暴侵犯,无论这种侵犯来自哪一个阵营。"②尤其引人瞩目的是,罗曼·罗兰还在此文中对知识分子们提出了特别的希望,这就是保持思想的独立性和完整性,反对种族主义。文中写道:"我看到,(很多人)效力于一种幼稚而荒谬的种族主义狂热,这是可耻的。种族主义完全没有科学依据(不存在单一纯粹种族的国家)。种族主义政策,正如勒南(Renan)③在写给斯特劳斯的信中指出的那样,种族主义政策只能导致动物之间的战争,弱肉强食的战争,与各种啮齿类和食肉类动物之间的生存竞争类似。这将是一个末日,这个繁殖能力极强而又错综复杂

----

　　①　Romain Rolland, "Au-dessus de la mélée ", *Romain Rolland : Textes politiques, sociaux et philosophiques choisis*, Edition Sociale, Paris, 1970, p.137.

　　②　Romain Rolland, "Au-dessus de la mélée ", *Romain Rolland : Textes politiques, sociaux et philosophiques choisis*, Edition Sociale, Paris, 1970, p.147.

　　③　约瑟夫·厄内斯特·勒南(Josephe Ernest Renan,1823－1892),法国哲学家,历史学家。

的人类的末日。人类是一曲高贵的集体灵魂谱写而成的交响乐,如果有人只能依靠破坏人类的一部分才能理解和热爱人类,那证明,他是一个野蛮人。"①

《超乎混战之上》的发表震动了德法的知识界,激怒了社会舆论,罗曼·罗兰顷刻之间成为众矢之的,不少法国人骂罗曼·罗兰是"卖国贼",因为他反对而且讥讽了保卫法兰西民族的生存和光荣历史的"神圣战争"。因为《超乎混战之上》宣称各民族、各国文化都有自己固有的优点,应当互相尊重。这就是说,德国民族、德国文化也有自己的优良传统,值得法国人尊敬和重视。光这一句话,就足以使当时法国的民族沙文主义者以及受他们影响的公众暴跳如雷。如亨利·马西斯(Henri Massis)②立即在《水星报》(Le Mercure)上以《反对法国的罗曼·罗兰》为题发表文章,对罗曼·罗兰进行谩骂、攻击。③ 当时,一些人公然叫嚣,要将罗曼·罗兰处以极刑,或者威胁说,必须要用对付饶勒斯的方式来对付罗曼·罗兰。卑鄙的记者、投机的政客还造谣说,罗曼·罗兰是"有凭有据"的德国特务,并把他叫做"日耳曼·罗兰"(Germain Rolland),说他是日耳曼人,使受谣言攻势蒙蔽的普通百姓提起"日耳曼·罗兰"来,个个切齿痛恨。甚至罗曼·罗兰往日的师长友好,也有人公开表示对他深恶痛绝。如当时法国的史学大师拉维斯以前一贯赏识罗曼·罗兰的才华,并利用自己的声望与地位在学术界与教育界对其大加奖掖,到了这时,居然也公开表示和罗曼·罗兰断绝关系,划清界限。

不仅如此,罗曼·罗兰的这篇文章在西欧其他国家的知识界也遭到了普遍的抨击和责难。德国的文人们普遍把罗曼·罗兰看成是最阴险的敌人,是躲在和平主义外衣之下的沙文主义者。有人在《德意志评论》上撰文指出,《约翰·克利斯朵夫》的作者"在阴险的中立主义假面具下,包藏着对德国精神的最危险的攻击"。就连德国著名作家托马

---

① Romain Rolland,"Au—dessus de la mêlée", *Romain Rolland：Textes politiques, sociaux et philosophiques choisis*, Edition Sociale, Paris, 1970, pp. 148—149.

② 亨利·马西斯(Henri Massis,1886—1970),法国文学评论家。

③ Michel. Winock, *Le siècle des intellectuels*, Paris, Seuil, 1999, p. 170.

斯·曼（Thomas Mann）①也对罗曼·罗兰冷讥热嘲，痛恨有加。在英国，带头抨击《超越混战之上的》的，正是曾经赞扬过《约翰·克利斯朵夫》的著名小说家赫伯特·乔治·威尔斯（Herbert George Wells）②。甚至在中立国瑞士，也有一些舞文弄墨之士，指着罗曼·罗兰破口大骂，说罗曼·罗兰不配住在瑞士。

由民族沙文主义者一手制造的白色恐怖从四面八方向罗曼·罗兰袭来。罗曼·罗兰曾在日记中写道："有充分理由使我相信，我迟早将成为暗杀暴行的受害者。"极度的孤立与长期的郁闷使他陷于悲观绝望，几乎到了自杀的边缘。"新的危机。可怕的夜晚。我的唯一的镇静剂是想到一死了之。不再活下去。不再做人。呵，如果我非长生不死不可，我一定会发疯。"③但是，罗曼·罗兰毕竟是一个不轻易改变主张的人。尽管他在此期的《战时日记》中字字辛酸，满纸泪痕。可是，他从来没有怀疑过自己的立场。他决心不向命运投降，不向邪恶势力低头。由此，他也从未放弃为世界和平的信仰而进行的斗争。在相继发表了《武装力量中的仁慈》（1914 年 10 月 30 日）、《致我的批评者》（1914 年 11 月 17 日）之后，1914 年 12 月 4 日，他又发表了一篇比《超乎混战之上》更大胆、更泼辣的文章《论偶像》。该文的基本精神和《超乎混战之上》是一致的：反对民族沙文主义，反对战争。同时严厉斥责法国知识分子在战争中的表现："法国知识分子并不使我觉得脸上光彩……思想界的首脑们，到处在集体疯狂面前低头屈膝。这种闻所未闻的虚弱，充分证明他们没有骨气。"④

1915 年秋，瑞典皇家学院打算把该年度的诺贝尔文学奖授予曾创作鸿篇巨制《约翰·克利斯朵夫》的罗曼·罗兰。当时，第一次世界大战才进行了一年多的时间，作为中立国的瑞典要把该年度的诺贝尔文学奖授予一个交战国的文学家，显然得承受多方面的巨大压力。其中，

①　托马斯·曼（Thomas Mann，1875－1955），德国著名作家，1929 年诺贝尔文学奖获得者。

②　赫伯特·乔治·威尔斯（Herbert George Wells，1866－1946），英国著名作家。

③　罗大冈：《论罗曼·罗兰》，第 66 页。

④　罗大冈：《论罗曼·罗兰》，第 68 页。

法国政府对此就坚决反对。法国政府甚至向瑞典政府表示,如果瑞典将诺贝尔文学奖授予罗曼·罗兰,法国驻瑞典大使将拒绝参加授奖仪式。与此同时,巴黎的民族沙文主义报刊也歇斯底里地说罗曼·罗兰是犹大,诺贝尔奖金就是他出卖祖国的报酬。在这种情况下,瑞典皇家学院决定暂不发表1915年度诺贝尔文学奖获得者的姓名。直到第二年11月,瑞典皇家学院与外交部才打电报给罗曼·罗兰,告知他是1915年度诺贝尔文学奖的获得者。而且,一直到1917年6月初,审慎的瑞典皇家学院才将诺贝尔奖的证书和奖金寄给住在日内瓦附近的罗曼·罗兰。罗曼·罗兰在收到奖金后,即毫不犹豫地全部分赠给法国救济战争难民的几个民间组织和设在日内瓦的国际红十字会。

毋庸讳言,大战爆发之际法国民众迸发出来的强烈的爱国热忱在很大程度上是基于这样一种幻想,即战争是短期的,赴前线作战的士兵们会在当年的圣诞节前凯旋回家。然而,事与愿违。马恩河战役之后,士兵们并没有能够回家过圣诞节。长期的阵地战开始了,妇女们挂在赴前线作战的兵士们枪支上的花朵早已凋谢。士兵们的情绪已在逐渐变化。当初为伟大的爱国主义理想夺回阿尔萨斯与洛林而战的想法在日复一日地消退。战士们之所以还在战斗,更多的是出于习惯与压力。路易·梅雷(Louis Mairet)在《一个战士的日记》中的记载清楚地说明了这一点,"1916年的士兵,既不是为阿尔萨斯,也不是为了摧残德意志,也不是为祖国而战。他们出于正直,出于习惯和迫于压力而战。他们打仗,因为他们只能这样"[①]。而持续的战争与生活状况的日趋恶化更使广大民众的厌战和不满情绪逐渐增长。

在这种情况下,社会党人中反战的"少数派"运动应运而生。以革命工团主义者为基本力量的"少数派"不仅在国内广泛开展活动,谴责军国主义,反对战争,而且还积极参加了国际上社会主义者"少数派"的反战活动。他们的代表甚至还在齐美尔瓦尔德召开的国际社会党人第一次代表会议上同德国代表签署了法德宣言,表示:"这场战争不是我们的战争,我们投入争取和平的斗争,为的是迫使政府停止这场大屠

---

① 让—皮埃尔·阿泽马、米歇尔·维诺克:《法兰西第三共和国》,第148页。

杀"，要求实现不割地、不赔款和以民族自决为基础的和平。在前线，1917年尼韦尔战役的失败直接导致了早已士气低落的士兵们的反战骚动，而俄国二月革命的影响，则加强了法国士兵的革命情绪，在许多部队秘密地成立士兵代表苏维埃，散发革命传单，号召士兵"打倒战争！""消灭将军！"《法国士兵十戒》的传单广为流传，它要求官兵平等、废除死刑、签订不割地的和约。在后方，工人群众的反战运动进一步发展，罢工运动迅猛展开。

与这一时期的这些变化相应，那些对1914年夏天的民族沙文主义浪潮无能为力的和平主义知识分子也在日益地展开自己的活动，试图重新夺回失去的阵地。当初，罗曼·罗兰在发表《超乎混战之上》时是形影相吊，而在这时，他的立场与观点已被越来越多的人所理解与接受。因此，罗曼·罗兰在经过相当长一段时间的"沉默"（这种"沉默"基本上是客观原因所致，因为当时法国国内外的报刊均不愿发表罗曼·罗兰的文章）之后，开始以《先驱者》为总题陆续发表了一系列政论。尤其是在1916年年底或1917年年初，他发表了一篇战斗性相当强的文章《致被屠杀的各国人民》（Aux peuples assassinés）①。罗兰本人对这篇文章颇为重视，他后来回忆道："这样一篇论文，在当时具有宣告全面决裂的性质，不仅和战争决裂，而且和老旧的社会决裂，和作为老旧社会中心的资本主义和资产阶级秩序决裂。我已经不留余地了。我斥责了各个国家。我揭发了真正的操纵者：金钱。"②对于罗曼·罗兰在当时所扮演的角色和所起的作用，罗曼·罗兰的好友、奥地利著名作家斯蒂芬·茨威格（Stefan Zweig）曾在其《罗曼·罗兰传》中作过如下评论："罗曼·罗兰个人的存在随着1914年的来临而消失了。现在，他的个人生活不属于他自己，而是属于整个世界，他的生平成了一部现代史，同他的社会活动不可分割。……他的每一篇文章、每一封书信都是一篇宣言，他的个人存在就是一出英雄剧。……他成为时代的风云儿，非个

---

① Romain Rolland，"Aux peuples assassinés"，*Romain Rolland：Textes politiques，sociaux et philosophiques choisis*，Edition Sociale，Paris，1970，pp. 151－159.

② 罗大冈：《论罗曼·罗兰》，第85页。

人的力量,欧洲精神生活史的一页。……从1914年起,罗曼·罗兰和自己的思想以及为实现这个思想而进行的斗争构成了一个整体。他已经不再是一位作家、一位诗人、一位艺术家,他已经不属于他自己。他是灾难深重的欧洲的喉舌,他是世界的良心。"①

在此时反战运动中颇值得一提的是一位贫苦出身的法国知识分子、曾任巴黎《工团战斗报》编辑的亨利·吉尔贝(Henri Guilbeux)。吉尔贝由于坚持发表拥护罗曼·罗兰反战立场的公开信而被《工团战斗报》社开除,后辗转流亡到日内瓦。到日内瓦不久,他在罗曼·罗兰的支持下,借重罗曼·罗兰的声望,在日内瓦创办了一份反战的刊物——《明日》(Demain)月刊,积极地展开反战宣传。《明日》创刊后,在当时的反战运动中起了不容忽视的作用。其中,罗曼·罗兰先后在上面发表的《给垂死的安提戈涅》《混战中妇女的呼声》《自由》《致被屠杀的各国人民》等政论文,影响颇大。此外,法国的一些和平主义知识分子还与反战的工人携起手来,团结在《工人生活报》这家工团主义报纸的周围,使该报成为当时反战宣传的重要阵地。

更值得一提的是,曾志愿加入法国步兵而在前线亲身体验过士兵生活的巴比塞,已经从一位勇敢的战士转变为一名和平主义者。他在战斗的间隙于1916年写成了小说《火线》(Le Feu)②,副标题为《一个步兵班的日记》(Journal d'une escouade)。《火线》是第一部直接出自前线见证人之手的反映现代战争残酷性的小说,它通过描写法军驻守在克罗伊119高地的一个步兵班在战争中出生入死、历尽苦难、血洒疆场的经历向西方读者展现了第一次世界大战的残酷景象,从而促使人们去思考如何才能消灭战争。该书出版后,虽然遭到了一些极端民族主义者的攻击,如莫拉斯指责该书通过渲染法国士兵在战壕中的沮丧,宣扬失败主义。作为龚古尔奖评委之一的莱昂·都德更是在评语中写道:"此书下流、卑鄙、伤风败俗,只能为敌人效劳。"③尽管如此,它仍然

①　杨晓明:《欣悦的灵魂:罗曼·罗兰》,第273页。
②　又译《炮火》——笔者注。
③　Michel Winock, *Le siècle des intellectuels*, Paris, Seuil, 1999, p.172.

深受广大读者的欢迎,并在大多数评委的坚持下荣获了龚古尔文学奖。一些人甚至把《火线》与左拉的《我控诉!》相提并论,把巴比塞誉为"堑壕中的左拉"。乔治·杜阿梅尔(Georges Duhamel)①在大战开始后曾以军医身份到前线去工作,归来后发表小说《受难者》(*Vie des martyrs*,1917)和《1914—1917 年的文明》(*Civilisation*,1918),用文学作品对这场残酷的战争进行了猛烈的谴责,在当时也很有影响。《1914—1917 年的文明》也获得了龚古尔文学奖。此外,著名哲学家阿兰从前线回来后,进一步发展了其和平主义思想,并由此使自己成为两次世界大战之间法国和平主义思潮的代表性人物。

---

① 乔治·杜阿梅尔(Georges Duhamel,1884—1966),法国作家。

第三章　知识分子社会参与的"炎夏"
——两次大战之间的法国知识分子

一　"来自东方的曙光"

1918 年 11 月 11 日 11 点,当前线实现全面停火时,巴黎响起了庆祝胜利的隆隆礼炮声。全国各地的大中城市也和首都一样沉浸在欢乐之中,人们兴高采烈地涌向街头,奔走相告,不少人还载歌载舞,相互拥抱。休假的军人,甚至包括死难者家属都加入了狂欢的人群。多年的灾难与悲痛已被完全地抛在了脑后。事实上,法国人完全有充分的理由对停战协定的签订感到欢欣鼓舞。首先,战争终于结束了。《喔唷!》,当时发行量颇大的《鸭鸣报》(*La Canard enchaîné*,一译《被缚的小鸭报》)刊登的这一脍炙人口的标题把战争爆发后 4 年多的苦难、贫困和焦虑简练而传神地凝聚到了这声叹息中。其次,阿尔萨斯和洛林在落入德国人手中近半个世纪之后又重新回到了法国的怀抱,阿尔萨斯的首府斯特拉斯堡在欢乐声中迎来了法国军队。大战结束之后,法国人一心只想尽快恢复战前的状态,回到战前去。《凡尔赛和约》举行签字仪式的当天,报上的头条新闻登载了隆尚赛马场重新开放的消息。法国人已经对没完没了地为在战争中丧生的人办理丧事以及对战争期间的各种各样的限制感到厌倦。他们像久旱的禾苗盼望雨水一样渴望新的生活。青年人充满狂热。传自美国的爵士音乐、款式新颖的小汽车、性感的短裙和丝袜似乎很快就压倒了一切战争受害者的忧愁。

大战结束之后,法国的知识界,尤其是文学界迅速呈现出战前的那种欣欣向荣的景象。在陶醉于胜利与和平气氛的作家和读者的共同推动下,文学事业以空前的速度迅猛发展。同战前相比,书籍和刊物的品种与数量成倍地增长。读者和观众越来越多。几乎人人阅读文学作品或欣赏电影、戏剧。随着 1923 年、1924 年巴雷斯与法朗士两位文学大师的先后逝世，当时正处于文学鼎盛时期之一的法国文坛被新的"四大文豪"支配着。他们是保罗·克洛岱尔（Paul Claudel）①、保罗·瓦莱里（Paul Valery）②、安德烈·纪德和马塞尔·普鲁斯特。普鲁斯特虽然死于 1922 年，但由于他那部七卷本的长篇小说《追忆似水年华》（À la recherche du temps perdu）只是在他死前不久方才完成，其最后一卷更是于 1927 年才出版，故而他的影响刚刚开始。更令人激动的是，战火消弭之后，巴黎再度作为世界的文化首都而繁荣兴盛起来。学生、教师、作家、画家、雕塑家、设计家，还有成千上万的旅游者，从世界的四面八方蜂拥而至，领略它那优雅的风姿，感受它那温馨的气氛。有时人多得简直要把这个城市给撑破。正如以《第三帝国的兴亡》声名远扬的美国著名记者兼历史学家威廉·夏伊勒（William Shirer）在其另一部扛鼎之作《第三共和国的崩溃》中所描述的那样，在那些黄金般的日子里，文学界，特别是文学界的小说、剧本和富有战斗性的评论文章，对于众多居住在巴黎的人，不论他们是法国人还是被"幸福地放逐"③于花都的异邦人来说，都是一个令人感到珍奇而兴奋的源泉。人们不仅十分认真地看待出自一个人的想象所创作的作品，而且似乎还把这些作品看得比任何其他事物都重要。与佳作迭出的作家相比，银行家、商人、政客正在干什么或想要干什么简直不值一提。甚至连那些大多数受控于工商业与金融业巨子的报纸也有这样的反映。一部新书或戏剧，一年一度的为小说而颁发的龚古尔文学奖，两个敌对的作家派别之间的争论，一位作家的结婚、离婚或死亡这些事件都刊登在报纸的头版。当一代文豪阿纳托尔·法朗士于 1924 年 10 月 12 日逝世时，法朗士的遗体在用防腐香料处理后，从其贝什勒里的寓所被运回巴黎。法国政府和人民在 10 月 18 日为其举行了隆重的国葬仪式，而这通常只有功绩显赫的杰

---

① 保罗·克洛岱尔（Paul Claudel，1868—1955），法国著名剧作家。诗人、外交官，曾任法国驻上海、福州和天津领事，驻日本、美国大使。

② 保罗·瓦莱里（Paul Valery，1871—1945），法国著名作家。

③ 此语出自当时羁旅巴黎的美国著名作家海明威之口——笔者注。

出的政治家或军事家才能享受到这样的哀荣。法国文人当时的地位由此可见一斑。①

尽管不少法国人迫不及待地想回到战前去,并把战前的时光编造成为一个"美好时代"(La Belle Epoque)的神话,但是,在经过长达4年多的战争之后,再回到战前去,这可能吗? 回答显然是否定的。当战争结束时,胜利与和平带来的欢欣鼓舞的情绪,以及认为"这场战争将结束一切战争"的幻想,都不足以消除人们对4年来往往是无谓的牺牲、破坏和痛苦的记忆。痛苦和愤怒与欢乐和宽慰错综复杂地交织在了一起。在这样的一个背景下,俄国革命,这一来自东方的"曙光",有力地鼓舞着人们去渴求和进行变革。而这种对变革的渴求很大程度上得归因于人们对大战期间的行政当局和军事当局强加在自己头上的清规戒律的不满。

在十月革命和东欧、中欧革命运动的影响下,战后初期,法国出现了革命运动的高涨,其中的一项重要内容就是反对法国政府对苏俄的武装干涉,在这一过程中,不少法国知识分子起了相当大的作用。

早在1917年俄国二月革命胜利的消息传到西欧时,当时侨居瑞士的罗曼·罗兰就倍感振奋,并在同年五一节问世的《明日》(Demain)杂志上发表了一篇欢呼俄国革命胜利的短文《给自由的和使世界获得自由的俄国》。罗曼·罗兰在此文中把俄国二月革命的胜利看作是"古老西方解放的起点"。俄国十月革命取得胜利之后,罗曼·罗兰虽然对于布尔什维克的某些具体政策与措施持保留态度,但对新生的苏俄政权始终持欢迎与支持的态度,并对当时西方舆论对苏俄的攻击表现出极度的厌恶。1919年10月26日,当协约国对苏俄进行武装干涉和经济封锁时,罗曼·罗兰在《人道报》上发表文章提出了强烈的抗议。

十月革命的胜利使在大战爆发后像陷进了一场噩梦之中的阿纳托尔·法朗士也产生了新的希望。1918年,因受到饶勒斯的影响早已加入法国统一社会党的法朗士在给朋友的信中,重申了"必须要有世界革命,必须要有人民的正义和社会主义的胜利"的信念,尤其是表示了对

---

① 参见夏伊勒:《第三共和国的崩溃》(上),第162—163页。

马克思的景仰:"卡尔·马克思在 1871 年就预言了今天发生的一切,他是一个具有非凡天才的人。"①始终对罗伯斯庇尔推崇备至的法国大革命史专家马迪厄,此时则在论著中或讲台上,通过强调俄国革命家对法国大革命的借鉴,尤其是布尔什维克主义与雅各宾派传统之间的继承关系,充分肯定十月革命。与此同时,他还积极推动法国社会党加入共产国际,并在图尔代表大会后立即加入了刚刚成立的法共。在入党之后,马迪厄仍经常在《人道报》、《光明》杂志上撰文,进一步以自己的法国大革命史的研究成果为十月革命辩护。②

在法国人民反对武装干涉苏俄的斗争中,法国知识分子站在了运动的前列。他们拿起笔杆大造革命舆论,抨击法国政府的反苏行径,声援苏俄人民的斗争。1919 年 3 月,俄共(布)"外国人团体联合会"法国共产主义小组书记让娜·拉布勃(Jeanne Labourbe)因在敖德萨(Odessa)的法国占领军中进行宣传鼓动和策反工作被占领军当局枪杀与法国黑海舰队的水兵举行起义之后,社会党左派的报纸《人道报》、《工人生活》等都发表文章、社论,强烈谴责反动当局对让娜·拉布勃的杀害,对黑海舰队水兵的斗争表示支持。由著名作家巴比塞、诗人保尔·瓦扬-古久里(Paul Vaillant-Couturier)③等人组织领导的"退伍军人维护共和协会"(L'Association républicaine des anciens combattants)组织了许多保卫苏俄的集会。10 月 19 日,巴比塞在巴黎的一次群众集会上,公开赞扬黑海水兵起义并激动地宣读苏俄第一部宪法的一些条文。不久,瓦扬-古久里发表诗歌《黑海水兵的光荣》,向起义的水兵表示敬意。同年,巴比塞创作了长篇小说《光明》,描写了一个法国士兵在帝国主义战争中的思想转变过程,并且发起创立了国际进步作家组织光明社,成员包括法朗士等著名作家。该社于 1920 年发表由巴比塞起草的宣言,反对帝国主义侵略,反对武装干涉苏俄,并创办由巴比塞主编的《光明》杂志。1920 年 8 月 14 日,法朗士在《人道报》发表《告无产阶级书》,强烈

① 吴岳添:《法朗士——人道主义斗士》,长春出版社 1995 年版,第 185 页。
② 吴岳添:《法朗士——人道主义斗士》,第 206-207 页。
③ 保尔·瓦扬-古久里(Paul Vaillant-Couturier,1892-1937),法国诗人,政治活动家。

抗议法国对苏俄的武装干涉，坚定地表示要站在劳动者一边。著名物理学家朗之万在1920年7月9日在巴黎的一次集会上，也发表演说支持黑海水兵起义，反对西方列强对苏维埃共和国的干涉。里昂的社会主义研究小组在《工人生活》(La Vie ouvrière)报上发表号召书，向苏俄人民表示：我们拥护你们，我们尽一切努力帮助你们。

此外，罗曼·罗兰在1919年6月26日，即巴黎和会正式签订凡尔赛和约的前两天，在《人道报》上发表由他起草的《精神独立宣言》(Déclaration d'indépendece de l'ésprit)，在当时的法国乃至整个西欧知识界也引起了相当大的反响。确切地说，罗曼·罗兰实际上早在同年3月就已起草好了《精神独立宣言》。他之所以要起草并发表这一宣言，乃是因为他清楚地意识到，虽然关于第一次世界大战的巴黎和会已经召开，但战争的根源并没有真正消除，新的世界大战的危险依然存在。因此，世界各国的优秀分子，尤其是各国知识界的"精神劳动者"就应该吸取一战中的教训，组织起来，保持精神独立，对主战的各国政府采取不合作态度，以防止新的战争发生。

罗曼·罗兰首先在《宣言》中发出了这样的呼吁："世界各地的精神劳动者，同道们！过去五年来，你们因交战国的军队、新闻检查和仇恨而彼此隔绝。在这边境重新开放的时刻，我们要向你们发出号召，号召大家重建博爱的联盟，而且要使它成为一个新的联盟，这是一个全新的、比以前存在过的更坚固的联盟。"①

紧接着，他对一战中各国知识者的表现及其经验教训作了精辟的剖析与总结："战争使我们陷入慌乱，大部分知识分子用他们的科学、艺术和理性为政府效力。我们不想指控任何人，我们深知个体精神力量的渺小，深知巨大的集体潮流的压力。后者只需一瞬间就可以把前者冲垮，因为没有预见到该如何抵抗这股潮流，希望这些经验对我们的未来会有所裨益。"②

---

① Romain Rolland，"Déclaration d'indépendece de l'ésprit"，*Romain Rolland : Textes politiques, sociaux et philosophiques choisis*，Edition Sociale，Paris，1970，p.180.

② Romain Rolland，"Déclaration d'indépendece de l'ésprit"，*Romain Rolland : Textes politiques, sociaux et philosophiques choisis*，Edition Sociale，Paris，1970，p.180.

罗曼·罗兰在剖析与总结时尤其痛心地指出："在暴力面前，几乎所有的知识分子都放弃了，心甘情愿地屈从于暴力，从而导致了各种灾难。在这场毒害着欧洲身体的瘟疫中，思想家和艺术家们添加了不计其数的仇恨。他们在自己的知识和想象力的军火库中寻找各种理由，旧的、新的、历史的、科学的、逻辑的、诗情的理由，用以煽动仇恨。他们致力于破坏人们的互相了解。他们是'思想'的代表，但他们的所作所为让思想蒙羞。他们使思想沦为各种狂热，或是一个小集团、一个政府、一个国家或一个阶级私利的工具。"①

在《精神独立宣言》的最后一段文字中，罗曼·罗兰向世界各国的知识界发出了慷慨激昂的号召："起来！我们要把精神从这些妥协、这些可耻的联盟以及这些隐形的奴役中解救出来！精神不是谁的仆人，我们才是精神的仆人，除此之外我们没有别的主人。我们为传播它的光辉而生，为捍卫它的光辉而生，为把一切迷途的人们集合在它的周围而生。"②

值得注意的是，罗曼·罗兰在这一宣言中还以含蓄的语言，对于以苏俄为首的进步势力和革命潮流表示了同情与支持。罗曼·罗兰后来在一篇题为《向过去告别》的文章中曾提到他在起草《精神独立宣言》时的内心活动："那时我的目光投向年轻苏俄的大力神式的战斗与劳动，通过这些，他将战胜紧紧缠在他身上的、那条卑鄙无耻的毒蛇的致命束缚。我曾经给《人民报》(Le Journal du Peuple)写过一封信，谴责协约国对苏俄的武装干涉，同时肯定我自己对苏俄布尔什维克主义怀有国际团结的感情。"③由此可见，此时的罗曼·罗兰就已经是一个名副其实的亲苏派人士了。

作为一位相当出名的亲苏派，罗曼·罗兰在巴黎知识界大多数人的眼中显然是够"左"的了，但是，在以巴比塞为首的一批更为激进的左

---

① Romain Rolland, "Déclaration d'indépendece de l'ésprit", *Romain Rolland : Textes politiques, sociaux et philosophiques choisis*, Edition Sociale, Paris, 1970, pp. 180—181.

② Romain Rolland, "Déclaration d'indépendece de l'ésprit", *Romain Rolland : Textes politiques, sociaux et philosophiques choisis*, Edition Sociale, Paris, 1970, p. 181.

③ 转引自罗大冈：《论罗曼·罗兰》，第 325 页。

派知识分子看来,罗曼·罗兰"左"得还远远不够,由此,1921年年底,一场持续了两年之久的著名论战在罗曼·罗兰与巴比塞之间爆发了。

罗曼·罗兰与巴比塞原来关系颇为不错。1919年6月,当巴比塞着手组建光明社时曾数次函邀罗曼·罗兰参加这个标榜进步倾向的组织,但是,罗曼·罗兰因在光明社发起人名单中发现了几个他认为很可疑的人物,就始终拒绝参加。与此同时,罗曼·罗兰亦不赞同巴比塞倾向于用暴力革命对现存社会制度进行摧毁性打击的政治态度。由此,两人之间的关系开始出现了裂痕。1921年12月3日,巴比塞在《光明报》上发表了一篇文章,题为《另一半责任,关于罗兰主义》(*L'autre moitié de devoir:à propos de "Rollandisme"*)。巴比塞在文章的开头首先指出:"论敌方的诡辩家们希望我和我的同志们对当今时代的最应为之骄傲的人进行中伤,你们不要高兴得太早!我们当中没有人对罗曼·罗兰的高贵德行和文学天才表示怀疑。在人类自相残杀之际,他挺身而出反对战争,我们不想缩小他的行为的意义。一直以来,我们都是抱着尊敬和谨慎的态度提到他的名字,但是现在如果不提到他的名字,就无法明确指出一种社会性的危险,一种思想误导。无论对自己人还是非自己人,我们都想指出这种危险和误导。"①接着,文章用"罗兰主义"这一多少带讽刺意味的称谓来指称某些知识分子面对革命所采取的态度,即纸上谈兵地拥护革命,可是拒绝参加任何实际行动。巴比塞在文中明确指出,"罗兰主义"只能代表一种纯粹消极的立场,一个知识分子如果不参加改造世界的斗争,只局限于批评资产阶级的现实,那么他只能完成"自己的一半责任"。②巴比塞认为,知识分子不但应当从道义上声援革命,也必须从组织上参加革命,才能够真正为革命服务。此外,尽管巴比塞当年曾经也在《精神独立宣言》上签过名,但他此时仍然

① Henri Barbusse,"L'autre moitié de devoir:à propos de 'Rollandisme'",*Romain Rolland:Textes politiques,sociaux et philosophiques choisis*,Edition Sociale,Paris,1970,p.190.

② Henri Barbusse,"L'autre moitié de devoir:à propos de 'Rollandisme'",*Romain Rolland:Textes politiques,sociaux et philosophiques choisis*,Edition Sociale,Paris,1970,p.192.

对罗曼·罗兰在《精神独立宣言》中主张的精神独立论提出了异议。

　　面对巴比塞的"攻势",罗兰于1922年1月在出版于布鲁塞尔的《自由艺术》月刊上发表了给巴比塞的公开信,反驳巴比塞的论点。罗曼·罗兰在公开信中强调,他热烈希望对改变世界的事业给予实际帮助,但是他怀疑无产阶级专政和与此相联系的严格纪律是否确实必要,对革命的敌人予以镇压和消灭是否确实必要。①　于是,论战全线开火,双方的友人与支持者也纷纷助战,两派的情绪都极为激昂。

　　应当说,巴比塞等人并不否认罗曼·罗兰是拥护革命的,双方论争的焦点首先在于:革命队伍内部是否容许"自由战士"存在。或者说,一个革命者应否保留"精神独立"的立场,保留他的个人自由的小天地。罗曼·罗兰认为应当保留,而且必须保留。巴比塞坚决反对,并给他扣上一顶"超脱"或"游离"的帽子,批评他标榜"独立"或"自由",固执地不参加任何党派或集团,同时却一贯自以为站在革命势力一边,自以为在为革命效劳。一些巴比塞的支持者甚至认为罗曼·罗兰在"精神独立"的幌子下,"隐藏着资产阶级利益和个人主义的自利性"。这一指责尤其让罗曼·罗兰感到恼怒。此外,双方在暴力问题上也存在严重分歧,罗曼·罗兰由于相继深受托尔斯泰的"不抵抗主义"与甘地的"非暴力主义"的影响,一贯反对暴力,而巴比塞则认为暴力不过是不足挂齿的"细节"。对此,罗曼·罗兰很不以为然地反驳说:"我非常遗憾听到你说暴力只不过是细节问题,一个临时性的细节问题。我听了很难过。我认为,一个资产阶级政府的国防部长,很可能也会采用这种说法。"②

　　从暴力问题开始,双方的论争又发展到如何看待手段与目的的问题。巴比塞认为,只要目的正确,可以不计手段。罗曼·罗兰则认为手段比目的更为重要。在罗曼·罗兰看来,天下没有可以完全达到的目

---

　　①　Romain Rolland, "Première lettre ouverte de Romain Rolland à Henri Barbusse", *Romain Rolland：Textes politiques，sociaux et philosophiques choisis*, Edition Sociale, Paris, 1970, pp. 200—205.

　　②　Romain Rolland, "Première lettre ouverte de Romain Rolland à Henri Barbusse", *Romain Rolland：Textes politiques，sociaux et philosophiques choisis*, Edition Sociale, Paris, 1970, p. 203.

的。有一些所谓目的最后能否达到,甚至人们是否真心实意地竭力设法达到自己提出的目的,有时也成为疑问。手段不正确,往往会使目的偏斜。即使用不正确的手段能达到目的,但这一已达到的目的和事先设想的目的绝不可能完全是一回事。

当论战发展到最后关头时,巴比塞咄咄逼人地向罗曼·罗兰提问道:你说你拥护革命,那很好,可是,革命总不能停止在口头上,那么你打算采取什么具体行动呢?对此,罗曼·罗兰提出了两点,一为"施加精神压力",二为进行"良心反抗"。"精神压力","这是精神的勇往直前的斗争,运用理性的全部力量。就像我们那些组建'民主控制联盟'的勇敢的同志们那样,对掌政者的各种行动进行监督、控制与判断;也类似于伏尔泰和百科全书派的尖锐批评和激烈政论,为了对于滥用职权的行动加以讽刺、鞭苔和打击。与一小撮没有头脑的人攻占巴士底狱相比,伏尔泰他们对于王权的倾覆所起的作用更大"①。而"良心反抗"则是对于犯罪的政府,个人拒绝表示同意,拒绝给予协助,这是个体具有英雄主义的行为。罗曼·罗兰甚至还认为,"良心反抗"是最了不起的革命斗争武器,"最草根的人们和最有地位的人们都能使用,其他国家的人们已经在使用良心反抗并取得了效果,令人惊异的是在法国无人提起。……甘地在印度使用这个武器动摇了大不列颠帝国的根基"②。需要指出的是,罗曼·罗兰与巴比塞之间的这场争论同时也昭示着法国的和平主义知识分子绝非铁板一块。鉴于与巴比塞等人的分歧日渐严重,或者更确切地说,罗曼·罗兰的"理想主义"与巴比塞的革命现实主义根本无法调和,罗曼·罗兰遂在论战暂时平息之后转向支持另两位和平主义的知识分子勒内·阿科斯(René Arcos)、保尔·科兰(Paul Colin)创办一份新的国际性杂志。1923 年 2 月,这份名为《欧洲》(*Europe*)的杂志正式创刊。

虽然罗曼·罗兰与巴比塞之间的这场论战在当时的法国,乃至整

---

① Romain Rolland,"Deuxième lettre de Rolland à Barbusse",*Romain Rolland : Textes politiques, sociaux et philosophiques choisis*,Edition Sociale,Paris,1970,p.213.
② Romain Rolland,"Deuxième lettre de Rolland à Barbusse",*Romain Rolland : Textes politiques, sociaux et philosophiques choisis*,Edition Sociale,Paris,1970,p.213.

个欧洲的知识界曾引起广泛的关注,但我们以现在的眼光来看,随着时光的流逝,语境的变化,这场争论似乎已乏善可陈。不过,值得一提的是,正是这场争论却促使罗曼·罗兰进一步把目光转向东方,尤其是转向印度的圣雄甘地,希冀从甘地主义中寻求新的斗争手段——有效的,同时又是不流血的斗争手段。出于对甘地的兴趣与敬意,罗曼·罗兰在1923年出版了《圣雄甘地》一书。罗曼·罗兰在书中以溢美之辞描述了甘地及其信徒的斗争经历,并宣称,"世界上没有任何人比这个永不疲倦的斗士、最英勇的'抵抗者'更厌恶消极无为了"①。而对巴比塞来说,这场争论亦使他不再满足于只做一个共产党的同路人。不久,巴比塞正式加入法共。而他的这一举动,也真正拉开了20世纪法国知识分子史上的重要一幕——知识分子与共产主义,或曰法共的离合聚散。

二 "达达主义"、"超现实主义"和"教授的共和国"

与此同时,"达达主义"开始在法国知识界崛起。"达达主义"是第一次世界大战期间盛行于西方的虚无主义的现代文学思潮,其运动是当时西方社会青年作家与艺术家反理性、反传统的突出表现。巴黎是达达主义运动在战后阶段的中心,而法国的不少知识分子则是这一阶段达达主义运动的中坚。

达达运动的发源地是瑞士的苏黎世(Zurich)。一战期间,苏黎世作为中立国瑞士的一座名城聚集着一大批来自欧洲各国的青年作家与艺术家。大战带来的灾难以及暴露出来的各种社会矛盾使他们逐渐地以怀疑的眼光审视一切:社会制度、思想、宗教和文学艺术,等等。

1915年7月,后来成为达达主义运动倡导者与主帅的特里斯坦·查拉(Tristan Tzara)②,一位来自罗马尼亚的犹太裔大学生来到苏黎世读书并从事诗歌创作。翌年,他与一些青年诗人在来自德国的导演雨

---

① 莫蒂列瓦:《罗曼·罗兰的创作》,卢龙等译,上海译文出版社1989年版,第349页。

② 特里斯坦·查拉(Tristan Tzara),本名 Samuel Rosenstock,1896—1963,法国作家。

果·巴尔（Hugo Ball）同年创办的"伏尔泰酒店"建立了文艺团体并经常举行文学与艺术聚会。起初这些聚会还限于合乎情理的"先锋派"的范围：举办画展、朗读法国著名先锋派诗人阿波利奈的诗作和他们自己创作的诗歌、演唱流行歌曲。而且，他们对第一次世界大战前的先锋派艺术尚表现出一定的敬意。后来，在"伏尔泰酒店"的一次聚会中，有人提议进一步推动他们的活动并且给自己的团体命名。有人当下用一把裁纸刀挑开了《小拉鲁斯词典》，被翻开的那一面的页首字样是"达达"（dada），于是，他们一致通过用此词来称谓自己的团体。"dada"一词有两义：一为"马"（儿语），二言"癖好"，用来命名文艺团体实为荒唐。然而，苦经琢磨，"dada"的读音似有戏谑的意味，这与这批青年艺术家倡导的精神倒甚为吻合。不久，查拉在纪念攻克巴士底狱 127 周年的晚会上提出了达达宣言："达达是我们的剧烈程度：……达达是无牵连无可比拟的生活；它反对又赞成统一并且明确地反映未来，我们很明智，知道我们的大脑将会变成软垫，我们的反教条的精神和官僚一样专横，我们不自由却呼叫自由：严格要求放弃学说和道统；让我们一道唾弃人类吧。……我们在集市上闹嚷，在修道院、妓院、剧场、现实、情感、饭馆之间大喝倒彩：哗哩、哗啦，乒乒乓乓。"①很快地，达达主义运动便走向了否定一切的极端，此点在 1918 年发表在《达达评论》上的《达达宣言》中得到充分的证明。在该宣言中，查拉写道："达达是一切能够否定家庭的产品，达达是挥舞拳头尽力从事一切破坏性的行动……达达意味着废除逻辑……达达意味着废除记忆……达达意味着废除历史，达达意味着废除财产，达达意味着废除将来。达达意味着每一件产生于灵感的作品中具有的一种绝对的、无可置疑的坚强信仰。"②

由于第一次大战引起的精神危机的普遍性，达达主义很快在欧美各国流行起来，尤其是在巴黎青年作家、艺术家中引起强烈的共鸣。1919 年，安德烈·布勒东（André Breton）③、菲利普·苏波（Philippe

---

① 转引自楼均信主编：《法兰西第三共和国兴衰史》，第 584 页。

② David Drake, *French intellectuals and politics from the dreyfus affaire to the occupation*, New York：Palgrave Mcmillan，2005，p.85.

③ 安德烈·布勒东（André Breton，1896－1966），法国著名作家，诗人。

Soupault)①、路易·阿拉贡（Louis Aragon）②主编出版了《文学》（Littérature）月刊，为文学艺术界背离传统观念、进行创新摇旗呐喊。同年，查拉偕同一些重要的达达分子定居巴黎，极力推动以《文学》为中心的叛逆势力向前发展，并把达达在苏黎世的活动转移到巴黎。1920年1月，《文学》举办达达演出晚会，不久又组织30余人在"独立沙龙"举行报告会并发表个人宣言，报告之前，组织者伪称电影明星卓别林（Chaplin）将莅会表演而招致大批观众前来观看。这场闹剧激起了公众的愤怒，纷纷向达达分子们投掷硬币和鸡蛋。不久，巴黎的达达分子又搞了一场"公审"当年被不少青年人视为偶像的大作家巴雷斯的闹剧。随着达达运动在虚无主义的道路上越走越远，使得达达内部一些人对自己的所作所为提出责难，认为这种毫无实效的反叛与传统艺术一样都是艺术的死胡同。1922年，布勒东等人开始与查拉产生严重的分歧。当时，布勒东提议召开一个以"保卫现代精神"为主题的国际会议，但查拉对此却坚决反对，后者的理由是"达达不是现代主义"，"达达既否定传统艺术，也否定现代艺术"。随着彼此间的分歧日益尖锐，翌年，双方在展开了一场激烈的笔战后终于分道扬镳。

布勒东、阿拉贡等人在与查拉分手后，在1924年10月11日成立了"超现实主义研究室"。同年11月，布勒东又发表了著名的《超现实主义宣言》（Manifestes du surréalisme）。尔后，以皮埃尔·纳维尔（Pierre Naville）和邦雅曼·贝雷（Benjamin Péret）为主编的《超现实主义革命》（La Révolution surréaliste）杂志取代了《文学》。超现实主义团体正式组成。

诚然，作为两次大战之间法国发生的一场重要的文化和思想运动，超现实主义主要是以文学艺术运动的形式出现的，但是，我们必须要看到，这场运动的发起人和许多参加者都是带着改造社会、改造生活的信念投入行动的。更有甚者，这些超现实主义者们所倡导的价值观念与艺术追求还对法国20世纪中叶的文化发展取向产生了不容忽视的

---

① 菲利普·苏波（Philippe Soupault，1897－1990），法国著名诗人。
② 路易·阿拉贡（Louis Aragon，1897－1982），法国著名作家。

影响。

超现实主义者认为，"理性主义"已把欧洲文化和政治引向毁灭，导致第一次世界大战，因此他们要掀起"反理性主义"运动。超现实主义的活动并不止于文学艺术品的生产，而致力于改变束缚西方人的传统逻辑的、理性的思维模式，建立一种新的世界观。在超现实主义看来，当时人类的灾难不在于物质的匮乏，而在于精神上所受的压迫。而这种压迫的根源正是西方文明的基石僵化的逻辑。它将本属于同一整体的真实与想象、理性与非理性、思维与行动、精神和物质分割成互相对立的部分，因而导致人性的分裂。因此，人们有必要进行一场"精神革命"，并通过这种革命建构一种新的世界观来统一、协调上述的被认为是互相对立的部分。

超现实主义试图从探索人的内心世界入手将内外现实看作处于同一变化中的两个潜在成分。他们认为，表面上相矛盾的梦和现实终必融为一种绝对的现实，即所谓的"超现实"。他们甚至进而追求在内外部真实、眠与醒、理性与疯狂这类久已彼此分割的领域之间引出一条贯通它们的导线。特别值得注意的是，虽然布勒东曾经宣称，超现实主义在反抗传统和反抗社会时，不需要任何先人的指导，但实际上，超现实主义者把弗洛伊德（Freud）的精神分析学理论作为自己的思想指导，强调"潜意识"梦幻是文艺创作的源泉，提倡写"事物的巧合"，他们认为清醒的、理智的思维活动是受资本主义文明毒化了的精神，不是"纯粹"的精神。只有潜意识的、睡眠状态的或偶合情况下的思维活动，才是还未受到外界干扰的"纯粹"精神。换言之，在布勒东等人看来，现代人类社会的全部困扰都来自资产阶级的文明，而消除资产阶级文明一切恶果的可能就在于人类还保留了潜意识这样一块未受资产阶级文明污染的净土。循着这一思路，超现实主义作家与艺术家们就把自己的任务定位在挖掘和解放被理性、传统压抑的意识和感情。故此，他们往往在咖啡馆、电影院等公共场所捕捉人们思维活动的原始状态，或者在似睡非睡的状态中捉住梦幻。而他们的诗歌、小说，实际上就是"潜意识"、"非理性"的一种形象的表达。阿拉贡的诗集《欢乐之火》、小说《安尼赛》，布勒东的小说《娜佳》都是超现实主义的代表作。

如前所述,第一次世界大战带来的灾难以及暴露出来的各种社会矛盾使得包括法国在内的不少欧洲国家的知识分子逐渐地以怀疑的眼光审视一切。在这一过程中,他们尤其对传统价值观表示怀疑。这里需要指出的是,从 20 世纪法国知识分子史的维度来看,在二三十年代法国的知识阶层中,尤其是在作家、艺术家身上,对传统价值观的怀疑和政治上的左倾往往是联系在一起的,而这一时期"政治上的左倾"则又往往意味着亲苏、亲共。超现实主义者在此期与法国共产党的关系清楚地说明了这一点。

超现实主义者与法共的接触是在摩洛哥战争期间。20 年代中期,法国政府为平息法国在北非的"保护国"——摩洛哥境内发生的里夫人"叛乱",悍然发动了摩洛哥战争①。战争刚一爆发,布勒东等超现实主义者就毫不犹豫地加入了反战阵营,并在反战斗争中开始与这一斗争的中坚力量——法国共产党接触与合作。1925 年 10 月,布勒东等人和法共主办的《光明》杂志编辑部成员以及其他一些刊物的编辑人员联合发表了一篇题为《首先是革命,永远是革命!》的文章。该文不仅完全赞同"反对摩洛哥战争行动委员会"发表的反战宣言,而且还斥骂那些宣称"祖国在危机中!"并在支持政府发动殖民战争的宣言《知识分子站在祖国一边》上签名的"教士、医生、教授、文学家、诗人、哲学家、记者、法官、律师、警察、科学院院士"是资产阶级豢养的走狗。② 在与法共共同开展反战斗争的过程中,超现实主义者们开始接触到了一些马克思主义思想,并由此使超现实主义的政治活动有了更多的进步内容。不过,正如有学者指出的那样,超现实主义者同共产党人的接近以及他们对马克思主义的了解和认识,并不意味着他们完全放弃了他们在自己的宣言中所表明的政治主张,即独立进行"精神革命"。也正是由于这一原因,超现实主义者与法共的关系始终是若即若离:他们一方面作为党的"同路人"积极参加了许多大大小小的政治活动,并以笔为武器猛烈抨击了资本主义社会的种种不合理现象;另一方面,他们又始终坚持自

---

① 又称"里夫战争"(Guerre du Rif)——笔者注。

② 参见老高放:《超现实主义导论》,社会科学文献出版社 1997 年版,第 29 页。

己在精神上的绝对自由,拒绝接受任何党派的控制和影响。①

此外,由于超现实主义运动以不受任何约束的绝对反抗为宗旨,其参加者的追求又不尽相同,这就决定了超现实主义运动从成立伊始就一直处于不断分化、不断重新组合的进程中。1928 年,超现实主义运动开始出现正统派和分裂派并存的局面。布勒东曾参加法共,后又退出。稍后,阿拉贡在访问苏联,并代表超现实主义团体出席苏联主办的"革命作家第二次国际代表大会"之后,进一步转向法共,诗人保尔·艾吕雅(Paul Eluard)②等人亦步其后尘。由此,布勒东与其成员的分歧也日益严重。1930 年,布勒东发表《超现实主义第二宣言》,重申反抗的绝对性、不顺从的彻底性与对规章制度的破坏性。阿拉贡等人则离开超现实主义,逐渐走上了社会主义现实主义的道路。

法国知识分子,根据其表达方式的相对的不同,似乎可分为两大类。其一是勤用笔的作家、艺术家与记者,其二是勤用嘴的大学与中学教师(在法语里均用"professeur",即我们通常所译的"教授"来表示)。在第三共和国时期,为了充实地方中等和高等教育,为了与德国的大学③和国内的教会势力相抗衡,法国的"教授"的人数有了令人瞩目的增长。这些在总体价值取向上崇尚科学、追求真理和维护正义的教授们利用大学与中学的讲坛来传播自己的观点,并积极地参政议政,从而在法国社会具有相当高的地位。特别是由于他们在议会和政府中所占比重颇大,以至于有人把第三共和国称为"教授的共和国"。

"教授的共和国"的第一代可以 19 世纪晚期曾相继在南锡(Nancy)中学担任过哲学教师的奥古斯特·比尔多(Auguste Burdeau)④与茹勒·拉尼奥(Jules Lagneau)⑤为代表。比尔多出生于里昂的一户贫困家庭,从高等师范学校毕业后成为教师,并在经过多年的政治活动方面

---

① 参见老高放:《超现实主义导论》,第 30—32 页。
② 保尔·艾吕雅(Paul Eluard,1895—1952),法国著名诗人。
③ 在第三共和国初期,在法国知识界流行着这样一种观点,即认为法国在普法战争中的失败在很大程度上得归因于法国的高等教育落后于德国的高等教育——笔者注。
④ 奥古斯特·比尔多(Auguste Burdeau,1851—1894),1894 年 7 月当选众议院议长。
⑤ 茹勒·拉尼奥(Jules Lagneau,1851—1894)。

的努力后,成为众议院的议长。他的成功标志着法国大学与中学学衔获得者开始在法国政治舞台上扮演主要的角色。而拉尼奥则是以另外一种途径来参政议政的教师。他没有进入官场,而是始终坚持在中学执掌教鞭,扮演一个道德主义的教师知识分子的角色。从表面上看,这一角色似乎只处在国家政治生活的边缘,而实际上,他所起的是更为深层的作用。

"教授的共和国"的第二代活跃于两次世界大战之间,其代表显然得首推 1924 年上台的左翼联盟政府总理爱德华·赫里欧(Edouard Herriot)。

赫里欧 1872 年出生于巴黎东南部塞纳河上游的特鲁瓦(Troyes)市。这是法国一座历史比较悠久的名城,大革命后成为奥布(Aube)省省会,又是法国针织品的中心。赫里欧的父亲是一名退役军官。他很希望其长子爱德华能够先进圣—西尔(Saint-Cyr)军校深造,然后再投身戎马生涯。但是,1887 年,正在读中学的赫里欧由于学业优异受老师指派去见前来巡视的法国教育总监格拉尚(Glachant),深得这位教育界实权人物的赏识。格拉尚向赫里欧提供了一份奖学金,使后者有机会就读于圣—巴尔伯中学(Collège de Saint-Barbe),为报考高等师范学校做准备。从此,赫里欧步入了第三共和国时期教师出身的政治家的典型的人生轨道,即从奖学金享受者到当教师,再到当政治家。1891 年,赫里欧顺利地考入了著名的巴黎高等师范学校。在校时才智过人的他仍然非常地用功,因此以成绩优异而名扬全校,特别是在历史与文学方面,造诣更深。1895 年毕业后,赫里欧取得语言教师资格,1896 年先后在南特(Nantes)和里昂(Lyon)公立中学任教,继而担任文学院讲师。1904 年,他以《雷卡米埃夫人和她的朋友》(*Madame Récamier et ses amis*)①这一引人入胜的题目写出了其国家博士论文,并顺利地通过了答辩。这篇学位论文材料充实,文笔流畅,是研究波旁复辟王朝时代历史很有价值的研究成果。跟其同时代的大多数知识分子一样,发生于 19、20 世纪之交的德雷福斯事件对赫里欧的生活道路产生了重大的影响。

---

① Edouard Herriot, *Madame Récamier et ses amis*, Paris, Plon, 1905.

正是通过这次事件使他开始投身政治活动。赫里欧当时积极支持德雷福斯派,并因此在不久之后申请加入了激进社会党。1905年,具有卓越的演说才能,并已在教育界与学术界颇有声望和成就的赫里欧当选为里昂市的市长。里昂是法国的第三大城市,同时又是世界闻名的丝绸中心。赫里欧除二战期间被德国法西斯与维希政权监禁的一段时间外,一直担任这一职位直到他逝世前两年的1955年,前后连任长达50年之久。

赫里欧政治生涯中最辉煌的一页无疑是在20年代中期。1924年,继承了甘必大传统的富有激情的激进党领袖赫里欧,率领激进党与经历图尔代表大会的分裂后在勃鲁姆领导下得到重建的社会党在该年举行的议会选举中结成了左翼联盟。左翼联盟在《日报》和激进派与社会主义报刊的支持下,特别是通过拥护改良主义左翼思想的各级学校教师的广泛宣传,赢得了选举的胜利。同年6月15日,以赫里欧为首的左翼联盟第一届内阁宣告组成。赫里欧上台后,在内政上反对实行集权政治,实行大赦,赦免了前激进党人总理和部长卡约与马尔维(Malvy),释放了1920年因参与铁路罢工而被监禁的铁路员工,并准予因参与罢工被解雇的铁路工人复职;实行世俗化法令,进一步使政教分离,教会与学校分离;普及中学教育、推行技术教育。在外交上,赫里欧主张维护和平,保障集体安全,实行裁军,主张通过仲裁方式解决国防争端,承认苏联并与苏联正式建交。

在20年代中期的法国社会,巴黎高等师范学校这所著名的"人道主义修道院"的地位得到了进一步的提高。由于在1924年议会选举中结成左翼联盟并取得选举胜利的两大政党的领袖赫里欧与勃鲁姆均曾就读于巴黎高等师范学校,由于1925年接任赫里欧作为左翼联盟第二届内阁总理的保尔·潘勒韦(Paul Painleve)①也是一位巴黎高师培养出来的才华横溢的数学家,更由于此期政府与议会中巴黎高师毕业生所占的比重,促使阿尔贝·蒂博代(Albert Thibaudet)②在1927年出版的

---

① 保尔·潘勒韦(Paul Painleve,1863—1933)。
② 阿尔贝·蒂博代(Albert Thibaudet,1874—1936),法国思想家,文学评论家。

《教授们的共和国》一书中转述了法国驻伦敦大使圣一奥莱尔（Saint-Aulaire）伯爵在获悉左翼联盟选举胜利时对他所说的话："啊，先生，现在法律学校与政治科学学校已让位于巴黎高师……"确实，巴黎高师在此期法国社会上的地位是如此的突出，以至于巴黎著名的出版商贝尔纳·格拉塞（Bernard Grasset）①曾打算在蒂博代此书的封面印上这样的广告语："领导法兰西的是巴黎高师与法兰西学院。"

　　需要注意的是，由于第一次世界大战和十月革命的影响，20年代的法国知识分子开始显现出日益政治化与党派化的趋势。人们完全可以这样断言，此期的法国知识分子已与德雷福斯事件时的知识分子有明显的不同：德雷福斯事件时的知识分子就总体而言是独立的、自由的，而此期的知识分子已日益成为"党派知识分子"。正是在这一背景下，对法国知识分子的这种转变深感焦虑与不满的朱利安·班达（Julien Benda）②在1927年愤然写下了《知识分子的背叛》（*La Trahison des Clercs*，一译《学者的背叛》）。邦达的这部著作最初由《新法兰西杂志》（*La Nouvelle Revue française*）分四期连载，后又由格拉塞出版社出版了单行本。邦达在书中认为，"学者"③（clerc）的使命在于为抽象的正义服务，在于充当永存的、普遍真理的捍卫者。在这方面，18世纪中叶卡拉事件中的伏尔泰与19世纪末德雷福斯事件中的左拉堪称楷模。然而，作为其同代人的现代知识分子，却在阶级激情、民族主义激情等各种激情的驱使下，积极介入各种政治和社会斗争，并在这一过程中投靠世俗或精神权力。邦达指出，现代知识分子的这一做法显然"背叛"了他们应该信守的理想价值。在书中，邦达对学者"背叛"的原因也做了一些剖析。④

---

　　①　贝尔纳·格拉塞（Bernard Grasset，1881—1955），法国著名出版家，于1907年创办了格拉塞出版社（Éditions Grasset & Fasquelle）。

　　②　朱利安·班达（Julien Benda，1867—1956），法国作家、评论家。

　　③　该词同时具有"神职人员"之意——笔者注。

　　④　Julien Benda，*La Trahison des clercs*，Paris：Grasset，1927。本书有两个中译本，其一由吉林人民出版社于2004年出版，译者为孙传钊；其二由上海人民出版社于2005年出版，译者为佘碧平。

三 "30 年代精神"和法西斯主义知识分子的骚动

早在战后初期,由于人类历史上首次世界性的野蛮大屠杀——第一次世界大战真正结束了自启蒙时代以来西方对"理性"与"进步"的乐观与自信,一场前所未有的精神危机已在包括法国在内的西方国家中蔓延开来。进入充满着喧嚣、骚动和剧变的 30 年代后,由于亲眼目睹了资本主义在史无前例的经济大危机的打击下奄奄待毙,更由于对 30 年代初被舆论揭露的乌斯特里克事件和斯塔维斯基事件等一系列政治舞弊与财政丑闻的极度反感,使 30 年代的不少法国青年知识分子心中产生了这样一个想法:旧社会正在崩溃,新世界有待建设。与此同时,青年知识分子们对自己不得不受制于年长者与旧制度也深为不满。他们厌恶赫里欧所称的"中等法国人"的法国的庸常与乏味,渴望重新找到强烈生活的气息。德里厄·拉罗歇尔(Drieu La Rochelle)①在《吉尔》(Gilles,一译《丑角》)一书中的一段话清楚地表明了这一点:"对我们这些不说是从战火归来,至少是永远同一种震荡人心的强烈生活紧密相连的人来说,一切都没有发生过。因为我们只是少数年轻人,而且立刻就陷入了一堆老于世故的人当中。转眼间,他们就把他们的旧制度强加于我们。"②为了寻找出路,这些青年知识分子有的走上了参加共产党的道路,有的乞灵于法西斯主义,为数不少的人在不满于自由资本主义的同时,既敌视共产党,也敌视法西斯主义,试图另辟专家治国论之类的蹊径。尽管这些青年知识分子此期的路径选择各不相同,但这些青年知识分子身上都具有一种共同的违拗精神。对此,法国著名现代思想史专家让·杜沙尔(Jean Touchard)③把这种共同的违拗精神称为"30 年代精神"。同样值得注意的是,30 年代的法国青年知识分子有着

---

① 德里厄·拉罗歇尔(Drieu La Rochelle,1893—1945),法国作家。

② 阿泽马、维诺克:《法兰西第三共和国》,第 187 页。

③ 让·杜沙尔(Jean Touchard,1918—1971)。

极其明显的"代"（génération）的意识。如埃马纽埃尔·穆尼埃（Em-
manuel Mounier）宣称："30 年代的一代将是认真、严肃、关注各种问题
并对未来感到担忧的一代。"①同时，他们也丝毫不隐讳自己与年长者之
间的"代沟"，并公开扬言要与之决裂。

十月革命，苏俄计划经济的开始、法西斯主义的产生和当时的经济
危机，所有这一切自大战以来震撼世界的事件使法国的自由资本主义
显得极为陈旧与过时。在被视为西方文明的总危机中，愤怒的青年知
识分子们首先对导致这种危机出现的"金钱的世界"进行了抨击。在他
们看来，在这个由"金钱"主宰的世界里，已经是物欲横流，道德沦丧，腐
败公行。换言之，法国现代社会的基础早已被"物质主义"完全地腐蚀。
在进行这种批判的过程中，他们往往把目标对准"金钱的世界"所由产
生的经济自由主义，尤其是它的最典型的代表——"泰勒制"与"福特
制"的美国。因此，这一时期，在法国出现了不少涉及并抨击美国社会
制度的著作，如乔治·杜哈梅尔（Georges Duhamel）②1930 年出版的
《未来生活的舞台》（Scènes de la vie future）对美国的"泰勒制化"现象
进行了激烈的批评，并对法国社会亦将步美国社会的后尘表示深深的
担忧。更有甚者，罗贝尔·阿隆（Robert Aron）③与阿尔诺·丹迪厄
（Arnaud Dandieu）还把自己的相关著作取名为《美利坚癌症》（Le Canc-
er américain），认为这一病症的表现包括金融业的不断集中、投机现象
的日趋严重、生产标准化的广泛普及、广告的铺天盖地……他同时指
出，这些现象使得现代人日益成为经济链条中的一个普通的链环。其
次，愤怒的青年知识分子们对法国当时的政治制度也进行了指责。如
1932 年 10 月创办了《精神》（Esprit）杂志的埃马纽埃尔·穆尼埃（Em-
manuel Mounier）④在答复天主教民主主义者保尔·阿尚波尔（Paul Ar-
chambault）的公开信中写道："资本主义自由把自由民主交给了富人的

---

　①　Pascale Goetschel et Emmanuelle Loyer, *Histoire culturelle et intellectuelle de la
France au XXe siècle*, Pairs, Armand Colin, 1995.

　②　乔治·杜哈梅尔（Georges Duhamel, 1884—1966），法国作家。

　③　罗贝尔·阿隆（Robert Aron, 1898—1975），法国作家，政论家。

　④　埃马纽埃尔·穆尼埃（Emmanuel Mounier, 1905—1950），法国天主教思想家。

寡头政治,这是通过使用民主的方式,并使用自由给予民主的武器而实现的。……然后,资本主义自由在最后阶段,把自由民主交给了大银行和大企业控制的国家干涉主义,这些大银行和大企业不仅神秘地操纵着政治机构,而且还控制了新闻、舆论、文化,有时还控制了教权代表人物,把一个阶级的意志强加于人,甚至于按照这个阶级的形象培养群众的愿望,却又拒不给予群众以实现这些愿望的方法。"让·米斯特莱(Jean Mistler)①则更为形象生动地比喻道:"这台(政治)机器陈旧不堪,它使人想到村镇的古老时钟,在指针指着 12 点的时候,时钟却只敲十下。"②而在对法国现代政治制度进行批判的过程中,他们亦往往把矛头对准这一制度的催生婆——1789 年法国大革命及其传统。

随着危机的加剧,许多政治色彩不同或没有什么政治色彩的青年知识分子结成了小组,想探索一条出路,把国家从已陷入的道德、政治、社会、经济困境中解救出来。但是这些小组之间及其内部成员之间的意见都不一致,找不到一个合理的行动方向。他们在全国各地办的杂志反映了他们的彷徨苦闷,其五花八门的刊名就颇能说明这一点:《新人》(L'Homme Nouveau)、《新秩序》(Ordre Nouveau)、《计划》(Plans)、《反应》(Réaction)、《精神》、《战斗》(Combats)、《新备忘录》(Le Nouvel Mémorandum),等等。我们可以毫不夸张地说,这些青年知识分子的各种纲领和宣言简直是一堆矛盾的杂拌。由阿尔诺·丹迪厄、罗贝尔·阿隆、达尼埃尔－罗普斯(Daniel-Rops)、德尼·德·鲁热蒙(Denis de Rougemont)、亚历山大·马克(Alexandre Marc)等人创办的《新秩序》(Ordre nouveau)的宣言就是一个明显的例子。该宣言声称,它正在准备"一种革命的秩序,既反对资本主义的混乱,又反对布尔什维克的压迫;既反对软弱无力的资本主义,又反对屠杀人民的帝国主义;既反对议会,又反对独裁"③。由多产的小说家儒勒·罗曼(Jules Romain)④纠集 19 个来自右翼集团或左派工会的青年知识分子在 1934 年夏季制订

① 让·米斯特莱(Jean Mistler,1897－1988),法国作家,政治活动家。
② 阿泽马、维诺克:《法兰西第三共和国》,第 174－175 页。
③ 参见夏伊勒:《第三共和国的崩溃》(上),第 290 页。
④ 儒勒·罗曼(Jules Romain,1885－1972),法国作家。

的"7月9日计划"也同样如此,这一在当年曾被大力宣扬的计划和别的计划一样含糊不清,它既敌视自由主义、议会主义,又反对"极权主义的崇拜论者",既要求在宪法上进行改革,又要求在经济上、社会上和道德上进行改革。①

此外,值得注意的是,在参与制订"7月9日计划"的人当中有一位名叫让·库特鲁(Jean Coutrot)②的青年知识分子。这位从著名学府巴黎综合技术学校毕业的高材生是一个典型的专家治国论者,1931 年,他在该校遍布政府机要部门、工业部门和银行的飞黄腾达的校友们的帮助下,成立了一个名叫 X—危机(X—Crise)的研究小组,旨在研究当时正在迅速蔓延的世界经济危机。两年后,他把这个小组改组成"巴黎综合技术学科毕业生经济研究中心",吸引了许多经济学家、社会学家、工会领袖和工商财贸界的要人。库特鲁认为,尽管法国和西方世界在经济衰退中挣扎着,而且使资本主义仍不断地运转着,但只有依靠技术人员才有出路,正是这些人在真正管理着工业、银行和工会,正是这些人才懂得 20 世纪工业化社会的复杂性,而政治家与徒有良好愿望的知识分子根本不懂得现代世界究竟是怎么一回事,因此不能指望政治家与知识分子们进行什么像样的改革。库特鲁具有一种创立研究组织的强烈的愿望,认为这类组织能够解决所有的新问题。因此,颇有组织才干的他又接连创立了一连串带有冠冕堂皇的名称的组织,如"法兰西组织全国委员会"、"人道问题研究中心"、"实用心理学学会",等等。在库特鲁的幕后操纵下,30 年代的法国出现了一个叫"共同统治"的专家治国运动。参加这一运动的多为在政府官僚机构与工商财贸界身居高位的名牌学校(如巴黎综合技术学校、巴黎高师、政治学院,等等)的毕业生,他们的思想彼此接近,于是结成了一个松散的组织,通过报纸与其他的渠道宣扬自己的观点。他们蔑视对议会民主的探索,主张只有受过专门教育和训练的人才懂得怎样提高私人企业的效率和利润,因而也才最有资格管理政府,奠定现代社会的性质。

---

① 参见夏伊勒:《第三共和国的崩溃》(上),第 290 页。
② 让·库鲁特(Jean Coutrot,1895—1941),法国工程师。

如果说，"30年代精神"主要充分体现在此期出现的五花八门的思想评论杂志与乌托邦小团体中的话，那么，它对此期主要政党内部发生的动荡所产生的影响也不容忽视。在法共，长期担任巴黎"红色郊区"的典型——圣德尼市的市长、深得人心的雅克·多里奥(Jacques Doriot)①由于与党的领导存在着严重的分歧，最终走向了与法共决裂、自建法国人民党的道路。这一新成立的政党既有一大批与多里奥同时被开除的前法共工人党员，但更包括了如德里厄·拉罗歇尔、贝特朗·德·儒弗内尔(Bertrand de Jouvenel)②、阿尔弗雷德·法布尔—吕斯(Alfred Fabre-Luce)③那样在当时颇为活跃的青年知识分子与右派人士。在激进党中，被称为"青年土耳其"或"青年激进党"的运动应运而生。一批年轻的激进党党员冒着断送个人政治前途的风险向以赫里欧等中老年人为代表的主流派发起挑战，试图更新激进党，使党的政策能够更好地适应正在发生巨变的时代。在社会党中，以马塞尔·戴阿(Marcel Déat)④和阿德里安·马尔凯(Adrien Marquet)⑤为首的由年轻知识分子党员组成的"新社会主义者"也强烈要求社会党抛弃传统策略，走入参加政府的道路。他们甚至在提出改革策略的同时也要求理论更新，即要求社会党重新考虑传统的社会主义，将社会主义同某种能带来必要的权威和秩序的民族主义国家调和起来。他们的态度使勃鲁姆等社会党中年长的领导人颇感震惊，遂把他们开除出党。而一些原先追随莫拉斯并加入"法兰西行动"的右翼青年知识分子亦在这一时期日益表现出对莫拉斯的不满，并在与他分道扬镳后，以"青年右派"的群体形象出现在世人面前。

在第一次世界大战与十月革命的双重冲击下，资本主义世界陷入

---

① 雅克·多里奥(Jacques Doriot，1898—1945)，法国政治家。

② 贝特朗·德·儒弗内尔(Bertrand de Jouvenel，1903—1987)，法国作家，自由主义思想家。

③ 阿尔弗雷德·法布尔—吕斯(Alfred Fabre-Luce，1899—1983)，法国记者、作家。

④ 马塞尔·戴阿(Marcel Déat，1894—1955)，法国记者，政治活动家。

⑤ 阿德里安·马尔凯(Adrien Marquet，1884—1995)，法国政治活动家，后在维希政府中任部长。

了空前严重的政治、经济危机,作为资本主义世界重要一员的法国当然也未能幸免。法国将向何处去?面对这一严峻的问题,法国右翼知识分子营垒中的一些极端分子做出了自己的回答,即乞灵于法西斯主义。在这些法西斯主义知识分子的鼓噪下,一个又一个具有法西斯主义性质的右翼集团在法国应运而生,并猖狂地挑起了一场又一场的骚动。

法国具有法西斯主义性质的右翼集团最初出现于 20 年代,特别是 1924 年左翼联盟第一次上台执政后,十月革命胜利后共产主义思想的广泛传播、法国共产党的成立和左翼联盟的选举胜利,引起了法国右派和极右派的恐慌,而意大利墨索里尼(Mussolini)的上台与英国保守党的重新执政,更助长了法国右翼势力的发展。在这样一种背景下,法国具有法西斯主义性质的右翼集团开始第一次涌现,其中较为引人注目的有 1925 年成立的以乔治·伐卢瓦(George Valois)①为首的"束棒"(Le Faisceau)、1926 年成立的以皮埃尔·泰坦热(Pierre Taittinger)②为首的"爱国青年团"(Ligue des jeunesses patriotes)、1927 年成立的以莫里斯·阿诺·达尔托瓦(Maurice d'Hartoy)为首的"火十字团"(Croix-de-feu,后由弗朗索瓦·德·拉罗克(François de La Rocque)③上校领导)。30 年代经济大危机蔓延到法国后,特别是 1932 年左派联盟又一次在大选中获胜后,法国具有法西斯主义性质的右翼集团再次纷纷出笼。其中最重要的有 1933 年成立的由化妆品巨商弗朗索瓦·科蒂(François Coty)④资助、分别以让·雷诺(Jean Renaud)与马塞尔·比加尔(Marcel Bucard)⑤为首的"法兰西团结"和"法兰西主义"。

法国法西斯主义知识分子的突出代表当推法国第一个法西斯主义

---

① 乔治·伐卢瓦 (George Valois,1878－1945),法国作家、政治活动家,1944 年因参加抵抗运动被捕,死于狱中。

② 皮埃尔·泰坦热(Pierre Taittinger,1887－1965),法国政治活动家。维希时期任巴黎议长。

③ 弗朗索瓦·德·拉罗克(François de La Rocque,1885－1946)。

④ 弗朗索瓦·科蒂(François Coty,1874－1934)。

⑤ 马塞尔·比加尔(Marcel Bucard,1895－1946),法国政治活动家,推崇墨索里尼的理论。

性质的右翼集团"束棒"的创始人乔治·伐卢瓦。伐卢瓦是一位20世纪初期重要的政治作家。他在其政治生涯的早期颇为崇拜夏尔·莫拉斯,并积极地投身于"法兰西行动"的各种活动,成为"法兰西行动"的重要成员。但是,随着时间的推移,伐卢瓦对莫拉斯顽固地坚持日益不得人心的君主主义立场深感不满,遂另起炉灶,建立了"束棒"。① 伐卢瓦认为,"法兰西行动"是一个贵族的社会概念,而"束棒"则是一个彻底的平民化的社会概念。众所周知,束棒中捆有一柄突出的斧头是意大利法西斯党的标志。伐卢瓦把自己的组织取名为"束棒",意味着他已准备全盘继承墨索里尼的衣钵。事实上,伐卢瓦不仅从意大利法西斯那里继承了统一服装的爱好,即试图以蓝衬衫作为"束棒"的标准服装,更重要地是在思想上也完全地同意大利法西斯一个鼻孔出气。例如,墨索里尼宣扬极权主义的国家观,在意大利确立了极权主义的政治体制,伐卢瓦的"束棒"同样地提出:"无能的议会必须放弃权力",建立"在一个领袖统治下的超政党、超阶级的全国专政"。又如,墨索里尼把极端民族主义作为自己的法宝,"束棒"也在自己的纲领和言论中极力鼓吹极端民族主义,它在 1926 年 7 月 15 日《新世纪》(Nouvel Siècle)上发表的《凡尔登纲领》所规定的首要目标之一就是"建立中央集权国家,协调法国的一切力量,以实现法国的繁荣和伟大,170 万法国人在 1914—1918 年曾为之献出了生命"。再如,意大利法西斯在其纲领中提出要建立纯粹的法西斯主义的、自治的"职团"。"束棒"也在其纲领首要目标中的第五条说:"在把企业主和工人联合起来的职团的合作下,根据公正原则和民族利益,合理地组织生产。""束棒"在组织结构方面,除了有"战士束棒"、"青年束棒"、"公民束棒"外,还专门有"生产者束棒"。"生产者束棒"无疑是一种与意大利法西斯相类似的职团,它的作用是"保护行业利益",并准备参加"真正代表民族利益的代表制机构"。②

　　如果说,法国法西斯主义运动在政治上取得的成功非常有限的话,

---

　　① 关于伐卢瓦等人与莫拉斯分道扬镳的原因与过程,可参看 Paul Serant, *Les Dissidents de L'Action Française*, Paris, Fayard, 1978.

　　② 参见吕一民等选译:《1918—1939 年的法国》,商务印书馆 1997 年版,第 76—77 页。

那么,法国法西斯知识分子在新闻界与文学界取得的成功却颇为惊人。在那危机四伏的特殊年代里,由于法国法西斯主义知识分子的不断推动,在法国公众中颇有影响力的右派报纸越来越倾向法西斯主义。对此,法国著名史学家勒内·雷蒙曾指出,这些销路很广的一般知识性报纸和公认的右派的政治性日报"有着同一种情绪,支持同一种偏见,戴着同一种眼镜看世界"。他接着又指出:"制造舆论的是右派的报纸。普通的法国人即使投左派的票,经常看的却是右派报纸,而这些报纸愈来愈倾向法西斯主义。"更有甚者,一些刚创刊的周报也在为巴黎几家大型日报的右派观点助威。这些周报的销售量和影响力在 30 年代中期上升很快。如 1924 年创刊的《老实人》(Candide)和 1928 年创刊的《格兰古瓦》(Gringoire)到 1934 年时发行量均达 50 万份。这些周报最初时文学性极强,吸引了很多法国最杰出的作家向它们投稿。但是,后来其政治倾向变得愈来愈反动,越来越亲法西斯和反犹太人。1930 年,又有一家在法国公众中,尤其是陆海军官兵中颇有读者的周刊《我无所不在》(Je suis partout)创刊。该刊和上述两种周刊一样也迅速地滑向了极右,到后来也公开地、强烈地倾向法西斯,为墨索里尼和希特勒喝彩,骂西欧民主国家和犹太人,叫嚷要推翻法国的共和制度。如曾负责《法兰西行动报》文学专栏、后任《我无所不在》报主编并集小说家、诗人与文学批评家于一身的罗贝尔·布拉齐拉克(Robert Brasillach)①曾写道:"法西斯主义,我们认为它不是……一种政治学说,更不是一种经济学说……法西斯主义是一种精神,它是同种族偏见、阶级偏见和其他一切对立的精神。它就是友爱精神的本身,我们本想使它上升到全民族友爱的高度。"②

这些反动文人在竭力鼓噪的同时,还猖狂地利用右翼团体的力量挑起了一场又一场骚动。例如,1924 年 11 月,在饶勒斯的骨灰被迁葬到先贤祠的那天,共产党人组织了空前规模的群众示威游行。右派报纸立即撰文斥之为共产主义阴谋,号召反击布尔什维克的起义。继承

---

① 罗贝尔·布拉齐拉克(Robert Brasillach,1909—1945)。
② 阿泽马、维诺克:《法兰西第三共和国》,第 187 页。

了戴鲁莱德的"爱国者联盟"的衣钵的"爱国青年"等右翼团体还与共产党人发生了街头冲突。而在这一连串的骚动中,最为令人震惊的无疑是1934年的"二·六事件"。

关于法国的法西斯意识形态与法国的法西斯主义知识分子,国外学者已有相当深入的研究,这方面的成果亦不胜枚举,但其中最引人瞩目的著作却是出自曾在法国访学多年的以色列史学家、耶路撒冷大学政治科学系主任塞伏·斯特内勒(Zeev Sternhell)之手的《革命的右派:法西斯主义的法国起源(1885—1914)》(1978年)与《不左也不右:法国的法西斯意识形态》(1983年)。《革命的右派》的主旨是剖析民族社会主义的理论与实践在19世纪末、20世纪初的法国的发展。斯特内勒认为,在19世纪末,自由秩序在法国受到强烈的怀疑和攻击,这种怀疑和攻击不仅来自左翼的社会主义者,而且更来自于一种新型右派,即同时具有民众性与战斗性的右派。循着这一研究思路,斯特内勒逐个详尽地分析了此期各种反民主的激进派从右的立场出发推翻第三共和国的一系列未能成功的尝试。在具体的个案研究的基础上,斯特内勒在该著作的结论中提出了不少令人耳目一新的见解。比如,斯特内勒认为,法国的法西斯主义具有早熟性与土生土长性,两次大战之间的法国法西斯主义是19世纪晚期以来法国社会思潮和政治发展的逻辑和自然的结果,法国法西斯主义无须,而且也没有向外国借鉴任何东西,如果说有模仿或借鉴存在的话,也是意大利的法西斯主义者从法国索雷尔的革命工团主义和巴雷斯的民族主义中获得了启示。又如,斯特内勒认为,法国法西斯分子是无条件地反对现存秩序的,尤其是在人民阵线成立之前更是如此,从这一意义上说,他们是真正的革命派。法国的法西斯主义还有着明显的左翼源泉,它存在着一种极为突出的现象,即大批激烈反对现存秩序的先进分子从社会主义转向法西斯主义。这种现象虽然在其他国家亦有,如英国的奥斯瓦尔德·莫斯莱(Oswald Mosley)、比利时的亨利·德芒(Henri de Man),等等,但这些国家的这种现象在规模上均无法与法国相比。从布朗热主义运动到二战期间的通敌活动,法国的左派可以说是在不断地向右和极右的前法西斯主义运动或法西斯主义运动的组织输送新的成员。①

在《不左也不右》中，斯特内勒进一步阐释和发展了其在《革命的右派》中提出的一些主要观点，力图揭示从19世纪末到1940年这一期间法国社会思潮的法西斯化的进程。斯特内勒在书中颇为大胆地提出，法国较之其他国家，对法西斯运动与法西斯意识形态的产生提供了更为有利的条件，法国的激进右派比其他国家的右派更早地具备了法西斯主义的基本特征。斯特内勒甚至还提出，在第一次世界大战爆发之前，尽管法西斯主义这一词尚未出现，但法西斯现象在法国却已经存在了。由此，斯特内勒特别强调了法西斯主义的战前起源，认为一战对法西斯主义运动所起的影响并不像人们过去所说的那么重要。斯特内勒在该书中对法西斯主义的左翼起源继续给予了同样的重视，认为法西斯主义既是自由民主危机的产物，同时也是社会主义出现危机的结果，法西斯主义最好可以理解为左翼对马克思主义的社会主义进行修正的产物，法西斯主义是已对无产阶级的革命潜力失去信心的左派激进者的社会主义。为此，他在这部著作中对从极左蜕变为极右的三代人进行了剖析。围绕着从左到右的蜕变问题，斯特内勒特别强调了"计划主义"(le planisme)这一"没有无产阶级的社会主义"与法西斯主义的关系。此外不能忽视的是，斯特内勒在书中还认为，30年代法国的政治文化已经被法西斯意识形态所"浸透"。②

斯特内勒的这两部著作，特别是《不左也不右》出版后，在法国史学界乃至整个思想文化界掀起了一场轩然大波。由于斯特内勒在自己的著作中围绕着强调法国在法西斯意识形态的形成中所起的重要作用这一主题提出了一系列具有挑战性的观点和见解，并提出了法国是法西斯意识形态的摇篮这样一种使包括法国史学家在内的许多法国人至少在情感上首先就难以接受的结论，促使为数可观的法国史学家及其他

① Zeev Sternhell, *La Droite Révolutionnaire：Les Origines Françaises du Fascisme* (1885－1914), Paris, Fayard, 1978.

② Zeev Sternhell, *Ni droite ni gauche, L'idéologie fasciste en France*, Paris, Fayard, 1983.

文化界人士纷纷对斯特内勒的著作进行口诛笔伐。① 斯特内勒本人甚至被自己著作中所涉及的一位人物以诽谤罪的罪名送上了法庭。与此同时,欧美其他国家一些史学家也卷入了这场"斯特内勒争论"。②

综观这场在西方史学界持续多年的论战,笔者认为,尽管人们对斯特内勒关于法西斯意识形态的过于宽泛和灵活的界定、过分贬低一战在法西斯主义形成过程中的作用,以及纯粹从思想史角度来研究法西斯意识形态的研究方法在方法论方面的欠缺等提出了有力的批评,但是斯特内勒的研究成果在总体上并未被推翻。斯特内勒的著作不仅在法国一版再版,而且被译成了多种文字。特别需要指出的是,虽然大多数法国史学家仍对斯特内勒的观点持保留态度,但他们在近几年出版的法国通史及其他有关专著中均将斯特内勒的著作列为重要的参考书。这也从一个侧面反映了斯特内勒在该研究领域中所占的地位。

四　从反战、反法西斯到组成人民阵线

1933 年 1 月希特勒在德国上台,对法国的法西斯主义运动起了推波助澜的作用,法国的法西斯主义右翼集团利用人民群众对危机后果的不满情绪,特别是利用了一连串的财政与政治丑闻,煽起狂热的反对议会民主、反对革命运动的"二·六"骚乱。

"二·六事件"的导火线是 1933 年 12 月 30 日报刊揭露的一起长期诈骗事件——斯塔维斯基丑闻(*Affaire Stavisky*)。斯塔维斯基是一位在 1886 年出生于俄国基辅(Kiev)的犹太人,20 世纪初随全家迁到巴黎后不久,就多次参与诈骗活动。1912 年他因触犯法律被判刑。他的父亲因对儿子的堕落感到绝望而自杀身亡。但斯塔维斯基出狱后不思

---

① 有关情况可参看吕一民:《斯特内勒与法国法西斯意识形态的研究》,载《世界历史》1994 年第 3 期。

② 有关"斯特内勒争论"的情况可参看 Robert Wohl, "French Fascism, Both Right and Left: Reflections on the Sternhell Controversy", *The Journal of Modern History*, 1991, mar.

悔过，反而变本加厉地从事贩毒、诈骗、伪造签名、倒卖偷来的债券等非法活动，甚至还持枪抢劫。为了逃避法律的制裁，斯塔维斯基在非法获得巨额财富后，用大量的钱财去贿赂大批政界要人与警察、司法部门的头目，与他们过从甚密。他在一些部长的庇护下，伙同众议员兼巴荣纳（Bayonne）市市长加拉（Garat）开设巴荣纳市立信贷银行，并以大量假珠宝做抵押，发行巨额债券。案发后，警方逮捕了一些同案犯，其中有巴荣纳市市长、激进党的另外一名众议员和由斯塔维斯基资助的两家巴黎报纸《意志报》（Volonté）和《自由报》（Liberté）的发行人。斯塔维斯基却携带发行债券所获得的巨款逃之夭夭。1934 年 1 月 8 日，警察在夏蒙尼（Chamonix）包围了斯塔维斯基隐藏的住所，并宣布说斯塔维斯基已自杀。这一说法引起了公众的怀疑。不少人认为，有人为灭口而谋杀了他，以免泄露有牵累的要人。《鸭鸣报》就如此概括斯塔维斯基之死："顶着枪口被打死的自杀者。"对此，议会专门调查委员会在案发一年后作了这样的结论："毫无疑问，在警察破门冲进斯塔维斯基的别墅时，他开枪自杀了，但自杀多少是被迫的。"委员会肯定了警方不愿捉活的，也不进行抢救，让他慢慢死去，目的是不想保全他这样重要的被告。①

　　以莫拉斯为首的"法兰西行动"很快地就意识到从这桩新的诈骗案中有利可图，并决意通过引导舆论，把这起财政丑闻迅速地变为像巴拿马丑闻一样的政治丑闻。1 月 9 日早晨，《法兰西行动报》在头版竭力呼吁巴黎人民下班后游行到国民议会去，高呼"打倒强盗！打倒暗杀者！"当天傍晚，约有 2000 多人朝着国民议会的驻地波旁宫游行，但被驱散了。两天后，即 11 日晚上，一名市议员率领着"爱国青年团"会合"国王的报贩"②举行了更大规模的示威游行，当局不得不出动机动骑兵警卫队来阻挡暴徒冲进议会。暴徒们捣毁了树木和栏杆，拦截汽车构成路障，把售报亭推倒后点火烧掉，还切断了给电车供电的电缆，使得电车和公共汽车全部停驶。嗣后，各极右集团天天在圣日耳曼大道、协和广

---

① 参见阿泽马、维诺克：《法兰西第三共和国》，第 182 页。

② 此为"法兰西行动"的外围组织，因成立之初主要负责销售《法兰西行动报》而得名。

场举行反议会、反政府的示威游行。1 月 27 日,卡米耶·肖当(Camille Chautemps)①政府被迫辞职。一个在议会两院均受到大多数议员支持的政府竟被示威游行所颠覆,这在第三共和国的历史上还是第一次。1 月 29 日,爱德华·达拉第(Édouard Daladier)②组阁。达拉第一上台就答应去做肖当不肯做的事情:成立一个议会委员会调查斯塔维斯基事件,并决定撤销与右翼势力关系密切,并有同情极右派示威者之嫌的让·希亚普(Jean Chiappe)巴黎警察局局长的职务,另任他为摩洛哥总督。希亚普拒绝了这一明升暗降的任命,一些右翼阁员也以辞职表示对希亚普的支持。"法兰西行动"等右翼集团决定利用希亚普易职之事发动一场更大的骚乱。

2 月 6 日,即在新内阁要在众议院通过投票认可以获取信任的那一天,《法兰西行动报》等右派报刊均刊登了各右翼团体的号召,煽动自己的成员及同情者当晚上街,举行反政府示威大游行。一些报刊为了进一步煽动公众,竟刊载了假报道,说政府已秘密调进了坦克部队、机枪连、塞内加尔黑人部队,要对"和平的"示威群众进行"扫荡"。当天,大多数巴黎报纸还刊登了"纳税人联合会"给共和国总统的一封信,抗议政府"把巴黎人民当作敌人",准备调动由坦克、大炮和机枪装备起来的"黑人部队",对他们进行镇压。不少报纸还在头版详细注明每个右翼团体的成员及同情者在未接到直接通知的情况下碰头的时间和地点。下午三时,当众议院开会对达拉第政府进行信任投票时,各右翼团体开始在波旁宫周围的不同地点集结,"法兰西行动"在协和广场,"火十字团"在圣日耳曼大道和圣一多米尼克街,"法兰西团结"在巴黎歌剧院前、"爱国青年团"在市政厅和拉丁区。下午 6 点半,协和广场上聚集着数千名示威者,他们不顾骑着马、戴着钢盔的机动卫队的一再驱赶,固守自己的阵地。一些示威者把剃刀绑在棍棒的一头,向战马和骑兵的腿上挥砍,还向马蹄扔石弹和鞭炮。晚上 7 时,"法兰西团结"的一些暴徒冲破了最后一道警戒线,即通向议会的桥头路障,开始冲击波旁宫。

---

① 卡米耶·肖当(Camille Chautemps,1885—1963)。法国政治家,三次出任总理。
② 爱德华·达拉第(Édouard Daladier,1884—1970),法国政治家,三次出任总理。

为了不让暴徒冲进议会场所,警卫部队被迫鸣枪阻止,双方发生激烈的武装冲突,造成大批人员伤亡。就在暴徒冲击波旁宫时,达拉第政府以343 对 237 票的多数获得议会的信任。但是,由于有关官员拒绝执行新政府的镇压命令,不少阁员力主辞职,加之激进党的老资格领袖赫里欧对达拉第不予支持,使达拉第感到无能为力,遂于 2 月 7 日中午宣布辞职。

"二·六事件"的直接后果是加速了法国整个社会向左右两极分化。法国的右翼势力,包括早已失势的君主派、新冒头的法西斯狂徒以及其他仇视议会制度的极右分子沆瀣一气,全力趁资产阶级的议会制度出现严重危机的关头,用具有法西斯主义因素的极右政权取而代之。"二·六事件"使包括左翼知识分子在内的各左翼党派人士和人民群众深感震惊,同时也更激起他们的义愤,决心奋起给予迎头痛击。正是反对国内外法西斯主义威胁的共同目的,促使 30 年代中期法国各种类型的左翼,或曰进步知识分子携起手来,并共同成为 30 年代法国波澜壮阔的人民阵线运动的直接推动者。

面对着意德法西斯的先后崛起。国内具有法西斯主义性质的右翼集团的恶性膨胀和新的战争威胁的加剧,富有民主传统和斗争精神的法国进步知识分子从 20 年代中期起就以各种方式同国内外的法西主义展开斗争。早在 1926 年 4 月,罗曼·罗兰就曾撰文对意大利法西斯以及法国国内墨索里尼的信徒进行了强烈的谴责:"建立在意大利法西斯原则上的任何制度,对人类的良心而言,都是一种堕落。它藐视最神圣的自由权,强迫人们接受谎言、制造恐怖,靠这一切来实行统治。企图将法西斯引入法国的任何行动,都是犯罪。"[1]1926 年,罗曼·罗兰与亨利·巴比塞合作,组织了国际反法西斯委员会。次年 2 月,第一次国际性的反法西斯群众大会在巴黎召开,罗曼·罗兰、巴比塞和爱因斯坦(Einstein)担任了名誉主席,而执行主席是与法共关系密切的著名物理学家保尔·朗之万。在反法西斯的斗争过程中,法国进步知识分子提出了"法西斯就是战争!"这一口号。

---

[1]　罗大冈:《论罗曼·罗兰》,第 113 页。

1932 年，在罗曼·罗兰和亨利·巴比塞的共同倡议下，国际反法西斯力量成立了国际反战委员会。1932 年 8 月 27 日至 29 日，在荷兰阿姆斯特丹（Amsterdam）召开了声势浩大的国际反战大会，出席大会的有来自 25 个国家的 2244 名代表。其成员包括一大批著名知识分子的法国代表团的阵容最大，达 585 人。亨利·巴比塞、罗曼·罗兰和朗之万等被选为国际反战委员会正、副主席。罗曼·罗兰在第一天的会议上，号召全世界不同信仰、不同政见的党派、团体以及无党派人士，在共同目标下团结起来，反对法西斯，反对战争，并指出："谁说战争，就意味着法西斯、意味着反动。"①

1933 年 1 月，纳粹在德国上台之后，罗曼·罗兰等进步知识分子即把斗争矛头对准了纳粹政权。罗曼·罗兰本人还毅然地在由"反对希特勒法西斯斗争援助委员会"散发的标题为"打倒棕色瘟疫！"的传单上签字。1933 年 4 月，德国政府为了利用罗曼·罗兰在西方知识界的威望，决定以"表彰他在艺术和科学方面的成就"为名，授予罗曼·罗兰一枚"歌德勋章"。罗曼·罗兰断然拒绝了这一"荣誉"。并在答复德国领事时对纳粹在德国的倒行逆施进行了抨击："今天在德国发生的一切，和自由的被弃掷，反对党的受迫害，犹太人成为粗暴和卑鄙的压迫对象，凡此种种，都引起全世界的公愤，也激发我个人的义愤。这样的政策，是对于人类犯罪。"②

同年，当纳粹党制造了震惊世界的"国会纵火案"，逮捕了德国共产党议员恩·托尔格列尔与保加利亚共产党领袖季米特洛夫等人时，法国知识界中不少的进步人士也积极地展开斗争，一方面谴责纳粹党的无耻，另一方面积极地营救季米特洛夫等人。为此，马尔罗与纪德还发起成立了"全世界争取德国反法西斯政治犯无罪释放委员会"（简称"台尔曼委员会"）。翌年 1 月，马尔罗与纪德前往柏林，向希特勒请愿，要求释放季米特洛夫。

---

① Romain Rolland，"Déclatation lue à la première séance du congrès mondial de tuos les patrs contre la guerre"，*Romain Rolland：Textes politiques，sociaux et philosophiques choisis*，Edition Sociale，Paris，1970，pp. 284—289.

② 罗大冈：《论罗曼·罗兰》，第 116 页。

1933 年 6 月 4 日,在德国、意大利、波兰革命工会的倡议和法国进步知识分子的积极筹备下,在巴黎普莱埃尔大厅召开了欧洲反法西斯代表大会。出席大会的有来自欧洲各资本主义国家的 3700 名代表,其中法国代表 2566 人。8 月 20 日,国际反战委员会和反法西斯委员会在巴黎通过了两大运动在国际范围内联合的决议,成立了国际反战反法西斯委员会,亦称阿姆斯特丹－普莱埃尔委员会,法国也成立了相应的委员会,因此,法国反法西斯运动得到了有力推动和广泛开展。在运动中,各个党派、工会间的接触日益增多,这为法国反法西斯统一战线的建立创造了有利条件。

"二·六事件"的发生,使法国进步知识分子进一步意识到了国内法西斯势力的严重威胁,决心奋起给予迎头痛击。著名作家马丁·杜加尔在"二·六事件"发生当天写给其女儿的信中的这段话清楚地反映了许多同他一样的知识分子的心境:"法西斯主义很可能在几个月后在法国取得胜利。我将自觉地参与反对它的斗争。我反对一切专制,反对一切国家(干涉)主义。"[1]"二·六事件"后不久,法国知识界的三位著名人士发起创建了"知识分子反法西斯警惕委员会"(Le Comité de vig-ilance des intellectuels antifascistes)。他们是著名哲学家阿兰[2],著名的人种学家、巴黎特罗卡戴罗人种学博物馆(Musée d'Ethnographie du Trocadéro,即今天巴黎著名的人类学博物馆的前身)馆长保尔·里韦和著名物理学家朗之万。在很短的时间里,知识分子反法西斯警惕委员会的成员迅速达到了 8000 多人,并在 1935 年年底运动达到最高潮时拥有 200 多个地方性委员会。这些进步知识分子针对当时右翼报刊丧心病狂地大放厥词、混淆视听,编写和散发了大量反法西斯的传单与小册子,如《"二·六事件"与新闻界》、《何谓法西斯?》,等等,并且还印发了《掌握在二百家族手里的法兰西银行》等小册子,对法国资本主义制度的腐败进行揭露。为了及时地向进步知识分子们推荐斗争的方式和更

---

① Michel Winock, *Le siècle des intellectuels*, Paris, Seuil, 1999, p. 298.

② 由于阿兰此期疾病缠身,故他在许多公共场合的活动实际上均由其忠实弟子米歇尔·亚历山大(Michel Alexandre)代为出席。

好地与各地的地方性委员会保持经常性的联系,知识分子反法西斯警惕委员会还编印了每月一期的简报《警惕》(*Vigilance*)。由于知识分子反法西斯警惕委员会的三位发起人分别与左翼的三大政党即激进党、社会党与共产党有着极为密切的关系,因此,这一委员会的建立与活动为左翼党派下一阶段更大规模的联合行动开了一个好头,从这一意义上说,知识分子反法西斯警惕委员会是波澜壮阔的人民阵线运动的萌芽组织。

1935 年 6 月 8 日,在阿姆斯特丹—普莱埃尔委员会的发起下,由包括知识分子反法西斯警惕委员会在内的各左翼党派和团体联合发出号召,决定于 7 月 14 日在巴黎和外省举行大规模示威游行,让 7 月 14 日成为显示法国人民团结力量的日子。这些党派团体组成了人民联盟组织委员会,由巴黎大学教授、人权联盟(Ligue des droits de l'homme)主席维克多·巴什(Victor Basch)①任委员会主席。7 月 14 日上午,69 个党派团体的一万多名代表在布法罗体育场集会,并进行庄严宣誓,"决心为给劳动者以面包,给青年以工作,给世界以和平而斗争"。下午 2时,在红旗和三色旗的指引下,从巴士底广场到民族广场的游行队伍集中了 50 万因左派大联合而欢欣鼓舞的人们,社会党、共产党和激进党的领袖勃鲁姆、莫里斯·多列士(Maurice Thorez)②、达拉第肩并肩地走在队伍的最前列。全国各主要城市也在同一天举行大规模集会游行。7 月 14 日的集会和游行,标志着法国人民阵线的正式成立。

需要指出的是,如果从宏观的角度进行透视的话,我们会不难发现,虽然反法西斯主义为此时法国各种左翼,或曰进步知识分子的团结创造了条件,但此时法国的反法西斯主义知识分子绝非铁板一块,其大致可分为以下三种类型:第一类反法西斯主义知识分子主要反对的是外国的法西斯主义。在这类反法西斯主义知识分子中,绝大多数是些共产党员知识分子或作为党的同路人的知识分子。一般来说,他们所担忧的主要是纳粹德国为代表的战争威胁。而且,他们的首要目标是

---

① 维克多·巴什(Victor Basch,1863—1944),匈牙利出生的法国哲学家,社会活动家。
② 莫里斯·多列士(Maurice Thorez,1900—1964),1930—1964 年担任法共总书记。

捍卫共产主义的祖国——苏联。因此,他们的行动往往得到共产国际及其深受共产国际影响的阿姆斯特丹—普莱埃尔委员会的支持。第二类反法西斯主义知识分子主要反对的是法国内部的法西斯主义。此类反法西斯主义知识分子的代表都是些像阿兰及其追随者那样的和平主义知识分子。在他们看来,战争的威胁并非来自外部,而是来自本国内部。知识分子反法西斯警惕委员会的机关刊物《警惕》在 1934 年 11 月 20 日刊载的反战行动委员会宣言显然最能体现该类知识分子的宗旨。该宣言称:反法西斯主义的斗争绝非反对所谓的外部敌人的斗争。对于每一个民族来说,法西斯主义均是内部的敌人。所有的战争煽动都将有利于法西斯主义……反法西斯主义绝不能用作为任何战争辩护的理由。战争是最大的灾难,我们始终拒绝承认战争是不可避免的。① 第三类反法西斯主义知识分子可称为"革命的反法西斯主义知识分子"。此类知识分子大都认为,只有通过无产阶级革命才能真正战胜法西斯主义。这些知识分子要么是托洛茨基主义的追随者,要么是革命的工团主义传统的信奉者。两者可分别以原超现实主义运动的领衔人物布勒东和工人国际法国支部的马尔索·皮韦尔(Marceau Pivert)②为代表。

1936 年 6 月,波澜壮阔、势不可挡的人民阵线(Front populaire)运动把一个自认是饶勒斯的忠实门徒的左翼知识分子推上了首届人民阵线政府总理的宝座。他就是莱昂·勃鲁姆(Léon Blum)。

勃鲁姆 1872 年 4 月 9 日出生于巴黎一个富裕的犹太裔资产阶级家庭,父母在巴黎开设丝绸涤带装饰品商店。天资聪慧的勃鲁姆自幼爱好文学,曾先后在查理大帝中学与亨利四世中学等著名中学就读,成绩优异。1890 年,勃鲁姆考入了著名学府巴黎高等师范学校,由于在 1891 年 7 月和 10 月两次文学士学位考试中不及格,被学校除名,遂转入巴黎大学攻读法律,于 1894 年作为高材生毕业。毕业后不久,勃鲁姆考取行政法院,任助理办案员,不久升为审判官。与此同时,他开始了文学创

---

① Michel Winock, *Le siècle des intellectuels*, Paris, Seuil, 1999, p. 305.
② 马尔索·皮韦尔(Marceau Pivert,1895—1958),法国政治活动家。

作活动,在《白色评论》等报刊杂志上发表了不少诗篇、短文、评论等,并结识了法国著名作家法朗士、普鲁斯特等人。1901 年,勃鲁姆出版了《歌德与艾克曼的新谈话录》(*Nouvelles conversations de Goethe avec Eckermann*),引起文坛瞩目。

像其同时代的大多数知识分子一样,勃鲁姆也是通过 19 世纪末、20 世纪初的德雷福斯事件开始其政治生涯。他在巴黎高师图书馆管理员吕西安·赫尔的引导下,积极地参加了德雷福斯派的斗争。1897 年,他结识了德雷福斯派的领袖饶勒斯。勃鲁姆对饶勒斯甚为崇拜,并深受其"人道主义的社会主义"的影响。不久,勃鲁姆加入了以饶勒斯为首的改良主义的法国社会党,并同饶勒斯一起创办了《人道报》。大战爆发后,勃鲁姆担任了入阁的社会党人马塞尔·桑巴的部长办公室主任,这一时期,他在党内以中派面目出现,在公然支持政府进行战争的多数派和谋求对德和平的少数派之间进行调解,逐渐受到党内的重视,1919 年 1 月,社会党大会成立党纲起草委员会,勃鲁姆因系名律师和名作家,同时又因为其与已故的饶勒斯的关系非同一般,故当选为起草委员会主席。4 月 20 日,勃鲁姆在党的特别代表大会上就党纲草案发表演说,充分表现出雄辩才能。同年 11 月,勃鲁姆当选为众议员,担任社会党议会党团主席和社会党发言人。1919 年 9 月,勃鲁姆发表了《怎样做一个社会党人》的小册子,他在书中一方面谴责资本主义占有的不道德性,强调对物质财富的生产实现国有化的必要和迫切,另一方面又把社会主义说成"几乎是一种宗教,它确切反映了在目前社会中伦理和宗教相继赖以建立这种人类博爱之情"。这个时期,他主张非暴力的"革命",否认苏俄式的无产阶级革命的必然性,推崇英国工党关于在资本主义条件下建立"民主社会主义"的理论,并把资产阶级民主看成是历史发展的圆满结果。1920 年 12 月社会党图尔代表大会以压倒多数通过加入共产国际的决议,易名为共产国际法国支部(即法共),勃鲁姆与保尔·富尔(Paul Faure)率领少数派拒不接受大会的决议,并重建了社会党。1921 年,勃鲁姆又创办了社会党机关报《人民报》(*Le Populaire*),同时自任主编。

勃鲁姆关于社会党可以在现存社会制度内部参与执掌政权的思想

由来已久。早在 20 年代,他就提出著名的"行使政权"和"夺取政权"这两个不同概念,认为两者不可混淆,并认为社会党参与政府是其议会活动的必然结果,社会党可以为有限的目标在合法的共和国范围内行使政权。这表明勃鲁姆早已有行使政权的意愿,但由于勃鲁姆坚持只有在社会党成为议会中的最大党团,并由社会党人组阁的情况下才能行使政权,而社会党过去未曾成为最大的党团,所以,勃鲁姆一直未能如愿以偿。30 年代法西斯主义的威胁,使勃鲁姆感到无产阶级还有着"占据政权"的必要性。"占据政权"是勃鲁姆在 1935 年 7 月提出的关于政权问题的第三个著名的概念。勃鲁牧在 7 月 1 日《人民报》发表的《政权问题和法西斯主义》一文中提出,面临着法西斯的威胁,由无产阶级占据政治权力是不可缺少的。次日,勃鲁姆又以《夺取、行使和占据政权》为题撰文,认为在特定的条件下,占据政权将成为社会主义与法西斯作斗争的决定性的插曲,无产阶级占据权力,不是在"夺取"中使其具有摧毁性和建设性,也不是在"行使"中使其具有过渡性和准备性,而仅仅是防卫性和阻止性。无产阶级政党占据政府权力是为了不让法西斯及其同谋取得权力,是为了阻止政府力量和法西斯力量结成一体反对无产阶级,而利用这种和政府的联盟反过来对付法西斯,确保胜利的机会。7 月 4 日,勃鲁姆在《占据政权与人民阵线》一文中再次提出占据政权的根本目标是阻止政府力量和法西斯力量结合起来反对民主自由和工人,并反过来利用政府力量为反对法西斯斗争服务。①

在因"二·六事件"左右两极分化日益加剧的 30 年代中期的法国社会,由于勃鲁姆及其领导的社会党在左翼力量中地位与影响显著地提高,这就使得勃鲁姆这位知识分子成了包括法西斯势力在内的右翼的眼中钉。"法兰西行动"的头子莫拉斯在一篇又一篇刊登在《法兰西行动报》头版的社论中,怂恿他的追随者想方设法搞掉"这个入了法国籍的德国犹太人或这个法籍犹太人的儿子"。1935 年 4 月 9 日,莫拉斯在

---

① 关于勃鲁姆的政权理论,可参看吕一民:《勃鲁姆人民阵线政府社会经济政策初探——兼析"勃鲁姆试验"的历史功绩和失败原因》,载楼均信主编:《法兰西第一至第五共和国论文集》,东方出版社 1994 年版。

《法兰西行动报》的头版上，建议其追随者"一定得把勃鲁姆这个人用枪杀掉，不过得从背后开枪"。1936 年 2 月 13 日，当勃鲁姆偕同事从众议院出来，驱车去进午餐时，他们的汽车在圣日耳曼大道上被一群正在为保皇派历史学家雅克·邦维尔送葬的"法兰西行动"的狂热的青年成员所阻，他们把勃鲁姆从车中拖出来，凶狠地对他拳打脚踢。这一在光天化日之下发生在大街上的暴行震惊了整个巴黎，迫使政府下令解散"法兰西行动"组织及其所属的两个学生组织，夏尔·莫拉斯则被指控犯有煽动谋杀罪，被判处 4 个月徒刑。

勃鲁姆政府上台后，法国的右派自始至终对以勃鲁姆为首的人民阵线政府抱着敌视态度。法西斯分子们称勃鲁姆是法国的头号公敌，并对勃鲁姆是犹太人这一点进行恶意诽谤。如勃鲁姆上台后的第二天，莫拉斯就在《法兰西行动报》上以《犹太人统治下的法国》为题发表社论，提醒其读者"我们现在有了一个犹太人的政府"。原来一些极右派知识分子出于本能曾经叫喊"宁要希特勒，不要斯大林"，在勃鲁姆上台后，即很快地把这一口号变成："宁要希特勒，不要勃鲁姆"，并把法国经济存在的困难归咎于勃鲁姆政府的社会改革，攻击这样的改革"将导致法国经济的全面崩溃"。当勃鲁姆政府在西班牙内战中准备援助西班牙人民阵线政府时，数目繁多的右派报刊为此展开了一场激烈的"舆论战"，7 月 22 日，法兰西行动的重要成员莫里斯·皮若（Maurice Pujo）在《法兰西行动报》上扬言，法国人民禁止犹太人勃鲁姆的政府送武器给西班牙政府。7 月 23 日，《巴黎回声报》发表的雷蒙·卡蒂埃的文章污蔑道：对西班牙的任何援助都是"背叛民族的罪行"。7 月 24 日，著名右翼记者亨利·德凯里利斯（Henri de Kerillis）叫嚣：下令运送武器的是勃鲁姆本人！这个政府是有罪的、可憎的。夏尔·莫拉斯也亲自在《法兰西行动报》上撰文，说勃鲁姆在把我们引向战争。更有甚者，具有浓厚的民族主义思想、政治倾向一度右倾的著名作家弗朗索瓦·莫里亚克（François Mauriac）[1]也在 7 月 25 日的《费加罗报》上宣称："总理

---

① 　弗朗索瓦·莫里亚克（François Mauriac, 1885—1970），法国著名作家，1952 年诺贝尔文学奖获得者。

（指勃鲁姆）应该知道，自人民阵线上台以来，我们在尽量克制，在一种内战的气氛中，我们愿意保持理智，但如果事实证明，我们的主子积极参与半岛上的屠杀，那么，我们将明白统治法国的并不是政治家，而是暴徒头目……我们不愿西班牙因为法国的过错而流血。勃鲁姆如果干涉，我们将永远也不会饶恕这一罪愆。"凡此种种，充分反映了法国右翼知识分子对勃鲁姆的极端仇视。①

---

① 有关情况可参看吕一民：《勃鲁姆人民阵线政府与"不干涉政策"》，载《杭州大学学报》1993 年第 4 期。

第四章　合作与抵抗

——第二次世界大战中的法国知识分子

一　和平主义:大战前夕法国知识分子的集体选择

被称为"欧洲的内战"的第一次世界大战给世界,尤其是给欧洲带来了史无前例的灾难,这在西方民主国家人民的集体记忆中留下了难以抹去的伤痕。30 年代,当国际局势日益紧张,欧洲与世界再次面临新的战争危险时,和平主义思潮在包括法国在内的各西方民主国家迅速地蔓延开来,形成了一股强大的潮流。正如有学者指出的那样,在一个动荡不安的世界上,维护与追求和平的愿望与行动本身应当说是无可非议的,但是,问题在于 30 年代战争阴云密布之际盛行于西方民主国家的和平主义思潮却与孤立主义和恐战症结合在一起,因此它就不能不具有极其严重的消极性质。[①] 具体而言,这种和平主义的特点是不愿意为在总体上维护和平而承担任何风险,却在不惜任何代价避免战争上大做文章,其结果只能是涣散了民族的斗志,并使得"集体安全"之类的政策选择被当作可能导致战争的政策而受到了排斥。与此同时,这种和平主义思潮在一定程度上使这些国家的公众对于外部威胁的存在和发展变得麻木不仁。不容否认,这一切,在 30 年代中后期,尤其是慕尼黑会议召开时的法国知识分子身上得到了充分的反映。也正因为如此,他们当时大多对慕尼黑会议的召开表示欢迎。

30 年代中后期,希特勒的胆大妄为和德国重整军备的进展,使一个

---

① 参见陈兼:《走向全球战争之路》,学林出版社 1988 年版,第 225 页。

在马其诺防线后面和在褪色的一战功劳簿上高枕无忧的法国措手不及。法国在莱茵区重新军事化问题上表现出来的软弱大大削弱了法国的军事防御地位,加速了同盟体系的分崩离析,同时也大大助长了希特勒的侵略野心。1938年,德国在吞并了奥地利之后不久,又把矛头直指捷克斯洛伐克。作为捷克斯洛伐克的盟国,法国有义务根据1925年法捷互助条约在捷克斯洛伐克受到德国进攻时立即提供援助。捷克斯洛伐克危机使法国外交面临着更为严峻的考验。当时法国政府内部四分五裂,以保尔·雷诺(Paul Reynaud)①为代表的强硬派力主采取坚定立场,而以乔治·博内(Georges Bonnet)②为代表的妥协派则坚持采取忍让态度,作为总理的达拉第则动摇于两派之间。如果说,在危机初期的达拉第出于法国切身利益的考虑和法捷互助条约的约束,曾有过履约援捷的打算,也曾有过一些强硬的表示,那么,在国内外绥靖势力的压力下,他最终还是在绥靖主义的道路上越走越远,并成为慕尼黑丑剧的导演之一。

此期尤其值得注意的是,与一战前法国为数不少的民族沙文主义知识分子大肆叫喊战争、鼓吹对德复仇形成强烈反差,当第二次世界大战的威胁日益逼近的时候,法国绝大多数知识分子(左派、右派皆有)却受到了和平主义思潮的影响,一厢情愿地想从法西斯国家,尤其是纳粹德国处乞求和平。如担任知识分子反法西斯警惕委员会副主席的著名哲学家阿兰在1938年9月慕尼黑协定签订前夕,曾与季奥诺等人联名致电达拉第总理,敦促后者接受希特勒、张伯伦(Arthur Neville Chamberlain)的邀请,去慕尼黑商讨妥善解决捷克斯洛伐克危机的方案,并说必要时可向希特勒作出一定的让步。而《法兰西行动报》则在此期连篇累牍地宣扬:"法国人既不愿为犹太人、俄国人③而战,也不愿为布拉格的共济会成员而战。"不仅如此,这家历来具有强烈的好战倾向的报纸竟然在1938年9月27日的第一版以极大的字体刊登了"打倒战争!"的

---

① 保尔·雷诺(Paul Reynaud,1878—1966),法国政治家。1940年3月至6月担任总理。

② 乔治·博内(Georges Bonnet,1889—1973),法国政治家,多次出任部长。

③ 指斯大林领导的苏联——笔者注。

口号。同时值得注意的是,作为此期法国右翼知识分子的主要代表,莫拉斯等人还大肆倡导一种所谓的"双不主义",即既不要希特勒,也不要斯大林。如莫拉斯曾多次宣称:我们既不会和苏联人一起去反对希特勒,也不会和希特勒一起去反对苏联人。①

1938年9月28日下午,达拉第一改过去曾表现出过的较为强硬的态度,欣然接受了希特勒、张伯伦要他去慕尼黑的邀请。对此,法国大多数知识分子都狂热地表示赞成,并竞相表达喜悦之情。莱昂·勃鲁姆在《人民报》上发表文章欢呼道,听到要召开慕尼黑会议,"人们感到莫大的喜悦和满怀希望"。他在文章中强调,中断谈判将是"犯罪的行为"。不仅如此,他还在文章的结尾处宣称:"神圣的和平之光一度有如风中残烛,摇曳欲灭,现在又重放光明了。"②一些知识分子在《黎明报》(L'Aube)为慕尼黑会议欢呼,欢呼"和平的希望复活了",并呼吁说,为了拯救和平,必要时可以向希特勒作出进一步的让步。

9月30日下午,达拉第在签署了慕尼黑协议定后乘专机回国。在途中,他始终忧心忡忡,担心返回巴黎后人们会耻笑他出卖了一个忠实的盟国。当专机即将在布尔歇机场着陆时,达拉第从空中往下望见一大群人密密麻麻地聚集在机场上,更是紧张得浑身发抖,遂命驾驶员在上空盘旋几圈,以恢复镇静。孰料当已准备遭到唾骂的他走出机舱时,扑面而来的却是狂热的欢迎者们的热烈欢呼:"和平万岁!"、"达拉第万岁!"50万巴黎人聚集在从机场到总理府的大道上夹道欢迎。妇女向他的汽车抛掷鲜花,达拉第被当作凯旋的英雄受到热情欢迎。巴黎的几乎所有报刊都在狂热地称颂达拉第和外长博内,赞扬他们同张伯伦、希特勒和墨索里尼一起"拯救"了和平。莱昂·勃鲁姆甚至在《人民报》上写道:"没有一个法国女人或者男人会拒绝向尼维尔·张伯伦和爱德华·达拉第两位先生致以衷心的感谢。战争不会落到我们头上了。巨大的灾祸消除了。生活能够重新合乎自然地进行下去。每个人都能重

---

① Michel Winock, *Le siècle des intellectuels*, Paris, Seuil, 1999, p. 403.

② 夏伊勒:《第三共和国的崩溃》(上),第507页。

新恢复工作,高枕无忧。每个人都能享受秋天绚丽的阳光。"①一些右派知识分子不但热烈欢庆战争已经避免,而且还谩骂少数法国人企图要求政府信守对捷克斯洛伐克的诺言并同纳粹德国对抗。斯蒂芬·洛藏在《晨报》上欣喜若狂地写道:"和平赢得了。它是压倒了骗子、卖国贼和疯子们才赢得的。"右翼色彩的《时代报》也公然表示,它感到欣慰的是,少数高瞻远瞩和勇敢的领导人战胜了"战争派"。《巴黎晚报》甚至组织募捐,以赠送给英国首相张伯伦一套乡间别墅"和平之家"。在一派赞扬声中,乔治·博内,这位法国在慕尼黑丑剧中的出谋划策者在享受着由此带来的昙花一现的名望之余,不无得意地声称:"许许多多的报纸,甚至极左派的报纸,都称赞慕尼黑协定是法国人熟练的、坚定的外交活动的成果。"②10 月 4 日,法国议会以 535 票对 75 票批准了慕尼黑协议。毋庸讳言,这次投票的结果基本上真实地反映了在和平主义影响下法国人民的情绪。对此,法国著名的国际关系史专家皮埃尔·勒努万(Pierre Renouvin)③指出:"这一背弃盟友的政策得到了内阁和议会中多数人的同意,而且最后被绝大多数的公众舆论所批准。"④

笔者管见,在当时的法国,在和平主义的外表下,已掩盖着这样一个不争的事实,即法国公众对战争的恐惧已被推到了"集体怯懦"的程度。刚刚从第一次世界大战中恢复过来的法兰西人民不愿再来一次浴血战争,这诚然可以让人理解。但是,他们没有能够懂得一个历史教训,这就是,当一个国家面临一个侵略成性、嗜权成癖的敌人一心想要最后毁灭或者奴役它时,为了生存,打一场战争有时是十分必要的。令人遗憾的是,30 年代中后期的法国知识分子,除极少数人之外,也没有能够认识到这一点。他们非但没有用这些道理去说服国人,反而通过自己的和平主义的言论把法兰西人民进一步地引入歧途。

值得注意的是,就是在这一时期,纳粹德国在巴黎的代理人,温文

---

① 夏伊勒:《第三共和国的崩溃》(上),第 518 页。
② 夏伊勒:《第三共和国的崩溃》(上),第 518 页。
③ 皮埃尔·勒努万(Pierre Renouvin,1893—1974),法国著名历史学家。
④ 夏伊勒:《第三共和国的崩溃》(上),第 519 页。

尔雅的"亲法派"奥托·阿贝茨(Otto Abetz)①在法国知识界大肆活动,力图拉拢法国知识分子。例如,他为很多知识分子筹办去德国的免费旅游,这些人在德国被盛情款待,甚至受到希特勒的接见,同时被灌输纳粹的宣传。又如,他为法国作家们订立优惠的出版合同,让他们的书译成德文在德国出版,名利双收。阿贝茨在这方面所采取的一系列活动可以说收效颇大,在此仅举两例。

其一,以《野蔷薇》名噪文坛的法国著名作家阿尔方斯·德·夏托伯里昂(Alphonse de Chateaubriant)②在1937年访问了纳粹德国之后,马上就转变成一个狂热的希特勒的崇拜者。他不仅把希特勒看作是耶稣基督一样的人物,甚至在《力量的集合》这本书里令人作呕地写道:"希特勒无比善良……如果他用一只手向群众致敬,他会伸出另一只手向上帝效忠……希特勒的思想在基督教海洋的浩瀚水域里源远流长。希特勒试图在德国建造起一座基督的殿堂,国家社会主义是上帝的神圣事业的开端。"③

其二,原先在法国知识界以"崇英(国)狂"著称的德里厄·拉罗歇尔30年代中期在经阿贝茨的安排,两度赴德出席纳粹代表大会后,摇身一变为纳粹德国的崇拜者。他在谈及自己出席纳粹代表大会并目睹成千上万的人向希特勒欢呼的场面的感想时说道:"周围到处漂浮着一种雄劲的快乐,虽不是性欲的,却是令人陶醉的。"他甚至还表示:"我的心在颤栗,疯狂……啊! 今晚,我快乐至极,我激动得要死。"④在德方人士安排他参观设在达豪的集中营后,他竟然如此写道:"参观集中营是令人吃惊的。我相信他们没对我隐藏什么。"他甚至还认为,达豪集中营的"主调是令人赞赏的舒适和不加掩饰的严厉"⑤。从德国回到巴黎后,德里厄·拉罗歇尔迅速地成为法国法西斯主义运动中的头面人物,并

---

① 奥托·阿贝茨(Otto Abetz,1903—1958),德国外交官,长期驻法,后任纳粹驻维希大使。

② 阿尔方斯·德·夏托伯里昂(Alphonse de Chateaubriant,1877—1951)。

③ 参见夏伊勒:《第三共和国的崩溃》(上),第566页。

④ 雷威:《自由的冒险历程》,第117—118页。

⑤ 雷威:《自由的冒险历程》,第118页。

在宣扬、传播法西斯主义理论方面起了不容忽视的作用。拉罗歇尔发表于1938年10月28日的《民族解放报》上的一篇文章,充分体现了其法西斯主义分子的面目:"总之,法西斯主义是什么呢?法西斯主义是永恒的人类在本世纪需要的名字。为了抵御战后欧洲文明的突然解体,欧洲许多民族已经站立起来——这些民族不仅仅只是意大利和德国,而且是其他所有接受专制或半专制政体的民族。这些民族从这种复兴中发现了一种令他们陶醉、向往和惊讶的突发性力量。他们身上的这种创造与扩张力量即将震动、撞击着他们的邻国,并使得这些邻国下决心做出最后决定。这些邻国不得不决定自己是汇入新的生命乐章,还是拒绝这样去做。"①

如同后来所公布的法国警方的调查报告所显示的那样,纳粹德国此期主要是通过奥托·阿贝茨的渠道对法国报纸、新闻记者进行利诱和收买的。例如,与法共闹翻后蜕变为法西斯分子的多里奥所创办的《自由报》几乎全部靠的是来自纳粹德国方面的津贴。又如,大战爆发前夕,原在巴黎新闻界颇有影响的《时代报》新闻部编辑主任卢瓦·奥班(Louvoir Aubin)因与"某个外国势力"有"不清白的关系"而被捕。在审讯中,奥班承认他曾从德国方面获得了数以百万计的巨款。相对而言,阿贝茨之类的德国代理人在此期更多地是收买新闻记者个人,而不是整家报刊。因为正如法国外交部新闻司司长皮埃尔·库默特后来在议会调查委员会上作证时所说的那样:"这样做不仅更便宜,而且更有效。"

二 为维希政权与纳粹德国效劳的知识分子

慕尼黑协议并没有带来张伯伦之流所叫嚷的"千年和平"。正当西方民主国家的公众沉迷于和平的幻觉、麻木不仁地轻歌曼舞时,纳粹德国却调兵东进,向波兰开刀。1939年9月1日,凌晨4时45分,纳粹德

---

① 吕一民等选译:《1918—1939年的法国》,第77页。

国出动大批陆、空军兵力，分三路突然袭击波兰。9 月 2 日，达拉第明确宣布，法国准备通过"平心静气的谈判"和平解决冲突。在遭到希特勒的拒绝后，法国被迫于 9 月 3 日下午 5 时向德国宣战。

在此需要指出的是，如果说第一次世界大战爆发时法国全国上下群情激昂的话，那么，与之形成鲜明对比的是，二战初期的法国士气异常低落。而且，举国上下很难理解进行一次新的世界大战的必要性。其中，绝大多数法国知识分子也同样如此。从根本上说，右派知识分子由于意识形态上的原因，不愿同纳粹德国打仗。他们赞美希特勒的富有效率的极权统治，并同他一起蔑视腐败无能的民主制度。早在大战爆发前夕，已从社会主义者蜕变为法西斯主义者的马塞尔·戴阿就在《劳动报》（Travail）上以《为什么要为但泽而死？》为题发表社论，并称主张为但泽去死的法国人是"傻瓜"。当大战爆发之际，颇有文学才华、但具有法西斯主义倾向的青年作家、《我无所不在》报的著名撰稿人吕西安·勒巴泰（Lucien Rebatet）[1]则更是这样写道："战争已被最可憎的犹太人和蛊惑人心的政权中那些最可憎的小丑们发动起来了……现在再次要我们去拯救共和国，而这个共和国比 1914 年的那一个（共和国）更坏……不，我丝毫不仇恨希特勒，但我痛恨所有那些导致希特勒胜利的法国政治家。"[2]与此同时，有相当多的法国右翼知识分子认为，纳粹德国是此时欧洲唯一能够抵御斯大林领导下的苏联所代表的共产主义"扩张"的力量，或曰最后一道"防线"。

而左派知识分子尽管鄙视甚至厌恶希特勒的极权统治，却也不愿同德国打仗，不愿同任何其他国家打仗。因为他们热衷于和平主义。这种和平主义是从一战结束以来在公立学校里培养起来的一种深刻的信仰，它认为所有的战争都是罪恶，都是对人类及其财富和道德的毫无意义的破坏与毁灭，因此，必须不惜一切代价加以避免。这种绝对的和平主义的突出代表无疑首推阿兰。如前所述，阿兰在第一次世界大战期间曾奔赴前线作战，由此亲身感受到战争的残酷。而经他指导于

---

[1] 吕西安·勒巴泰（Lucien Rebatet，1903—1972），法国作家、记者。
[2] 夏伊勒：《第三共和国的崩溃》（上），第 666 页。

1913 年从著名的亨利四世中学考入巴黎高等师范学校的 54 名学生中，竟有 28 人在一战中阵亡，这一悲剧更使他对一切战争深恶痛绝。由此，阿兰在大战结束之后，始终致力于各种和平主义运动，包括积极支持阿里斯蒂德·白里安（Aristide Briand）①的法德和解政策。毋庸讳言，阿兰在 30 年代的反法西斯运动中也相当活跃。然而，在他看来，和平主义与反法西斯主义，尤其是反国外的法西斯主义之间似乎存在着一些矛盾。故此，为了避免过于刺激纳粹德国，为了不让希特勒有发动战争的口实，阿兰往往把反法西斯的重点放在国内的法西斯上。例如，1935 年 7 月 11 日，他在即将向在巴黎举行的一次群众集会发表演说时，曾向一位社会党报刊的记者明确表示，应当在演说中少谈谈外部法西斯的威胁，多谈谈内部法西斯的威胁。② 显然，以阿兰及其追随者所代表的这种"和平主义"极大地削弱了此期法国反法西斯运动的积极作用，尤其是使这一运动在反对纳粹德国之类的外部法西斯的侵略扩张活动方面表现乏力。

　　1939 年 9 月初交战双方互相宣战之后，随之而来的却是"奇怪的战争"。由于英法对德"宣而不战"，从 1939 年 9 月 3 日到 1940 年 5 月 9 日，西线几乎没有出现过像样的军事行动。故此，西方报刊当时的相关报道几乎天天都是"西线无战事"。长期的"奇怪的战争"使包括知识分子在内的法国人普遍感到，和平随时都有可能实现。防守在马其诺防线后面的法国士兵因无所事事，百无聊赖。为此，政府和军方采取了一些措施，在军营建立娱乐中心，派剧团演出，放映电影，安排军人休假，还由总理为这些部队分发了一万个足球。官兵们在前线跳舞、踢球、打扑克、晒日光浴，借此打发时光。

　　此时在 20 世纪法国知识分子史中值得注意的事是，由于《苏德互不侵犯条约》的签订和法共在共产国际的压力下奉行与纳粹德国亲善的策略，使法共受到了政府的严厉打击，被迫转入了地下。与此同时，许

---

① 阿里斯蒂德·白里安（Aristide Briand，1862—1932），法国著名政治家、外交家，曾任外长。1926 年和德国外长古斯塔夫·斯特莱斯曼（Gustav Stresemann）共享诺贝尔和平奖。

② Michel Winock，Le siècle des intellectuels，Paris：Seuil，1999，p. 305.

多法共知识分子对苏联与纳粹德国签约及法共对纳粹德国亲善的做法感到不可理解。如保尔·朗之万曾私下里对其亲友表达了自己的困惑。如果说，当时大多数法共知识分子对本党在对德政策方面来了个一百八十度的大转弯而感到茫然不知所措，那么，也有一批法共知识分子则选择了与法共的决裂。后一类法共知识分子最突出的代表就是保尔·尼赞（Paul Nizan）①。尼赞是一位毕业于巴黎高师的颇具才华的青年作家。他曾宣称信奉马克思主义，并在自己的作品中以锐利的笔锋揭露资本主义社会的阴暗面，断言剥削制度正在崩溃。在其写信给法共中央的领导人之一雅克·杜克洛（Jacques Duclos），表示与法共决裂前，尼赞还担任着法共主办的《今晚报》国际事务栏目的负责人。在尼赞等原法共知识分子宣布脱党后，已从自己正在服役的部队"脱逃"至苏联的法共领导人多列士曾于 1940 年 3 月 21 日在共产国际的刊物上撰文《钉在耻辱柱上的叛徒》，指责退党的知识分子党员是"机会主义者"、"野心家"、"败类"。更有甚者，他还在文中痛斥尼赞是"怯懦而卑鄙的警察局的耳目"。战后初期，为了给其共同的同窗好友洗刷污名，萨特与雷蒙·阿隆曾在 1947 年 3 月给法共写了一封公开信，对法共，尤其是法共的大作家阿拉贡指控尼赞是叛徒提出抗议："人们闭口不谈尼赞，他是同代人中最有天分的作家之一，1940 年被德国人杀害。谁也不敢谈论他，仿佛想把他第二次埋葬。然而，在政界，某些人悄悄说他是个叛徒。阿拉贡向我们当中的一个说尼赞向内政部提供了共产党活动的情报……而据我们所知，共产党人不能责备尼赞在 1939 年德苏签订协议时脱党。对这件事仁者见仁，智者见智：这是纯政治事务，我们无意作出评价。但当有人拿不出证据却指控他告密时，我们不能忘记他是位作家，在斗争中牺牲了，维护他的名声是我们作家的义务。"②尽管如此，路易·阿拉贡在其创作于 1946—1951 年的六卷本长篇小说《共产党人》中，仍通过一个名叫帕特里斯·奥尔费拉（Patrice Orfilat）的人

①　保尔·尼赞（Paul Nizan，1905—1940），法国作家，记者。
②　尼古拉·巴维雷兹：《历史的见证——雷蒙·阿隆传》，王文融译，北京大学出版社1997 年版，第 211 页。

物,把尼赞丑化为是一个打入法共知识分子中的警察局的密探。不过,到了60年代,法共显然取消了这一说法,其证据是,在60年代新出的《共产党人》修订版中,奥尔费拉这一人物"消失了"。

1940年5月10日,德军在西线发起的全面进攻,标志着"奇怪的战争"的结束,同时也敲响了法兰西第三共和国的丧钟。在德国军队凌厉的攻势下,法军节节败退,法国岌岌可危。电台每小时都在播出糟糕之极的消息,如政府撤离巴黎,迁往图尔和波尔多;意大利向法国宣战,"从背后捅上一刀"……人们惊慌失措,草木皆兵。掉队的军官们在溃退中一边抱怨政客们是卖国贼,一边寻找自己的部队。成群结队的散兵游勇穿着五花八门的服装,徒步或坐着小车逃向南方。巴黎的奥尔良门和意大利门出口处被不顾一切向外逃亡的巴黎市民挤得水泄不通。大批逃难者壅塞在公路上。人们用上了一切交通工具,包括婴儿车、小手推车、小贩货车、拖车、马匹和驴子,甚至连枢车与垃圾车也被拿来派用场。有些妇女为了搞到汽油,不惜在路旁出卖色相。有时一杯普普通通的水竟被卖到十个法郎的高价。有组织的劫持者大量出现,而且他们在需要时故意制造恐慌。总之,1940年5月、6月的逃难,像"一阵狂风刮向了法国",使得从巴黎到中部地区的法国变成了漂泊的游牧民族的巨大营地。①

正如法国学者阿泽马、维诺克在其名著《法兰西第三共和国》中所指出的那样,大逃难的恐慌浪潮给法国造成了严重的创伤和巨大的影响,同时它也打下了停战的精神基础。在这批失去平衡和赖以生存的支柱,过着颠沛流离生活和遭受物质与精神痛苦的男女和儿童中,逃难促成了自弃的精神状态。这种精神状态使一些人几乎带着宽慰的心情赞成停战,而原先他们内心却对此感到可耻。6月16日,在节节败退、四面楚歌的情况下,主战的保尔·雷诺总理被主张停战议和的年迈的菲利普·贝当(Philippe Petain)②元帅所取代。次日中午,贝当向全国

---

① 参见阿泽马、维诺克:《法兰西第三共和国》,第232—235页。

② 菲利普·贝当(Philippe Pétain,1856—1951),法国元帅。一战时指挥凡尔登战役成名,二战期间担任维希政府元首。二战后被判处死刑,后减为终身监禁。

发表广播讲话,宣称"必须停止战斗","体面地寻求结束军事行动的方法"。6 月 20 日,贝当政府正式向德国停战投降。第二天,双方代表在贡比涅森林的小车站雷通德开始谈判。谈判的会场在德方的精心安排下,就设在 1918 年 11 月 11 日签订法德停战协定的福煦(Foch)元帅当年乘坐的专列的车厢内。6 月 22 日,法德双方在停战协定上签字。它标志着多年来称雄欧陆,并号称第一陆军强国的法国在短短的几十天里就惨败在了纳粹德国的手里。

停战协定签订之后,法国被分成了"占领区"与"自由区",前者由纳粹德国的军队凭借刺刀直接进行统治,后者名义上由贝当政府统治,实际上却受到纳粹德国的控制。6 月 29 日,贝当政府被迫撤离划入德国占领区的波尔多(Bordeaux),迁往克莱蒙菲朗(Clermont-Ferrand)。7 月 1 日又迁到温泉疗养胜地维希(Vichy),将这座原先只有 25000 人口的小城作为首都。由此,贝当统治下的法国被称为维希法国。7 月 10 日,法兰西第三共和国的丧钟最终敲响。议会以 569 票对 80 票的绝对多数,赋予贝当以全权起草新宪法。贝当从 7 月 11 日起连续颁布了三个制宪法令,使存在了 70 年的第三共和国寿终正寝。在彻底埋葬了议会制度之后,贝当以个人专政取而代之。大权独揽的贝当对内打出了"民族革命"的旗号,宣称要"保卫劳动、家庭和祖国",号召人们回到敬重上帝、祖国和家庭的观念上去。对外则实行法德合作的政策。在其统治维希法国期间,贝当得到了以莫拉斯为代表的一大批法国右翼知识分子的大力支持。

如前所述,以莫拉斯为首的"法兰西行动"自其在 19 世纪末初露端倪起,即从保皇主义立场出发,对法兰西第三共和国采取了极端蔑视的态度。如果说,当一战到来的时候,"法兰西行动"的知识分子们出于对德国人的旧恨,出于一种由他们所大肆渲染的民族沙文主义重新点燃起来的爱国主义,他们暂时还能将其对共和国的仇恨撇开,鼓动民众保卫祖国。那么,在四分之一个世纪之后,当法国面临着来自同一个国家的新的威胁时,"法兰西行动"的知识分子们已经认为这个"由一帮极不正派的骗子控制的共和国"是不值得保卫的,即使是从宿敌德国人手中救助它也是不值得的。相反,此时的他们倒是更愿意为共和国最终的崩溃落井下石。

　　大战前夕,确切地说是在 1939 年 6 月 8 日,三年前曾因煽动其追随者在大街上对勃鲁姆公开施暴而被判监禁的莫拉斯,引人瞩目地被法兰西学院正式接纳为"四十名不朽者"之一。在法国,跻身"四十名不朽者"之列,无论是对于作家、政客还是将军都是其个人名望达到顶峰的标志。莫拉斯的当选,无疑为在法国右翼知识分子中颇有影响力的莫拉斯主义做了一次很好的宣传,使他们的气焰更为嚣张。维希政权的上台,尤其是"新秩序"的建立和"民族革命"的推行,则使莫拉斯等一贯仇恨共和制的右翼知识分子更感振奋。由此,他们毫不犹豫地就把自己紧紧地绑在维希政权的战车上。莫拉斯等人在此时期的许多言行清楚地证明了这一点。例如,莫拉斯在 1941 年 2 月 9 日《小马赛人报》(*Le Petite Marseillais*)上对贝当这位他在法兰西学院的同仁肉麻地恭维道:"元帅最让我们感到惊讶的是其非凡的政治艺术。人们对他抱有那么多希望,人们可以而且应当等待一切。在这个合乎情理的期待中,元帅已懂得增加某些东西。今后不再缺少什么。"[1]

　　更有甚者,莫拉斯凭借自己在法国右翼知识分子中的威望,特别是通过其已经成为贝当亲信的追随者,如起草制宪法令的拉法埃尔·阿利贝尔(Raphaël Alibert)[2]与负责青年问题的亨利·马西斯(Henri Massis)[3]等人的实践,使已经根据国内外客观环境的变化做了修正的莫拉斯主义成为维希法国重要的精神支柱,以至于维希政权官方的吹鼓手、《墨索里尼传》的作者勒内·本雅曼(René Benjamin)[4]公然宣称:"法兰西拥有两位伟人:菲利普·贝当与夏尔·莫拉斯。前者象征着行动的力量,后者象征着思想的力量。"[5]与此同时,不少追随莫拉斯的文人还相继担任了维希法国文化部门的负责人,成为"新秩序"的卫道士。

---

　　[1]　阿泽马、维诺克:《法兰西第三共和国》,第 282 页。

　　[2]　拉法埃尔·阿利贝尔(Raphaël Alibert,1887－1963),法国法学家,政治活动家。

　　[3]　亨利·马西斯(Henri Massis,1886－1970),法国政论作家,文学评论家。

　　[4]　勒内·本雅曼(René Benjamin,1885－1948),法国作家,记者。

　　[5]　Ory, Pascal et Sirinelli, Jean-François, *Histoire des intellectuels en France de l'affaire Dreyfus à nos jours*, Paris, Armand Colin, 2002, p. 128.

如法兰西学院教授、历史学家贝尔纳·费伊（Bernard Fay）①在从事美国史研究之余，还积极从事对所谓的共济会阴谋的研究，充当了这方面的重要理论家。他在维希政权统治时期，被任命为国立图书馆馆长后，就以反对共济会等秘密社团为目标，筹建了有关的博物馆、杂志与文献资料中心。

尤其值得注意的是，在维希政权统治时期，法国法西斯主义知识分子的思想倾向有了一个比较明显的变化，即从二三十年代时较多地欣赏和仿效墨索里尼的法西斯主义变为此时更多地欣赏和仿效希特勒的纳粹主义，与纳粹德国沆瀣一气。罗贝尔·布拉齐拉克、吕西安·勒巴泰、德里厄·拉罗歇尔、加斯东·贝热里（Gaston Bergery）②与马塞尔·戴阿就是突出的代表。他们与战争前夕被达拉第政府驱逐出境、此时已以德国驻法大使的身份回到巴黎的奥托·阿贝茨打得火热，鼓吹法德合作与法德友谊。这些人原来多为莫拉斯的追随者，在战争爆发前夕即已对莫拉斯的君主主义和敌视德国的态度感到不满，但是，在当时，面对莫拉斯巨大的"精神威望"，他们尚不敢与"法兰西行动"的正统观念公开唱反调。法国的溃败与德国的占领，使他们终于有了胆量同"法兰西行动"的主流派最终决裂。他们认为，正是由于莫拉斯的智力权威使那些没有完全解放思想的青年知识分子"总是感到局促不安"，从而阻止了许多勇敢的行动，由此，"法兰西行动"已成了"法兰西不行动"。他们当中的重要代表勒巴泰还在《瓦砾》一书中，对其原先的崇拜偶像——莫拉斯作了这样的描述："莫拉斯是个天主教徒，却无信仰、不领圣事，也不信教皇；是个恐怖分子，却非杀人凶手；是个王党分子，却被他所支持的王位觊觎者否认；归根到底，他本来只是个患意志缺乏症的华而不实的幻想家。"③可以说，这些知识分子对纳粹德国的极权制度，尤其是对所谓强大的国家、一党专政、领袖崇拜等推崇备至。如作

---

① 贝尔纳·费伊（Bernard Fay，1893—1978），法国历史学家。

② 加斯东·贝热里（Gaston Bergery，1892—1974），法国政治活动家，曾任维希驻苏联大使。

③ 阿泽马、维诺克：《法兰西第三共和国》，第 191 页。

家雅克·沙尔多纳（Jacques Chardonne）①在用其作品美化法德关系之余，竟然宣称："德国给我们带来了答案。"②又如，菲利普·昂里奥（Philipe Henriot）③在执掌维希法国的宣传大权之后，使维希法国的电台、报刊和街头充彻亲德的言辞。而作为劳工部长的戴阿，则更是不遗余力地为德国人在法国强征劳工。

此外，在德国占领军和维希政权的支持下，法国的右翼知识分子再次掀起了反犹排犹的恶浪。在这一过程中，法国的著名作家塞利纳（Céline）④起了非常恶劣的作用。塞利纳原名路易－费迪南·德图什（Louis-Ferdinand Destouches），是一个小资产阶级家庭的独生子。他的父母原希望他长大以后以经商为业，故在他13岁时就送其到国外学习英语、法语。可是，一战使他走上了另一条生活道路。战后，在大战中应召入伍且右臂负伤的塞利纳选择了行医的生涯。他在行医时经常接触病人，心理上受到压力，产生病态和幻觉，因而愤世嫉俗，似乎对整个人类怀恨在心。同时，行医的旅程也使他足迹遍布欧美大陆和部分非洲国家，使他获得了丰富的阅历。1932年，他的处女作《在茫茫黑夜中的漫游》(Voyage au bout de la nuit)问世，轰动一时。尽管读者对小说毁誉不一，一些人甚至责骂这部小说仇恨人类，无视一切信条，语言下流粗俗。但人们不得不承认这部小说写出了人类处境的真实，是20世纪法国文学史上不得不提到的一部作品。而他在1936年出版的《延迟归天的死亡》(Mort à Crédit，一译《死有余辜》)则再次震动了法国文学界，乃至整个社会舆论。早在大战爆发之前，塞利纳即已在自己的许多小说或政论文中表现出对犹太人的蔑视与厌恶，并公开宣称，"我不愿为希特勒打仗，但是，我也不愿为犹太人与希特勒打仗……人家拼命对我胡说八道，枉费口舌，正是犹太人，也只有他们，迫使我们拿起机枪

---

① 雅克·沙尔多纳（Jacques Chardonne，1884－1968），法国作家。

② Ory, Pascal et Sirinelli, Jean-François, *Histoire des intellectuels en France de l'affaire Dreyfus à nos jours*，Paris，Armand Colin，2002，p. 136.

③ 菲利普·昂里奥（Philipe Henriot，1889－1944），法国政治活动家，维希政府广播、宣传机构负责人，1944年5月被地下抵抗运动秘密处决。

④ 塞利纳（Céline，1894－1961），法国作家。

……希特勒不喜欢犹太人，我也不喜欢。"①法国战败后，循着《屠杀前的琐事》(*Bagatelles pour un massacre*, 1937)、《死尸学校》(*L'École des cadavres*, 1939)的创作思路，他在 1941 年又抛出了《漂亮的床单》(*Les Beaux Draps*)，在作品中进一步表现出严重的偏激情绪和强烈的排犹倾向。他还经常出席犹太人问题研究院组织的会议，甚至对在贝利茨宫举行的大型反犹展览《反对法国的犹太人》没有收入他的作品提出了抗议。从 1941 年至 1944 年，他还在《我无所不在》等报刊上发表了一系列文章，鼓吹反犹排犹，为此期法国反犹排犹的恶浪推波助澜。

三　参加抵抗运动的知识分子

二战期间，与维希法国相对的，还有一个抵抗的法国。就在法国处于"山河已经破碎，民族存亡未卜"的紧急关头，戴高乐，一位戎马生涯平淡无奇、政治上默默无闻、仅在军界小有名气的普通准将，于 6 月 18 日在伦敦通过英国广播公司向法国人民发出著名的"六·一八号召"，庄严宣告："无论发生什么事，法国抵抗的火焰不能熄灭，也绝不会熄灭。""六·一八号召"表明戴高乐第一个高举起了争取民族独立的旗帜，号召向纳粹德国和卖国政府进行公开的抵抗。戴高乐在竖起反对德寇侵略、维护法兰西民族的义旗之后，即在伦敦积极筹建法兰西民族委员会，组织武装力量，使伦敦成为当时法国国外抵抗力量的一个重要基地。一批又一批的法国爱国志士冒着生命危险，想方设法投奔戴高乐以报效祖国，其中不少是作家、记者、律师等知识分子。在艰难的抵抗斗争中，戴高乐的政治威望不断提高，"自由法国"运动在日益壮大。与此同时，法国国内的抵抗运动也在极端困难的条件下开始，并经历了由自发到自觉、由单个的分散行动到逐步的有组织的行动的过程。在这一过程中，法国国内形成了一些大的抵抗组织或运动。这些组织或

---

① 贝尔尼沙等:《法国现代文学史(1945—1968)》孙垣、肖旻译，湖南人民出版社 1989 年版，第 197 页。

运动多以其出版的报刊命名，其中北部地区主要有五个抵抗组织："保卫法国"、"解放"、"抵抗"、"解放北方"、"军政组织"。南部地区主要有三个组织："解放南方"、"战斗"、"自由射手"。这些运动或组织的成员包括各个社会阶层的人士，但起主导作用的是知识分子，如教授、记者、律师、科学家、大学生，等等。在此还需要指出的是，这一抵抗运动也行之有效地把各种类型的左翼知识分子整合在了一起。具体而言，积极投身抵抗运动的既有组织纪律性强，并开始表现出罕见的爱国精神的共产党人，又有关心个人自由和民族独立的基督教徒，既有用《人权宣言》反对践踏人权的极权制度的自由派民主主义者，又有视抵抗运动为革命的初始阶段的革命者。

　　法国知识分子在抵抗运动中的斗争方式大致可以分为两大类：拿枪的与拿笔的。当然也有一些知识分子是一手拿枪，一手拿笔。第一类知识分子大多参与了游击队。他们除了在深山野林中神出鬼没与敌人周旋以打击其有生力量外，还从事各种各样的地下活动，如收集情报，破坏敌人的军事设施和生产设施，张贴标语，散发揭露侵略者谎言的传单与报纸，帮助被德军抓捕的人（包括受迫害的犹太人）逃出集中营。如作为左派文学先锋的著名作家安德烈·马尔罗就化名伯尔瑞上校，积极参加抵抗斗争，并组织了由他本人担任队长的阿尔萨斯—洛林游击队，勇敢地向敌人四处出击。又如法国一代史学宗师、年鉴学派的两大奠基人之一马克·布洛赫（Marc Bloch）①在因为战争而被迫放下巴黎大学经济史讲座的教鞭之后，也无所畏惧地拿起了武器，走上了抵抗法西斯的道路。1944 年 6 月 16 日，这位年近六旬、两鬓已经斑白的史学大师被捕后，在里昂北郊为国捐躯。

　　第二类知识分子则同样勇敢地以自己手中的笔作为武器，创作反对纳粹德国与维希政权的作品，秘密发行，给生活在水深火热中的法国人民以极大的鼓舞和希望。罗曼·罗兰虽然年事已高，病魔缠身，但他仍不顾病重，争分夺秒地完成了上下两卷的《佩居伊》。罗曼·罗兰写作此书的主要意图，并非纯粹为其老友立传，而是想借助佩居伊这位在

---

　　①　马克·布洛赫（Marc Bloch，1886－1944），法国著名史学家。

一战初期牺牲在抵抗德国入侵的战场上的爱国者的形象，鼓舞法国人民克服因溃败而产生的悲观失望的消极情绪，振奋起来，同入侵祖国的德寇展开斗争。在 20 年代后期信仰马克思主义并加入法国共产党的著名的超现实主义诗人路易·阿拉贡在二战期间连续发表了《断肠集》（*Le Crève-cœur*，1941）、《格雷文蜡人馆》（*Le Musée Grévin*，1942）、《法兰西早晨的号角》（*La Diane française*，1945）等诗集，诗人在这些地下出版的诗歌中吸取了民歌的特点，音韵响亮，节奏鲜明，令人振奋，从而使自己的这些充满着爱国主义热情的诗篇在当时家喻户晓。另一位当年亦积极参与超现实主义运动的著名诗人艾吕雅在 1942 年再次要求加入法共，并积极投入地下抵抗活动。与此同时，他还用自己那些脍炙人口的诗篇去鼓舞国人的斗志。大战期间，艾吕雅的诗集《诗与真理》曾由英国皇家空军的飞机空降散发到各游击区，其名篇《自由》即收在这本诗集中。

战争初期在马其诺防线糊里糊涂地做了德国人俘虏的萨特（Sartre）在过了 10 个月的战俘生活，获释回到巴黎后，也投入了抵抗运动。他和梅洛—庞蒂（Maurice Merleau-Ponty）、波伏瓦（Beauvois）等人在知识分子中间组织了一个名为"社会主义和自由"的团体，打算收集情报，散发传单和宣传品，为了争取支持，他们甚至与法共进行了接触。但由于法共不信任这个知识分子的政治团体，不愿意与其合作，使这一组织的发展受到了挫折。但是，萨特的抵抗运动并未到此为止。1943 年初，他参加了全国阵线的一个外围组织全国作家委员会（Comité national des écrivains），并开始给法共领导的地下刊物《法兰西文学报》撰稿。应当说，面对德寇铁蹄的蹂躏，萨特最有力的，也是唯一产生实际成效的抵抗形式就是创作。他在这一期间创作了许多作品，甚至在战俘集中营里，还编演了一出神秘剧《巴里奥纳》（*Bariona, ou le Fils du tonnerre*）。该剧的情节是虚构的基督诞生的故事，但是，透过其神秘的宗教外衣，人们可以领会到，它是在号召人们团结起来进行抵抗。萨特在二战期间最具有现实意义、影响最大的是他根据古希腊悲剧改编的现代剧《苍蝇》（*Les Mouches*）。该剧剧本于 1943 年 4 月出版，6 月首演。萨特在《苍蝇》中赋予自己的"绝对自由说"以积极的现实意义，即人民应当维护自己的自由的权利。当维希政府要法国人民服服帖帖地接受年迈的贝当建立的"新秩序"时,萨特却通过其作品号召人们保持尊严,进行抵抗:"一旦自由在一个人的灵魂里爆发威力,神祇对他也无能为力了。"他让他的主人公俄瑞斯忒斯起来反对全能的神,让俄瑞斯忒斯叫道:"朱庇特,你是众神之王,石头和星星之王,海涛之王,但你却不是人类之王。"①《苍蝇》所带来的后果是不难想象的:一方面,纳粹当局以强制手段予以禁演;另一方面,它的影响扩散开去,不仅极大地鼓舞了法国人民的斗志,而且为萨特带来了巨大的声誉,为他在战后一跃成为法兰西知识界抵抗运动的代表和他们的精神领袖奠定了基础。

以《局外人》一举成名的阿尔贝·加缪(Albert Camus)在 1943 年年底到巴黎定居后,即成为抵抗运动的同情者。1944 年初,他相继在抵抗组织"自由射手"的地下刊物《自由评论》(La Revue libre)和《解放手册》(Les Cahiers de la Libération)等杂志上以《给一位德国友人的信》为题发表了四封信。他在信中毫不含糊地谈到了抵抗运动斗争的合理性,预期了斗争的胜利。不久,他在其好友帕斯卡尔·皮雅(Pascal Pia)②的介绍下,进入了地下报纸《战斗报》(Combat)编辑部。这份报纸是抵抗组织"战斗"的机关报。皮雅是《战斗报》的负责人,同时也是由"战斗"、"解放"、"自由射手"联合组建的新抵抗运动组织的总书记。由此,加缪明里是伽利玛出版社的审稿员,暗里是《战斗报》的编辑。这也就意味着他已由一个抵抗运动的同情者变成一个真正的抵抗运动战士。

另外,萨特在巴黎高师时的同窗雷蒙·阿隆(Raymond Aron)在二战期间也积极投身于抵抗运动。1940 年 6 月 24 日,阿隆抛妻别女,只身前往英国。一到英国,他就迫不及待地投身于戴高乐领导的"自由法国"运动。在当了数月的装甲部队军需官后,阿隆从 9 月起致力于创办"自由法国"的机关刊物《自由法国》(La France libre)杂志。在阿隆的主持下,《自由法国》取得了意想不到的成功,发行量颇为可观。这一骄人业绩的取得,除了阿隆主持笔政有方之外,还与他亲自撰写的大量社

---

① Jean-Paul Sartre, *Théâtre complet*, Paris, Gallimard, 2005.
② 帕斯卡尔·皮雅(Pascal Pia),真名 Pierre Durand,1903—1979,法国作家,记者。

论或专栏文章有着密切的联系。阿隆在这些文章中分析清澈、准确、严谨。有关言论不仅极大地鼓舞了"自由法国"抵抗战士的斗志,而且对英美两国的高层人士也产生了不容忽视的影响。①

此外,笔者认为有必要指出,如果说上述法国知识分子对纳粹德国及其在法国的傀儡政权——维希政府从一开始就采取鲜明的反对立场,其在二战期间的表现亦前后一致的话,那么,在此时期的法国,亦有一小批后来投身于抵抗运动的知识分子在维希政权上台之初即对之寄予厚望,并因此成为贝当鼓吹的"民族革命"的推动者。毋庸讳言,他们在战争初期与后期的表现可谓是判若两人。这类知识分子可以著名的《精神》杂志主编艾玛纽埃尔·穆尼埃为代表

作为"30 年代精神"的主要体现者之一,穆尼埃同时还是法国此期天主教人格主义的领衔人物。穆尼埃的人格主义思想产生于 20 年代末、30 年代初,其理论主张深受佩居伊的思想的影响,即一方面主张把人看作既是科学所研究的肉体的存在,又是哲学和宗教所研究的精神的存在;另一方面则把社会革命归结为人的内心世界、精神、意识的革命,把神圣的超现实的存在当作人的存在之真实基础。② 早在 30 年代,面对包括法国在内的资本主义世界遭受前所未有的经济大危机的打击,原先就对日趋腐败、愈益没落的第三共和国所代表的金钱政治和议会民主深恶痛绝的穆尼埃就坚定地认为,"自由文明"已奄奄一息,必须对之重新思考,并开展一场彻底的"精神革命"。正是从这种思想意识出发,当曾号称欧洲第一陆军强国的法国在"法兰西战役"中溃败,戴高乐在英伦三岛竖起反对德寇侵略、维护法兰西民族独立的义旗时,穆尼埃并未选择戴高乐将军,却对贝当元帅为首的维希政权寄予厚望,因为后者上台之初曾在向全国发表的广播演说中声称:"我号召你们首先要进行精神和道德上的革新。法国公民们,我保证,你们将会看到一个崭新的法兰西将从你们的热忱中产生。"③同时,也正是从有利于开展"精

---

① Raymond Aron, *Chroniques de Guerre. La France Libre* (1940－1945), Paris: Gallimard, 1990.

② 参见张泽乾:《法国文明史》,武汉大学出版社 1997 年版,第 640 页。

③ 楼均信主编:《法兰西第三共和国兴衰史》,人民出版社 1996 年版,第 555 页。

神革命"的考虑出发,穆尼埃等人非但没有把法国在 1940 年的溃败看作是一场民族悲剧,反而将其视为重振法兰西民族的"机遇"。例如,穆尼埃在 1940 年 9 月 6 日写信给一位女友时曾这样写道:"有许多事情要做,我们现在是从那么多的死亡中解脱出来。我既悲观——因为我相信考验刚刚开始,而且我们将会看到情况会更坏——又乐观,因为我们现在进入了一个热烈的时代。"①

1940 年夏秋之交,在其要求(并且获得)批准继续出版《精神》杂志的同时,穆尼埃开始明确表示拥护贝当元帅为首的维希政府。更有甚者,当贝当提出要开展"民族革命",并以"工作、家庭和祖国"取代"自由、平等与博爱"时,穆尼埃率领自己的追随者积极地投身于相关活动。尤其需要指出的是,此时的穆尼埃并没有满足于"拥护"和"参与",而且还很希望让人们承认其思想的某种"先行性",让人们承认自己曾是现在人人都在谈论的"(民族)革命"的先驱者之一,是最名副其实的"革命"的启迪者之一。例如,他在 1940 年 11 月《精神》杂志的社论中写道:这场革命"对我们而言,它不是诸多意见中之一种,它是我们 25 年的含义和天职;整整一代青年都曾与我们在一起;我们的决裂业已完成,广泛地完成了;我甚至敢于认为这种决裂超越了目前的事件。……今天向法国青年提出希望保证的各种口号,多年以来,我们都在深化和传播着这些口号。"②

笔者以为,我们在指出上述事实的同时,必须要明确,穆尼埃此期的所作所为在性质上与卖身投靠的法奸是有所不同的。首先,穆尼埃最初之所以与维希政权合作,并非是为了使个人达到飞黄腾达的目的,而是想借助"民族革命"实现《精神》杂志所长期倡导的政治理念,使法兰西获得新生;其次,虽然穆尼埃一度与维希政权合作,但他始终拒绝与纳粹德国的占领者合作。这两点特征在穆尼埃与其挚友、战后担任

---

① 贝尔纳-亨利·雷威:《自由的冒险历程:法国知识分子历史之我见》,曼玲、张放译,中央编译出版社 2000 年版,第 151 页。

② Emmanuel Monier, "D'une France à l'autre", *Esprit reparataît*, novembre, 1940.

《世界报》首任主编的于贝尔·伯夫－梅里（Hubert Beuve-Méry）①创办于里阿格干部学校（l'École des cadres d'Uriage）的活动中表现得淋漓尽致。1940 年秋季，在维希政府的支持下，穆尼埃和伯夫－梅里在伊泽尔省（l'Isère）的一个名叫于里阿格的小村庄创办了一所号称培养法国未来领导人的训练学校。在这所酷似修道院的学校里，教员们向学生灌输的是天主教民主的信条和理想主义。换言之，该校师生的思想倾向是，既反对法西斯主义，又反对共产主义；既反对美国生活方式中充斥的实利主义，也反对在英国伦敦到处弥漫的"拜金资本主义"。也正是因为穆尼埃始终拒绝与纳粹德国合作，当维希政权日益暴露出卖国的本性，并在为纳粹德国效劳的道路上越滑越远时，穆尼埃很快就与维希政权分道扬镳，并且还偷偷把于里阿格学校这所原用来为维希政权培养精英的干部学校办成抵抗运动骨干的培训基地。由于穆尼埃态度鲜明地加入了抵抗运动的阵营，他在 1942 年 1 月 15 日被维希政权逮捕，并被长期监禁，《精神》杂志亦被取缔②。

在 1940－1944 年间，还有一大批法国作家和艺术家离开沦陷的法国，前往纽约避难，其中包括以布勒东为首的超现实主义作家群体，社会学人类学大师列维－斯特劳斯，著名作家圣琼·佩斯③（Saint-John Perse），《小王子》作者安托万·德·圣埃克絮佩里（Antoine de Saint-Exupéry）④，著名天主教思想家雅克·马利坦（Jacques Maritain）⑤，思想家西蒙娜·韦依之兄、著名数学家安德烈·韦依（André Weil）⑥，著

---

① 于贝尔·伯夫－梅里（Hubert Beuve-Méry，1902－1989），法国著名记者，报人。

② 法国史学界对于里阿格干部学校的研究成果很多，其中影响最大的是 Bernard Comte，*Une utopie combattante：l'École des cadres d'Uriage*（1940－1942），Paris，Fayard，1991.

③ 圣琼·佩斯（Saint-John Perse，1887－1975），法国著名作家，1960 年诺贝尔文学奖获得者。

④ 安托万·德·圣埃克絮佩里（Antoine de Saint-Exupéry，1900－1944），法国作家，飞行员。

⑤ 雅克·马利坦（Jacques Maritain，1882－1973），法国著名天主教思想家，1945－1948 年任法国驻梵蒂冈大使。

⑥ 安德烈·韦依（André Weil，1906－1998），法国著名数学家。

名工人运动活动家、1951 年诺贝尔和平奖获得者莱昂·儒奥(Léon Jou-haux)等许多知识界名流。这些知识分子的流亡经历以往在史学家的研究中常被忽略,在战后法国的舆论中也经常被视为"懦夫"、"逃跑者"。近年来,法国史学家开始重视这个知识分子群体,并取得了富有启发性的研究成果,对这些流亡知识分子在反法西斯战争中的贡献给予了应有的肯定。①

战争爆发之初,布勒东应征入伍,于 1939 年 9 月至 1940 年 6 月在一所飞行员学校担任军医,随后退伍。维希政权成立之后,他的书被列入禁书名单。在综合了各方面的信息之后,布勒东判断,无论从哪个方面来看,维希都是一种倒退,于是选择了流亡美国。1942 年 6 月,布勒东在纽约发表了《超现实主义第三次宣言或并非宣言之绪论》,采用春秋笔法,对贝当和纳粹展开了讽刺和嘲弄,并谴责了形形色色的法奸和叛徒,明确了超现实主义的反法西斯立场。宣言在读者中产生了很大影响。一位读者这样回忆道:"我永远忘不了那篇文章让我们有多么的激动,它标志着漫长的谨小慎微和萎靡不振已经到达了终点。对所有流亡者来说,这篇文章吹响了抵抗运动和解放运动的号角,布勒东在文章中完美地诠释了抵抗和解放的意义。"②

流亡的学者们则在 1942 年 2 月在纽约创办了"自由高等学院"(Ecole Libre des Hautes Etudes)。尽管这所学院寿命不长,二战结束就宣告解散,但影响十分深远。主要出于两方面的原因,一方面是这个学院的教师坚定地拥护自由法国,另一方面是列维-斯特劳斯和罗曼·雅各布森(Roman Jakobson)③都在此任教,二人在此传奇般地相遇,并联手奠定了在战后对社会科学界影响巨大的结构主义的基石。学院充分体现了"政治上的热忱勇气"和"学术上的出类拔萃"。④ 在这些知识分子中,著名天主教思想家雅克·马利坦可以作为这些知识分

---

① 这方面的代表性研究可参看艾曼纽·卢瓦耶:《流亡的巴黎:二战中栖居纽约的法国知识分子》,张文敬译,广西师范大学出版社 2009 年版。

② 艾曼纽·卢瓦耶:《流亡的巴黎:二战中栖居纽约的法国知识分子》,第 108 页。

③ 罗曼·雅各布森(Roman Jakobson,1896—1982),俄国著名语言学家。

④ 艾曼纽·卢瓦耶:《流亡的巴黎:二战中栖居纽约的法国知识分子》,第 151 页。

子的一位代表。

1941年秋天，马利坦组织了一批作家和学者，编纂出版了一套丛书，名为《文明》，旨在厘清战败和维希政权的统治在法国造成的思想混乱，深入反思法国战败的原因，为精神上的抵抗运动服务，并为战后法国的重建提供理论资源，与"野蛮"的纳粹对抗。丛书每本篇幅都不长，售价仅一美元，但取得了良好的宣传推广效果。1943年3月，"自由高等学院"院长亨利·弗西永（Henri Focillon）教授去世，戴高乐发来唁电表示慰问。马利坦在给戴高乐的回信中表示："我校保证，我们将会一如既往地忠于抵抗运动的事业，团结知识界的一切力量，投入到反压迫的斗争中去。"[1] 从1941年到1944年，马利坦一直通过英国和美国的广播，向法国宣传抵抗的主张。特别是从1943年9月到1944年8月巴黎解放，马利坦每周都通过美国之音与法国听众交流。针对天主教徒占法国基督徒绝大多数的情况，作为著名天主教思想家，马利坦使用了大量宗教专有词汇，并且引用夏尔·佩居伊的天主教爱国主义思想，鼓舞法国民众的斗志。

在艺术家和学者之外，还有一些法国流亡知识分子直接参加了美国的反法西斯战争。例如，许多知识分子加盟了美国之音的法语部。法语是美国之音反法西斯宣传最重要的一个语种，法语部也是工作人员最多的一个部门，其中包括莫里斯·巴雷斯之子菲利普·巴雷斯（Philippe Barrès）——一位坚定的戴高乐"自由法国"的支持者。而在流亡期间留下《小王子》这部传世之作的圣埃克絮佩里，则于1943年重返欧洲，加入盟军空军部队，在1944年7月的一次任务中牺牲。

二战结束之后，与德国的流亡者相反，这些法国流亡知识分子几乎全部回到了法国，在战后大西洋两岸的文化交流中，扮演了重要的角色。

---

① 艾曼纽·卢瓦耶：《流亡的巴黎：二战中栖居纽约的法国知识分子》，第167页。

第五章 知识分子"辉煌的 30 年"的开端
——战后初期的法国知识分子

一 对附敌知识分子的清洗及其对知识界的影响

1944 年 8 月巴黎民族起义的重大胜利,加速了法国全境的解放。翌年 5 月,法国人民经过 4 年多的浴血奋战,并在盟军的有力支持下,终于打垮了德国法西斯,收复了祖国山河。如果说对法国而言,第一次世界大战是一场法德之间的战争,那么,第二次世界大战在很大程度上亦是一场法国人与法国人之间,即维希分子与抵抗分子之间的战争。随着法国在二战中的溃败和半壁江山由纳粹德国直接控制,在前所未有的恶劣处境中,法国的民族统一因内部分裂与自相残杀而受到损害。更有甚者,无论是当大战胜负已定、行将结束的时候,还是大战完全结束的时候,这场法国人与法国人之间的战争都没有停止,它在战争行将结束及战后初期对以贝当为首的维希分子进行的大清洗中延续了下来。

对此,法国著名史学家皮埃尔·米盖尔[①]曾作出过如下真实而生动的描述:"诸多地区笼罩着恐怖气氛。处处发生检举揭发事件,清洗进行得仓促而无节制。胡乱捕杀的案例难以估量,内政部宣称处决了约 1 万人,其他方面估计为 2 万到 10 万人。共和国专员宛如大革命时期的地方官,巴黎政府对他们没有什么权威,也不了解真实情况。此外,不能把清算一概归结为政治原因,清算中往往夹带着个人恩怨或家庭和

---

① 皮埃尔·米盖尔(Pierre Miquel,1930—2007),法国著名历史学家。

家乡的积怨宿恨，无论共产党员负责人或戴高乐派都难以制止这种做法。"①

　　在这一过程中，法国知识界对清洗附敌分子，特别是附敌知识分子的态度颇为引人注目。②

　　1944 年 8 月 21 日，在巴黎解放的前夜，由帕斯卡尔·皮雅（Pascal Pia）和加缪共同领导的抵抗运动的报纸《战斗报》（le Combat）终于走出地下状态，成为一份公开发行的日报。作为当时地下刊物中最重要的报纸之一，《战斗报》的发行量早在 1943 年 11 月就已达到 30 万份。③ 在 8 月 21 日公开出版的第一期报纸中，《战斗报》以"从抵抗到革命"作为自己的头版的大标题。而在子弹仍然在首都巴黎空中呼啸的 8 月 24 日发表的社论里，加缪即提笔写道："这个刚刚降生的令人生畏的婴儿，就是革命……今晚还在战斗的巴黎，明天就要发号施令。不是为了权力，而是为了正义……不是为了祖国的称霸，而是为了她的伟大。"④ 而在巴黎民族起义取得胜利、全国解放指日可待之际，《战斗报》的报人们更是用自己的报纸及时地反映了法国人民在迎接解放时的心态和欢腾景象。与此同时，他们也深知自己肩负的社会政治责任，牢记着被占领时期的耻辱历史和腐朽的社会造成的后果，决心为改变国家的面貌、使悲剧不再重演而努力。为此，《战斗报》在战后初期大张旗鼓地主张要对以贝当为首的维希分子进行清洗，对他们决不能宽容。

　　当时，身为《战斗报》总编辑的加缪就如何对待"合作分子"与战争

① 　Pierre Miquel, *Histoire de la France*, Paris：Fayard, 1976, p 556.
② 　著名作家马丹·杜加尔当时在其日记中所写的下述文字，颇能反映当时不少法国知识分子在这一问题上的想法："如果宽恕那些从 1939 年以来始终对希特勒的征服和侵略政策熟视无睹的人，那些对纳粹政权惨无人道的行径、对他们在波兰的屠杀、对犹太人和共产党人的令人发指的枪杀、对盖世太保在他们所到之处干的那些卑鄙行径、对一大批忠心耿耿而奴性十足的纳粹官员非常冷静地犯下罄竹难书的罪恶心里丝毫不感到愤怒的人，那将是一件十分可怕的事情。而追查、谴责、批驳、甚至清除那些不顾上述确凿事实，在占领期间希望法国和欧洲屈从于德国的统治，并公然为德国的胜利而效力的人，无疑是一件有利于公共健康的好事。"参见 R. Martin du Gard, *Journal III*, Paris, Gallimard, 1993, p. 684.
③ 　Michel Winock, *Le siècle des intellectuels*, p. 504.
④ 　Albert Camus, *Essais*, Paris：Gallimard, 1965, p. 287.

罪犯等问题撰写了一系列言辞激烈的文章，提出要以血还血，正义要由血的代价来实现。加缪认为，为清除战犯使用暴力是必要的。与之相反，法兰西学院院士、著名的天主教作家弗朗索瓦·莫里亚克（François Mauriac）①则出于担心会出现"错误"和"误会"，自 1944 年 8 月 25 日起就在复刊后的《费加罗报》上竭力维护克制精神，强烈反对激烈的清洗和匆忙判决。不仅如此，他还充分利用其个人的影响力，包括利用其子克洛德·莫里亚克（Claude Mauriac）②为戴高乐将军担任私人秘书的便利，为一些颇有文学才华的附敌文人向有关方面求情。为此，加缪与他展开了一场激烈的论战。

　　加缪以一句"谁敢在这里宽恕？"拉开了论战的帷幕："既然人终于明白了只有以剑抗剑，那么，如果他拿起了武器并取得了胜利，谁也别指望他会忘掉这一切？明天，开口说话的将不是仇恨，而是正义，建立在记忆上的正义。"③加缪的观点是，并不是要清洗很多，而是要进行正确的清洗，尤其对维希政权的头目贝当更应严惩不贷。因此，他要求对贝当处以极刑，以伸张正义。因为无数人头落地都是贝当签署的法令造成的，贝当是罪魁祸首。而莫里亚克却在《费加罗报》上发表的文章中，提出要以宽容为主、清洗为辅，认为法国人希望民族和解，宽恕合作分子，并且还在《答〈战斗报〉》一文中嘲笑加缪用基督教神学的语言鼓励对合作分子的惩罚。④ 加缪对此进行了反驳，他认为，一位天主教徒可以认为人间的正义终究可以由神的正义来代替，因此，宽恕是更可取的。但是，莫里亚克关注的那些处于冲突中的人们，他们并不了解神的判决，但却保持着对人的兴趣和对人的尊严的期盼。他们要求永远保持沉默，要么转向人的正义。其实这样做也是很痛苦的。但是，面对 4 年的集体性痛苦，以及 25 年的贫乏，不允许他们犹豫不决。他们选择承担人类的正义，尽管它有许多不完善之处。人们只想通过一种在绝望

---

① 　弗朗索瓦·莫里亚克（François Mauriac，1885－1970），法国著名作家，1952 年诺贝尔文学奖获得者。

② 　克洛德·莫里亚克（Claude Mauriac，1914－1996），法国作家，记者。

③ 　Albert Camus, "Au nom des Résistants torturés", *le Combat*, 30 août 1944.

④ 　François Mauriac, "Contre l'hypocrisie", *le Figaro*, 26 juillet 1945.

中保持下来的真诚来修正正义。

在莫里亚克看来,这是对宽恕这一高贵价值的否认,他在 1945 年 1 月 7—8 日的《费加罗报》上发表了《对仁慈的蔑视》的文章,并在文中用讥讽的语气称加缪为"我们年轻的大师"。① 面对莫里亚克的讥讽,加缪也毫不客气地予以了回击。他在 1 月 11 日的《战斗报》上写道:"每当我在清洗问题上谈起正义,莫里亚克先生总要提起仁慈。但这种仁慈的美德是模糊不清的,它会误导人们,认为我是出于为复仇辩护而提倡正义。照莫里亚克先生的意思,在日常事物中,我们必须在热爱基督和仇恨人类之间做出非此即彼的选择。那么,我们的回答是:不!"加缪还在此文中写道:"作为一个活生生的人,我可能会对懂得爱叛徒的莫里亚克先生十分欣赏,但作为公民,我为他感到遗憾。"②

需要指出的是,由于此时马尔罗尚在前线,萨特亦还没有自己办的报刊,因此,在刚获得解放不久的巴黎的媒体中,影响力最大的两位人物分别就是《战斗报》的加缪和《费加罗报》的弗朗索瓦·莫里亚克。也正因为这一原因,发生在两人之间的这场论战在当时引起了人们的广泛关注,并在相当可观的程度上影响着公众对是否应当宽恕贝当之流的问题的态度。

由于法国不少右翼知识分子,尤其是公开投靠纳粹德国的法西斯知识分子在二战期间或为维希政权摇旗呐喊,或公然地充当德国占领军的帮凶,因此,第二次世界大战也给法国的知识界留下了一个后遗症,即如何处理知识界中的败类——附敌知识分子。

在最初的时候,法国知识界对附敌知识分子采取了严厉的态度。1944 年 9 月 9 日,《法国文学报》在头版刊登了一篇由 60 多位知识分子签名的《法国作家的宣言》,要求"正确处罚骗子和叛徒"。该宣言宣称:"全国作家委员会是唯一有代表性并具有影响力的法国作家的机构,一代代不同流派、不同政见的法国作家都聚集在这里,决心抛弃他们之间的分歧,决心在威胁着他们的祖国和文明的死亡灾难面前联合起来。

---

① François Mauriac,"Le mépris de la charité",*le Figaro*,7—8,janvier,1945.
② Albert Camus,*Actuelles I*,Gallimard,《Pléiade》,1965,p.287.

只有全国作家委员会，我们才能够在被占领的黑暗中解放我们的思想，宣告这种精神的自由——没有全国作家委员会，人们不懂得尊重任何真理，无法开展任何重建。巴黎解放了！在全法兰西的激情的支持下，反法西斯同盟势如破竹，直到取得胜利，我们的法国内地军始终战斗在第一线。让我们和以前那些悲痛与压迫的岁月中一样，在胜利和自由中仍然保持团结。为了复兴祖国和正确惩处骗子和叛徒而保持团结。"①在此宣言的签名者中，我们可看到阿拉贡、艾吕雅、邦达、加缪、马尔罗、萨特、瓦莱里等人的名字。一个星期之后，该报在第5版刊登了一份作者名单，同时宣称全国作家委员会的成员们不想与列入该名单者有任何直接或间接的职业往来。其中写道："我们已经在上一期中说过，全国作家委员会的成员们公开承诺，无论哪一家报纸、杂志，或是文集、丛书，如果发表了由某一位态度或文字在沦陷期间曾给压迫者以道义或物质支持的作家署名的作品，我们将拒绝与这些报刊或出版社合作。"②此前，在全国作家委员会于9月4日召开的一次"全体会议"上，曾拟订了一份提案，提请政府注意："不惩处德国占领法国期间某些作家的同谋罪，将导致灾难性后果。"③

应该说，这一在抵抗运动中诞生的委员会并不拥有官方的权力。然而，在胜负已决的战争末期以及战后初期特殊的历史氛围中，任何出版商或报社的编辑委员会都无法回避它的监管。在1944年9月初拟定的首批名单中共有12人，其中包括布拉齐拉克、塞利纳、阿尔方斯·德·夏托布立昂、雅克·沙东纳、德里厄·拉罗歇尔、让·季奥诺、夏尔·莫拉斯和亨利·德·蒙泰朗等法国文坛中的重要人物。9月中

① 参见"Le manifeste des écrivains français"，*Les lettres françaises*；9 septembre，1944.

② *Les lettres françaises*，16，septembre，1944.

③ 该提案提出应对下述文人采取措施：1. "附敌"派成员和隶属于德国支持的政治派别或军事化部队的作家；2. 曾经同意出席1940年6月以来在德国召开的各种大会的作家；3. 所有因为他们的服务而直接或间接接受过敌人报酬的人；4. 曾经利用自己的文字、行动或声望帮助、鼓励和支持过希特勒的宣传与压迫的人。而且，全国作家委员会将全力协助政府执行惩罚措施。参见 *le Figaro*，le 9，septembre，1945.

旬拟定的第二份名单把人数扩大到了 44 人。10 月,全国作家委员会最终确定并公布了这份名单。它包括了 165 名"合作者"(collaborateurs)或"合作主义者"(collaborationnistes)作家。毋庸讳言,"合作者"与"合作主义者"之间实际上很难予以区别。笔者以为,如果硬要加以区别的话,那么,前者一般参与了同纳粹德国的合作,而后者则只是赞同与纳粹德国合作。这里还需要指出的是,全国作家委员会内部在围绕着确定清除对象与如何清洗时也充满了激烈的争论与斗争。鉴于《法国文学报》这一当时法国的"第一周刊"是一份主要由法国共产党控制的刊物,一些政治立场较为温和的成员指责法共方面染指此事,并认为有些做法有悖于法律与正义。在此类人士当中,最突出的代表当推让·波朗(Jean Paulhan)[①]。

值得注意的是,随着时间的推移,人们对附敌知识分子的态度逐渐地缓和了下来。罗贝尔·布拉齐拉克、拉罗歇尔与吕西安·勒巴泰三位附敌知识分子的代表人物的不同遭遇清楚地说明了这一点。

布拉齐拉克早年曾是莫拉斯的追随者,在"法兰西行动"的战旗下磨炼了自己,并因此开始在文坛崭露头角。然而,随着时间的推移,布拉齐拉克日益觉得莫拉斯过于暮气沉沉,遂逐渐被法西斯主义所吸引。始自 30 年代,这位当年巴黎高师的毕业生就在影响力颇大的右翼报纸《我无所不在》报上吹捧墨索里尼和佛朗哥的业绩,尤其是对希特勒赞赏不已。二战期间,及至 1943 年 8 月,他一直在《我无所不在》报上连篇累牍地发表充满谩骂的文章,对内,大肆攻击共和国,攻击犹太人,攻击法共和戴高乐主义者;对外,则大肆攻击盎格鲁—撒克逊人,攻击维护犹太人利益的反法西斯联盟。1944 年 9 月 15 日,布拉齐拉克被捕。翌年 1 月 19 日,布拉齐拉克在巴黎的法院受审。审讯期间,公诉人认为,这个"知识分子的背叛"铁证如山,布拉齐拉克用他的那些对我们国家

---

① 让·波朗从 1944 年 9 月 4 日起开始为作家"犯错误的权利"辩护。9 月 30 日,他在给莫里亚克的信中写道:"难道,我们真的要揭发那些尚未被捕的同仁吗?"他还在给莫里亚克的另一封信中呼唤"一种作家的尊严……在特定时刻,这种尊严会出来说话——就像我们处于地下状态时它曾提醒我们的那样,既不要法官,也不要告密者。"Jean Paulhan, *Choix de lettres II*,1937—1945,Paris:Gallimard, 1992. p. 376.

的命运来说致命的宣传，为德国效劳。而布拉齐拉克的辩护律师则竭尽全力反驳这种指控，指出布拉齐拉克是一场政治观点诉讼的牺牲品。让人印象深刻的是，律师在进行辩护时，还引证了马塞尔·埃梅、保罗·瓦莱里、保罗·克洛岱尔和弗朗索瓦·莫里亚克等著名作家的信，以证明被告的文学才华。尽管如此，法庭仍宣布，布拉齐拉克被认为犯有通敌罪，没有可减轻罪行的情节，依法判处枪决。尽管在判决之后以莫里亚克为首的63名作家与艺术家吁请临时政府首脑戴高乐看在其父布拉齐拉克中尉在一战中为国捐躯的份上，免除布拉齐拉克的死刑，①但是，这位极富文学才华但劣迹累累的作家还是在1945年2月6日被处决。在此需要提及的是，加缪在经过较长时间的犹豫之后，亦在该请愿书上签了名。对此，他的解释是，他这样做绝不是为了布拉齐拉克，因为他从心底里蔑视这个人，而是因为他在原则上仇视所有的死刑。

德里厄·拉罗歇尔原先在法国知识界以"崇英（国）狂"著称，但在30年代中期在纳粹德国在巴黎的代理人、温文尔雅的"亲法派"奥托·阿贝茨（Otto Abetz）的安排下两度赴德出席纳粹代表大会后，摇身一变为纳粹德国的崇拜者。从德国回到巴黎后，德里厄·拉罗歇尔迅速地成为法国法西斯主义运动中的头面人物，并在宣扬、传播法西斯主义理论方面起了不容忽视的作用。

在维希政权统治时期，德里厄·拉罗歇尔与战争前夕被达拉第政府驱逐出境、此时已以德国驻法大使的身份回到巴黎的奥托·阿贝茨打得火热，鼓吹法德合作与法德友谊。在纳粹德国败局已定之后，德里厄·拉罗歇尔深知自己劣迹斑斑，难逃法网，遂在巴黎解放时藏匿于其前妻的住处——巴黎的一座公寓里。他在第一次自杀未遂之后，曾试图混入安德烈·马尔罗率领的阿尔萨斯—洛林旅。据贝尔纳—亨利·雷威在《自由的冒险历程》中所载，当拉罗歇尔向其当年的友人马尔罗提出，想加入马尔罗指挥的阿尔萨斯—洛林旅时，后者竟予以同意："是的，我接受您。但是，我要求您换一个名字。我的人将不会明白。在此

---

① Olivier Wieviorka et Christophe Prochasson（ed.），*La France du XX siècle*，*Documents d'histoire*，Paris：Seuil，2004，p.406.

条件下,我欢迎您。"①其后,马尔罗还曾想帮助拉罗歇尔逃往国外。不过,拉罗歇尔先是拒绝了马尔罗提的条件,继而又拒绝了马尔罗的帮助,并最终选择了自绝的道路。1945 年 3 月,拉罗歇尔再次自杀并获得成功。②

作为布拉齐拉克在《我无所不在》报的同仁,吕西安·勒巴泰(Lucien Rebatet)③在 1944 年 8 月撤退到了德国,翌年被逮捕并于 1946 年 11 月被判死刑。然而,尽管勒巴泰在为纳粹德国效劳方面跟前两人同样卖力,甚至是有过之而无不及,但他的结局显然比前两人要幸运得多。简而言之,他不仅在数月后被免除死刑,而且还在 1952 年获得了自由。

法国知识界在战后初期对附敌知识分子进行的这场颇具规模的清洗运动,在战后法国知识分子史上具有不容低估的意义。因为,正是由于大批曾为维希政权乃至纳粹德国效劳的知识分子因其在大战期间的劣迹受到清洗与镇压,使得法国右翼知识分子元气大伤,而这又导致法国知识界左右两翼的力量对比发生了巨大的变化,从而为法国左翼知识分子迎来其"辉煌的 30 年"创造了有利条件。

二　萨特时代的开始

二战的炮火停止之后,法国的知识分子进入了一个可以以让一保罗·萨特的名字命名的兴奋和迷惘共生、苦闷和期望交集的时代。而从 20 世纪法国知识分子史的维度来看,"萨特时代"在很大程度上,亦可视为战后法国左派知识分子的"辉煌的 30 年"(Les trente glorieuses)的同义词。

萨特作为新的"思想导师"脱颖而出可谓是时势使然。众所周知,第二次世界大战的破坏力远远大于人类历史上的首次空前的浩劫——

---

① 参见雷威:《自由的冒险历程》,第 125 页。

② P. Ory et Jean-François. Sirinelli, *Les intellectuels en France, de l'affaire Dreyfus à nos jours*, pp. 223—224.

③ 吕西安·勒巴泰(Lucien Rebatet,1903—1972),法国作家,记者。

第一次世界大战。长达 5 年多的战争给法国带来了物质和精神的双重危机。法国由于战争期间长期处于德寇的铁蹄之下，人的尊严、人的价值、人的自由统统被法西斯分子践踏在地。二战结束后不久，东西方之间的冷战、朝鲜战争、印度支那战争又相继爆发。美苏之间的紧张状态与接二连三的炮火在人们心中投下了新的阴影。战后资本主义生产的畸形发展，使工业化时代出现的异化现象更趋严重。人与自然之间失去了平衡，人与人之间失去了和谐。当时法国中小资产阶级的精神世界为消沉颓废、悲观失望等气氛所笼罩。在知识分子中由于苦闷、孤独、被遗弃、找不到出路而形成一种玩世不恭、放荡不羁的风尚，社会的传统道德标准与价值体系已土崩瓦解。在这种特定的历史环境中，萨特的存在主义哲学对他们产生了巨大的吸引力。

关于萨特存在主义哲学思想的具体内容与主要特征，多年来国内外学者已做过充分的研究，这方面的论述至今也已汗牛充栋，因而，笔者不打算再赘述这方面的内容。笔者在此只是想指出，萨特的存在主义哲学讨论的重点不是一般的本体论，也不是一般的认识论，而是个人的存在。这种哲学由于强调"自由"和"责任"两个核心概念，使知识分子得以面对恐慌和荒谬而不失去人的尊严，从而为自己提供了暂时的精神家园。正是这一重要因素，为萨特时代的产生提供了思想理论基础。

1943 年，萨特在法国著名的伽利玛出版社出版了他在哲学领域的扛鼎之作《存在与虚无》（L'Etre et le Neant）①。这本著作是萨特自 1933 年起开始构思，而在 1942 年前后一气呵成地写就，并在 1943 年付诸出版的。由于此书是在第二次世界大战爆发和法国遭受德国法西斯侵略威胁时期内完成的，因此，它尤其把个人自由放在最高地位来看待。

尽管《存在与虚无》堪称存在主义哲学发展历程中的一个重要里程碑，但在其问世之初，这部厚达 700 多页、语言晦涩的哲学著作实际上并没有怎么引起人们的注意。但谁也不曾料到，仅仅过了两年，存在主义

---

① Jean-Paul Sartre，*L'Etre et le Neant*，Pairis ：Gallimard，1943.

哲学就风靡法国知识界,《存在与虚无》一版再版,萨特的名望与日俱增,成为当时最负盛名的哲学大师。

存在主义通常被视为一种愤世嫉俗、苦闷失望、悲观消极的哲学。从丹麦的克尔恺郭尔(Søren Kierkegaard)①等存在主义的先驱开始,这种资本主义危机时代的危机哲学就给世人描绘了一幅阴暗的世界画面:人生是荒诞的,现实是令人恶心的,人们在生活中充满恐惧感、迷惘感、陌生感和孤独感。作为存在主义的哲学,萨特也同样如此。"他人就是地狱"堪称萨特的传世名言。然而,值得注意的是,萨特的存在主义同时还涵盖着另外一种上承启蒙思想的东西,即人道主义的责任意识和英雄主义。他的"世界是荒谬的,人生是痛苦的"观念与"自由选择"的观念是紧密相关的。"自由选择"的核心即是自由。自由就是人的存在本身,人生而自由,人不得不自由。如果人在行动时受别人意志的左右,不能按个人的意志做出"自由选择",就等于丢掉了自己的个性,失去了"自我",他就不能算是真正的存在。人只有通过自由选择、自由创造,才能获得自己的本质。

总之,萨特的哲学本体论所关注的是人、人的存在、人的自由。正如他自己所说的,存在主义是一种人道主义。换言之,正是由于萨特,存在主义被提升到积极的人道主义的境界。

1945 年 10 月 29 日晚上,从美国访问回来后不久的萨特在设在巴黎圣日耳曼街一家剧院的"现在俱乐部"(Le club Maintenant),以《存在主义是一种人道主义》(l'existentialisme est un humanisme)为题,作了一次轰动一时的演讲。此次演讲的听众是如此之多,以至于有数名女听众因场内过于拥挤而晕倒。②

萨特在这一被公认为最流行的存在主义宣言书的讲演中指出:"存在主义者心甘情愿地宣布,人是焦虑的。这是因为,当一个人投身于某种事物时,他不仅为自己的存在做出了抉择,而且还同时成了为全人类

---

① 克尔恺郭尔(Søren Kierkegaard),又译祁克果,1813−1855,丹麦著名哲学家。
② Annie Cohen-Solal,*Sartre*,Paris : Gallimard,1985,pp. 251−252.

做出抉择的立法者。人根本无法逃避那种整体的和深刻的责任感。"①
那么,存在主义的核心思想是什么呢? 萨特解释说:"是自由承担责任
的绝对性;通过自由来承担责任,每个人都是在这一过程中实现自己作
为人类个体的不同特征的。不论什么人,无论身处任何时代,人们都能
够理解这种担当。类似的整体性选择产生了各种文化的相对性,这也
是可以理解的。"②

　　萨特进一步指出,一个诚实可靠的人的行动,其最终极的意义,就
是对自由本身的追求:"我们是为了自由而追求自由,是在特定的条件
下,通过这种特定的条件来追求自由。依此追求自由,我们就会发现,
自己的自由和别人的自由不可分割,而别人的自由也离不开我们的自
由。自由作为人之为人的定义,不需要依靠别人,这很明显,但是,一旦
我承担责任,我就必须同时把别人的自由当作自己的自由来追求。
……人的存在先于本质,而且在任何情况下,人都是一个必须追求自己
的自由的自由个体,当我完全认同这种观点的时候,我就体会到,我必
须同时追求别人的自由。"③

　　在演讲结尾处,萨特豪情万丈地宣称:"我们并非不相信上帝的存
在,而是认为最根本的问题不是上帝存在与否。人类需要的是重新找
到自己。……在这个意义上,存在主义是乐观的。它是一种行动的
学说。"④

　　显然,萨特以"自由"为经,"责任"为纬,为在大战中心灵遭受严重
创伤的法国人提出了新的价值坐标。由于萨特的存在主义与当时法国
的社会气氛是如此的吻合,使存在主义思潮的流行达到一种几乎是狂
热的地步。所谓存在主义装束、存在主义发型、存在主义狂游应运而
生。巴黎的一些咖啡馆、夜总会定期举行存在主义者的聚会,尤其在这
类聚会中最著名的场所,位于多芬街(rue Dauphine)上的"塔布"(Le
Tabou)夜总会,每逢周六总是呈现出一派人头攒动的热闹景象。在这

---

① Jean-Paul Sartre,*L'existentialisme est un humanisme*,Pairs, Galliard, 1996, p. 14.

② Jean-Paul Sartre,*L'existentialisme est un humanisme*,Pairs, Galliard, 1996, p. 18.

③ Jean-Paul Sartre,*L'existentialisme est un humanisme*,Pairs, Galliard, 1996, p. 20.

④ Jean-Paul Sartre,*L'existentialisme est un humanisme*,Pairs, Galliard, 1996, p. 25.

类聚会中,男士们的标准装束是黑色高领绒衣,太太小姐们则身着黑色紧身外套。人们一边听着爵士音乐,一边侈谈存在主义。萨特平时光顾的一些咖啡馆,如弗洛尔咖啡馆(Le Flore)①等,不仅吸引了大批法国的青年知识分子,就连在巴黎旅游的外国游客,也被其传奇色彩所吸引,前来造访。

上述现象充分表明,此时的萨特已拥有非常高的地位。有感于此,马丁·杜加尔在 1945 年 11 月 8 日的日记中如是写道:"萨特将吸引整代正在寻求着领路人的年轻人。"更有甚者,这位当年亦曾显赫一时的诺贝尔文学奖得主还多少有点伤感地写道:"我们其他人,除了消失,别无他法:有的人将被人谴责,另一些人则将被人遗忘。"②事实确实如此,可以毫不夸张地说,萨特此时在法国知识分子,尤其是青年知识分子心目中的地位之高,完全就像是一个"教主",以至于曾有人将紧临这些令人心向往之的咖啡馆的地标性建筑——著名的圣日耳曼德普雷教堂(l'église Saint-Germain-des-Prés)称为"萨特大教堂"(la cathédrale de Sartre)。③

这里需要指出的是,萨特的声名鹊起,固然首先得归因于他的存在主义思想正好契合时代的需要,但他在思想文化领域的"多面手"乃至"全才"的形象也起了很大作用。具体而言,萨特一方面拥有值得敬重的学术背景:毕业于首屈一指的高等学府——巴黎高等师范学校,拥有哲学教师的学衔,发表过大部头的哲学专著《存在与虚无》。另一方面,他又在文学艺术领域取得了相当大的成功:发表过多部颇受关注的小说,其中包括同时在 1945 年出版的长篇三部曲《自由之路》(Les Chemins de la liberté)的第一、第二部;其创作的多部戏剧已经上演,且好评如潮;他还曾写过电影剧本。与此同时,他还发表过一系列具有广泛影响的政论文。总之,就"多才多艺"而言,无论是在两次世界大战之间,还是在战后初期,没有一位法国学者或文人堪与之比肩。例如,柏格森与阿兰虽然以其哲学著作

①　一译"花神"咖啡馆——笔者注。
②　Michel Winock, *Le siècle des intellectuels*, Paris : Seuil,, 1999, p. 485.
③　Pascal Ory et Jean-François Sirinelli, *Les intellectuels en France*, p. 229.

享誉法国文坛,但他们却没有发表过小说或剧本;而纪德、马尔罗、莫里亚克、加缪等文学大师虽然各自拥有广大的读者群,但他们却不是"哲学家",更没有大部头的哲学著作。换言之,在此期法国的文人学士中,只有萨特成功地填平了文学与哲学之间的鸿沟。

应当说,就更大的范围而言,由于战后的法国仍然是一个实行政党政治的国度,因此,在战后初期法国社会中影响最大的分别是共产党所代表的共产主义、社会主义思潮和人民共和党(Le Mouvement Républicain Populaire)①所代表的基督教民主思潮。前者把红色苏联奉为楷模,要求将生产资料社会化,并希冀借此彻底改造社会;后者则在穆尼埃等人格主义者的推动下,主张为建立一个保障个人权利的、先进的、社会民主的国家而斗争。诚然,在这一大范围中,萨特的思想影响只能说是边缘性的,但笔者以为,仅就社会文化领域而言,尤其是仅就个人而言,萨特的存在主义思想影响无疑是首屈一指的。前文已经述及,在萨特的存在主义思想中,"自由选择"是其最重要的命题之一。"自由选择"无疑包含着一种积极入世的态度,而积极入世,对于 20 世纪法国知识分子来说,很大程度上就是对社会的"介入"。萨特在人们的集体记忆中,始终无愧为是这种"介入"的最理想的化身。而他在战争后期与战后初期的种种表现,更是在介入社会政治生活方面为战后法国左翼知识分子做出了表率。

早在维希时期这一法兰西历史上最黑暗的年代之一,战前以自由知识分子自诩、不问政治的萨特在从战俘营获释之后就英勇无畏地投身反对纳粹德国与维希统治的地下抵抗运动。他与波伏瓦、梅洛一庞蒂等人成立了一个名为"社会主义与自由"(Socialisme et Liberté)的组织,散发传单,并准备为盟军收集情报。虽然这一组织由于各方面的原因很快就散伙了,但萨特并没有气馁,继续以他最得心应手的方式,即写作进行战斗。他在 1943 年发表的《苍蝇》(Les Mouches)是其创作的第一个剧本,也是他最负盛名的作品之一。该剧取材于古希腊神话中阿伽门农的儿子俄瑞斯忒斯为父报仇的故事。萨特改变了故事伸张正

---

① 一译"人民共和运动"——笔者注。

义的主题,通过把内心的自由介入到行动中去,并敢于承担自己行动的结果的主人公的形象,号召法国人民甩开无谓的悔恨、苦恼,为自己的自由而战。

在那些充满动荡、恐惧、威胁和绝望的日子里,萨特和他的同伴们经常聚会弗洛尔咖啡馆,讨论战争发展的形势,也讨论法国的明天。这些青年知识分子都认为,明天的法国既不能延续维希法国在标榜重振道德的"民族革命"的外衣下那种虚伪的因循守旧作风,也不应该再回到1939年前的老路上去。同时,他们也常常为一种深深的忧虑所困扰,担心战后的世界将像法国19世纪的著名政治家与史学家亚利克西·德·托克维尔(Alexis de Tocqueville)①很早以前就在《论美国的民主》中所预言的那样,成为美国与俄国(苏联)两家的天下,担心欧洲的文化传统和文明精神将被一些外来物所摧毁和取代。他们还对自己的心路历程进行了反思,认识到不能不重新考虑自己和法共这一"抵抗运动的党"的关系。虽然在他们当中,没有人愿意放弃自己的独立性,顺从地去听共产党的指挥,但他们又不能不承认这样一个现实:在战后法国,没有日益强大的法共的参加,法国就根本不会有左派政权的建立。因此,他们常常陷入一个哈姆雷特式的难题,即是像战前一样,仍旧超乎于党派斗争之上,还是在有必要时加入法共?不过,有一点是肯定的,这就是萨特已经下定决心,不再像战前那样对社会政治采取一种不介入的态度。既不能做一个袖手旁观的看客,也不能只满足于口头抗议,而必须直接行动。

由此,在巴黎尚未完全解放之时,萨特就积极参加了皮雅和加缪领导的抵抗运动报纸《战斗报》的工作。巴黎解放之际,萨特在波伏瓦的陪同下,靠步行或骑自行车走遍了巴黎街头,访问各个阶层的人士,了解他们的反应。从8月28日到9月4日,萨特以《漫步于翻腾的巴黎》为题,在《战斗报》上发表了由七篇文章组成的系列报道。这些报道及时、生动地记述了巴黎爱国者们对于法西斯分子们的最后一击以及胜

---

① 亚利克西·德·托克维尔(Alexis de Tocqueville,1805—1859),法国著名政治家、史学家,代表作为《旧制度与大革命》和《论美国的民主》。

利给巴黎人民带来的喜悦之情。他在题名为《起义》(*L'insurrection*)的第一篇文章中写道:"我只如实叙述我亲眼所见的一切,所有路过的人看到的都和我一样。……就像是一个节日的开始,直到今天还是那样,在圣日耳曼大街上,不时还有冲锋枪的扫射声,而街景还呈现出一种悲惨、肃杀的景象。……但是,就像 1789 年、1848 年那样,街道又变成为伟大的群众运动和社会生活的舞台。……在这喜悦和欢乐的时刻,所有人都怀有一种渴望,重新投身于集体生活中,享受集体生活的每一刻。……"①

在最后一篇文章中,萨特描述了群众欢迎勒克莱尔(Philippe Leclerc de Hauteclocque)将军率领第二装甲师经奥尔良门(Porte d'Orléans)入城,沿着拉斯帕伊大街(Boulevard Raspail)到蒙帕纳斯大街(Boulevard du Montparnasse)滚滚前进的场面:"在人们的记忆中,从未有一次,起义民众与军队是如此的靠近,如此的亲如手足。谁也没有见过,因参加游击、埋伏、起义和巷战而武装起来的平民,和军容严整的正规军将士一起列队前进。群众向军队,也向民兵欢呼。人们隐约地意识到这次进军具有爱国与革命的双重特征,人们感受到这场盛况空前的盛典之中蕴含的所有承诺,至关重要的不只是把德国人从法国驱逐出去,而是开始一场新的奋斗,为了建设一个新秩序的奋斗。这场奋斗将更为艰辛、更为持久。"②

更值得注意的是,与此同时,萨特和梅洛—庞蒂、雷蒙·阿隆以及波伏瓦等知识分子,在伽利玛出版社的支持下,开始筹办一份新的杂志。1944 年 9 月,筹办新杂志的编辑委员会宣告成立。其成员除上述 4 人外,还有米歇尔·莱里(Michel Leiris)③、阿贝尔·奥利维埃(Albert Ollivier)④和让·波朗。次年 10 月,这份试图用存在主义观点研究社会、政治、哲学和文学的杂志以《现代》(*Les Temps modernes*)为名正式问世。

---

① Jean-Paul Sartre, "L'insurrection, mardi 22 août", *Combat*, 28, août, 1944.

② Jean-Paul Sartre, "Un jour de victoire parmi les balles", *Combat*, 4, septembre, 1944.

③ 米歇尔·莱里(Michel Leiris,1901-1990),法国作家,诗人。

④ 阿贝尔·奥利维埃(Albert Ollivier,1915-1964),法国作家,政治活动家。

萨特作为主编在创刊号上发表导言,声明这一新创办的杂志"旨在评论政治和社会事件,但不会效力于任何一个党派,只是对事件展开分析,目的是澄清争论,采取立场。我们不愿意错过我们时代的任何事件。过去也许有过更好的时代,但是现在这个时代是属于我们的。我们只能在这个战争或者可能爆发革命的时代之中生活"①。

在该期《现代》上,萨特还发表了题为《争取倾向性文学》的文章,要求文学必须具有倾向性,必须干预生活。在萨特的领导与梅洛一庞蒂等人的共同努力下,《现代》这一以红黑字体为标题的杂志很快就成为一份在法国社会,尤其是法国知识界中极具影响力的刊物。②

当时,为了能与萨特这位新的大师以及梅洛一庞蒂等知识精英握一次手或谈上几句话,一些仰慕者甚至自愿在《现代》编辑部排起了长队。与此同时,萨特的名字开始与"介入"紧紧地联系在了一起,并激励着法国左翼知识分子占据战后法国的知识界。

在此,我们还不妨适当关注一下西里奈利就主办《现代》之类的杂志对萨特扩大其在知识界的影响力所起的作用进行的剖析。西里奈利认为,在当时的法国知识界,创办杂志是意欲占据知识界霸主地位的知识分子所必须要做的一件事情——"在知识分子追逐功名的游戏中,办杂志是一个必不可少的战略步骤"。因为,杂志能使他成为一种类型知识分子的代表,能帮助他向别人灌输自己的思想。因为一般说来,控制一份杂志,是获得成功的另一种有效手段。由于期刊所带来的灵活性,以及它所刊登的文章的思想同一性,杂志理所当然地成了"在文化和思想领域里最适合影响别人的工具"。③

---

① Jean-Paul Sartre,"Présentation"。*Les Temps Modernes*,numéro 1,le 1 octobtre,1945.

② 关于《现代》杂志在法国知识界的影响,法国学者已有相当深入的研究,这方面的成果也已非常多,其中,最有分量的著作当推 Jean-Paul Aron,*Les Modernes*,Pairs,Galimard,1984.

③ 参见让一弗朗索瓦·西里奈利:《20世纪的两位知识分子:萨特与阿隆》,陈伟译,江苏人民出版社2001年版,第216页。

三　冷战时代之初的法国知识分子

第二次世界大战后期，美苏两国在如何处置战败国、筹建联合国、安排战后世界等一系列重大问题上出现严重分歧。杜鲁门继任总统后，对苏奉行强硬政策，公开指责苏联把东欧纳入自己的势力范围，拒绝为苏联战后恢复经济提供援助，致使美苏关系进一步紧张。随着二战的结束，美苏关系迅速从战时合作走向全面对抗。为了称霸欧洲和世界，美国统治集团在战后不久就准备向苏发动"冷战"。所谓冷战，是指以美国为首的西方国家针对以苏联为首的社会主义国家进行的军事进攻以外的一切敌对活动。1946 年初，美国政论家赫伯特·斯沃普（Herbert Swope）在为参议员伯纳德·巴鲁克（Bernard Baruch）起草演说稿时首先使用了这一词。翌年 9 月，美国大名鼎鼎的政论家沃尔特·李普曼（Walter Lippmann）以《冷战》作为自己刚出版的小册子的书名，①从此，"冷战"一词在美国和西方被广泛采用。而这一年出笼的"杜鲁门主义"更是美苏"冷战"正式开始的重要标志。从此，整个世界形成了互相对峙的两大阵营，即以美国为首的资本主义阵营和以苏联为首的社会主义阵营。20 世纪的历史进入了一个冷战的时代。

从大战结束到冷战时代之初，法国不少的知识分子对苏联颇有好感，共产主义对他们产生了极大的诱惑力，使他们纷纷加入了法共，或者成为共产党的同路人。由于苏联在反法西斯战争中起到了举足轻重的作用和付出了最大的牺牲，使苏联得到了包括法国人民在内的世界一切爱好和平的人民的尊敬和依赖。当时在巴黎曾做过一项民意调查，当问及"哪个国家在打败德国中起的作用最大"时，61％的人回答说是苏联，因为"盟军的胜利在很大程度上得归功于苏联使德军在苏联领

---

① 　Walter Lippmann，*The Cold War：A Study in U. S. Foreign Policy*，New York，Harper & Brothers Publishers，1947.

土上遭到重创"①。

就此而言,所谓的"斯大林格勒战役效应"颇值得我们关注。这次重大战役导致了纳粹德国军队 1943 年 2 月的第一次投降,这一结果给为数不少的人的思想带来了很大的震动,并促使其中的许多人因此而下决心加入法共。当今法国著名社会学家埃德加·莫兰(Edgar Morin)②在《自我批评》(Autocritique)一书中就当时的反应所作的描述可谓具有相当大的代表性:"斯大林格勒,将我心中对苏联的批判、怀疑和隔阂一扫而空,也将千万个和我持有同样看法的人心中的阴云一扫而空。1941 年的大撤退,随后几年的焦虑、恐惧,原来这一切都是斯大林天才的韬略。斯大林象征着那座以他的名字来命名的城市,这座城市象征着那座工人拿起武器进行反抗的红色十月工厂,这个工厂又象征着1917 年革命,这一切又象征着全世界的自由,象征着终于来临的胜利,象征着我们的所有的希望,象征着光明的未来。"③

战后,苏联又很快在二战的废墟上取得了社会主义建设的辉煌成就,国力大增,其崭新的社会制度为世界人民带来了希望。热爱正义与和平的人们满怀热忱地在关注着它,关心着它的发展,期望它能够改变世界的模样。一时间,红色苏联成了各国共产党人、共产党的同路人和同情者朝拜的圣地。镰刀斧头成了和平的象征。由于苏联的胜利,许多人都把马克思列宁主义视为人类的唯一前途。由此,选择共产主义,并不是选择一种政治方向,不是从众多政党中选择其中的一个,不是选择一个比其他党略好一点的党,而是为整个人类进行选择。

与此同时,在抵抗运动中功绩卓著的法国共产党在战后一段时间里也获得了崇高的威望。如果说,战前法共曾因始终忠实地按共产国际的旨意行事,尤其是在 1939 年苏德签订互不侵犯条约后仍不得不为苏联的行为辩护而名声扫地的话,那么,在战后初期,法共凭借在国内抵抗运动中的突出表现以及巨大贡献,使其声誉得以恢复。

---

① Pascal Ory et Jean-François Sirinelli, *Les intellectuels en France*, p. 234.

② 埃德加·莫兰(Edgar Morin,1921—),法国著名社会学家,哲学家。

③ Edgar Morin, *Autocritique*, Paris:Seuil, 1959, pp. 46—47.

不仅如此,法共在战后初期还通过成功地宣传自己是一个有"75000 名被枪杀者的党",即党内有 75000 人在抵抗运动中献身,使自己的社会政治地位达到了令人惊讶的高度。在战后初期的几次重要的全国性选举中,法共所获的选票数度名列榜首,并由此成为在法国政治舞台上举足轻重的第一大党。

同样值得注意的是,法共为了扩大自己在社会生活中的影响,尤其是为了更好地吸引广大青年知识分子,还力图把自己塑造成为法国文化遗产的继承者。为此,法共几乎不失一切时机(包括各种周年纪念日)地举行纪念笛卡尔、狄德罗、雨果、法朗士、左拉等法国文化巨人的活动。法共主办的社会出版社还专门出版了一套"人民的经典"丛书,内收有夏尔·傅立叶(Charles Fourier)①、路易·巴斯德、儒勒·盖德和奥古斯特·布朗基(Auguste Blanqui)②等体现各种进步思想或代表各种进步运动的人物的重要著作。此外,早在大战正式结束前夕的 1945年 2 月,法共还为悼念 1944 年 12 月逝世的罗曼·罗兰举行了颇具声势的纪念活动,法共领导人多列士还亲自前往维泽莱(Vézelay),代表法共向这位"已辞别人世的伟人"表示敬意。与此同时,法共中央则在悼词中盛赞罗曼·罗兰"在最艰难的日子里",为法国知识分子指明了道路。同年 11 月 6 日,法共又在著名的夏约宫里举行隆重的纪念大会,悼念亨利·巴比塞逝世 10 周年。在充分利用已故的文化名人大做文章的同时,法共亦同样极为重视利用在世的著名学者、艺术家的入党来扩大自己的影响。如弗雷德里克·约里奥-居里(Frédéric Joliot-Curie)③和毕加索加入法共时,法共均大张旗鼓地进行了宣传。法共机关报《人道报》甚至以充满激情的语言表达因这些知名作家、艺术家和学者的入党

---

① 夏尔·傅立叶(Charles Fourier,1772－1837),空想社会主义代表人物之一。

② 奥古斯特·布朗基(Auguste Blanqui,1805－1881),法国著名革命家。

③ 弗雷德里克·约里奥-居里(Frédéric Joliot-Curie,1900－1958),法国著名物理学家、化学家、居里夫妇之婿,1935 年与其妻伊莲娜·约里奥-居里(Irène Joliot-Curie)共同获得诺贝尔化学奖。

而给他们带来的骄傲。①

由此,在多种因素的作用下,不少不满资产阶级社会的现实、对自己的(中小资产阶级)出身怀有一种负罪感,并期望进行轰轰烈烈的社会改革的青年知识分子纷纷加入了法共,与法共党内的著名艺术家与学者,如毕加索、阿拉贡、艾吕雅、弗里德里克·约里奥—居里等人汇合在一起,使法共俨然是一个"知识分子党"。当时在政治气氛极为浓厚的巴黎高等师范学校,法共的势力非常强大,不少青年教师以及至少有四分之一或五分之一的学生是法共党员,其中包括未来的结构主义的马克思主义的代表人物路易·阿尔杜塞(Louis Althusser),未来的年鉴—新史学派的主将、以《蒙塔尤》享誉法国乃至国际史坛的艾曼纽埃尔·勒华拉杜里(Emmanuel Le Roy Ladurie)②,著有《思考法国大革命》(*Penser la Révolution française*)等影响巨大的著作、在当代法国新政治史的复兴中充当领头人之一的弗朗索瓦·孚雷(François Furet)③,以及未来的法国思想大师米歇尔·福柯(Michel Foucault)。这些青年知识分子向往的不仅是一个不同的世界和社会。他们希望走得更远,希望改变他们自己,对各种社会关系实行革命性变革,使自己成为一个彻底的"他者"。因此,共产主义对他们具有很大的吸引力。④

———————

① 如 1944 年 9 月 1 日,法共政治局委员兼《人道报》社社长马塞尔·加香(Marcel Cachin)在题为《欢迎约里奥—居里》的文章中宣称:"我们党看到,那些高级知识分子,那些受到最严谨的分析方法训练的思想家们,络绎不绝地加入我们的队伍,朗之万早就是我们队伍中的一员。在巴黎大学、法兰西学院,以及其他高等学府里,大师们的信仰已经转变为共产主义……如今,学者们又开始浩浩荡荡地走进法国共产党的行列!"同年 10 月 5 日,《人道报》在报道毕加索加入法共时在头版配上照片并刊登醒目的大标题"当今在世的最伟大的画家毕加索加入法国的复兴党",保罗·艾吕雅则这样评论道:"今天,我看到巴勃罗·毕加索和马塞尔·加香互相拥抱。当我听见毕加索感谢法国人民,并加入法国最伟大的党——工人阶级的党的时候,我感受到了一种睿智,一种灵魂的高贵。"参见 Michel Winock, *Le siècle des intellectuels*, p.519.

② 艾曼纽埃尔·勒华拉杜里(Emmanuel Le Roy Ladurie,1929—),法国著名历史学家,曾任法兰西学院教授、法国国家图书馆馆长。

③ 弗朗索瓦·孚雷(François Furet,1927—1997),法国著名历史学家。

④ 关于这些青年知识分子此期的心路历程,可参看勒华拉杜里的回忆录:Le Roy Ladurie, *Paris-Montpellier:P.C.—P.S.U.*(1945—1963),Paris,Gallimard,1982.

就连在 1950 年加入法共的福柯后来在回忆起自己加入该党的情景时亦说："我们当时正在寻找一些不同的思路，以求达到这样一个境界，在那里，全然'不同的'事物正在形成或已经存在，这就是共产主义。"①

　　在很多法国知识分子纷纷选择加入法共的同时，还出现了在战后法国知识分子史上极具特色的法共"同路人"（le compagnon de route）现象。这些被称为法共"同路人"的知识分子虽然没有在组织上入党，但是支持法共的各项主张，战后法国知识界"左倾化"的程度由此大大得到加强。

　　那么，这些"同路人"一般有哪些特点呢？我们以为，本身就是"同路人"之一的法国左翼活动家洛朗·卡萨诺瓦（Laurent Casanova）②在 1949 年 2 月 28 日所列举的"同路人"知识分子的下述五项责任似乎可作解答：（1）支持工人阶级的所有政治立场和意识形态；（2）在任何情况下，用一切手段，维护党的利益；（3）保持足够团结；（4）培养对党的热爱；（5）用最有说服力的作品，献给无产阶级，为他们提供新的道义支持和理论补充。③

　　此外，在二战后，在法国向来相对受到冷落的黑格尔哲学突然在法国的哲学舞台上大放异彩，使法国知识分子们发现了黑格尔的辩证法和历史哲学的魅力。众所周知，黑格尔的辩证法是马克思主义的来源之一，而对黑格尔著作的研读，又进一步激起了他们对马克思主义的浓厚兴趣。亨利·列斐伏尔（Henri Lefebvre）④等人对马克思早期著作，特别是对《1844 年经济学－哲学手稿》的研究和宣传，使这种理论兴趣进一步增强。马克思主义很快地成为一大理论热门。人们以各种方式讨论着这一学说：关于青年马克思的哲学思想，它与黑格尔哲学的理论关系，马克思关于资本主义、关于国家与革命的经济和政治理论等等。

----

　　①　参见詹姆斯·米勒:《福柯的生死爱欲》,高毅译,上海世纪出版集团 2005 年版,第 67 页。

　　②　洛朗·卡萨诺瓦(Laurent Casanova,1906－1972),法国政治活动家。

　　③　Ariane Chebel d'Appolonia , *Histoire Politique des Intellectuels en France* ：1944－1954, Bruxelles：Complexe, 1991, Tome II, p. 22.

　　④　亨利·列斐伏尔(Henri Lefebvre,1901－1991),法国哲学家。

一些青年知识分子更是致力于把现象学与马克思主义结合起来。一时间，"实践"成了此期法国学术活动中使用频率极高的关键词。

同样不容忽视的是，如果说从大战结束到冷战时代之初，苏联赢得了大多数法国知识分子的好感的话，那么，与苏联相对峙的美国却没有如此"幸运"。人们甚至可以毫不夸张地说，此时不少法国知识分子对美国抱有一种敌视的态度。笔者管见，这一现象的出现很大程度上得归因于法国知识分子对自己的祖国面临"美国化"威胁的担忧与愤怒。

所谓"美国化"威胁，主要是指战后美国试图全面渗透、控制、同化法国而对法国所构成的威胁。众所周知，无论是在战争结束前夕还是在二战刚刚结束之际，先后任美国总统的弗兰克林·罗斯福（Franklin Roosevelt）与哈里·杜鲁门（Harry Truman）均公然宣称，要在战后建立一个由美国领导的、符合美国利益的世界政治与经济秩序。而要做到这一点，就必须要在战后确保美国对欧洲，尤其是在欧洲大陆举足轻重的大国之一法国的控制。为此，美国在战后从一开始就利用法国在战争中遭受重创，以及在战争结束之际疮痍满目、百废待兴的局面，力图从政治、经济、文化诸方面控制、同化法国。例如，美国一方面借口法共有可能在法国接管政权，千方百计地在政治上插手法国的内部事务；另一方面则通过提供经济援助等手段，达到在经济上控制法国的目的。不仅如此，美国还借助美国文化的两大品牌——好莱坞电影与可口可乐饮料，对法国文化进行渗透、同化。凡此种种，使富有民族情感的大多数法国知识分子颇为反感。为了在政治经济方面避免让法国成为唯美国马首是瞻的附庸，为了光辉灿烂的法兰西文化不受充满铜臭气味的美国通俗文化的"玷污"，不少法国知识分子自觉地采取了反美的立场。故此,当时的法国媒体中,充斥着反美言论。①

那么,此时的萨特表现又如何呢?随着冷战的爆发,战后世界进一步呈现出两极化的趋势。然而,作为冷战之初的法国青年知识分子仰慕的新偶像,萨特却试图在一个日益两极化的世界里走出一条独立于美国和苏联的第三条道路。1947年,法国资产阶级为了争取获得马歇尔计划的巨额资助,开始唯美国马首是瞻,并承担反共的义务,从而完全把自己绑在了"冷战"的战车上。这一年的5月,拉马迪埃(Ramadier)政府借口共产党部长破坏"内阁团结",把共产党部长撵出了政府。10月,法共宣布断绝和社会党、人民共和党的政治合作关系,三党联合彻底破坏。在这一背景下,萨特加入并参与组建了"革命民主联盟"(le Rassemblement Démocratique Révolutionnaire),任联盟执委。该组织的领袖是大卫·卢塞(David Rousset)②,是一位曾经进过纳粹集中营的犹太人、前托洛茨基分子。其成员基本上由作家与记者组成的"革命民主联盟"成立之后,以民主、中立、反斯大林主义、维护和平等口号为纲领,力图拉拢尽可能多的知识分子,以形成一股巨大的政治力量。该组织还为自己确立了这样的目标:消除法共的官僚化弊病,使它的革命意志获得再生;推动法国政府脱离以美苏为首的两大阵营的影响,走上"第三条道路"。

萨特在当时认为,只有政治上的中立主义,才能使法国以及整个欧洲从美苏两大集团的政治势力中解放出来,也只有它才能促进法国的社会变革。萨特对"革命民主联盟"抱有很大的希望,同时这也是他有生以来第一次正式加入一个政党组织,是他的严格意义上的政治生涯

① 这方面的情况可参看以下论著:Irvin M. Wall, *The United States and the Making of Postwar France* 1945－1954),Cambridge,1991;Irvin M. Wall, *L'Influence américaine sur la politique française*1945－1954,Paris, 1989;Richard Kuisel, "Coca-cola and France before A-mericanization",*The Journal of Modern History*,1991, numero 1 ;Richard Kuisel, " Seducing the French——The Dilemma of Americanization", *The Journal of Modern History*,1996, nu-mero 1 ;Victoria de Grazia," Mass Culture and Sovereingnty——The American Challenge to Eu-ropean Cinema", *The Journal of Modern History*, 1989, numero 1.

② 大卫·卢塞(David Rousset,1912－1997),法国作家,政治活动家。

的真正开端。

萨特此期"介入"社会的主要渠道之一是在巴黎电台主持《现代评论》节目。这是以《现代》杂志为名举办的每周一次的广播讨论会。在首次广播前夕,萨特对记者谈到:"有必要发动一次运动,以反对关于苏美必战的宿命论的信念。"萨特还指出,作为履行"介入"使命的作家们,应该越出文字写作的小圈子而进入诸如电影、电台广播之类的宣传活动中。

但是,萨特的"第三条道路"的政治主张和实践并没有使他"左右逢源",反而使他一度陷入了"左右不是人"的窘境。法国不少右派报刊将他称为"诲淫小说家"、"使人类倒退到爬行时代的哲学的鼻祖"。梵蒂冈教廷将他的著作列为禁书。一些戴高乐派分子特地到萨特经常出没的弗洛尔咖啡馆和塔布咖啡馆去等候他,准备揍他。而法共的抨击则更为激烈。其机关报《人道报》甚至给萨特的一生作了这样的评价:"深奥的哲学家、《恶心》的作者、喜欢丑闻的戏剧家、低劣的蛊惑人心的政客,这就是让—保罗·萨特先生的生涯中的几个发展阶段。"

由于当时在法国左派中仍具有极大影响力的法共对"革命民主联盟"大加抨击,使"革命民主联盟"的进一步发展受到严重的挫折,参加该组织的人数日见减少。最为严重的是,随着时局的变化,大卫·卢塞日渐背离在美苏两大阵营的夹缝中奉行中立主义、走第三条道路的初衷,越来越靠拢美国,甚至去美国寻求财政援助,从而使该组织变成了听命于美国指挥的反苏反共的工具。对此,萨特先是沉默,继而表示反对,并辞去联盟内的职务。1949 年年底,"革命民主联盟"彻底解体。萨特后来在回忆这段历史时,把自己这一时期的挫折归因于"缺乏政治经验",并且抱怨说,自己是受了卢塞的愚弄,成了卢塞进行反共宣传的工具,而这一点是他绝对不赞成的。

萨特在退出"革命民主联盟"之后,并未放弃寻找"第三条道路"的努力。但从 50 年代初开始,他的政治立场逐渐倾向"东方",并用自己的声望与作品为苏联的内外政策进行解释和辩护,试图改善冷战初期他与法共和苏联的不融洽的关系。萨特在这方面的变化与努力遭到了不少老同学、老朋友、老同事的反对,使他与加缪、梅洛—庞蒂和雷蒙·

阿隆等著名知识分子的友谊很快就分别画上了句号。

四　萨特与加缪、梅洛－庞蒂的反目

如前所述,战后初年,红色苏联在为数不少的法国知识分子心目中有如一个尽善尽美的国度。但是,随着"冷战"的爆发,一位在 1944 年出逃到美国的苏联高级官员维克多·安德烈耶维奇·克拉夫申科(Виктор Андреевич Кравченко)在美国出版了他的自述《一位苏维埃高官的公共生活与私人生活》,披露了苏联社会中的许多内幕。① 此书在很短的时间里就被译成了 20 多种文字,销售数高达 500 万册。法国的一家政治倾向颇右的小出版社也以《我选择了自由》为题出版了该书的法文版,并也饱赚了一笔,在头两版中就销售了 50 万册左右。② 与此同时,苏联存在集中营和政治苦役犯的事实亦由来西方政治避难的原苏共官员披露于众。大卫·卢塞还把有关苏联集中营的资料汇编成《集中营》一书出版③。

凡此种种,在法国知识分子内部引起了极大的震动。一些法国知识分子原来坚信苏维埃制度是拯救人类的希望,是理想的社会制度。但当他们得知苏联共产党也实行严酷的大清洗,大清洗中许多人人头落地,而且还有政治犯集中营存在时,颇为疑惑不解,并从最初的不相信发展到怀疑,怀疑红色苏联的真实性,怀疑在战后已越出一国范围、四处蔓延的社会主义制度的真正性质,逐渐对指导苏联共产党的理论——马克思主义也产生了怀疑,尤其是对在苏联大权独揽的斯大林以及斯大林主义表示不满,认为斯大林主义正在向专制主义发展。毋庸讳言,这些法国知识分子在此时已逐渐对共产主义"乌托邦"失去了

---

① Victor Andreïevitch Kravtchenko, *I Chose Freedom : the personal and political life of a Soviet officiel*, New York, Scribners, 1946.

② Pascal Ory et Jean-François Sirinelli, *Les intellectuels en France*, p. 286.

③ David Rousset, *Pour la vérité sur les camps concentrationnaires, un procès anti-stalienien à Paris*, Paris : Pavois, 1951.

幻想。然而,与此同时,还有相当一部分法国知识分子仍坚持原来的立场,仍拥护斯大林主义,坚信苏联共产党是正确的,苏共在建立和巩固新的社会制度时使用暴力手段是必要的。因此,这部分知识分子依然竭尽全力地为苏联辩护。由此,围绕着如何看待苏联,尤其是如何看待苏联的集中营这一焦点,法国知识分子大体上形成了两大派,即拥苏派与反苏派。

拥苏派由法共的知识分子党员与仍坚持拥护斯大林的左翼知识分子组成。他们中的一些人认为克拉夫申科是一个稻草人,其自述完全是华盛顿方面的杜撰之作。他们根本否认苏联集中营的存在,认为苏联法庭是进行社会主义纪律教育的学校,是无产阶级专政的必要工具,其作用就是要严惩那些反对和破坏社会主义制度的坏分子,以巩固新的政权。他们甚至认为,反苏派知识分子一味抓住集中营这一点大肆攻击苏联,就是站在帝国主义立场上为他们效劳。换言之,对苏联的态度问题就是立场问题,反苏就意味着反对共产党,反对社会主义制度,就意味着投靠帝国主义,拥护法西斯主义。这些人最后还认为,在这大是大非的问题上没有其他选择,没有第三条道路可走。拥苏派当中的另一些人则承认集中营的存在这一事实,但力图用进步暴力论来反驳反苏派对苏联的指责。著名的存在主义哲学家梅洛—庞蒂就是这方面的突出代表。

反苏派亦称反共派,这一名称是其对立派强加给他们的。反苏派由两大类人组成:其一是一些原先对苏联抱有幻想、寄予厚望的左翼知识分子。这些对苏联存在集中营的事实感到震惊,继而对苏联提出批评抗议的知识分子反对任何形式的暴力,认为共产党不应该同法西斯一样搞独裁专制,使用暴力。其二是一些始终对共产主义及其苏联抱敌视态度的右翼知识分子。

此外,若更严格地进行分类的话,那么,除了以上两大派之外,还有一部分法国知识分子似乎可归类为"反反共(苏)派"。此类知识分子虽然并不完全认同共产主义以及苏联,但却对以美国为首的西方国家在攻击共产主义和苏联方面所采取的许多做法非常反感,因此奉行了一种虽不是拥苏派,但却反对"反共(苏)"的立场。

总之，在当时的法国知识界，出现了一场既声势浩大、错综复杂的大混战，众多的知识名流参与了这场辩论，大量的论著、文章纷纷出笼，如雷蒙·阿隆的《论战集》①与《知识分子的鸦片》②、皮埃尔·戴克斯（Pierre Daix）的《为什么大卫·卢塞要捏造苏联集中营？》③、埃马纽埃尔·穆尼埃的《大声的辩论》④，等等。

　　在这场知识分子的大混战中，此时已在法国文坛声名隆隆的加缪并没有、而且也不可能置身事外。作为一个典型的人道主义思想家，加缪反对一切形式的专制主义，并且始终忠于这一原则。当苏联集中营被披露后，他就与斯大林主义彻底决裂，并认为苏联的现实是马克思主义指导的结果。因此，他开始抨击马克思主义历史现，反对进步暴力论。1951 年 11 月，加缪发表了其重要论著《反抗者》（*L'Homme révolté*，又译《反叛者》）。加缪在著作中指出，历史是无所谓方向和意义的，马克思主义关于未来社会的理论不过是某种神秘主义或乌托邦主义之类的东西。事实上，人不可能创造一个绝对完满的社会，苏联人也同样做不到。因此，苏联今天的一代不应为明天的所谓"完满的社会"而牺牲自己的权利和幸福。同样，加缪也认为，世界上根本不存在所谓"善"的暴力。革命往往伴随着法西斯主义的出现，法国大革命和俄国革命就是例证。革命者都对"绝对者"有一种真诚的信念，例如相应绝对的正义能创造出和谐的兄弟般的境况，而同时又强压下所有矛盾，连同一切自由。然而，事实上，人们不可能将自己完全还原为"社会的、理性的自我"，因为他的利益和价值是多种多样的。所以，尽管正义和个人自由并非完全不能相容，但谈论绝对的正义和自由，却是矛盾的、极其荒唐的。总之，加缪在这部其几乎酝酿了 10 年的论著中，从哲学、伦理学、文学等方面逐一对战争、革命、暴力、恐怖、专制主义等在 20 世纪中叶世所瞩目的重大而敏感的问题逐一进行了剖析，并由此提出了构

---

①　Rémond Aron, *Polémiaues*，Paris：Gallimard，1955.

②　Rémond Aron，*L'Opium des intellectuels*，Paris：Calmann-Lévy，1955.

③　Pierre Daix，"Pourquoi M. David Rousset a-t-il inventé les camps Soviétique ？"，*Les lettres françaises*，5 novembre 1949.

④　Emmanuel Mounier，"Débat à haute voix"，*Esprit* n°119，janvier 1946.

成他的新人道主义的核心的一整套"反抗"理论。①

尽管加缪本人多次表示，他宁愿保持自由评判的权利，拒绝站在两大阵营的任何一边，但由于他在《反抗者》中表现出对苏联的攻击和敌视，法共指责他的言行是"客观的背叛"，是帝国主义的帮凶。中派、右派报刊则对加缪的新著大加赞赏，如《世界报》认为，自二战以来，没有任何一部书的价值能与此书相比。而《费加罗报》则称这本书不仅是加缪最重要的著作，也是当代最伟大的著作。甚至极右派的杂志《法国面面观》亦对此书予以肯定，认为作者在回归民族主义，甚至皈依上帝。而这些赞誉之辞反过来又为左派攻击加缪提供了弹药，使他们断然把加缪划入反苏派的行列。加缪本人对各派对《反抗者》的攻击和说明十分重视，不仅投书发表这些文章的报刊进一步阐释自己的观点，并且还就此多次接受记者采访。

1952 年 5 月，萨特的朋友、《现代》杂志的编辑弗朗西斯·尚松(Francis Jeanson)②在第 79 期《现代》上，以《阿尔贝·加缪或反抗的灵魂》为题，就《反抗者》发表了一篇长达 26 页、措辞颇为激烈的书评。尚松首先以嘲讽的笔调列举了报界，尤其是右翼报刊对该书的溢美之辞，接着指出，作者没有理解以至于完全忽视了以往革命的历史条件。他不是从具体情况的分析入手，而是从抽象的道义立场出发，去检查和评价这些伟大的政治事件。因此，他所得出的结论必然是否定的，他所提出的批评和指责也只能是不负责任的。尚松还写道："如果加缪的反抗是静态的，那么这种反抗只牵涉到他自己。如果他想推动世界的进步，那就应该进入时局中去，进入历史中去，而且要树立自己的目标，选择自己的对手……在我看来，加缪所做的一切，都像是在为自己寻找一个避难所，为一种未来的'逃避'事先安排好借口，然后逃向某个最终的归宿，在那儿，他可以沉浸在一种没有历史的反抗中，自得其乐。"尚松在书评的最后甚至断言，这是一部失

---

① 参见杜小真译：《置身于苦难与阳光之间——加缪散文选》，上海三联书店 1989 年版，第 50—224 页。

② 弗朗西斯·尚松(Francis Jeanson，1922—2009)，法国哲学家，编辑，政治活动家。

败之作,但也是一部无可替代的著作。①

在多年老友主编的杂志上竟然发表这样明目张胆地攻击自己的文章,使加缪深感震惊与痛苦。为此,加缪致信《现代》编辑部,指责尚松误解了他的本意,并把矛头指向萨特。信的标题是《致〈现代〉杂志主编的信》,实际上就是给萨特的,只是不愿指名道姓罢了。加缪在信中为自己作了辩护之后,用讽刺的语调挖苦萨特,指出他从不设法提出能产生实际效果的东西,而总是把座椅放在历史的方向上,指斥萨特拒不对苏联的"反人道行为"做出应有的批评。1952 年 8 月第 82 期《现代》刊登了加缪的这一封信,同时还刊登了萨特的《答加缪书》和尚松的《向您说明一切》。

萨特在《答加缪书》的开头写道:"亲爱的加缪:我们之间的友谊承载太重,但我还是为它感到惋惜。如果你今天放弃了友谊,自然是它应该终止。我们之间投缘的地方多,分歧的地方少。但是,这些少量的分歧已经太多了。友谊具有强迫性,我们对此无能为力。不是完全一致,就是针锋相对,没有无党派人,与想象中的充满党派之见的人一样行事。"②接着,萨特正面阐述了自己对加缪主要观点的看法。关于历史的方向和意义问题,萨特写道:人们是在历史的行动中理解历史的。"历史有一种意义吗?您问,历史有一种目的吗?对我来说,这个问题毫无意义,如果把历史和创造它的人分开,历史只是一个抽象的、空洞的观念。历史不能用有无目的来分析。关键不在认识历史的目的,而在于赋予历史一种目的。"③因此,依萨特之见,"关键不在于知道历史是否有意义和我们是否愿意进入历史,而是当我们置身历史之时,要赋予它一种我们理解的最佳意义,同时,对于任何必要的具体行动,无论我们的

① Francis Jeanson,"Albert Camus ou l'ame révoltée", Les Temps modernes, n° 79, mai, 1952.

② Jean-Paul Sartre, "Réponse à Albert Camus", Les temps modernes, numéro 82, août 1952, p. 334.

③ Jean-Paul Sartre, "Réponse à Albert Camus", Les temps modernes, numéro 82, août 1952, p. 335.

力量如何微弱,都不能拒绝提供帮助"①。

对如何看待苏联的集中营这一问题,萨特也同样明确地表明了自己的态度。萨特说自己并不是没有注意到苏联西伯利亚的劳改营,他写道:"您宣称,我始终回避集中营的问题,这是污蔑。是的,加缪,我像您一样认为这些集中营是令人不能接受的,但是,'资产阶级的新闻'每天重复的那套说辞,也同样令人不能接受。我并没有说过马尔加什②比土库曼③重要,我说的是,土库曼遭受的不幸,并不是我们让马尔加什遭受不幸的借口。我看到,对于这些苦役犯监狱的存在,反共分子感到高兴,我看到他们因为这一点而感到心安理得。我没有感受到他们会去援助土库曼,但我感受到他们利用土库曼的痛苦,正如苏联利用苦役犯的劳动一样。"④这段文字清楚地表明,萨特在走着一条偏向于苏联的"第三条道路"。

文章的刊出使萨特、加缪之争彻底公开,同时也宣布他们之间多年的友谊彻底破裂。与此同时,这场辩论在法国知识界引起了广泛的反响。概而言之,正如有学者指出的那样,萨特、加缪在这场争论中的分歧主要有两点:其一是对斯大林主义的态度:加缪基于他的传统人道主义,坚决反对日趋走向专制主义的斯大林主义,而萨特虽然也反感集中营,但对苏联代表进步这一点毫不怀疑,在这种进步主义的指导下,他相信广大群众的革命行动是神圣的,反对革命就等于在客观上帮了反动派的忙;其二是对指导苏联革命的马克思主义的看法:加缪拒绝把历史看作是绝对的东西,以历史的名义使暴力合法化,革命应该避免犯错误和迷失正确的方向,而应回到其反抗的根源上来,萨特则坚持进步暴力论,主张应该区别法西斯暴力和革命暴力,人是生活在历史中的,应

---

① Jean-Paul Sartre, "Réponse à Albert Camus", *Les temps modernes*, numéro 82, août 1952, p. 345.

② 即马达加斯加,位于非洲大陆东面的印度洋岛国,原法国殖民地,此时正在开展争取独立的斗争。

③ 苏联加盟共和国之一,位于中亚,此处指代苏联的劳改营。

④ Jean-Paul Sartre, "Réponse à Albert Camus", *Les temps modernes*, numéro 82, août 1952, p. 352.

该采取具体行动促进历史前进。加缪力图通过反抗理论建立一种新的人道主义，这种人道主义建立在理解、博爱、节制、平衡的基础上，而萨特则认为这是一种超越现实、脱离斗争的态度。①

应该指出的是，在已过了半个世纪后的今天，当我们以一种较为冷静、客观的态度来审视这场发生在两位杰出人物之间的笔战时，我们不能不承认，相对而言，加缪的立场与观点更能让人接受。然而令人深思的是，由于当时的政治氛围使然，萨特竟然得到了此期绝大多数法国知识分子的支持。这种一边倒的局面使加缪陷入了极端孤立的境地，使加缪倍感痛苦。政治上的失意使心情沮丧的加缪认为政治不过是浪费时间，而对踌躇满志的萨特来说，搞文学成了一种时间的浪费。如果说，此时加缪急于使文学从现实政治的附庸地位上解脱出来，那么，萨特却进入了他最为政治化的时间。用他自己在自传《词语》中的话说，这一时期，他"告别了文学"。

在与加缪反目的几乎同时，萨特与其另一位好友——法国著名的知觉现象学创始人、存在主义哲学家、"存在主义马克思主义"的主要代表人物之一莫里斯·梅洛-庞蒂（Maurice Merleau-Ponty）②也展开了论战。莫里斯·梅洛-庞蒂出生于诺曼底一个天主教家庭，1926年考入巴黎高等师范学校学习哲学。1931年获取哲学教师资格，随即从军服役，尔后又到德国学习，受到胡塞尔现象学影响。1939年回到巴黎又系统听了存在主义者科耶夫关于黑格尔哲学的讲座。第二次世界大战期间，曾再次入伍，参加反法西斯斗争。他甚至还与萨特等人组织过名为"社会主义和自由"的反法西斯组织。战后初期，梅洛-庞蒂一度在巴黎高师执掌教鞭，深受包括米歇尔·福柯在内的青年学生的欢迎。作为法国学界对胡塞尔现象学最出色的解释者和追随者，他的名字和

① 参看张容：《加缪与萨特在哲学上的分歧》，载柳鸣九主编：《"存在"文学与文学中的"存在"》，社科文献出版社1997年版，第174页。国外比较有分量的研究是Ahmed Bakcan, *Camus et Sartre, deux intellecuels en polique*, Lille：Atelier national de Reproduction des Thèses, 1998和Ronald Aronson, *Camus & Sartre：the story of a friendship and the quarrel that ended it*, Chicago：the university of Chicago press. 2004.

② 莫里斯·梅洛-庞蒂（Maurice Merleau-Ponty，1908—1961），法国著名哲学家。

德国哲学大师胡塞尔的名字联系在一起,而作为法国风靡一时的存在主义的代表人物,则更使他的名字与其巴黎高师的学友萨特联系在一起。应当说,梅洛一庞蒂与萨特都是通过胡塞尔的现象学这座理论桥梁走向存在主义的。他们曾一起参加过抵抗运动,一起筹办《现代》杂志。不过,在一些人看来,萨特的存在主义是一种粗糙的"通俗哲学"或者说"大众哲学",而梅洛一庞蒂的思想则更理论化,更有学术味。

如果说在 40 年代之前,梅洛一庞蒂在政治上属于小资产阶级,在哲学上是现象学和存在主义者的话。那么,在 40 年代中期至 50 年代初,他每每以"马克思主义者"自居,力图用存在主义"修正"和"补充"马克思主义,竭力宣扬"存在主义的马克思主义"。战后初年,尚处于思想激进阶段的梅洛一庞蒂与萨特可谓是志同道合。针对反苏派对苏联的指责,1947 年,梅洛一庞蒂发表了著作《人道主义与恐怖》(*Humanisme et terreur*),力图用进步暴力论来反驳反苏派对苏联的指责。①

梅洛一庞蒂在这一论著中还试图从理论上对未来知识分子面对阵营问题所应采取的态度进行了论证,他主张不要就"孤立的事件"对共产主义或苏联进行批评,也不要对西方民主制度"在世界其他地区的暴力干涉"保持沉默,不要对这个制度大加赞扬。他还提出所谓的"破碎的窗玻璃"(carreaux cassés)理论,甚至强调说:"苏格拉底被判死刑和德雷福斯事件,均无损于雅典和法国在人道主义方面的声望,因此也没有理由对苏联实行别的标准。"②

梅洛一庞蒂的这一论点在当时影响极大。而且,他在这一论著中开始尝试将存在主义的自由学说建立于"历史"与"社会"的基础上的努力深得萨特的赞许,并对萨特产生了积极影响。萨特后来回忆道:"正是《人道主义与恐怖》,使我作出了一个重要决定……它给了我一种推动,而这种推动正是我当时需要的,它帮助我走出了自己的惰性状态。"③可以说,萨特正是按照梅洛一庞蒂的这一思路修改和补充了自己

---

① Maurice Merleau-Ponty, *Humanisme et Terreur*, Paris : Gallimard, 1947.

② Michel Winock, *Le siècle des intellectuels*, p. 584.

③ Jean-Paul Sartre, "Merleau-Ponty vivant", *Les temps modernes*, numéro 184 — 185, octobre, 1961, p. 304.

的"绝对自由说"。

1950年1月,萨特与梅洛－庞蒂两位老友甚至还联袂在《现代》上发表了一篇题为《我们生命的岁月》的文章,讨论苏联的西伯利亚劳改营问题。他们在文章中指出,不应该忽视世界其他地区的压迫行径,在希腊也有压迫、在法国殖民地也有屠杀……没有人能够否认,在30年代的大清洗中,数以百万计的人被送到了西伯利亚;也没有人能够否认现存的苏联制度与法西斯主义有不少相似之处。为此,两人对苏联的劳改营一方面进行了抨击,但是,另一方面,他们又提出,苏联这一社会主义国家能够用资产阶级的道德标准来加以评判吗?当我们了解到苏联建国时期的各种困难条件内战、资本主义世界的包围、纳粹的威胁和战争时,就不会因它领导人所被迫采取的某种暴力统治而奇怪了。为了进入更加高级的社会,这种暴力也许是不可避免的。而且,只要这种暴力是进步的,只要它代表着正确的方向,它就有理由为自己辩护。文章还强调说:"无论目前苏联社会具有何种性质,它基本上站在我们这一边,与我们熟悉的那些剥削形式作斗争,使双方力量保持平衡。俄国的共产主义,证明阶级斗争不再是一种神话,'自发性行动'已经不再可能,也不可取。我们从中得出的结论,不是应该纵容共产主义,而是在任何情况下,都不能跟共产主义的敌人结盟。因此,最正确的政策就是,无论在苏联还是苏联以外的地区,都要把目标集中在剥削和压迫上,一切针对苏联的政策,以及只批评苏联的做法,都是对资本主义世界的纵容。"①

萨特与梅洛－庞蒂这对原来的志同道合者在政治上的第一次重大分歧发生在朝鲜战争爆发之际。当时,梅洛－庞蒂与大多数西方国家的人士一样,认为朝鲜战争是朝鲜的领导人金日成在苏联的鼓动与支持下首先发动的。由此出发,梅洛－庞蒂还进一步认为,苏联已彻底蜕化,它不仅不再是和平的象征,反而成了战争的制造者,而整个人类历史亦由此进入了歧途。然而,虽然梅洛－庞蒂此时已对苏联感到失望,

---

① Merleau-Ponty et Sartre, "Les jours de notre vie", *Les Temps modernes*, numéro 51, janvier 1950.

但他又不愿加入反共反苏的行列。故此,在整整两年里,处于思想矛盾之中的梅洛－庞蒂一直保持沉默,未对事态的发展作任何政治评论;同时,作为《现代》杂志编辑工作的实际负责人,梅洛－庞蒂在编辑部主张对朝鲜战争采取"隔岸观火"的态度。与之形成强烈反差的是,朝鲜战争的爆发却使萨特进一步"介入"政治领域,并更加接近苏联和法共。尤其引人瞩目的是,萨特还以一个党外人士的身份,竭尽全力地为法共和苏联辩护。不仅如此,正是在梅洛－庞蒂断言无产阶级已经从历史舞台上消失了的时候,萨特却"发现"无产阶级才"初次出现"。它正在共产党的领导下生气勃勃、充满希望地发展着。

1952 年,萨特发表了《共产党人与和平》一文,反对法国政府对法共的迫害,并为法共辩护,同时把苏联与和平事业、美国与战争等同起来。① 萨特在此期的言行,尤其是这篇文章使他改变了因为《肮脏的手》的上演而在法共和苏联方面留下的不好印象,很快获得了法共和苏联的好感。1954 年 2 月,萨特应邀去比利时参加东西方作家"对话",5 月做了去苏联的首次访问,并在同年 12 月当选为法苏友好协会副会长。与此同时,随着对共产主义的怀疑日益加深,梅洛－庞蒂却改变了他与法共和苏联原先具有的那种密切友好的关系。

政治上的分歧使得两位原先志同道合的友人无法再继续合作。1953 年 5 月,梅洛－庞蒂辞去了《现代》杂志编委职务。两年后,梅洛－庞蒂发表了论著《辩证法的冒险》(Les Aventures de la dialectique)②。全书除"前言"外,正文共分五章:第一章主要阐述马克斯·韦伯的哲学思想;第二章论述由卢卡奇创立的"西方马克思主义";第三章阐述同"西方马克思主义"对立的列宁主义;第四章论述"共产主义哲学中的二律背反"与"行动中的二律背反";第五章的篇幅占了全书的一半,而且其标题竟然是"萨特与极端布尔什维克主义",梅洛－庞蒂在这一章中,把锋芒直接对准萨特靠近共产党的激进立场,说萨特这个"共产党队伍

---

① Sartre, "Les communistes et la paix". 这篇长文的第一部分发表在《现代》杂志 1952 年 7 月号上,另外两部分则分别发表在 1952 年 10 月—11 月号、1954 年 4 月号上。

② Merleau-Ponty, Les Aventures de la dialectique, Paris : Gallimard, 1955.

以外的反对派"，"始终都在证明自己是一个与党保持距离的党的忠实追随者，他保留着批评的权利，却因为害怕用错而从不使用这一权利"。梅洛—庞蒂还发问道："我们不禁要问，萨特所理解的社会介入，是否把行动关系变成了瞻仰关系？"①

　　事实也确实如此，1952—1956年间的萨特堪称是一个非常守纪律的共产党的"同路人"，他领导的《现代》杂志只是在枝节上对法共做些批评，并正如它在1955年出的一期左翼问题专号上所表明的那样，竭力宣扬建立一个"新人民阵线"的主张。为了实现这一目标，萨特本人频频出席各种集会、大会，经常出访、做报告和写文章。而法共的报刊也对他的言行积极做出反映。如在萨特1952年12月赴维也纳出席由约里奥—居里主持开幕式的"和平人民大会"后，《人道报》不仅报道萨特在会上受到热烈欢迎、被摄影记者和"电影艺术家"争相拍摄的场景，而且还大量刊登萨特的发言节选。②

　　《辩证法的冒险》的问世，表明两人之间的分歧在进一步地扩大。梅洛—庞蒂在这一部著作中详细地剖析了萨特存在于《存在与虚无》和《共产党人与和平》两部著作中的理论上的矛盾，尖锐地指出，萨特对社会、历史同个人自由的关系作了错误的理解。《共产党人与和平》也没有改变出现于《存在与虚无》中的"绝对自由说"，因为萨特没有把他的自由观与马克思主义的历史和社会的概念结合，或者说，萨特的存在主义缺乏一种社会哲学，因此，就使得萨特陷入了"极端布尔什维克主义的泥潭"。此外，梅洛—庞蒂还坚决地反对苏联"官方哲学"的历史决定论。③ 随着萨特与梅洛—庞蒂在政治与理论上的分歧进一步扩大，两人

---

　　① Michel Winock, *Le siècle des intellectuels*, pp. 619—620.

　　② Michel Winock, *Le siècle des intellectuels*, p. 621.

　　③ 参见 Maurice Merleau-Ponty, *Les Aventures de la Dialectique*, Paris：Gallimard, 1955.

最终分道扬镳。①

在此有必要指出的是，虽然梅洛—庞蒂与萨特的分道扬镳主要是政治原因使然，但两人在哲学观念上的差异乃至分歧似乎也应值得我们适当关注，因为同为哲学家出身的他们，其政治认识和观念很大程度上可溯源于他们各自的哲学观点。例如，萨特为了说明人是历史的创造者，似乎人可以通过他的实践来选择自己的历史命运，萨特当时非常强调人的主体意识的能动性。对此，梅洛—庞蒂却很不以为然。他认为，一旦将人的主体性脱离开主体间的相互关系，就会重新陷入传统意识哲学的框架，以致无法正确解决历史的问题。与此同时，他也不认同萨特的存在主义现象学。也正因为如此，他在 1945 年发表的《知觉现象学》一书中，特别重新提出了"什么是现象学"的问题。②

五　雷蒙·阿隆的知识分子观与《知识分子的鸦片》

当战后初期法国左派知识分子被共产主义神话所迷惑时，萨特在巴黎高等师范学校就读时的同窗好友雷蒙·阿隆首先揭露了苏联的共产主义的真实面目，首先对斯大林的独裁危险提出了警告，并对马克思主义严加斥责。换言之，在东西方两大阵营的对立中，雷蒙·阿隆坚定地选择了西方阵营的立场。这一切，使随着冷战局势的发展日益成为共产党的同路人的萨特大为不满。从此，这两位分别成为法国左派知识分子领袖与右派知识分子盟主的知识界巨星开始了持续数十年的对垒，或曰"30 年的战争"。可以毫不夸张地说，他们之间的争论、他们生前一荣一冷的际遇以及死后戏剧性的逆转就是一部战后法国知识分子

---

① 当梅洛—庞蒂在 1961 年逝世时，萨特曾写过一篇悼念文章，文中写道："我们之间没有什么可总结的东西，只有一点，那就是这场持续很久的既没有成熟，也没有被毁坏，在即将获得新生或将被粉碎的时候突然消失的友谊，那是留在我心上的一个永远流血的伤口。"参见 Michel Winock，*Le siècle des intellectuels*，p. 620.

② 参见 Maurice Merleau-Ponty，*Phénoménologie de la perception*，Paris：Gallimard，1945.

史的生动写照。因此，有人把这场争论称之为"世纪之争"。

　　萨特与阿隆这两位法国知识界的风云人物均在1905年出生于巴黎，又都在1924年考入巴黎高等师范学校。由于两人的社会背景相似，学术志趣相同，都酷爱哲学，所以两位同窗在相当长的时期中保持着极为融洽的关系。在巴黎高师求学期间，有一个人对阿隆的影响十分深远，那就是20年代那一代顺利地从文科预备班考入巴黎高师者的"启发者"和精神导师阿兰。当年深受阿兰和平主义思想影响的阿隆自称自己曾是一名"模糊的社会主义者"和"狂热的和平主义者"①。

　　1930年，刚服完两年兵役的阿隆作为交换学者到德国科隆大学和柏林的法兰西学院访学3年。德国对阿隆思想的转变起了至关重要的作用：在知识方面，他发现了现象学，阅读了马克思和韦伯的著作；在实践方面，他对纳粹主义的兴起有了最直接的体验。正是在德国，阿隆发现了政治，代替了学校里的社会主义与和平主义。韦伯的现实主义也对阿隆产生了重要影响，阿隆逐渐悟出了自己的两个任务："尽可能老老实实地理解和认识我们的时代，永远不要忘记自己知识的局限性；从现实中超脱出来，但又不能满足于当旁观者。"②

　　值得一提的是，正是由于阿隆的介绍，萨特才第一次接触到胡塞尔的哲学。在阿隆访学期间，一次他趁假日回到巴黎并和老朋友们聚会于蒙帕纳斯夜总会。当侍者端上了杏黄色的鸡尾酒时，一时兴致所至的雷蒙·阿隆指着酒杯对大家说："这只杯子，这张桌子——所有这类简单的东西，在胡塞尔这样的现象学家看来都是哲学的原料。"③说者无心，听者有意。据波伏瓦回忆，当时"萨特激动得脸色发白，这正是他许多年来一直渴望得到的东西"④。因为，许久以来，萨特一直在苦苦地寻求着一种思想：能按我们看到和摸到的对象（客体）那样来描述它们，并

　　① Raymond Aron，*Le Spectateur Engagé*（*entretien avec Jean-Louis Missika et Volton*），Paris：Julliard，1981，p. 81.

　　② 雷蒙·阿隆：《雷蒙·阿隆回忆录——五十年的政治反思》，杨祖功等译，新星出版社2006年版，第45页。

　　③ Annie Cohen-Solal，*Sartre*，pp. 90—91.

　　④ 参见黄颂杰等著：《萨特其人及其"人学"》，第14页。

从这一过程中引出哲学。阿隆的这一句话使萨特萌生了赴德国求学的愿望。通过雷蒙·阿隆帮助联系求学事宜，萨特踏上了赴柏林求学的旅程。他在胡塞尔、海德格尔和克尔恺郭尔的现象学存在主义学说中，找到了从人的内部世界，即从人的意识出发去研究人、研究人的存在、研究世界的方法。而这种方法同时也是一种哲学世界观，因为它昭示出，人所生活的世界正是由于人的存在，也就是人的主观意识的活动才具有意义和价值的。因此，人的主观意识的存在应当是一切存在的根本，也是哲学研究的出发点。可以说，萨特正是由此开始他的哲学－文学创作活动的。

二战结束之后，阿隆开始从事新闻记者的职业。他的记者生涯从1946年开始，一直持续到1983年逝世，[①]逐渐成为法国著名的政治评论家和理论家。同时，从1955年进入巴黎大学讲授社会学开始，阿隆也开始其辉煌的学术生涯，成为"《费加罗》报的教授、法兰西学院的记者"。战后初期，法国知识界几乎是左翼知识分子的一统天下。由于对苏联的看法和对马克思主义的理解上有分歧，雷蒙·阿隆毅然决然地同左翼知识界决裂，并成为自由派知识界的代言人。

当时，雷蒙·阿隆在国内问题上，有保留地支持政府，特别是传统右派政府。在国际问题上，他积极主张与美国结盟，同西德修好并加强合作，激烈地反对苏联，成为一位坚定的北大西洋主义者。这一切，当然为已成为法国左翼知识界领袖的萨特所不容。由此，两人开始了长达数十年的对垒。由于当时特殊的时代氛围，使萨特、阿隆的"世纪之争"在法国知识界呈现出几乎是一边倒的局面。具体而言，在相当长的时期里，萨特有如众星所捧的明月，而阿隆就像是一位孤独的斗士。

---

① 阿隆1946年3月至1947年6月，加入《战斗报》(Combat)，成为撰稿人之一；1947年6月至1977年5月，担任《费加罗报》政治和经济专栏的主笔，1977年6月至1983年10月，担任《快报》编辑部主任。从1947年6月22日发表第一篇新闻评论(Actualité)《从勃鲁姆的经历到舒曼计划——关于法国政治经济的评论》开始，至1977年5月27日发表最后一篇文章《两大阵营的不和之四——意识形态的战斗》为止，一共发表了将近2300篇新闻评论。平均每周两至三篇，一共持续了30年。Walérie Hannon, *Raymond Aron et ＜le Figaro＞*, Mémoire de DEA, Université de Lille Ⅲ, 1988, dact, p. 167.

雷蒙·阿隆与萨特的分歧与争论,很大程度上与他们各自的知识分子观不同有关。鉴此,有必要对雷蒙·阿隆的知识分子观以及最为集中地反映其相关观点的《知识分子的鸦片》进行较为深入的探讨。

国外社会学界一般认为,"知识分子"这个特殊的社会阶层成为西方现代社会科学研究的对象,始于 20 世纪 20 年代,而知识分子是否能够构成一个独立的阶级,这是知识分子理论的核心。[①]

然而,在阿隆看来,并不存在抽象的、具有普遍意义的知识分子概念:"知识分子一词从来就不是一成不变的,事实上它很少是完全封闭的。"[②]在阿隆看来,知识分子这个概念首先是一个历史范畴:

> 每个社会都有自己的抄写员,他们充斥于公共管理和社会生活的方方面面;都曾有自己的作家或艺术家,他们传递或丰富文化遗产;都曾有自己的各类专家,如依照王公和富人的意图安排文本知识分子和辩论艺术的法学家,探索自然界奥秘,教授人们去克服疾病或是在战场上取得胜利的学者。这三类人中并非只是属于现代文明,同时,现代文明也表现出一些独有的特征,这些特征对知识分子的数量和地位产生影响。[③]

其次,阿隆指出,知识分子群体的突出特征在于这个阶层的开放性,而这种开放性随着各个国家具体国情的不同而具有多样性:"知识分子的招募形式根据社会的不同而不同。"[④]阿隆举例指出:在中国,科举制度为农家子弟提供了升迁的机会,而在南美或近东的某些国家中,则是另外一种情况,军官学校和军队提供了类似的晋升机会。进入现代工业社会之后,知识分子这个精英阶层的开放性比传统社会表现得更加突出,根据知识或是智力确定的整个特权阶级,准许更有才能者地

---

① 参见 Charles Kurzman and Lynn Owens, "The Sociology of Intellectuals", *Review of Sociology*, 2002, Vol. 28, pp. 63—90.

② 雷蒙·阿隆:《知识分子的鸦片》,吕一民、顾杭译,译林出版社 2005 年版,第 217 页。

③ 雷蒙·阿隆:《知识分子的鸦片》,第 211 页。

④ 雷蒙·阿隆:《知识分子的鸦片》,第 218 页。

位的上升。尽管这可能是违背这个特权阶级的本意的,其主要原因在于,知识急速发展,伴随着技术的民主化,导致社会分层出现新的变化。从社会角度来看,知识分子总是比领导阶级更广泛和更开放。这种民主化趋势不断得到增强,因为工业社会需要越来越多的干部和技术人员。

因而,阿隆认为,知识分子在不同国家具有不同的判断标准,在欠发达国家,不管取得何种文凭都会被看作是知识分子。在现代工业社会的条件下,有的人可能认为工业社会的一个主要特征就是拥有大量的专家。由此他们把知识分子定义为已在大学、技术专科学校获得了职业活动所必需的素质的那些个体的总和,也有人可能会把作家、学者和有创造力的艺术家置于首位,教授或批评家位列次席,文化的普及者或记者名列第三。那些实践者,如法学家或工程师,则随着他们日渐沉迷于追求效率和丧失了对文化的关注而不再属于知识分子这一类别了。在苏联,人们倾向于前一种定义,技术型知识分子被看作是代表,而作家也成了灵魂工程师。在西方,人们往往倾向于后一种定义,而且把范围缩小至仅限于那些主要职业是写作、教育、宣传、戏剧表演或从事艺术、文学活动的人。所以,很难说知识分子能够构成一个独立的阶级。

不过,依阿隆所见,以上几种判断知识分子的标准都是有其各自的合理性的,可以进行综合,提取它们的共同之处,而这个共同之处主要是拥有知识。"有史以来任何地方,凡是掌握和丰富文化的人就是知识分子,不管文化指的是科学、文学还是艺术"[1]。当然,从职业的角度来看,有些知识分子是运用知识,而另一些是创造知识,"在我们看来,教授之所以更像知识分子,是因为他的唯一目标就是保存、传递或扩展知识"[2]。但是都能够被称作是知识分子:"身为作家和艺术家的知识分子是'理念人'(l'Hommes des idées),而作为学者或是工程师的知识分子

---

① 雷蒙·阿隆:《知识分子的鸦片》,第 197 页。
② 雷蒙·阿隆:《知识分子的鸦片》,第 215 页。

是'科学人'(l'Hommes des sciences),他们信仰人和理性。"①

不过,在我们看来,阿隆的知识分子理论中最有创见的部分,是他对知识分子社会功能的深入分析。阿隆认为,知识分子的社会功能在于社会批判。他将这种批判功能分成三类,首先是"技术批判"(critique technique):

> 他们设身处地地为那些统治者或管理者着想;通过建言献策,以减轻那些他们揭示出的罪恶;接受行为上的束缚和古已有之的集体结构,有时甚至是那些现有的制度的法律。他们并不援引美好未来的某种理想组织,而是以那些更符合常识和更有希望实现的结果作为参考。②

其次是"道德批判"(critique morale):

> 以事物本来应该如何来反对事物的现状。人们不仅拒绝接受殖民主义的残酷,资本主义的异化,而且拒绝主人与奴隶之间的对立,以及贫困与奢华相并存的丑行。即使不考虑这些拒绝所产生的结果和将它们转化为行动的方式,在面对自卑的不相称的人性之时,人们也觉得不可能不发出宣言或号召。③

最后是"意识形态或历史批判"(critique idéologique ou historique):

> 以未来社会名义指责现有社会,将有违良知的不公正现象归咎于现实社会的原则,如资本主义,带有剥削的必然性的私有制,帝国主义和战争,并描绘出一个全新社会的蓝图,在那里,人们完成自己的使命。④

---

① 雷蒙·阿隆:《知识分子的鸦片》,第 219 页。
② 雷蒙·阿隆:《知识分子的鸦片》,第 219 页。
③ 雷蒙·阿隆:《知识分子的鸦片》,第 219 页。
④ 雷蒙·阿隆:《知识分子的鸦片》,第 219 页。

阿隆关于这三种批判的划分,尤其是第三种批判,有其特殊的历史语境。他所谓的"意识形态或历史批判",主要指的是在二战之后被法国知识界庸俗化、教条化的马克思主义,从而有了"意识形态或者历史批判"这一说。其实,我们可以看出,阿隆所说的"意识形态或者历史批判"和"道德批判",在内容上具有很大程度的契合度,其实质仍然是一种"道德批判"。

　　对于这三种批判功能,阿隆这样评价道:"每一种这样的批判都有其功能和高尚之处,同时又都受到堕落的威胁。技术论者常常受到保守主义的影响:人是长久不变的,共同生活的令人不快的必要性也并没有改变。"[1]而道德论者"在事实上的放弃和口头上的不妥协之间摇摆:否定一切,也就是最终接受一切"[2]。至于意识形态批判,它"常常脚踏两只船,对于世界的一半人来说,它是道德论的,尽管它对革命运动采取了一种非常现实主义的宽容。在法庭设在美国时,对罪行的取证从未使人满意过。而当镇压落到反革命头上时,它从未没有被看作是过分的,行为是与激情的逻辑相符的"[3]。

　　应该说,阿隆对前两种批判的不足之处的分析是中肯的。技术批判如果完全剔除道德的维度,会导致人性化关怀的缺失,而道德批判如果不伴随着有效的现实针对性和可操作性的建议,也会导致虚无,缺乏建设性。对于意识形态或历史批判,我们要一分为二地看。阿隆的评价带有冷战的明显烙印,他对马克思主义存在偏见,其评价是偏颇的,缺乏客观性。但是,二战之后的法国知识界,有相当数量的知识分子为斯大林苏联时期的大清洗辩护,为苏联入侵其他东欧国家辩护,从这个角度上说,阿隆的批判揭示了这种批判的弊端。

　　在以有限的篇幅梳理、概括了阿隆的知识分子观之后,有必要对著作等身的阿隆在自己的众多著述中自己最为看重的著作《知识分子的

---

① 雷蒙·阿隆:《知识分子的鸦片》,第 219 页。
② 雷蒙·阿隆:《知识分子的鸦片》,第 220 页。
③ 雷蒙·阿隆:《知识分子的鸦片》,第 220 页。

鸦片》全面地予以审视。

事实上，萨特与阿隆的正式争论是从后者在1955年出版《知识分子的鸦片》开始的。这是一部以传统上由左派知识分子占优势的法国知识界为对立面，尖锐地批判自二战结束以来支配着法国和西欧左翼知识分子的马克思主义的一部著作，同时又是一名知识分子为知识分子的处境而写的许多书中的一部。该书最初是1955年发表的《论战》文集的序，后来扩大为一部篇幅不小的著作。

全书由序言、第一编"政治的神话"、第二编"历史的偶像崇拜"、第三编"知识分子的异化"构成。而结束语的标题则是"意识形态时代的终结?"阿隆在卷首分别引述了马克思和西蒙娜·韦依（Simone Weil）①的话。前者是："宗教是被压迫生灵的叹息，是无情世界的感情，正像它是没有精神的制度的精神一样。宗教是人民的鸦片。"后者是："如果取宗教这个名词的最低级的意思来说，马克思主义纯粹是一种宗教。就如宗教生活的任何低等形式，马克思主义从马克思本人借取机巧的词汇，不断成为人民的鸦片。"②

第一编"政治的神话"主要针对大部分知识分子所感兴趣的要害问题展开，并对"左派"、"革命"、"无产阶级"这三个神话进行了剖析。

在题为"左派的神话"的第一章中，阿隆围绕着所谓的"左派"进行了深入的探讨。关于"左派"，阿隆在书中并不否认人们在议会里可以分出"左派"和"右派"，但他否认有一成不变的、贯穿不同历史阶段的、受同样的价值观念鼓舞的、为同样的愿望而团结在一起的"左派"。他指出："在自命为左派的不同群体之间，从未有过深刻的统一性。一代又一代的左派，其口号和纲领也在变化。而且，昔日为宪政而战斗的左派与当今在人民民主政体中表现出来的左派难道仍有某些共同之处吗?"③

在第二章"革命的神话"中，阿隆分别就"革命的含义"、"革命的威

---

① 西蒙娜·韦依（Simone Weil,1909－1943），法国著名哲学家。

② 此段文字见于法文版卷首，由于可以理解的原因，中译本在出版时删除了这些文字，特此说明。

③ 雷蒙·阿隆:《知识分子的鸦片》，第4页。

望"、"反叛与革命"等进行剖析。关于"革命",阿隆首先区分了革命、政变、革命现象、准革命、反革命等各种成分,一一阐明其概念和实际事例,继而指出,为了赋予革命以光荣的地位,有两点基本的考虑:其一,只要顺应人道的、自由的、平等的思想,就属于神圣的革命之例;其二,只有推翻旧的所有制,革命的目的才能完成,革命才是正义的。阿隆还强调,革命既非命中注定,也非上帝恩赐,不过是一种手段。他指出,革命往往需要暴力,永久的革命思想以无产阶级政党的胜利和社会主义的实现为目标,而把最后的冲突延迟到无限的未来。不幸的是,迄今尚未发生过为实现马克思主义者所预言或人道主义所希望的革命,马克思主义式的革命实际上并没有实现过,这是因为它的思想是神话般的。阿隆还指出:与左派的概念一样,革命的概念也不会过时。它也表达了一种怀旧情绪,只要社会仍旧不够完善,人们渴望改造它,这种情绪就会继续存在……如果拿所有已知的制度与平等或自由的抽象理想相比照,这些制度都应该遭到谴责。只有革命——因为它是一种冒险——或革命制度——因为它同意经常使用暴力——似乎能达到崇高的目的。革命神话是乌托邦思想的避难地,在现实与理想之间充当神秘莫测、难以预料的说情者。[1]

在第三章"无产阶级的神话"中,阿隆首先指出"'阶级'也许是政治学语言中最为流行的概念,但对于它的界定,却往往引起情绪化的争论。在此,我们不打算卷入这种争论,因为在某种意义上,这种争论不可能有任何结果。我们根本无法了解这个应当被冠以'阶级'之名的现实事物在未被冠以此名之前究竟是何物。这种争论没有必要的另一个原因是,没有人不知道,在现代社会中,哪些人可以被称为无产阶级分子:在工厂里用其双手干活的被雇佣的人。"[2]阿隆还指出,所谓"无产阶级"(靠薪金过活的工人所属的阶级)的本质并不存在,真正存在的只是其中心可用特征或特点来显示,但其外延却难以区分的范畴。[3] 在这一

---

① 雷蒙·阿隆:《知识分子的鸦片》,第34—67页。
② 雷蒙·阿隆:《知识分子的鸦片》,第69页。
③ 雷蒙·阿隆:《知识分子的鸦片》,第70页。

章中,阿隆还对工人阶级是否能成为领导阶级,如何算得到了解放提出了质问,指出,当一个政党用工人阶级的名义实行专制,但却剥夺了工人阶级在资产阶级民主制度下争取到的、相对的和局部的解放,特别是剥夺了保障这种解放的手段时,工人阶级还能算得到了解放吗?①

第二编"历史的偶像崇拜"由第四章"圣职人员与信徒"、第五章"历史的意义"、第六章"必然性的幻觉"以及单独列出的"论历史的控制"组成。

在"圣职人员与信徒"这一章中,阿隆分析了"教士"和"信徒"之间的关系,或者说共产党人和亲共人士之间的关系,尤其是两者之间存在的三大差别。共产党人接受党的正统观念。亲共人士则同意共产党的基本信条(如无产者的使命、由无产者自己拯救自己),但不是字字句句都赞成党的正统观念。不过,他们一般拒绝批评共产党,梅洛—庞蒂及其《人道主义与恐怖》即是例证。②

在本编的其余章节中,阿隆还在《历史哲学导言》的启发下,对马克思主义的历史观进行了讨论。阿隆以拿破仑·波拿巴(Napoleon Bonaparte)为例,指出视个人的政治、军事的命运只能由作为总体的社会结构来决定的马克思主义的历史观是错误的。③

第三编"知识分子的异化"由第七章"知识分子及其祖国"、第八章"知识分子及其意识形态"、第九章"寻求一种宗教的知识分子"以及单独成篇的"知识分子的命运"组成。在这一部分中,阿隆对英、法、美三国的知识分子的特征作了极为精辟的概括:

英国知识分子的艺术,是把往往是意识形态的冲突简化为一些术语。美国知识分子的艺术,是把与其说与目的,不如说与手段有关的争论变成道德方面的争吵。法国知识分子的艺术,是胸怀为全人类思索的宏愿,无视而且经常加剧民族特有的问题。另外阿隆还在书中把法国称之为"知识分子的天堂",把美国称之为"知识分子的地狱"。不过,

---

① 雷蒙·阿隆:《知识分子的鸦片》,第75—96页。
② 雷蒙·阿隆:《知识分子的鸦片》,第127—136页。
③ 雷蒙·阿隆:《知识分子的鸦片》,第138—166页。

他同时又揭示了这样一种现象:法国抬高其知识分子的地位,但知识分子却排斥与藐视法国;美国对于知识分子永不让步,但是美国的知识分子却尊崇他们的国家。① 此外,阿隆还强调指出,共产主义与其说是一种宗教,不如说它试图到作为国家正宗的意识形态中去寻找宗教的代用品。马克思称宗教是"人民的鸦片"。教会恶习难改,不以人的意志为转移,它不是使人改恶从善,而是支持怂恿其信徒漠视世俗的事情,热衷于彼岸的幸福,马克思主义的意识形态只要被国家换上一块正宗的招牌,就立刻同样地变为批判的对象。基督教的鸦片把人变得消极了,而共产主义的鸦片则把人们引向暴力。②

最后,阿隆在结束语"意识形态时代的终结?"中指出:那些既不指望革命能带来奇迹性的变化,也不指望经济计划能带来奇迹性变化的人却不甘心接受不能自圆其说的东西。他并不把他的灵魂交给抽象的人道,交给一个暴虐专制的政党、一种荒诞无稽的经院哲学,因为他热爱活生生的人,参加活跃的团体,尊重真理。他最后强调说:"情况或许会有所不同,或许当知识分子认识到政治的局限后,将会对政治不感兴趣。我们将会高兴地接受这一尚不确定的前景。我们并没有受到冷漠的威胁,人类并非即将失去自相残杀的机会和动机。如果宽容来源于怀疑,那么我们将教育人们怀疑一切模式和乌托邦,拒绝一切拯救和灾难的预言者。如果怀疑主义能平息狂热,那么就让我们真心呼唤它们的到来吧!"③

《知识分子的鸦片》出版后,在法国知识界引起了极大的反响。尽管这部书被阿隆的传记作者尼古拉·巴维雷兹(Nicolas Baverez)称为

---

① 雷蒙·阿隆:《知识分子的鸦片》,第 211—244 页。
② 雷蒙·阿隆:《知识分子的鸦片》,第 298—300 页。
③ 雷蒙·阿隆:《知识分子的鸦片》,第 329 页。

"擦亮了一代知识分子的眼睛"①,一些人甚至把它与朱利安·班达在1927年出版的巨著《知识分子的背叛》相提并论,赞赏不已,但事实上在当时它却遭到了更多左翼知识分子的口诛笔伐。

那么,为何会出现这样的情景呢?笔者管见,首先是因为阿隆在书中毫不留情地批判了以萨特为首的左翼知识分子,而当时却恰恰处于法国左翼知识分子的"辉煌的30年"。对于20世纪中期占据法国统治地位的左翼知识分子来说,阿隆是一个另类,是一个让他们头痛的人物,因为后者总是在和左翼作对,总是在左翼出现的地方泼一盆冷水。毫不夸张地说,阿隆成了左翼知识分子的眼中钉,在左翼看来他似乎一直在某些地方发表不合时宜的看法。这与冷战的背景有着很大的关系,任何人都不能逃避东西方冷战的状态,也不能避免对意识形态发表自己的评论,法国的知识分子也不得不在夹缝中选择自己的阵营。如果你选择了站在苏联阵营的对立面,那么就意味着你与众多的左翼知识分子为敌,阿隆就是这样受到排挤的。

总之,由于当时特殊的时代氛围,使萨特、阿隆的"世纪之争"在法国知识界呈现出几乎是一边倒的局面。学术界一般认为,在相当长的时期里,萨特是众星所捧的明月,而阿隆则是一位孤胆斗士。不过,在笔者看来,关于阿隆在此期的处境,早年曾在法国知识分子史研究方面用力甚勤、后以《战后欧洲史》②等力作蜚声国际史坛的美国著名历史学

---

① 尼古拉·巴维雷兹在其撰写的《历史的见证:雷蒙·阿隆传》中写道:"该书发表于公开承认斯大林错误的赫鲁晓夫报告和匈牙利暴乱几个月前,它开始擦亮了许多积极分子的眼睛。"参见尼古拉·巴维雷兹:《历史的见证:雷蒙·阿隆传》,王文融译,北京大学出版社1997年版,第250页。巴维雷兹还指出,"《鸦片》标志着阿隆最孤立的时刻,也是与共产主义决裂的知识分子重新发现他的开端。"为此,他还特意引用了法国著名历史学家弗朗索瓦·孚雷的回忆片断:"此书对我的影响,我记忆犹新。它正好探讨了我或多或少明确提出的全部问题(我担心不够明确);虽说我没有恢复足够的批判精神赞同他的全部论证,至少我不能肯定它摧毁了一种必须解释其巨大迷惑力的信仰。在生活中,一本书有用与否是以它适合内心思考的程度来衡量的;这本书来得正是时候。"参见该书第250—251页。

② Tony Judt, *Postwar:A History of Europe Since* 1945,The Penguin Press,2006.

家托尼·朱特(Tony Judt)①的下述评论或许更为全面和到位：

> 毋庸置疑,阿隆在大部分成人岁月里都是法国知识界里一个孤独的背影,直到生命之火燃尽前夕翻身,又成了毫无鉴别力的赞誉和敬意的投放对象。但我们不应夸大他的孤独。布兰科·拉兹齐(Branko Lazitch)认为:"说他在巴黎知识界不受欢迎,这还是轻的。整个社会都把他给流放了";而那种毫不妥协的反共倾向令他从1947年起,一直到70年代早期都被正统知识分子和学术圈所排挤,这是不争的事实。但是另外还有一些领域完全接受他,他在那里备受尊崇。1950年他参与创办了文化自由学院,经常给《证据》及其他有名望的刊物供稿,他还作为贵宾定期参加国外学术和思想聚会,他的许多荣誉和头衔都是从那里得来的。②

---

① 托尼·朱特(Tony Judt,1948—2010),美国著名历史学家,出生于英国,曾任纽约大学教授。
② 托尼·朱特:《责任的重负:布鲁姆、加缪、阿隆和法国的20世纪》,章乐天译,新星出版社2007年版,第200页。

第六章　从"匈牙利事件"、阿尔及利亚战争到"五月风暴"
——五六十年代的法国知识分子

一　"匈牙利事件"对法国左翼知识分子的心理冲击

1950 年代初期,法国不少已加入法共或作为法共的"同路人"的左翼知识分子随着与法共和苏联的日益接近与了解,逐渐对后者感到失望。当时,有两起事件对他们产生了很大的心理影响。

其一是所谓的"医生谋杀案"。1953 年 1 月 13 日,苏联《真理报》发表了关于"医生谋杀案"官方公报。公报披露有 9 名医学教授已被揭露出来是美英间谍机关的特务,他们的"目标是通过有害的治疗来缩短苏联积极的活动家的生命"。他们被指控按照美英间谍机关的命令,谋害了党的两位领导人日丹诺夫和谢尔巴科夫,并进一步打算谋害华西列夫斯基元帅、戈沃罗夫元帅、什捷缅科大将、列夫钦科海军上将等其他军队领导人,以削弱国家的防务。这些医生有几位是犹太人,他们被控通过犹太人慈善组织"联谊会"与总部设在美国的一个国际犹太组织取得联系,然后在它们的唆使下行动;而另一个英国机构则"招募"了几位俄罗斯族的医生为它卖命。事发后,法共也亦步亦趋,随声附和。在法共在知识界的大本营——巴黎高等师范学院支部会议上,法共领导人也大讲特讲这个"阴谋"。但是,斯大林去世后不久,苏联立刻为此事平反。大批受此事牵连的知识分子与干部亦很快被恢复了名誉。有关消息传到法国后,法国共产党巴黎高等师范学院支部要求法共领导对此事做出解释,然而,法共领导层却对这一要求置若罔闻。

其二是所谓的"斯大林肖像事件"。作为法共成员的著名画家毕加索应由法共控制的刊物《法兰西文学》(Les Lettres Françaises)的负责人阿拉贡的要求,为该刊在悼念斯大林时配一幅画。毕加索没有按照苏联方面定的正式的斯大林像来画,而是把斯大林画成了一个普通人。按照贝尔纳—亨利·列维的描述,"这幅著名的半虚幻、半立体的斯大林肖像,重笔画嘴,两颊丰满,一对过大的眼睛占去了面庞的剩余部分,一缕黑发像是用劣质木炭匆忙涂抹而成,这肖像更像是《亚威农的少女们》中的一个人物,而不是最高和天才的领袖"①。这一切引起了法共中央委员会领导人的极度不满,同时也导致在党内出现了要求"声讨阿拉贡!声讨毕加索!"的声音,于是,阿拉贡因其缺乏"警惕性"受到了通报批评,并作了自我检查。② 此事昭示了在曾盛行一时的日丹诺夫主义(le Jdanovisme)的影响下,法共在文化艺术方面施行的"意识形态恐怖"与一些知识分子对斯大林主义的依附。

1956 年是法国左翼知识分子受到更大冲击、幻想进一步破灭的一年。这年 6 月,《世界报》以连载的方式发表了赫鲁晓夫在苏共二十大上的"秘密报告"。③ 那些此前只是得到非正式承认的斯大林的"罪行",竟然由苏共头号领导人突然揭露出来,这使得已加入法共或成为共产党的"同路人"的知识分子非常震惊。因为,此前党的宣传已把斯大林塑造成一个何等伟大的天才——按照这种宣传,人类历史上还从来没有过如此伟大的人民领袖,斯大林曾在他们的心目中占有何等重要的地位。同年 10 月,"匈牙利事件"发生。苏联对匈牙利内政的粗暴干涉,尤其是苏联军队对"匈牙利事件"的武装镇压,对法国知识分子产生了很大的心理冲击。事情发生后,包括埃德加·莫兰、让—玛丽·多梅纳克(Jean-Marie Domenach)④等人在内的法国知识分子在 1956 年 11 月 8 日的《法国观察家》上发表了《反对苏维埃的干涉》的声明,内称"面对匈牙利局势的悲剧性发展,最近对法、英在埃及进行的军事干预提出抗议

---

① 参见雷威:《自由的冒险历程》,第 251 页。

② Pascal Ory et Jean-François Sirinelli, *Les intellectuels en France*, p. 253.

③ Le rapport secret de M. Khrouchtchev, *Le Monde*(éditions du 6 au 19 juin 1956).

④ 让—玛丽·多梅纳克(Jean-Marie Domenach,1822—1897),法国作家,著名天主教公共知识分子,曾任《精神》杂志主编。

的签名者们愤慨地揭露苏维埃军队对匈牙利国家内部事务的粗暴干涉。如此断然地侵犯了人民的权利——他们有权支配自己命运和享有不受任何外国干涉的约束的国家生活——背弃了它自己新近特别通过铁托－赫鲁晓夫声明而许下的诺言,苏维埃社会主义国家联盟给和平与社会主义事业带来了沉重的打击。因为,社会主义只有在人民群众的赞同下才能得以发展,而不可能建立在外国武力的基础上。我们郑重地呼吁苏维埃社会主义国家联盟从匈牙利撤回它的军队,并放弃在它与社会主义国家的关系中使用任何武力"[1]。

一时间,法国知识分子对马克思主义,尤其是对红色苏联的热情急剧减退,对"教条主义的马克思主义",特别是斯大林主义深恶痛绝。由此,一大批知识分子党员脱离了法国共产党。与此同时,更多的作为"党的同路人"的知识分子亦与法共分道扬镳(当然,其具体情况因人而异:一些人断然与法共决裂,另一些人则是逐渐地与法共拉大了距离)。而且,人们甚至可以这样说,二战结束以来大批知识分子积极充当共产党的"同路人"的现象至此已基本上画上了句号。

"匈牙利事件"也导致了法国战后左翼知识分子的领袖萨特与法共和苏联的"蜜月"的结束。1956 年 10 月 24 日,苏军进入匈牙利,11 月 9 日,在前些年与法共和苏联的关系颇为密切、甚至曾考虑过是否加入法共的萨特接受了《快报》周刊(L'Express)记者的采访。萨特在采访中,毫不顾忌自己近年来与法共和苏联的良好关系,毅然决然地谴责苏联行动是对匈牙利的侵略。他说:"我完全地、毫无保留地谴责苏联的入侵行为。我并不认为俄国人民应该为此负责,我重申,是苏联现政府犯下了罪行。苏联领导层中的宗派斗争,将权力交给了一个集团("冷酷"的军人,原来的斯大林分子)。他们在揭露了斯大林之后,却在今天超过了斯大林。历史上的所有罪恶都被遗忘了;我们已经遗忘了自己国家的罪恶,其他国家也将逐渐遗忘自身的罪恶。如果有一天苏联政府发生了变换,如果新政府在社会主义国家和非社会主义国家之间的关

---

① 让－弗朗索瓦·西里奈利:《法兰西激情:20 世纪的声明和请愿书》,刘云虹译,江苏人民出版社 2001 年版,第 227 页。

系中试图真正奉行平等的原则,苏联的罪恶也可能被忘记。但是,就现在而言,我们除了谴责苏联政府,别无选择。对于那些没有揭露(或者无法揭露)发生在匈牙利的屠杀事件的苏联作家朋友,我非常遗憾地,但是完全坚决地断绝与他们的关系,我们不能再为了维护苏联官僚体系中的宗派主义领导层而维持友谊。在苏联,恐怖统治了一切。"①

　　萨特的这一番话顿时成为法国各大报刊大肆渲染的重大新闻,并在国外被广泛引用。由于法共对苏联武装镇压匈牙利事件予以支持,这就使得萨特亦以更加严厉的态度对法共进行了抨击。萨特声称:"即使我可以说,等过了这段担忧、辛酸、苦涩的岁月,只要苏联完全改变了政治方向,我们有可能恢复与苏联的关系,但是,对于目前领导法共的人们,我现在不会,将来也永远不会和他们恢复关系了。他们的每句话、每个姿态,都是30年来的撒谎和僵化的结果。他们对匈牙利事件的反应,是彻头彻尾的不负责任。"②萨特与和平运动中的其他非共产党左派知识分子一起,向苏联政府提出了抗议,并要求它马上从匈牙利撤出自己的军队。同时,他辞去了自己在法苏友好协会担任的副会长职务,并为匈牙利的一位流亡者的著作作序。不仅如此,萨特还在自己主编的《现代》杂志发表了《斯大林的幽灵》。他在这篇分三期连载的长篇论文中断言,苏联武装镇压匈牙利事件的行为是苏联在二战后的一系列恐怖和愚蠢行为的必然结果。③

　　然而,尽管萨特以其上述言行结束了与苏联和法共的"蜜月",但是,这并不意味着他因此就更倾向于西方。事实上,此时的萨特仍然还是绝意要走出一条独立的"第三条道路"。在这一时期,萨特的社会活动更加频繁。他从同一政治立场出发,既做资本主义世界的"骂娘人",又做苏联集团的批评者。萨特本人后来在《七十岁自画像》中曾提到:

---

　　① Jean-Paul Sartre,"Après Budapest Sarte parle", interview, *L'Express*, supplément au numéro 181,9 novembre,1956.

　　② Jean-Paul Sartre,"Après Budapest Sarte parle", interview, *L'Express*, supplément au numéro 181,9 novembre,1956.

　　③ Jean-Paul Sartre,"Le fantôme de Stalin", *Les Temps Modernes*,numéro 129－130－131,novembre-decembre 1956-janvier 1957,pp.577－697.

"正是这个时期,我在布达佩斯事件之后与共产党人决裂了。并非全面决裂,但是联系切断了。1968 年以前,共产主义运动似乎代表了整个左翼,以至于与共产党决裂就使你处于一处流放境地。一旦人们脱离这个左翼,人们不是向右转,如那些投向社会党的人所做的那样,就是处于某种期待状态,那个时候,唯一可做的事情就是努力把共产党人拒绝人们加以思考的东西一直思考到底。"①为此,萨特更加积极地从事对于马克思主义的研究,希望以自己的理论探索,更好地解决战后资本主义社会所出现的一系列新问题。

二　知识分子与阿尔及利亚战争

阿尔及利亚自沦为法国殖民地以来,一直被视为法国本土的延伸,与法国本土有着密切联系。在阿尔及利亚居住着大批的法国移民,法国在阿尔及利亚有着巨大的殖民利益。1954 年,这里爆发了反对法国殖民统治、争取民族独立的武装起义。法国政府当即派兵镇压,酿成了一场举世瞩目的战争。阿尔及利亚战争很快成为第四共和国后期的政治危机的根源,从 1954 年 11 月到 1958 年 4 月,短短几年内有六届内阁先后因阿尔及利亚问题倒台。与此同时,围绕着这一举国上下共同关心与讨论的主题,各种罢工、示威、反战集会,甚至暗杀、行刺、绑架事件此起彼伏。各派政治势力采取了多种手段以表明自己的态度,并希望以此改变政府对这一问题的最终解决方案。

阿尔及利亚战争不仅是战后法国历史上的重要事件,在 20 世纪法国知识分子运动中也是一件大事。围绕对阿尔及利亚战争的不同态度,知识界得到了最充分的动员。各派知识分子积极利用报刊杂志和对手打笔仗,通过发表宣言和请愿等方式充分表达自己的意见。他们还成立了各种团体试图干预阿尔及利亚战争。法国知识分子在这个时期政治参与程度之广、持续时间之长、内部争论之激烈,超过以往任何

---

① 《萨特文集》第七卷·文论卷,施康强等译,人民文学出版社 2000 年版,第 385 页。

一个历史时期。法国史学界将这个时期知识界的活动称为"文字之战"（bataille d'écrire），①史学家西里奈利称之为"请愿书之战"（guerre de pétition）。② 这种知识界的充分动员在战后西方国家的历史上也是不多见的，比美国国内的反对越南战争的运动爆发更早。也正因为如此，较为深入地探讨"法国知识分子与阿尔及利亚战争"这一问题，对于我们认识战后法国知识分子的社会地位与作用至关重要。

在阿尔及利亚战争中，有许多知识分子出于人道主义的立场，反对这场战争。这些人道主义知识分子是法国知识界反战运动的主力，主要代表人物有著名作家莫里亚克、加缪、《精神》杂志主编让－玛丽・多梅纳克、著名记者克洛德・布尔代（Claude Bourdet）③等。

1954 年 11 月，阿尔及利亚的民族主义组织"民族解放阵线"（Front de libération national 简称 FLN）发动反对法国殖民统治的武装起义，孟戴斯－弗朗斯政府火速派去增援部队，试图粉碎"民族解放阵线"的反抗。历时 8 年的阿尔及利亚战争爆发，而当时的法国知识界主流并没有意识到战争政策的严重性。人道主义知识分子首先起来进行"介入"。战争爆发当月，多梅纳克就在《精神》杂志上发表了名为《这是一场阿尔及利亚战争吗？》的文章④，提请法国社会注意阿尔及利亚的局势。几乎与此同时，亲身经历过纳粹集中营的布尔代在《观察家》杂志上发表了名为《你们是阿尔及利亚的秘密警察》的文章，将殖民当局比作盖世太保，认为这是殖民集团勾结法国统治阶级发动的暴行，而作为决策者的孟戴斯－弗朗斯要对历史和舆论负责。⑤ 莫里亚克也在《快报》上发表文章，响应布尔代的观点，认为法国之所以成为殖民者是因为它代表着

---

① Jean-Pierre Rioux et Jean-François Sirinelli(sous la dir de)，La Guerre d'Algérie et les Intellectuels Français，Bruxelles：Complexe，1991，p. 265.

② Jean-Pierre Rioux et Jean-François Sirinelli(sous la dir de)，La Guerre d'Algérie et les Intellectuels Français，p. 265.

③ 克洛德・布尔代(Claude Bourdet，1909－1991)，法国著名记者，作家，政治活动家。

④ Jean-Pierre Rioux et Jean-François Sirinelli (sous la dir de)，La Guerre d'Algérie et les Intellectuels Français，p. 275.

⑤ Jean-Pierre Rioux et Jean-François Sirinelli (sous la dir de)，La Guerre d'Algérie et les Intellectuels Français，pp. 275－276.

传播人类文明的使命,而现在法国殖民当局却扮演了刽子手的角色,使法国的形象蒙受了耻辱,敦促法国政府尽快放弃武力。①

1955 年 11 月,在人道主义知识分子群体的倡导下,法国反战知识分子组建了"反对在北非进行战争行动委员会"(La Comité d'action des intellectuels contre le poursuite de le guerre en Afrique du nord)并在《快报》和《世界报》这两份法国当时发行量最大的报纸上发表了请愿书,表明他们的宗旨是:"采用所有认为是道义出发的方式,并且认为可以采取行动的所有领域中采取行动,以结束阿尔及利亚战争。"②除了莫里亚克、布尔代等人之外,参加签名的著名知识分子还包括罗歇·马丹一杜加尔、弗雷德里克·约里奥一居里等。该委员会向法国政府提出三项要求:"停止镇压"、"取消海外和国内存在的种族歧视"和"开始进行谈判"。③ 随着局势的发展,委员会于 1956 年 3 月再次向居伊·摩勒政府发出呼吁:"放弃任何暴力和单方面决定的政策,不能再采取任何拖延的方式,尽快与阿尔及利亚的战士们进行停火谈判。"④

这些知识分子对人道主义价值的维护可谓非常坚决彻底。1957 年5 月 28 日,"民族解放阵线"屠杀了同情温和民族主义者的梅路沙村的所有男性居民,委员会立刻发表宣言同样进行了谴责:

> 看到法国方面破坏了人的基本权利和一些道德和法律的原则,人们开始发动了一场正义的反抗法国的抵抗运动,但是,"民族解放阵线"的领袖和民族解放军的领袖也应该意识到他们自己的职责,并将其公开于众。有系统地加强暴力、用暗杀作为政治斗争

① Jean-Pierre Rioux (sous la dir de),La Guerre d'Algérie et les Français：Colloque de l'Institut d'Histoire du Temps Présent,Paris：Fayard,1990. p. 118.

② Jean-Pierre Rioux et Jean-François Sirinelli (sous la dir de),La Guerre d'Algérie et les Intellectuels Français,p. 276.

③ Jean-Pierre Rioux et Jean-François Sirinelli (sous la dir de),La Guerre d'Algérie et les Intellectuels Français,p. 277.

④ Jean-Pierre Rioux et Jean-François Sirinelli (sous la dir de),La Guerre d'Algérie et les Intellectuels Français,p. 279.

的手段，杀害法国和穆斯林公务员，他们不仅仅欠下了很大的道德债务，而且他们在政治上背离了他们反抗的理由，导致这场残酷而不幸的冲突能够得到合适的解决变成不可能的事情。因为，显而易见的是用暴力将减弱谈判的机会，使人的灵魂蒙上了污垢，促使这场战争变得无休止，而且更加残忍。①

在1952年荣获诺贝尔文学奖的莫里亚克对法国殖民地民众的生存状况一直十分关注，他在获奖之后利用自己的声望，于1953年和一些知识分子组建了法国—马格里布委员会并担任主席，在《快报》开辟专栏批评法国的殖民政策。在遭到北非殖民军指挥官朱安元帅的责难后，莫里亚克公开回应道："元帅先生，正义是法国在北非唯一能够实行的政策，难道我们这样认为错了吗？很多国家领导人，而且还是地位相当高的领导人、将军、外交家，还有很多殖民者，都同意我们的意见。在这里，基督徒的良知和政治上的明智融为一体。这种明智使我们深深领悟到了您带着微笑说的那句话：心灵的强制远比政治上的强制对人更有威力。"②

阿尔及利亚问题在相当长的时间里困扰着加缪，作为生长在阿尔及利亚的作家，加缪热爱这片土地，把它视为故土，视为创作永不枯竭的源泉。出于对当地穆斯林的苦难的了解，他坚决反对法国殖民当局的残酷统治，但作为法国人，他又想维护法国的利益，为了法国的尊严，他反对穆斯林过火的武装斗争，所以曾发表过"致阿尔及利亚好战者的公开信"，劝他们妥协。加缪的下述表白清楚地反映了他内心的矛盾。他说："我年轻时就面对阿尔及利亚的不幸，而且提出了许多警告。我早就知道法国对阿尔及利亚的责任，但我却不能同意那种保留或继续压迫的政策。我也早就注意到阿尔及利亚的现状和事实，我当然也反对一种让步政策，因为让步只有把阿尔及利亚置于一种更大的不幸之

① Paul Clay Sorum, *Intellectuals and Decolonization in France*, Chapel Hill：Unversity of North Carolina Press, 1977, p.133.

② Michel Winock, *Le Siècle des Intellectuels*, p.512.

中,把在那里的法国人和他的祖国连根拔离。"①在加缪看来,法国殖民者压迫阿尔及利亚人民不对,阿尔及利亚人采取暴力反抗和闹动乱,要驱赶"黑脚杆子"(pieds-noirs)②也不对。加缪希望双方都要有节制,当劝说无法平息双方的斗争时,加缪又积极提出改革方案,即给予阿尔及利亚人以赔偿,又要维护法国在那里的统治利益。他一方面指出,法国无疑要对阿尔及利亚人民作出重大的赔偿,同时却又认为,独立的要求是阿拉伯人的要求中"不合理的"一部分,"是出于感情用事",认为承认独立就等于把阿尔及利亚交给最残暴的暴乱集团去统治,换言之,就是驱逐在阿尔及利亚居住的120万欧洲人,而使数百万法国人遭受侮辱。1957年12月,当加缪前往斯德哥尔摩接受诺贝尔文学奖时曾公开地宣称:"我相信正义,但我把母亲置于正义之前来维护。"③由此可见,不管加缪本人自觉与否,他在阿尔及利亚问题上还是站在法国利益的一边。

除了上述几位颇有代表性的知识分子,最值得我们关注的当然还是萨特与阿隆

与加缪相反,萨特从一开始就反对法国政府发动这场战争,支持阿尔及利亚民族解放运动,他一边在许多集会上公开发表演讲,一边在《现代》、《快报》等报刊上撰文,以确凿的事实和尖锐的笔调,抨击殖民主义的政策和暴行。1956年1月,萨特在一次集会上公开呼吁:"我们唯一能够做并且应当做的当今最重要的事情,就是站在阿尔及利亚人民一边,把阿尔及利亚人和法国人从殖民主义的暴政下解脱出来。"④1959年,萨特接受了其时正在主编一份地下刊物、鼓舞法国士兵开小差的弗朗西斯·尚松的采访,表示赞同他领导的支持阿尔及利亚民族解放阵线的地下联络网的活动。

1960年,法国社会围绕阿尔及利亚战争的争论进入了白热化。许

---

① 参见张容:《加缪——西绪福斯到反抗者》,长春出版社1995年版,第171页。

② 指出生在阿尔及利亚的以法国人为主的欧洲移民——笔者注。

③ Jean-Pierre. Rioux et Jean-François. Sirinelli, *La guerre d'Algérie et les intellectuels français*, pp. 12—13.

④ Jean-Paul Sartre, "Le Colonialisme est un Système", *Les Temps Modernes*, mars-avril, 1956, p. 1512.

多知识分子开始以实际行动暗中支持阿尔及利亚的反法活动,并呼吁法国青年拒绝入伍,士兵拒绝服从命令。当闻悉尚松领导的联络网成员被警方逮捕①,萨特在 8 月与 120 名有影响的法国知识分子共同签署了一份题目颇长的宣言《关于在阿尔及利亚战争中拒绝服兵役的权利和法国左派对为争取独立而战的阿尔及利亚人具有连带义务的声明》(简称《121 人宣言》),对法国青年和士兵在阿尔及利亚战争期间拒绝服从相关命令的行为明确表态支持,认为这是他们的权利:

> 我们尊重拒绝以武力对抗阿尔及利亚人民的行为,这些拒绝是正当的。我们尊重这些法国人的行为——他们认为自己有责任以法国人民的名义保护和帮助那些受压迫的阿尔及利亚人,这种行为是合乎正义的。阿尔及利亚人民坚决摧毁殖民体系的事业正是所有自由人民的事业。②

事后,发表《121 人宣言》的《现代》杂志 8 月号立即被政府没收。尽管如此,同年 9 月,正在巴西访问的萨特"授权"其支持者以他的名义发表致法国政府的公开信,称"如果尚松让我帮阿尔及利亚的战士们搬运行李,并为他们提供住所,而我又能够保证他们的安全,使他们能够安心地在阅读小仲马的著作时揣摩每个字的意思,我会毫不犹豫地这样做的,一股反动的力量暂时将我和他们分开了,但是我敢说,他们是我们派出的代表,代表着法国的未来,而逮捕并审判他们的力量已经什么也不是了"③。这封信公开发表后在法国产生强烈反响,并使政府深感恼怒。于是,《现代》编辑部受到搜查,宣言的签名者纷纷被剥夺政府津

---

① 1957 年 10 月,尚松和阿尔及利亚"民族解放阵线"在法国的成员建立了联系,成立了"尚松联络网",接待和转移"民族解放阵线"的地下工作者,为"民族解放阵线"募集活动经费,还创办了《争取真理》(Verité Pour)杂志,其行动在法国知识界引起了极大的争议。

② Déclaration sur le droit à l'insou, ission dans la guerre d 'Algérie,参见 Olivier Wieviorka et Christophe Prochasson (ed.), La France du XX siècle, Documents d'histoire, p. 406.

③ Annie Cohen-Solal, Sartre, Paris : Gallimard, 1985, p. 543.

贴,并被受政府资助的剧院、国家广播电台和电视台宣布为不受欢迎的人。5000 名法国军团的老战士在香榭丽舍大街游行,高呼"枪毙萨特"。其实,这封信是别人假冒萨特写的。但是,事先对此信一无所知的萨特并未作出本应作出的声明。因为他知道,如果他发表为自己澄清事实的声明将会对反殖民战争的同道们带来打击,所以,他宁肯接受既成事实,以自己的声望来支持反对阿尔及利亚战争的人。尽管当时有谣传,政府已决定在萨特回国时即予以逮捕,萨特还是在 11 月回到了法国。他在返回巴黎后,马上就为自己找好律师,为被捕作了必要的安排,但当局迫于社会压力,并没有敢动萨特。

雷蒙·阿隆也以自己那种惯常的理性的方式投入了这场斗争。和这些知识分子相比,阿隆在反对战争的论证中并没有强调人道主义的因素,他几乎只字不提法国在阿尔及利亚的殖民统治对当地民众造成的感情伤害,也没有提到法国军警在战争中对俘虏采取的酷刑逼供等反人道的行为。阿隆一直将阿尔及利亚战争看成是一个具体的社会政治问题,并认为在分析思考政治问题的时候,道德因素很难起到实质性的作用:"如果将酷刑逼供作为反对战争的理由,这是没有说服力的。因为没有一个人敢于公开承认自己支持酷刑逼供。"[①]在他看来,知识分子以反对战争为目的的"介入",重要的不是赢得更多数量的支持者,而是说服那些和自己观点相左、持反对立场的人。而且,要停止战争,需要现实政策的改变,只能由政治家做出决策,这样就更加无法使用纯粹的道德作为武器。对于人道主义知识分子所重视的法国人从他们的殖民历史中继承了很多道德债务,法兰西共和国的灵魂为此要付沉痛的代价,阿隆则认为,这只能通过放弃殖民权力来进行补偿。

因此,阿隆"介入"的方式也和这些人道主义知识分子有所不同,他把侧重点放在以论辩性的小册子参加知识界论战,以及对政治人物施加影响这两方面。

1956 年 6 月,居伊·摩勒政府加强了对阿尔及利亚的军事行动,

---

① Rémond Aron, *Le Spectateur Engagé*, *Entretien avec Jean-Louis Missika et Dominique Wolton*, Paris: Julliard, 1981, p. 210.

《费加罗报》主编布里松是战争的坚决支持者,因此阿隆无法在他的新闻评论中发表涉及阿尔及利亚战争的内容。在失去这个最重要的"介入"阵地后,阿隆向居伊·摩勒提交了一份报告,并在苏伊士战争期间和一些知识分子一起得到了面见法国总统的机会,然而总统在一个多小时的会见中只给他 10 分钟的陈述时间。1957 年,阿隆出版了小册子《阿尔及利亚的悲剧》,将呈交居伊·摩勒的那份报告作为第一部分。①1958 年,阿隆出版了另一本小册子,名为《阿尔及利亚与共和国》,将《阿尔及利亚的悲剧》的内容进行扩充,补充了翔实的数据资料,反复强调立刻停止战争的主张。

　　《阿尔及利亚悲剧》在发表后,即在法国知识界乃至整个法国社会引起极大的反响与争议。人们对它可谓是毁誉参半。赞赏者把它与德雷福斯事件时代左拉的《我控诉!》相媲美,反对者则说阿隆在出卖法国的利益,谩骂侮辱的匿名信蜂拥而至。也正是由于这一原因,《阿尔及利亚悲剧》亦成了阿尔及利亚战争期间法国最为畅销的书籍之一。1958 年,雷蒙·阿隆就阿尔及利亚问题又出版了第二本小册子《阿尔及利亚与共和国》,再次重申法国和阿尔及利亚的一体化是不可能的。但是,雷蒙·阿隆对弗朗西斯·尚松等知识分子鼓励法国士兵开小差的做法却不以为然。当萨特等人的《121 人宣言》发表时,阿隆正在哈佛大学讲学。当一些美国教授干劲十足地去争取别人签名响应,并谴责法国政府对这 121 人进行司法追究时,阿隆与几十位美国教授进行了讨论,劝阻他们不要签名。阿隆说:"让青年人开小差,这对知识分子和让－保罗·萨特没有危险,但对那些听从他们劝告的人却是危险的。我理解那些拒绝打阿尔及利亚的青年,但是我讨厌坐在长椅上的知识分子代替应征入伍的青年去提高觉悟。应当让青年自己选择,而我们应当随他们选择。如果你们(指美国教授——笔者)插手这场论战,就得承担额外的责任,即你们把法国人进一步推向内战,因为拒绝国家动员,就相当于取消国家公约。如果明天,我们法国人,在你们政府发动

---

① Rémond Aron,*Tragédie algérienne*,Paris:Plon,1957.

一场我们认为不正义的战争时，号召你们的青年人开小差，你们会怎么想？"①在阿隆的说服下，许多美国教授放弃了原来的打算。

由于雷蒙·阿隆在阿尔及利亚战争期间一再表态支持阿尔及利亚独立，使得由反对阿尔及利亚独立的极端殖民主义分子组成的秘密军队组织把他视为眼中钉，甚至向他发出了如下"最后的警告"："我们不得不遗憾地注意到，在我们的祖国由于戴高乐的背叛面临危难之时，你不愿意明白这个时期在法国历史上意味着什么，站到了把国家拖入灾难的那些人一边。然而你丝毫不能为自己的行为辩解，你的唯一动机是不择手段地往上爬，那些满是从共产党的词汇里借来的自由、进步、民主等字眼的漂亮话掩饰不住你的勃勃野心。你不可能看不出来，靠一些政党拼凑起来的制度正是用这些漂亮话把法国引向目前的衰败。……你还应当看到这个事实：在我们的组织希望给戴高乐的政府以致命的打击，向全体决心打胜仗的正直爱国者发起总动员之时，在我们开始并加强与国外的联系之时，我们不准备袖手静观你的破坏活动。请相信，我们因受到背叛目前不得不作出的牺牲是暂时的，这决不会阻挡我们朝最后的胜利迈进！你把这封信当作我们的最后警告吧！"②在阿隆收到这封信后，尤其是秘密军队组织针对马尔罗的暗杀行动炸瞎了其房东女儿的眼睛之后，内政部多次向阿隆提出，由警方对他进行保护，但阿隆始终予以拒绝。他的这一态度令巴黎警方大伤脑筋。

笔者管见，如果说多梅纳克、布尔代和萨特代表的是反战知识分子不惜代价维护普世价值的富有激情的一面，那么，阿隆代表的就是坚持理性、不惧孤独的冷静和现实的一面。相当长时期以来，法国的殖民主义意识形态主要由两个支柱构成，一是法国负有教化的使命，二是殖民地对法国有重要的现实利益。前者已经被多梅纳克、布尔代和萨特的论证推翻，而阿隆的论证，则推翻了后者，由此也就彻底地摧毁了法国殖民主义意识形态的思想基础。

---

① 雷蒙·阿隆：《雷蒙·阿隆回忆录》，杨祖功等译，新星出版社 2006 年版，第 491—492 页。

② 巴维雷兹：《历史的见证——雷蒙·阿隆传》，第 308 页。

此外还需特别指出的是,在阿尔及利亚战争期间,《世界报》在自己杰出的主编于贝尔·伯夫－梅里的领导下,充当了此时"法国社会的良心"的喉舌。当阿尔及利亚战争刚一爆发,伯夫－梅里即组织《世界报》对这场新的"肮脏的战争"进行猛烈的抨击。不仅如此,伯夫－梅里还在《世界报》上公开发表了"秘密的"《贝泰伊报告》。这份报告以大量确凿的事实表明,系统地组织的严刑拷打是法国殖民当局在阿尔及利亚推行殖民统治的重要手段。报告发表后,舆论大哗,但《世界报》也承受了更大的压力,乃至公开的威胁。首先,驻阿尔及利亚殖民军扣押了所有发往阿尔及利亚的《世界报》,并企图以诽谤罪到法院去告《世界报》;其次,为了使《世界报》在经济上陷于困境,政府故意不让《世界报》在法郎已大幅度贬值的情况下适当地提高售价,甚至威胁伯夫－梅里本人说,如果他敢提价,就要处以巨额罚款并把他投入监狱;再次,《世界报》的编辑部和工作人员的住宅多次被反对阿尔及利亚独立的恐怖组织投掷炸弹,伯夫－梅里本人的住宅就被炸过两次。然而,在这场充满腥风血雨的斗争中,《世界报》在伯夫－梅里的领导下经受住了种种严峻的考验,而伯夫－梅里本人也成为这一时期"法国社会的良心"的典型代表之一。[①]

使得这一时期法国知识分子得到广泛动员的阿尔及利亚战争及其法国知识分子在这一期间的表现,在 20 世纪法国知识分子史中占有重要的一席之地。

首先,一如德雷福斯事件期间,法国知识分子中"普遍主义"或"世界主义"与"民族主义"思想倾向之间的对立,在阿尔及利亚战争期间围绕着赞成还是反对阿尔及利亚独立再次达到了白热化的程度。对峙的双方所用言辞之激烈、手段之极端,较之当年德雷福斯派知识分子与反德雷福斯派知识分子的斗争,均有过之而无不及。

[①] 本书作者在 2005 年应法国知识分子史研究的领军人物、巴黎政治学院 20 世纪欧洲史研究中心主任让－弗朗索瓦·西里奈利教授之邀赴该校访学期间,曾有机会接触到大量与《世界报》创刊人伯夫－梅里相关的原始档案,包括在印度支那战争,尤其是阿尔及利亚战争期间《世界报》的读者写给作为该报主编的伯夫－梅里的信件,在阅读这些信件的过程中,在深感伯夫－梅里当时承受的压力之大的同时,不由得对这位杰出的知识分子更生敬意。

其次，20世纪法国左翼知识分子历来有反对本国政府发动殖民战争的斗争传统，如20年代时，布勒东、阿拉贡、艾吕雅等超现实主义者曾积极投身于反对摩洛哥战争的斗争；40年代末、50年代初时，伯夫－梅里不仅把法国政府在原法属印度支那发动的殖民战争称之为"肮脏的战争"，而且还领导《世界报》对当局在印度支那的战争行径口诛笔伐。与以上两次斗争相比，此时的法国左翼知识分子不仅继承了这种光荣传统，而且还将之发扬光大，把它提升到一个新的高度。具体而言，如果说，当初反对摩洛哥战争、法属印度支那战争需要有一定的勇气的话，那么，这次反对阿尔及利亚战争则需要有一种视死如归的精神。因为阿尔及利亚与法国本土的关系之密切，极端殖民主义者策划的暗杀、行刺、绑架事件之多，均远非当年的情景可比。

第三，由于法共在阿尔及利亚战争期间对相关斗争表现得颇为冷淡，使不少左翼知识分子深感意外和失望。由此，就总体而言，阿尔及利亚战争使左翼知识分子与法共的距离越来越大，对法共的独立性日益增强。此外，阿尔及利亚战争使左翼知识分子开始进一步关注第三世界国家的民主民族运动。比如，当时对他们最有吸引力的国家并非是苏联，而是卡斯特罗领导的古巴。

第四，法国左翼知识分子在阿尔及利亚战争中的表现，尤其是建立"尚松联络网"和发表《121人宣言》，为欧美发达国家进步知识分子反对本国政府发动或参与殖民战争树立了榜样，产生了不容忽视的国际影响。比如说，60年代中后期，不少美国左派知识分子在开展反对美国政府发动越南战争的斗争时，就是把反对阿尔及利亚战争的法国左翼知识分子奉为楷模的。

此外，还需要指出的是，阿尔及利亚战争也为法国右翼知识分子恢复元气、重新崛起提供了条件。如前已述，战后初期，法国知识界曾对二战期间的附敌知识分子展开"大清洗"，由此导致法国右翼知识分子元气大伤。但阿尔及利亚战争所引发的争论，尤其是借助于"民族利益"、"爱国主义"的口号，使长期来萎靡不振的法国右翼知识分子重新振作起来，并试图在与左翼知识分子的较量中收复"失地"。

例如，在《121人宣言》发表后不久，数百名强烈反对阿尔及利亚独立的法国右翼知识分子就发表了《法国知识分子宣言》。他们在宣言中首先强调："最近一段时间，法国公众看到了不少宣言，不少以政见声明、信函或法庭上的证词和辩论等形式出现的宣言。这些宣言是可耻的，它们是近年来一系列有预谋行动的继续，它们反对我们的祖国、反对祖国代表的价值，甚至反对西方文明。它们是第五纵队的杰作，接受外国宣传，生硬地套用外国的口号。这种系列行动从阿尔及利亚战争之前就已经开始，以后还将继续。……面对这些事实，在本次宣言上签名的作家、大学界人士、记者、艺术家、医生、律师、出版商等认为，如果他们继续保持沉默，将会成为真正的同谋。此外，他们认为，那些为背叛辩护的人并不能代表法国的知识界。"①接着，他们声称："阿尔及利亚人民为了独立而起义，而法国在进行镇压，这种观点是错误的，阿尔及利亚战争是少部分狂热的恐怖主义和种族主义者强加于法国的叛乱。这些反叛分子的首领带有明显的个人野心，而且，他们还得到了国外的武器以及经济援助。"②他们在该份宣言中，还对左翼知识分子发表《121人宣言》的"丑行"进行谩骂与攻击，宣称"有步骤地诽谤和玷污为了法国而在阿尔及利亚战斗着的军队，这是一种背叛行为"。

在该宣言的签名者中，我们不难发现有很多当年在法西斯主义运动中，或在反对"反法西斯主义运动"方面极为活跃，战后却被迫"沉默"的著名右翼知识分子的名字，如亨利·马西斯、皮埃尔·加索特（Pierre Gaxotte）③、梯也里·莫尔尼埃（Thierry Maulnier）④，等等。更有甚者，30年代时与布拉齐拉克等人过从甚密，且发表过许多宣扬法西斯主义思想的右翼作家莫里斯·巴尔代什（Maurice Bardéche）⑤在其1961年

①　Jean-Pierre Rioux et Jean-François Sirinelli（sous la dir de），*La Guerre d'Algérie et les Intellectuels Français*，pp. 290—291.

②　Michel Winock，*Le siècle des intellectuels*，p. 672.

③　皮埃尔·加索特（Pierre Gaxotte，1895—1982），法国历史学家，记者，莫拉斯的追随者。

④　梯也里·莫尔尼埃（Thierry Maulnier为其笔名，真名为Jacques Talagrand，1909—1988），法国记者，文学评论家。

⑤　莫里斯·巴尔代什（Maurice Bardéche，1907—1998），法国作家，巴黎大学文学教授。

出版的《何谓法西斯主义？》一书中不仅公开为以贝当为首的维希政权辩护，并通过指责战后初期对附敌知识分子的清洗的"合法性"为那些受到清洗的右翼知识分子鸣冤叫屈，而且还在卷首公然宣称："我是一个法西斯主义作家。"①

三 60 年代法国知识界的演变

1958 年 5 月 13 日发生在阿尔及尔的"五·一三"叛乱事件敲响了第四共和国的丧钟。当法国陷入因旷日持久的阿尔及利亚殖民战争而触发的严重危机，面临着军事叛乱和内战威胁的紧急关头，隐退政坛 12 年之久的戴高乐东山再起，担任法兰西第四共和国的末任总理。戴高乐上台伊始，即着手埋葬第四共和国，建立法兰西第五共和国。1959 年 1 月正式付诸实施的第五共和国体制标志着法国战后史上一个重大转折。在此之后，法国的政治格局、社会经济生活、国际地位都发生了极大的变化。而随着这种大环境的变化，法国知识界也处于演变过程之中。

前已述及，赫鲁晓夫在苏共二十大上的"秘密报告"、苏联对匈牙利的武装干涉……50 年代后期的一系列政治事件导致了法国相当多的知识分子改变了对共产主义和苏联的看法，其中的一些人甚至在哲学上去反对存在主义和人道主义。他们当中不少人认为，他们一度顶礼膜拜的红色苏联作为社会主义阵营的领头羊之所以让人们看不到光明和希望，很大程度上得归因于其夸大和膨胀了一种意识形态上堕落的主体性。又由于这些法国知识分子进一步把这种主体性归咎于人道主义，因此，萨特的存在主义这一大肆渲染人道主义的主体性哲学在肃清"人道主义意识形态"的潮流中受到了有力的挑战。人们不再执迷于喋

---

① 参见 Maurice Bardéche，*Qu'est-ce que le fascisme?*，Paris，1961。另，有关的详细情况还可参看 Ghislaine Desbuissons，"Maurice Bardéche：écrivain et théoricien fasciste?"，*Revue d'histoire moderne et contemporaine*，1990，vol. 1，pp. 148—159.

喋不休的乏味的人道主义和政治说教,曾经风靡全法的存在主义思潮由此开始衰落。

在这一过程中,一些知识分子出于对主体性、意识形态和斯大林主义的失望,脱离了在政治上更具轰动效应的文学与人文科学,躲进幽静淡泊的书斋,潜心于一些明显不具意识形态色彩的"科学"主题的研究。人种学、语言学等学科开始逐渐地成为显学。福柯后来在一次谈话中曾回顾了当时的情况:"人们突然地、没有明显理由地意识到自己已经远离、非常远离上一代了,即萨特和梅洛一庞蒂的一代,那曾经一直作为我们思想规范和生活楷模的《现代》期刊的一代。萨特一代,在我们看来,是一个极为鼓舞人心和气魄宏伟的一代,他们热情地投入生活、政治和存在中去,而我们却为自己发现了另一种东西,另一种热情,即对概念和我愿称之为系统的那种东西的热情。……在某种意义上,我们就这样又重回到 17 世纪的观点,但有一个如下的区别:我们不是用人,而是用无作者思想,无主体知识,无同一性理论来代替神。"①

值得一提的是,福柯曾在另一场合谈到其青年时代的文化背景时,这样说道:"我属于这样的一代,当我们还是大学生的时候,我们都是被马克思主义、现象学和存在主义所标志的一种视域所限制。所有这些事情当然是极端有趣和激发人心的,但是,它又在经过一段时刻以后促使我们感受到一种窒息,并产生试图观看界限以外的事物的强烈欲望。我就像当时的哲学系学生一样,同传统和当时流行思潮的断裂,主要来自于塞缪尔·贝克特(Samuel Beckett)②的《等待戈多》。正是这本书使我们在窒息中重新大口地呼吸。然后我进一步阅读布朗肖③、巴塔伊④和新小说派的阿兰·罗伯一格里耶(Alain Robbe-Grillet)⑤以及布托尔

---

① 徐崇温:《结构主义与后结构主义》,辽宁人民出版社 1986 年版,第 3—4 页。

② 塞缪尔·贝克特(Samuel Beckett,1906—1989),爱尔兰著名作家,1969 年诺贝尔文学奖获得者。

③ 莫里斯·布朗肖(Maurice Blanchot,1907—2003),法国作家,文学理论家,哲学家。

④ 乔治·巴塔伊(Georges Bataille,1897—1962),法国作家,哲学家。

⑤ 阿兰·罗伯一格里耶(Alain Robbe-Grillet,1922—),法国作家,法兰西学士院院士。

(Michael Butor)①、巴特②和列维一斯特劳斯。所有这些人,都是相互区别的,而我也并不想要全部地吸收他们。但可以说,他们是我们那代人同传统形成断裂的重要中间人物。"③那么,福柯所说的"断裂"(rupture)意味着什么呢?主要是意味着同一切"主体哲学"的断裂。诚如有学者捐出的那样,正是上述各个思想家和作家们,带领福柯那一代人,走出主体哲学和意识哲学的范围,在语言论述和权力网络相互传说的社会文化历史和现实的结构中,不断地破解传统主体的形构密码以及基本原则。④

显然,在这一时期,原有的意识形态界限似乎已经不像前一阶段那样泾渭分明、非此即彼了。为此,吕西安·戈德曼(Lucien Goldmann)⑤甚至宣称,让·皮亚杰(Jean Piaget)⑥的心理学完全能够同马克思主义认识论和谐共存。以《精神》杂志为阵地的人格主义的天主教徒开始尝试将自己的理论与马克思主义学说协调起来。

更值得注意的是,当法国步入 60 年代之后,许多法国知识分子已认识到,60 年代的法国是一个在许多方面同 50 年代有质的不同的新法国。一些人将其称为"富裕社会"、"消费社会",另一些人将其称为"后工业社会"、"技术社会"。不管如何来称谓,这一新法国的发展在许多方面都已经或将要超出以往思想家们的设想和预测。因此,对于法国知识分子来说,极有必要重新审视那些自己当年衷心服膺过的理论与学说,或者整个抛弃它们,或者彻底修改其中已经陈腐、过时的部分。没有人声称已经穷尽了对于新情况的认识,也没有人敢于断言,别人的理论完全是一堆糟粕。马克思主义者、存在主义者、人格主义的左翼天主教徒以及后来的结构主义者,都在热烈地宣传自己的观点,同时也仔细倾听别人的看法,比如说在当时的左翼知识分子中形成了两大理论

---

① 米歇尔·布托尔(Michael Butor,1926—),法国作家,诗人。
② 罗兰·巴特(Roland Barthes,1915—1980),法国哲学家,结构主义代表人物之一。
③ Michel Foucault, *Dits et écrits*, Vol. IV, Paris : Gallimard, p. 608.
④ 参见高宣扬:《当代法国思想五十年》(上),中国人民大学出版社 2005 年版,第 35 页。
⑤ 吕西安·戈德曼(Lucien Goldmann,1913—1970),法国哲学家,社会学家。
⑥ 让·皮亚杰(Jean Piaget,1896—1980),瑞士著名心理学家,发生认识论创立者。

研究中心,其一为由萨特领衔的存在主义的马克思主义学派,其二为由亨利·列斐伏尔等人组成的包括许多被法共开除或自行脱党的知识分子的理论团体,该团体以自己创办的杂志《论证》(*Arguments*)的名称命名。应当说,这两大派别在许多重大的理论问题上都存在着严重的分歧,但是在已经消除了"意识形态恐怖"的此时,双方都能以平等的、说理的方式与对方进行认真的探讨。因而也都从对方获得了不少有益的思想材料。

对此,后来的结构主义的马克思主义的代表人物阿尔杜塞曾深有感触地说:"教条主义的终结带来了真正的研究自由。"[1]不仅如此,阿尔杜塞还在其成名作之一《保卫马克思》中宣称:对斯大林主义的"教条主义"的批判,一般说来被共产党人知识分子当作"解放"来体验。[2] 此语清楚地表明,"意识形态恐怖"的消除和教条主义的"终结",对法共知识分子尤其具有重要的意义。在这方面,阿尔杜塞本人在 60 年代一跃而为法国思想界的明星的经历就是一个很好的例证。

应当指出,自第二次世界大战结束以来,法国许多杰出的思想家,如萨特、阿尔杜塞、福柯、拉康[3]、罗兰·巴特等人尽管分属于各个不同的理论派别,研究重点也有所不同,但他们往往都通过黑格尔而了解和掌握马克思主义,并在此基础上将马克思主义同当代各种思潮,特别是同现象学、精神分析学和结构主义相结合,使马克思主义在战后法国得以进一步广泛地同 60 年代后出现的多元化思想理论进行对话。说到这里,就不得不提到他们共同的"启发者"、法国黑格尔主义哲学大师让·伊波利特(Jean Hyppolite)[4]。伊波利特的影响力如此之大,以至于福柯在为伊波利特的逝世而召开的纪念会上曾说道:"对我们这些伊波利特的学生来说,我们现在所思索的所有问题,都是他提出来并反复思索的,都是他在他那本伟大的《逻辑与存在》一书中所总结的。在大战之后,他教导我们思考暴力和论述的关系、思考逻辑和存在的关系。而现

---

① 莫伟民:《主体的命运——福柯哲学思想研究》,上海三联书店 1996 年版,第 10 页。
② 参见徐崇温:《结构主义与后结构主义》,辽宁人民出版社 1986 年版,第 72 页。
③ 雅克·拉康(Jacques Lacan,1901—1981),法国著名思想家,精神分析学家。
④ 让·伊波利特(Jean Hyppolite,1907—1968),法国哲学家。

在,他实际上仍然建议我们思考知识的内容和形式必然性的关系。最后,他还告诉我们,思想是一种永不停止的活动,它是发动'非哲学',但又使'非哲学'紧紧地靠近哲学而运作起来的某种方式,同时也是我们的存在得到解决的那个地方。"①

诚然,较之欧洲其他国家,法国思想界接受黑格尔思想的进程相对较晚启动。但是,在经由伊波利特等人引进之后②,法国思想家们对黑格尔的辩证法深感兴趣。正如梅洛—庞蒂所说,黑格尔是对 20 世纪所有伟大思想家产生最大思想影响的哲学家。③ 对于法国当代思想家来说,引进黑格尔,不只是引进了黑格尔辩证法的革命叛逆精神,而且还引进了比黑格尔更激进和更有彻底批判精神的马克思主义。对此,萨特在《辩证理性批判》一书中亦指出,从 30 年代到 50 年代,黑格尔辩证法思想的入侵,开拓了一个新马克思主义所主导的"不可超越的地平线"。④

50、60 年代之交,结构主义逐渐取代存在主义,在法国思想界占据了统治地位。和其他哲学流派不同,结构主义并不是由一些专业哲学家所组成的哲学流派,而是在人类学、心理学、社会学、语言学、文艺学及文化学等领域中的一些学者所共同具有的某种观点和方法的总称。不同的学者以基本相同的结构主义方法研究自己的领域,从而建立了诸如"结构主义人类学"、"结构主义语言学"、"结构主义心理学"等学说和理论,人们把它们统称为结构主义。换言之,如果说存在主义首先是世界观和道德观的话,那么,结构主义则首先是认识论和方法论。正如有学者指出的那样,结构主义最大的理论贡献,就在于它以新论述模式,取代原来西方传统思想主体与客体的二元对立模式及其主体中心主义原则。结构主义的

---

① 参见高宣扬:《当代法国思想五十年》(上),第 33 页。

② 这方面必须提到的人物还有科耶夫(Alexandre Kojève,1902—1968,法国俄裔哲学家),他不仅把德国研究黑格尔的成果带入法国哲学界,而且还使法国思想家注意到黑格尔《精神现象学》的重要性。在他讲授黑格尔哲学的课堂上,听课者中经常会出现后来成为法国哲学乃至整个思想界声名隆隆的人物,如阿隆、拉康、巴塔伊,等等。

③ Maurice Merleau-Ponty, *Sens et non-sens*, Paris :Nagel, 1948, p.109—110.

④ Michel Foucault,"*Jean Hypollite* 1907—1968", *Revue de métaphysique et de moral*, No.2,avril-juin 1974.

新思考模式及其论述模式,彻底地颠覆了贯穿于整个西方思想和文化的"人"的观念的"标准化"及其"正当性"基础。所以,结构主义之所以成为法国当代思想革命旋风的启动者并非偶然。在结构主义思想深处,实际上隐含了整个 20 世纪下半叶理论和思想革命风暴的种子。①

　　严格地说,结构主义思想的诞生地并不是在法国,而是在其邻国瑞士。② 就法国而言,当代法国思想界所产生的结构主义思潮,其创始人和主要代表人物当推法国当代最有声望的人类学家和社会学家克洛德·列维-斯特劳斯(Claude Levi-Strauss)。他在 1940 年代所创立的结构主义,不仅大大改变了人类学的研究方向及基本方法,而且也广泛地渗透到整个人文社会科学界,推动了人文社会科学的思想和方法论革命。随着他的结构主义逐渐大行其道,整个法国思想界的面貌可谓焕然一新,出现了难得一见的活跃局面。概而言之,在列维-斯特劳斯的影响下,埃德加·莫兰(Edgar Morin)③、勒内·吉拉尔(René Girard)④和米歇尔·塞尔(Michel Serres)⑤等人,也创造性地将结构主义广泛运用于社会学、人类学、语言学、心理学、历史学及政治学领域。

---

①　参见高宣扬:《当代法国思想五十年》(上),第 139 页。

②　学术界一般认为,被人誉为"现代语言学之父"的瑞士语言学家费尔迪南·德·索绪尔 (Ferdinand de Saussure 1857－1913)是结构主义的鼻祖。

③　埃德加·莫兰(Edgar Morin,1921－),法国当代著名思想家、法国社会科学院名誉研究员、法国教育部顾问。他在近 50 年的研究生涯中涉及了人文科学和自然科学的诸多领域,在人类学、社会学、历史和哲学等方面均有重要著述问世。他渊博的知识和深邃的思想使之能给予自然科学以人文关怀,并将两者有机地结合,提出了"复杂思维范式"。这是他在质疑西方社会传统的哲学、社会及科学观后提出的独特思想体系,其要旨在于批判西方割裂、简约各门学科的传统思维模式,通过阐述现实的复杂性,寻求建立一种能将各种知识融通的复杂思维模式。莫兰的复杂思想目前已在世界上引起普遍关注,一些国家还成立了相应的学术研究团体。

④　勒内·吉拉尔 (René Girard,1923－2005),法国当代著名的哲学家、人类学家,在美国印第安纳大学获博士学位。先后执教于美国的霍普金斯、斯坦福等大学。主要著作为四部系列论著:《浪漫的谎言与小说的真实》、《暴力与神圣》、《论世界创立以来的隐蔽事物》、《替罪羊》。

⑤　米歇尔·塞尔(Michel Serres,1930－),法兰西科学院院士,巴黎第一大学哲学教授,巴黎索邦神学院科学史教授,法国著名的科学哲学家。

列维－斯特劳斯是萨特的同时代人,他于 1908 年出生于比利时的布鲁塞尔,父亲是位旅居法国的画家。不过,他后来很快就随家人定居巴黎。他在巴黎先后读完中学和大学。大学毕业后,曾和梅洛－庞蒂一起执教于巴黎的公立高级中学,并与后者一直保持着密切友好的关系。30 年代中期,列维－斯特劳斯与萨特走上了不同的理论道路。当萨特前往柏林研究胡塞尔和海德格尔学说时,列维－斯特劳斯承蒙法国当时著名的社会学家塞勒斯坦·布格莱(Celestin Bouglé)①的推荐,前往巴西圣保罗大学担任社会学教授。接着,他又多次担任巴西中部人类学考察队队长,对马托格罗索高原和亚马逊河流域的印第安人部落进行了实地考察。

二战当中,具有犹太血统的列维－斯特劳斯在旅居美国期间结识了结构主义语言学家罗曼·雅克布森(Roman Jakobson)②,并对后者的音位学的结构分析方法颇为欣赏。列维－斯特劳斯极为看重与罗曼·雅克布森的相遇对自己所产生的影响,他曾回忆说:"那个时候,我只是一个朴素的结构主义者。我正在搞结构主义,但对其一无所知。雅克布森向我展示了包含着一种学说的著作,这种学说已经融入语言学中,而我却从来没有研究过它。对于我来说,这是一次启蒙。"③

在雅克布森的影响下,列维－斯特劳斯决心将结构语言学的成果运用于社会领域,特别是运用于对原始人的亲缘系统和神话的研究工作之中。可以说,时势的力量同时对萨特和列维－斯特劳斯产生了两种截然不同的影响。在整个大战期间,前者经历了战争,体验到了由此而来的一系列痛苦的感受:恐怖、孤独、绝望、苦闷等。这一切为他的学说打上了深深的印记。与此相反,后者却未感受到战争的现实威胁,并一直沉浸在对于没有时间性的"结构"的沉思之中。因此,从某种程度上说,列维－斯特劳斯的哲学本质上反映着和平时期人们的理论要求。如前所述,40 年代期间,列维－斯特劳斯还一度在纽约社会研究新学院

---

① 塞勒斯坦·布格莱(Celestin Bouglé,1870—1949),法国社会学家。

② 罗曼·雅克布森(Roman Jakobson,1896—1982),美国俄裔著名语言学家。

③ 弗朗索瓦·多斯:《从结构到解构:20 世纪法国思想主潮》,季广茂译,中央编译出版社 2004 年版,第 29—30 页。

（New York New School for Social Research）任教，继而又担任过法国驻美使馆文化参赞，由此得以有机会与美国的相关学者进行较为广泛的交流，并深入了解英美社会和文化人类学及语言学的理论传统，这对巩固和加强他的学术理论基础颇有益处。1947 年，列维－斯特劳斯回到法国，先后任巴黎人类博物馆副馆长、法兰西学院新创设的社会人类学讲座首任教授。

列维－斯特劳斯出版于 1962 年的《野性的思维》（*La Pensée sauvage*）既是向存在主义思想发出的挑战书，同时也是结构主义登上法国哲学舞台的宣言书。他在这部著作的最后一章《历史和辩证法》中对萨特的存在主义进行了激烈的抨击，从而在法国知识界又开创了一个直到 1968 年"五月风暴"才消退的新的争论时代。

列维－斯特劳斯认为，萨特的《辩证理性批判》所依据的历史基础是虚假的，萨特笔下的那种法国革命事实上从来就没有发生过。应该对所谓"历史事实"作另一种理解。列维－斯特劳斯还认为，历史是有意识的领域，"就历史渴望获得意义而言，它注定要选择地区、时期、人的集团和这些集团中的个人，并且在一种勉强作为背景的连续性中，将它们作为一些不相连续的形象突出出来"。这些就是所谓的"历史事实"。他主张，社会的变化是由"结构"引起的，社会历史无所谓客观规律性，也谈不上进步发展。①

此外，列维－斯特劳斯还号召哲学家们驱除由笛卡尔投射到人文科学上面的符咒：倘若要在别人那里获得自身的认可这一由人类学归给人类知识的目标，人们必须首先在自身中否定自我。但是，只要存在着一种以"我思"为出发点的主导哲学，那么我们就不能获得和理解人的科学。正如有学者指出的那样，如果对胡塞尔和萨特来说，笛卡尔是哲学必须模仿的模式，那么对列维－斯特劳斯来说，笛卡尔是人文科学必须加以拒斥的最为令人反感的幽灵。②

针对列维－斯特劳斯的批评，萨特作了公开答复。他声称，首先，

---

① 参见黄颂杰等：《萨特其人及其"人学"》，第 98 页。
② 参见莫伟民：《主体的命运——福柯哲学思想研究》，第 10—11 页。

他并不一般地拒绝结构的方法。相反地,他在自己的一系列著作,特别是关于波德莱尔(Baudelaire)、圣谢奈(Saint Genet)以及福楼拜(Flaubert)的三部文学评传中,都自觉或不自觉地使用过这一方法。但是,他不能同意列维－斯特劳斯的根本原则。因为它有两个重大的理论错误:第一,它是反人道主义的,因为它把人,这个行动和认识的主体,只理解为一种简单的客观物,一个客体,因而抹煞了人在创造社会结构活动中的决定作用。第二,它是反历史主义的,因为它不明白正是"历史产生了结构",因而将结构仅仅看成是某种先验的存在物。这样,它就不可能对人、人的社会、人的历史做出一种科学的解答。①

萨特还针对列维－斯特劳斯重视同时态倾向提出反驳说,结构研究是形式的,它忽视了历史的动力方面,然而在历史上起主导作用的却是历时性而非同时性,而且只有辩证理性才能掌握历时性的联系;结构主义者事先就把结构体系假定为不变量。历史是合理的、非有序性过程,而非有序性的形式(结构)、历史上的结构从来不是稳定持久的,只有个人和集团才创造历史,人类的实践在不断地克服着结构。② 萨特还在接受《拱门》(L'Arche)杂志记者的采访时,把他对结构主义的批评扩展到对米歇尔·福柯、雅克·拉康、路易·阿尔杜塞以及以菲利普·索莱尔(Philippe Sollers)③为首的"原样派"④的总批评,指责他们的观点为"新实证主义"的变种。

发生在萨特与列维－斯特劳斯之间的这场争论,可以说是法国在第二次世界大战以来最具有重大历史意义的理论争论,对于此后当代法国思想家们的思想创新产生了直接的影响。不过,如果说,萨特在50年代与加缪、梅洛－庞蒂、雷蒙·阿隆论战时,至少从表面上看均明显地占了上风,那么,这次和列维－斯特劳斯的争论则不然。之所以如此,并非由于萨特已经失去了足够的论战技巧,也并非仅仅是因为列维－斯特劳斯揭示了萨特存在主义中的许多矛盾和问题,击中了要害。

---

① 参见黄颂杰等:《萨特其人及其"人学"》,第 99 页。
② 参见徐崇温:《结构主义与后结构主义》,第 42 页。
③ 菲利普·索莱尔(Philippe Sollers,真名 Philippe Joyaux,1936—),法国作家。
④ 法文原文为 Tel Quel,亦可音译为"泰凯尔派"。

究其最重要的原因,乃是此期法国社会大环境的变化使然。新的"繁荣时期"的出现,使一般人对存在主义那种从其唯主体性出发引出来的人本主义日益厌倦。萨特等人曾提倡"介入"社会并身体力行,但这并没有解决形形色色的社会问题。同时,存在主义中的非理性主义成分却为许多人所不满。由于以列维-斯特劳斯为代表的结构主义者坚决反对在社会科学领域中以人为中心的研究传统,强调严格的结构分析,而且经过多年的埋头研究,大都在自己的学科领域里取得了一系列公认的学术成就,使得自己的理论主张与学术实践更为符合"繁荣时期"人们的理论要求与社会心态。因此,列维-斯特劳斯得以在这场争论中占据主动。

四 马尔罗:从左派文学先锋到戴高乐派知识分子的主将

自戴高乐作为将法兰西拯救于危难之中的巨人登上历史舞台之后,即有一大批知识分子追随其后。而在戴高乐派知识分子中,最为引人瞩目者当推由左派文学先锋转变为戴派知识分子主将的安德烈·马尔罗(André Malraux)。这位仅初中毕业的法国当代文坛的传奇人物一生扮演过各种各样的角色:冒险家、作家、报人、编辑、游击战士、国务活动家,等等。他的一生所呈现的是一幅由不幸与奋斗、失败与成功交织而成的雄浑而悲凉的画面。在不少人看来,马尔罗的历史形象非常接近于他本人创作的小说中的主人公的形象:"一个集活动能力、文化素养和清醒的头脑于一身的英雄典型。"[1]对此,法国著名传记作家安德烈·莫洛亚(André Maurois)曾经说过这样一句精辟的话:"马尔罗的生平就是他的代表作。"

马尔罗于1901年11月3日出生于巴黎一个小资产阶级家庭。其父菲尔南·马尔罗(Fernand Malraux)是一位平庸的生意人,其母贝尔特·拉米(Berthe Lami)是汝拉山区一个普通农民的女儿。由于父母因

---

[1] 贝尔沙尼等著:《法国现代文学史(1945-1968)》,第77页。

感情不和而分居，马尔罗在5岁时随母亲迁到邦迪镇开杂货店的外祖父家。1918年，马尔罗中断高中学业，离开学校给一位专门经营罕本色情文学的出版商当助手，并从邦迪迁居巴黎，开始独立生活。到巴黎生活后不久，马尔罗即在包括左派文学刊物《行动》（Action）在内的一些杂志上发表文学评论，并逐步结识了一批文学家和批评家，其中包括在当时蜚声法国文坛的文学理论家马克斯·雅各布（Max Jacob）①、作家纪德和马丁·杜加尔、诗人瓦莱里，等等。1921年，马尔罗在一位画商兼出版商的帮助下，出版了他的处女作短篇小说集《纸月》（Lunes en papier）②。

  1923年，22岁的马尔罗偕同第一任夫人前往柬埔寨考察寺庙废墟，并试图盗运从吴哥窟古庙弄来的好几船雕像，案发后这对夫妇双双在金边被捕。他的妻子因病获释，马上兼程返回法国，在文化界发起签名运动援助马尔罗。在复审时，马尔罗得到缓刑，最后不了了之，获释返回法国。马尔罗在东方的这段冒险经历，曾成为轰动一时的社会新闻，同时，这段痛苦的往事也在他的思想上打下了深刻的烙印。从此，向强权抗争的叛逆精神与对人类文化遗产着魔一样的偏爱，伴随着他后来的整个生涯。由于吃过殖民政府的官司，促使马尔罗站到政府的对立面，成为一个异议分子。1925年，他返回印度支那，与当地一名法国律师共同创办了《印度支那报》（L'Indochine），旨在揭发殖民政府的腐败无能。由于这份报纸经常独家报道中国革命的新闻，因而跟中国人和一些秘密会社有所接触，使他在还没有到过中国的情况下，就写出了一部涉及1925年著名的省港政治大罢工的小说《征服者》（Les Conquérants）③，塑造了一名非凡的革命者加林的形象。1927年，马尔罗在《欧洲评论》上发表文章，抗议法国政府在国内禁映苏联影片《波将金号战舰》。同年3月，著名的《新法兰西评论》开始连载《征服者》。1930年，马尔罗的又一部小说《王家大道》（La Voie royale）④由格拉塞

① 马克斯·雅各布（Max Jacob，1876—1944），法国作家、文艺理论家。
② André Malraux, *Lunes en papier*, Paris：Galerie Simon，1921.
③ André Malraux, *Les Conquérants*, Paris：Grasset，1928.
④ André Malraux, *La Voie royale*，Paris：Grasset，1930.

出版社出版。该小说描写了主人公培肯为寻找埋没在亚洲丛林中的庙宇遗迹而历险的故事。这两部作品均颂扬了主人公面对监狱、苦刑和死亡,为了某种信念或信仰,以超人的决心和毅力,进行艰苦卓绝的冒险活动。

　　30 年代是马尔罗作为左派文学先锋,其作品的左倾和行动的左倾达到最高峰的时候。1933 年,马尔罗出版了《人类的命运》(*La Condition humaine*,一译《人的状况》)①,使他的革命同路人的形象更加突出。这部小说描写中国共产党人在上海工人起义及"四·一二"大屠杀中英勇不屈的精神。领导武装起义的俄国职业革命家卡多夫在被捕入狱后,把藏在身上的仅够两个人使用的氰化钾送给了另外两位难友:中国的冒险主义者陈以和参与领导起义的混血儿基奥,宁可自己被扔到锅炉里活活地烧死。全书自始至终贯穿着一种革命英雄主义的神话。该书出版后,荣获法国文学的最高奖龚古尔奖。② 同年 3 月,马尔罗在"革命作家和艺术家联合会"上发表演说,呼吁警惕德国法西斯主义的威胁,甚至表示"如果战争爆发,我们的位置是在苏联红军的队列中!"同年 11 月,马尔罗与纪德发起成立了"全世界争取德国反法西斯政治犯无罪释放委员会",即"台尔曼委员会",并积极展开活动。1934 年 6 月,他曾应邀到苏联参加第一次苏维埃作家协会大会,成为外国作家代表中最受斯大林赏识的人物。在苏联期间,马尔罗在接受苏联《文学报》记者采访时宣称:"对帝国主义战争的憎恶和我在印度支那获得的对法国资产阶级'权利'的认识,是使我成为一个革命作家的深刻原因。"1935 年,马尔罗出版了《蔑视的时代》(*Le Temp du mépris*)③,该书的题词写道:"献给那些要我转述他们所遭受的苦难和所坚持的事业的德国同志们。"同年 6 月,马尔罗在全世界反法西斯作家代表大会上担任主席团成员,并做了大会总结发言。同年 11 月,他又当选为"全世界作家反战、反法西斯主义委员会"负责人之一。

---

① André Malraux, *La Condition humaine*, Paris: Gallimard. , 1933.

② Michel Winock , *Le siècle des intellectuels* , p. 344.

③ André Malraux, *Le Temp du mépris*, Paris: Gallimard. , 1935.

30 年代中期爆发的西班牙内战给马尔罗提供了展示其"冒险精神"的新的舞台,而他在这一过程中的种种表现则更给自己的生活历程加添了英雄史诗般的色彩。战争刚一爆发,马尔罗就亲临马德里、巴塞罗那等地进行实地考察。尔后,马尔罗从法国征集了约 20 架飞机,亲自筹建、率领"安德烈·马尔罗国际飞行中队",奔赴西班牙前线,协助西班牙人民阵线政府抗击佛朗哥叛军的进攻。1937 年,他创作了以他亲自参加过的西班牙内战为背景的小说《希望》(*L'Espoir*)①,书中描写了国际纵队中各种各样的志愿人员,如无党派人士、宗教界人士、个人主义者以及一时感情冲动而参加西班牙内战的人物。他们信仰不同,身份各异,都为了支持民主共和国的理想、反对法西斯主义而并肩战斗。马尔罗从这场斗争中体会到人类希望之所在。全书充满了英雄主义的气概和团结战斗的气氛。小说完成后,首先由法国共产党所主办的《今晚报》(*Ce Soir*)连载。

　　在第二次世界大战期间法国人民反抗纳粹德国的民族解放斗争中,马尔罗又一次扮演了英雄的角色。战争刚一爆发,他就报名加入了装甲部队,驾着坦克车在前线打仗。受伤被捕而又得以逃脱后,他托人带信给远在伦敦的戴高乐,要求加入"法国内地军"的空军部队。1944年,马尔罗化名"贝尔热上校",秘密投向游击区,参与游击队的战斗。同年 9 月,马尔罗在被推举为阿尔萨斯—洛林旅的指挥官后,率领其部队担负了解放阿尔萨斯的任务,并且在翌年斯特拉斯堡的保卫战中成功地击退了德军的反攻。在参加了斯特拉斯堡保卫战之后,马尔罗前往巴黎出席南方抵抗运动游击队的联合组织——"民族解放运动"的代表大会。在大会发言中,马尔罗明确表示拥护戴高乐政府,并呼吁暂缓考虑"革命"的问题:"戴高乐将军的政府不仅是法国的政府,而且也是祖国解放事业的政府,抵抗运动的政府。所以,它不容我们有任何怀疑……政府说得完全对:战争与革命是二律背反的。当此之时,对外政策问题堆积如山,法国必须供养盟国的军队,或者说把辎重供他们调遣,在这样的时刻,无法避免、难以回避的问题首先是动员一切力量保证战

---

①　André Malraux, *L'Espoir*, Paris: Gallimard., 1937.

事取得胜利,革命的问题只能放在其次。"①

马尔罗的这一发言及其所表现的态度很快就引起了戴高乐的亲信、长期担任戴高乐私人秘书的加斯东·帕莱夫斯基的注意。通过他的穿针引线,在大战的硝烟尚未完全消散之际,马尔罗,这位深为战前的热血青年崇拜的左派文学先锋,曾一度被法共乃至苏联共产党视为"出色的战友"与"第一流的同路人"的知识分子与戴高乐相逢了。从此以后,马尔罗数十年如一日忠实地追随戴高乐,"像皈依宗教似地投身于戴高乐将军的事业"②,并与戴高乐结下了非同寻常的共进共退的友谊。换言之,这次会面在马尔罗的整个生涯中具有分水岭的意义。对此,我国著名法国文学研究专家柳鸣九先生曾很有见地地指出:从此以后,"马尔罗的地位、作用和形象,都有了很大的改变,从某种意义上来说,发生了一个'转折'。他已经不仅仅是一个在群众中享有声誉的社会活动家,拥有广泛读者的名作家,而且更主要的是一个在历史舞台上活动着的政治家,一个影响着法兰西政治生活和权力结构的人物。而在政治上,他又已经不再像战前那样带有鲜明的左倾色彩、是苏联与法共公开的盟友,而成为了一个保守色彩很浓的戴高乐资产阶级民族主义政派的中坚人物,成为了苏联的批评者、法共在政治社会活动中的对手,他为抵制苏联与法共在法国的影响、为戴高乐在法国的掌权而竭尽全力"③。

事实确实如此。战后初期,马尔罗首先在戴高乐为首的临时政府里任新闻部长。1946 年 1 月戴高乐毅然宣布辞职时,马尔罗也随之弃官而去。同年,马尔罗加入"为争取戴高乐将军重新执政研究会"。1947年,在戴高乐筹建法兰西人民联盟时,马尔罗在组织宣传,特别是争取知识分子的支持方面起了很大作用。在这一过程中,马尔罗在政治上进一步转向,即和他战前作为法共同路人的历史彻底决裂,并对法共持激烈的反对立场。1958 年戴高乐东山再起之后,马尔罗担任了长达 10

---

① 柳鸣九等编选:《马尔罗研究》,漓江出版社 1984 年版,第 454—455 页。
② 此语出自加斯东·帕莱夫斯基。
③ 柳鸣九等编选:《马尔罗研究》,第 7 页 。

年的文化部长。成为戴高乐甚为倚重的国务活动家。1958年9月4日戴高乐在巴黎共和广场向全国人民提出第五共和国宪法的草案,这一具有非同寻常的历史意义的日期和地点就是在马尔罗的提议下选定的。戴高乐显然对这位忠心耿耿的追随者也极为信任和满意,故此,他曾经说过这样一句名言:"在我的右边身旁,有着而且将永远有着马尔罗。"[1]

马尔罗在担任文化部长或负责文化事务的国务部长期间的建树颇多。由于马尔罗早年即对艺术有浓厚的兴趣,且无论对西方艺术还是古代东方艺术都具有广博而精湛的学识,因此,这位主宰法国文化事业的"部长大人"显然具有艺术大家的宏大眼光。他在上任之际,即满怀这样一种雄心壮志:文化(政策)的唯一目的在于引领每个人瞻仰想象的殿堂、倾听寂静的声音、走向精神和感观的"王家大道";人文主义成为人类共有的财富。[2] 而在走马上任之后,深得戴高乐信赖与器重的马尔罗即以手中的权力实现自己长期深埋在心中的宏愿——发掘、保护和弘扬灿烂的法兰西文化。为此,他下令修缮卢浮宫、凡尔赛宫,拟订《文物保护法》,允许在有古代建筑物的城市或区域建立"保护区",向公众开放法兰西历史悠久的艺术珍品,从而使普通人也有机会全面欣赏法国丰富灿烂的艺术宝库;他还组织对法国各地收藏的文物进行大规模的清点,并在此基础上编制了全国的"文物总目",建立了完整的文物资料系统;马尔罗还力排众议,规定定期清洗与维修巴黎主要纪念性建筑物的外表,使巴黎这座历史古城在众多欧洲古城中显得最为簇新、清洁。此外,为弘扬法兰西文化,马尔罗还大力号召建立"文化之家",即每座10万以上人口的法国城市,都应当享有领略歌剧、大乐队、展览会、卢浮宫珍宝等的机会。可以说,在马尔罗制订的诸多发展文化事业的计划中,建立"文化之家"被放在了首要的位置。马尔罗甚至希望,建立这些"文化之家"在法国社会文化史上的意义,能与第三共和国时期费

---

[1]　参见柳鸣九等编选:《马尔罗研究》,第7页。

[2]　George Duby (sous la direction de),*Histoire de la France*,Paris: Larousse, 2003, pp. 994-995.

理实行的教育改革在法国社会文化史上的意义相提并论。为此,他曾反复强调,群众有权享受剧院、博物馆,就像他们有权享受教育一样。他为文化事业所做的,正是儒勒·费理过去为教育事业所做过的。

马尔罗在主宰法兰西文化事务的同时,还以"法兰西使者"的身份活跃在国际政治舞台上,简直就是戴高乐主义在国外的形象大使。而且,他还将文化部这一装饰性机构变成了一个强力部门,几乎成了法国的第二外交部,时常使真正的外交部黯然失色。他在这方面的"精彩之作"之一就是协助戴高乐在西方大国中首先与中华人民共和国建立外交关系。1965年,他还以戴高乐私人特使身份到北京拜会了中国领导人。与此同时,他还以文化部长的名义要求法兰西喜剧院重演伏尔泰据中国元曲改编的五幕悲剧《中国孤儿》,以此庆祝中法建交一周年。

在从政之余,马尔罗仍笔耕不停,写下了《反回忆录》(*Anti mémoire*)①等许多论著。1969年,在戴高乐再次引退时,马尔罗也告别了政坛。当翌年戴高乐逝世时,马尔罗以沉重的笔调写下最后一部小说《倒伐的橡树》(*Les Chênes qu'on abat...*)②,字里行间流露出对这棵他赖以实现自己宏伟的文化抱负的参天大树的倒伐所怀的痛苦与哀思。

由于马尔罗在战后数十年如一日忠实地追随戴高乐,并成为戴派知识分子的主将,使与戴派唱对台戏的,且长期在法国知识界占据上风的法国左派知识分子始终把他看作一个"变节者",对他穷追猛打。在当年由法共控制或由非法共左派主办的报刊,如《人道报》、《思想》(*La Pensée*)、《战斗报》、《现代》、《精神》中,充斥着这样的字眼或语句:"马尔罗恶棍"、"马尔罗变节者"、"人们知道这是个法西斯分子……人们感觉到了……人们早就怀疑……他现在揭下了面具,暴露了他的真面目"。但不管怎么说,如果不去考虑政治纷争等方面的因素,马尔罗作为20世纪法国知识界的一位重要人物的地位以及他的功绩是不容否认的。正如柳鸣九先生指出的那样,"他每进入一个领域、每到一处、每涉及一个

---

① André Malraux, *Antimémoire*, Paris: Gallimard., 1967.

② André Malraux, *Les Chênes qu'on abat...*, Paris: Gallimard. 1971.

方面或一个问题,都表现得颇为不同凡俗,都大大突破了自己原有条件的限制而做出了一般人所做不到的事来,都达到了一般人所达不到的高度"①。也正因为如此,1996年11月23日,在希拉克总统的亲自主持下,马尔罗在逝世了20年之后被迁葬到先贤祠。

五、60年代中后期的萨特及其知识分子观

虽然从50、60年代之交起,存在主义已经在法国知识分子中失势,而60年代初发生的列维—斯特劳斯、萨特之争更使萨特的思想权威受到了有力的挑战,但60年代中期的萨特仍然是法国知识界的一面大旗,仍然在"第三条道路"上艰难地跋涉,仍然以笔作剑介入现实生活,介入国际政治,光明磊落、英勇无畏地鞭挞罪恶,伸张正义。这一阶段的萨特以其一连串非常轰动的言行使自己受到了"二十世纪人类的良心"的赞誉。

萨特在60年代中期拒绝接受诺贝尔文学奖的言行,淋漓尽致地反映了其特立独行的个性。1964年10月15日,《震旦报》刊发了一则来自斯德哥尔摩的电讯,暗示萨特有可能成为本年度诺贝尔文学奖的得主。对此,萨特立即致函瑞典皇家学院,声明:出于个人的原因,我不希望自己的名字出现在可能获奖的名单上。萨特并且补充道,他对瑞典皇家学院始终怀着诚挚的敬意,他的拒绝领奖,不应被理解为是对这种美好感情的亵渎。可是没过多久,正当萨特与波伏瓦在蒙帕纳斯的东方酒店用餐时,记者们追踪而至,告诉他,他已经成为1964年诺贝尔文学奖的获奖者。萨特得知这一消息后,大感意外。于是,他只好又认真起草了一份声明,译成瑞典文在斯德哥尔摩宣读。

萨特在这份声明中宣布拒绝领奖。萨特在声明中宣称,他之所以如此决定是出于两方面的原因:第一,他从未接受任何来自官方的荣誉,这一次也不能例外。第二,他不愿使自己隶属于某一意识形态集

---

① 参见柳鸣九等编选:《马尔罗研究》,第8页。

团,不愿跟着他们去从事分裂欧洲的活动。同时,在萨特看来,诺贝尔奖已经沦为意识形态之争的工具,所以他指出:"在文化战线上,今天唯一正当的事业,是为东西方文化的和平共处而奋斗。我很清楚,东西方之间不会互相拥抱,他们之间的互动必然会采取冲突的形式,但是,对抗应该局限在个人与个人、文化与文化之间,而不应该有什么机构插手其间。……现在的情况是,人们得出的客观印象是:诺贝尔文学奖只是为西方作家和东方的流亡作家准备的。举个例子,聂鲁达,是最伟大的南美诗人之一,人们并没有授予他文学奖。人们也从未认真考虑过阿拉贡,他完全够格得奖。而令人遗憾的是,帕斯捷尔纳克(Борис Пастернак)①在肖洛霍夫(Михаил Шолохов)②之前获得了这个奖项,而苏联的这部唯一受到奖赏的作品,却是在国外印行,同时在国内受到禁止的。应该向另一方作出补偿的姿态,这样才能建立平衡。如果评审委员会是在阿尔及利亚战争期间、我们签署了《121人声明》之际给我颁奖,我会非常高兴地接受这一奖赏。因为它不仅是对我本人的奖励,也是给予我们正在为之而战的自由的荣誉。但当时委员会没有给我颁奖,却是在这场斗争结束之后才给我颁奖。"③最后,萨特说,他为失去伴随荣誉而来的25万克朗(约合6万美元)的奖金而惋惜,因为接受这笔钱可以把它用于一些重要的事业。比如,伦敦的反对种族隔离委员会。而拒绝就意味着使这些事业失去了一次急需的经济援助。

萨特拒领诺贝尔奖的举动在国内外引起了强烈的反响。赞扬者认为其再次向世界展示了他的自由学说和崇高人格,但更多的却是谩骂与误解。有人说萨特是不可救药的毁谤家和习以为常的辱骂者,有人说他拒绝领奖是为了向苏联献媚,更使萨特感到痛心的是许多穷人的来信,他们与萨特说的话几乎都是同一个内容:"把你拒绝接受的钱给

---

① 鲍里斯·帕斯捷尔纳克(Борис Пастернак,1890—1960),苏联著名作家,1958年获得诺贝尔文学奖。

② 米哈伊尔·肖洛霍夫(Михаил Шолохов,1905—1984),苏联著名作家,1965年诺贝尔文学奖获得者。

③ Jean-Paul Sartre,"L'écrivant doit refuser de se laisser transformer en institution", *Le Monde*, 24 octoubre,1964.

我吧。"

　　1965年3月，美国总统约翰逊下令轰炸越南北方，从而使越南战争升级，这激起了萨特的极大愤慨。他断然取消原定去美国康乃尔大学讲学的计划，积极参加反战活动，萨特公开声称，对越战争完全是阿尔及利亚战争的重演，越共应当被看作为合法的政府，美国政府应当同它举行和平谈判。萨特并且致电美国知识分子，希望他们能像自己的法国同道们反对阿尔及利亚战争一样，去反对越南战争。

　　1966年，著名的英国哲学家伯特兰·罗素（Bertrand Russell）①邀请世界知名学者组成"国际战争罪行法庭"，调查并审理美国在越南战场犯下的罪行。萨特欣然接受邀请。同年11月，"罗素法庭"正式成立。由于许多国家都怕得罪美国，所以都不愿让这一法庭设在自己的国土上。对此，萨特在1967年初致函戴高乐，请求允许"罗素法庭"在巴黎开庭。被拒后，萨特公开了戴高乐的复函，并声称："罗素法庭"决不会因此而取消，哪怕是设在一条停泊于公海的船上，它也一定要完成自己的使命。几经周折之后，"罗素法庭"于同年5月在斯德哥尔摩开庭，萨特担任了法庭的执行庭长。听证会上，法官们被提请注意两个问题：第一，美国是否触犯了国际法，实施了侵略行为？第二，美国是否对纯粹民用目标进行过轰炸？如果是的话，达到了什么程度？法庭听取了来自北越的证人和越共代表的证词，并做出了美国在上述两点都有罪的裁决。

　　同年秋天，法庭在丹麦的罗斯基勒第二次开庭，审议的内容有三：一、美国军队是否使用或试验过战争法所禁止的新武器？二、越南俘虏是否受到战争法所禁止的非人的虐待？三、是否存在带有灭绝人口的倾向和法律意义上的种族灭绝行为？法庭的判决书确认，美国政府对越南人民犯下了种族灭绝的罪行。作为执行庭长的萨特作了总结性发言，对美国的战争罪行进行了全面谴责。他说，美国在距自己国土10000英里以外的越南展开战争，是一场针对全人类的种族灭绝，因为

----

　　① 伯特兰·罗素（Bertrand Russell，1872—1970），英国著名哲学家，1950年诺贝尔文学奖获得者。

它在那里没有什么利益可言,仅仅是为了逞威。"罗素法庭"虽然对越南战争没有产生值得注意的直接影响,但它代表一种巨大的道义力量,反映了世界进步知识分子对越战的态度,并在一定程度上影响了世界和美国的舆论。萨特的积极参与体现出他为世界和平进步事业奋斗的热情和精神。

1968 年 8 月,苏联入侵捷克斯洛伐克,萨特再次被激怒了。当时正在威尼斯参加电影节的他又站出来公开谴责这一暴行。8 月 24 日,他向报界发表谈话,公开声称,苏军对捷克斯洛伐克的占领"是十足的侵略,就是国际法条款中定为战争罪行的那类侵略"。萨特在接受意大利共产党的报纸《国家晚报》采访时,直截了当地把苏联人叫作"战犯"。同年十月,萨特与罗素、马尔库塞(Marcuse)①等闻名世界的知识分子一起签署了要求苏联立即从捷克斯洛伐克撤军的声明,该声明还抗议苏联及其在捷克斯洛伐克的傀儡政权拟定"黑名单",迫害捷克斯洛伐克知识分子的行为。11 月 28 日至 12 月 1 日,他和波伏瓦一起来到布拉格,表面上是为了出席《苍蝇》和《肮脏的手》的首演式,实际上是以挑战的姿态冲着苏联占领军的坦克而来的。在《苍蝇》最后一幕演完后,萨特应邀上台讲话。当观众要求他对捷克斯洛伐克事件发表意见时,萨特态度鲜明地说,他把苏联入侵捷克斯洛伐克看作是一种战争罪行,他写《苍蝇》是为了鼓励法国人民进行抵抗,他为自己的作品能在被占领的捷克斯洛伐克上演而感到高兴。

值得一提的是,60 年代中期的萨特不仅以其一连串极具"轰动效应"的言行使自己被人誉为"二十世纪人类的良心",而且他还从理论的高度对与知识分子相关的一些问题进行了较为深入的思考。1965 年秋天,萨特在访问日本期间就知识分子问题作了几次演说,其中分别题为《何谓知识分子?》、《知识分子的职责》的两篇演说较为集中地体现了萨特在此期的知识分子观。

《何谓知识分子?》由"知识分子的处境"和"何谓知识分子"两部分

---

① 赫伯特·马尔库塞(Herbert Marcuse,1898—1979),德裔美籍哲学家和社会理论家,法兰克福学派代表人物之一。

组成。在第一部分中,萨特首先指出,无论是在哪里(包括法国和日本),人们都对知识分子发出了各种各样的责难。这些责难中最为突出的论调是:知识分子是一些插手与他们无关的事情的人,他们力图以一种总体的人类观或社会观的名义去怀疑已被人接受的"真理"以及这些"真理"所由产生的行为。由于发达社会的特征就是生活方式、社会功能与具体问题的极端多样化,故此,知识分子信守的人类观或社会观在当今是实现不了的,所以,它只是抽象的、不符合实际的。针对这种论调,萨特指出:"知识分子确实是一些插手与他们无关的事的人。下列例子清楚地表明了这一点。在我国,在德雷福斯事件期间,'知识分子'一词在用于某人身上时往往是带有贬义的。在反德雷福斯派看来,德雷福斯上尉的宣告无罪或判刑只是军事法庭,且最终地只是总参谋部的事,而德雷福斯派宣称被控者无辜,就超出了自己的权限。所以,从德雷福斯事件开始,作为群体的知识分子,是通过各种知识,包括精确科学、应用科学、医学、文学等获得了一定声望的人。这些人利用自己的声望,走出了各自的领域,开始从全人类共同奉行的一些价值信条出发,来批判社会。"①

为使听众更好地理解这种常见的知识分子观,萨特特意举了如下的例子:"人们不会把从事原子裂变的工作以改进核战争的工具的学者称为'知识分子'。这些人是学者,仅此而已。但是,同样是这些学者,如果他们被他们有可能制造出来的核武器的摧毁性力量所吓倒,举行聚会,签署声明,促使舆论反对使用原子弹,那么,他们就成了知识分子。因为,第一,他们超出了自己的权限:制造原子弹是一回事,对其使用进行批判是另一回事;第二,他们滥用了他们的名望或滥用了人们对他们已确认的权限,强奸民意,并以此来掩盖把他们的科学认识与政治判断隔开的不可逾越的鸿沟;第三,他们反对使用原子弹,是以一种被奉为人类生活的最高准则,但其完美性颇值得争论的价值体系为名义的,而并非是因为他们已觉察到了原子弹的技术缺陷。"②

---

① Jean-Paul Sartre, *Plaidoyer pour les intellectuels*, Paris : Gallimard, 1972, pp. 12—13.
② Jean-Paul Sartre, *Plaidoyer pour les intellectuels*, Paris : Gallimard, 1972, pp. 13—14.

在第二部分,萨特强调道:"每一个知识的技术专家均是潜在的知识分子,因为他被一种在他身上存在,且他不得不与之持久斗争的矛盾,即他的普遍主义的技术与支配性的意识形态之间的矛盾所限定。但是,并非通过简单的决定就可使一个技术专家成为事实上的知识分子。要想让一个技术专家成为事实上的知识分子,这取决于他的这样一种个人史,即能够使他脱离构成其特征的紧张状态(la tension)的个人史。归根结底,完成这一转变的主要因素是社会方面的因素。"①与此同时,萨特还指出:"知识分子是意识到在自己身上和社会中存在着追求实际真理(和真理所包含的所有规范)与占支配地位的意识形态(和它的传统价值体系)之间的对立的人。在知识分子身上,这种意识的获得首先是在他的职业活动和他的职责中进行的。这种意识并非别的什么,它就是对社会的最主要的矛盾,即阶级冲突、统治阶级本身的内部矛盾、统治阶级为了其事业所需要的真理和统治阶级所坚持的神话、价值观念与传统(它想用后面这些东西去毒害其他阶级,以确保自己的霸权)之间的有机冲突的去蔽。"②

《知识分子的职责》由"多种矛盾"、"知识分子与大众""知识分子的作用"三部分组成。在第一部分中,针对"知识分子是否具有一种职责"这一问题,萨特首先强调,并没有人委托知识分子来行使职责,因为统治阶级瞧不起他:它只愿承认他是知识的技术专家(le technicien du savoir)③和上层建筑的小公务员。弱势阶级无法让他具有职责,因为知识分子只能从实际真理的专家中派生出来,而这类专家均源自统治阶级给生产规定的剩余价值。至于各中等阶级(即知识分子所属的阶级),虽然它们起初亦遭受各种与知识分子相同的撕裂(déchirures),并亲身体验到资产阶级与无产阶级之间的不和,但他们的一些矛盾,和神话与知识、特殊主义与普遍性之间的矛盾不可等量齐观。所以,中等阶级不可能有意地去委托知识分子去显示这些矛盾。由此出发,萨特得

---

① Jean-Paul Sartre, *Plaidoyer pour les intellectuels*, Paris : Gallimard, 1972, p 38.
② Jean-Paul Sartre, *Plaidoyer pour les intellectuels*, Paris : Gallimard, 1972, pp. 40—41.
③ 一译"知识的技术员"——笔者注。

出了这样的结论:"知识分子是以从未受到任何人的委托,并且未曾接受任何权威的地位为特征的。鉴此,知识分子不是某种决定(如做医生,做教师,等等,还是作为权力机构的代理人)的产物,而是畸形社会的畸形产品。"①

在第一部分中,最值得注意的是萨特对"伪知识分子"的剖析。萨特认为:"知识分子最直接的敌人是我所称的'伪知识分子'(le faux intellectuel)与保尔·尼赞命名的'看门狗'(le chien de garde)。'看门狗'的出现,乃是因为统治阶级需要借助自以为是严格的——即自以为是精确方法的产物的论据来捍卫特殊主义的意识形态。事实上,'伪知识分子'和'看门狗'与真正的知识分子也有相同之处,即他们最初都是实际知识的技术专家。"②萨特还认为,不能简单地把"伪知识分子"看成是一个卖身投靠者,有关问题实际上要复杂得多。

在第二部分中,萨特着重分析了知识分子与劳动大众之间的关系。萨特认为,由于知识分子自身所具有的多种矛盾,使得其身份含糊不清,并最终导致其处于孤单的状态。萨特同时还强调:"由于知识分子不是由弱势阶级有机地产生出来的,当知识分子试图与弱势阶级结合,以便掌握他们的客观智慧并使其精确的方法具有平民思想的成分时,他立即会不无理由地遭到那些他打算与之结盟者的怀疑。事实上,他不可能让工人不把他视为中等阶级,也就是那些充当资产阶级的帮凶的阶级的一员。由此,一道屏障把知识分子与他想获得其观点的'普遍化'(l'universalisation)的人隔离了开来。"③

在第三部分,萨特揭示了这样一个事实:"不管怎么说,知识分子并没有受到任何人的委托。他被劳动阶级所怀疑。而在统治阶级看来,他是个叛徒,因为他拒绝接受他的阶级(不过,他从未能完全摆脱他的阶级)。……就像他不要自己的阶级一样,他自己的阶级已不再要他,但所有其他的阶级也未接纳他。"④接着,萨特指出,经过知识分子与他

① Jean-Paul Sartre, *Plaidoyer pour les intellectuels*, Paris: Gallimard, 1972, pp. 43—44.
② Jean-Paul Sartre, *Plaidoyer pour les intellectuels*, Paris: Gallimard, 1972, pp. 53—54.
③ Jean-Paul Sartre, *Plaidoyer pour les intellectuels*, Paris: Gallimard, 1972, pp. 64—65.
④ Jean-Paul Sartre, *Plaidoyer pour les intellectuels*, Paris: Gallimard, 1972, pp. 7—78.

自己的矛盾(自己身上的和自身之外的)进行斗争,"在某种意义上,知识分子充当了'一些基本目标'(des fins fondamentales)的捍卫者,这些目标有人类的解放、人类的普遍化或曰人道化"①。萨特还认为,知识分子"应当始终不停地去揭示所选择的手段与有机的目标之间的关系。鉴此,他的职责就从见证转为殉道。政治机构,不管它如何,都想利用知识分子为自己做宣传,但又不信任他们,总是对他们进行清洗。不管怎样,只要他能够写作和说话,知识分子仍然是贫民阶级反对统治阶级的霸权和民众机构的机会主义的斗争的捍卫者"②。

诚然,以今天的眼光来看,萨特在上述演说中所诠释的知识分子观不仅已显得很过时,甚至多少还显得有点可笑。然而,我们必须要知道,正是这些言论和观点,在当时却颇多服膺者。对于这种奇特的现象,以及法国的大学生后来在"五月风暴"中喊出的"宁愿与萨特走向谬误,也不同阿隆分享真理"之类的口号,很值得我们作一番深入的研究。

六　知识分子与1968年"五月风暴"

1968年的"五月风暴",可以说是战后法国历史上和大革命的情势最为相似的事件。短短一个月之内,一场大学校园内学生针对校方的抗议活动,引发了多米诺骨牌式的连锁反应,蔓延到全社会。首先是法国高等教育完全瘫痪,紧接着社会各阶层都卷入罢工浪潮,正常社会生活几乎停止,最后,蓬皮杜政府在各派反对力量围攻下陷入危机,戴高乐神秘失踪。而这一切又在戴高乐的广播讲话后戛然而止,社会政治生活又恢复了正常运作。

在事件发展的进程中,法国知识界是积极的参与者和推动者。高度政治化的大学生和青年教师组织了以"三·二二运动"(Le Mouvement du 22 mars)、"革命共产主义青年"(Jeunesse Conuuniste

---

① Jean-Paul Sartre , *Plaidoyer pour les intellectuels* , Paris : Gallimard, 1972, p. 80.

② Jean-Paul Sartre, *Plaidoyer pour les intellectuels* , Paris : Gallimard, 1972, pp. 80－81.

Révolutionnarie)、"马 克 思 列 宁 主 义 青 年"（Jeunesse Marxiste et Lénine)等极左派学生组织,直接引发了"五月风暴"。事件爆发之后,以萨特为代表的知识界主流力量对学生运动采取了支持的态度,并且积极投身于抗议的行列之中。事件后期,各文化部门也举行了罢工,和其他部门的罢工相呼应,将"五月风暴"推进到社会危机的阶段。鉴于这一时期在战后法国知识分子史上非常重要,颇有必要详加探讨。

在我国,这一于 1968 年 5 月发生在法国的事件多被称之为"五月风暴"。众所周知,"五月风暴"的斗争之火首先是在大学里点燃的。是年 3 月 22 日,警方在巴黎逮捕了 6 名被怀疑因反对越南战争而向美国在法产业投掷炸弹的学生,引起了巴黎大学农泰尔文学院（今巴黎第十大学)学生的广泛抗议。就在当天,在社会学系三年级德裔犹太学生丹尼尔·科恩－邦迪（Daniel Cohn-Bendit)①的鼓动下,142 名学生占领了学院的行政大楼,并发表《142 人宣言》。"三·二二运动"揭开了"五月风暴"的序幕。② 5 月 2 日,由于以科恩－邦迪为首的几十个极左派大学生强行阻止政治观点右倾的法国著名史学勒内·雷蒙（René Rémond)③教授上课,政府下令关闭该学院。次日,巴黎大学学生开会,抗议当局镇压学生运动。许多其他大学的学生（包括农泰尔文学院的学生)涌向索邦校园参加集会。巴黎大学校长害怕发生骚动,请来警察驱散校园里的学生。双方展开激烈的搏斗,许多学生被捕,巴黎大学宣

---

① 即时称"红色丹尼"的著名学生运动领袖,当时系农泰尔学院社会学系德国籍学生,曾组织了"3 月 22 日运动",率领学生占领学院行政大楼,由此招致警方干预。值得我们深思的是,在"五月风暴"过去数十年后,当年"1968 年的一代愤怒青年"逐渐成长起来,并大都有了很好的职业,甚至成了与当时他们想要推翻的统治阶级成员毫无区别的权势人物,如科恩－邦迪现任欧洲绿党领导人。在他的回忆录《我们曾经如此热爱革命》中,科恩－邦迪曾用"傻事"来形容他 30 年前的所作所为。

② 这些学生还以当年戴高乐发表的"六·一八呼吁"的格式,发表相关声明,内称"这场革命并非只限于我们国家。这场革命不会就在 5 月里结束。这场革命是一次世界性的革命"。在结尾处则宣称:"无论发生什么事,人民革命的火焰不能熄灭,也绝不会熄灭。"参见 Olivier Wieviorka et Christophe Prochasson（ed.）, *La France du xx siècle*, *Documents d'histoire*, pp. 535—536.

③ 勒内·雷蒙（René Rémond,1918—2007),法国著名历史学家,法兰西学院院士。

布关闭。然而,学生们并没有屈服,他们走上街头举行抗议示威。运动由大学扩展到公立中学。5 月 10 日,学生们举行声势浩大的示威游行,要求巴黎大学复课,释放被捕学生,警察撤出拉丁区。夜间,学生们筑起街垒,和警察发生激烈冲突,不少学生被捕入狱。这一夜被称为"第一个街垒之夜"。5 月中旬,冲突从大学生转向社会,斗争出现高潮。5 月 13 日,法国工人举行全国总罢工,声援巴黎大学生。是日,工人、学生、教师等共 80 万人在巴黎举行了法国自二战以来规模最大的一次群众性游行。在短短的四五天中,全国总计有 1000 万人参加斗争。整个法国处于瘫痪。工厂停工,商店罢市,银行、邮局关门,通讯中断,交通停顿,甚至连法新社、法国广播电视公司的职工也加入了罢工的行列。5 月 24 日,在戴高乐发表广播讲话之后,对讲话内容颇感失望的人们又走上街头和防暴警察发生激烈冲突,出现了第二次流血的"街垒之夜"。同时,社会危机公开发展成为政治危机。不少政治派别均试图取戴高乐政权而代之。5 月底,一度神秘"失踪"的戴高乐在得到军方人士的支持保证后,采取强硬对策,"五月风暴"逐渐平息。

"五月风暴"是第五共和国潜在危机的总爆发。在这场表面上看似突如其来的事件中,法国的各派知识分子,尤其是左翼知识分子照例作出了自己的反应。

萨特从一开始就完全支持学生运动。5 月 8 日,萨特与波伏瓦等人发表宣言,号召所有劳动者和知识分子"在道义上和物质上支持大学生和教师们发起的斗争运动"。5 月 10 日,他又同列斐伏尔、拉康、安德列·高兹(André Gorz)①、莫里斯·布朗肖(Maurice Blanchot)等人发表宣言,向"用一切手段摆脱异化秩序的大学生们"致敬,认为这场学生抗议运动是要努力避免社会的"异化了的制度",而不只是涉及大学改革。5 月 12 日,萨特在接受卢森堡电台采访时,态度鲜明地表示:"在我们这些畸形的西方国家,左派唯一的反抗力量只有学生,我希望不久后能变成全体青年。这种反抗的力量是强烈的,因为左派从根本上讲具有强大的力量,既然人们用暴力对待它,那它出来还击没有其他选择

---

① 安德列·高兹(André Gorz,1923-2007),法国哲学家,记者。

……青年人具有共同的特征,我们为他们提供的社会,已经是一个完全破产的社会。对他们来说,真正的问题在于,找到把自己斗争与劳动阶级的斗争整合起来的方法,虽然动机不尽相同,但其实双方从事的却是同种性质的斗争。"①

5月20日,应"大学生文化风潮中心"之邀,萨特亲自来到索邦,向学生们发表演讲。由于前来听萨特发表演讲的学生实在太多,宽敞的阶梯教室早已挤得水泄不通,组织者只得在广场上架设高音喇叭。同日,萨特还会见并鼓励科恩—邦迪说:"你们(比工人阶级)更有想象力。我们在索邦墙上的标语口号中可以看出你们的方式。你们创造了一些东西,令人吃惊,非常有震撼力。它拒绝我们今日社会所曾做过的每一件事情。我将它称之为可能性的延伸。"②

"五月风暴"最使萨特感到振奋的是,一度失势的存在主义竟在"五月风暴"过程中重新发挥出巨大的影响力。而萨特早在8年以前发表的《辩证理性批判》也被说成是惊人地预示了"五月风暴"中发生的许多事情。显然,也正是由于这一原因,萨特在此时期被推崇为造反青年的精神导师,而萨特式的存在主义亦被奉为指导青年造反活动的思想理论基础。

"五月风暴"过后,萨特还在不断尝试用自己的哲学思想总结这场运动。1969年,他在会见记者时指出,"五月风暴"告诉人们,革命在发达社会内有可能爆发。他认为"五月风暴"缺乏一个能指导革命同时又不窒息其成员的创造性的政党的领导,这是一场没有政治革命的文化革命,所以,它必然失败。然而,正是通过反对异化和要求自治的斗争,它揭示了发达社会的矛盾和局限性。萨特后来在《七十岁自画像》中又总结道:"'五月风暴'是第一个暂时实现了某种与自由相近的东西的大规模社会运动,从这一点出发,这个运动曾努力探求什么是行动中的自由。"萨特甚至也深信"五月风暴"及其结果是对他在《辩证理性批判》中

---

① Jean-Paul Sartre,"Interview par François Gille sur la révolte étudiante",*Le Journal du Dimanche*,19 mai 1968.

② Jean-Paul Sartre,"Imagination au pouvoir:Entretien de Jean-Paul Ssrtre,avec Daniel Cohn-Bendit",*Le Nouvl Observateur*,*supplément spécial*,20 mai 1968.

提出的自由学说的某种确证。"归根结底,在街垒上造成六八年五月事件的那些人要求的是什么呢? 他们什么也不要,至少不要求政府可以让给他们的任何明确的东西。这就是说,他们要求一切:要求自由。他们不要求政权,他们没有试图夺取政权,因为今天对于他们,对于我们来说,需要消灭的是使得行政权力成为可能的那个社会结构本身。"①

在"五月风暴"中,一度对政治有所厌倦的法国知识分子,特别是青年知识分子重新政治化。像拉康的女儿、毛主义左翼无产阶级运动的主要代表朱迪丝·米勒(Judithe Miller)等一大批青年知识分子在事件中都极为活跃。与此同时,法国的结构主义在取代存在主义方面受到了重创。由于结构主义力图以结构取代个人,以知命知足取代对自由的追求,以"中庸之道"取代革命斗争,以热衷于纯理论思辨取代社会实践,因此,就政治维度而言,它是一种保守的世界观。所以,当着革命风暴到来的时候,它就必然让位给政治上呈激进主义的存在主义。

对此,列维—斯特劳斯曾经悲观地把"五月风暴"看作是结构主义的丧钟和"存在主义的马克思主义"的胜利。他说,"在 1955 年至 1968年期间,出现了一次大浪潮,被称为结构主义的思潮成为时髦的东西。后来,显然是由于 1968 年的一系列事件,厌倦之感继之而起。"他在1969 年 12 月 31 日的《纽约时报》(*The New York Times*)上写道:"在法国,你知道,结构主义不再时髦了,一切客观性都被抛弃了,青年人的立场符合于萨特的立场。"②

在"五月风暴"期间,雷蒙·阿隆扮演的角色有如"面对 1848 年革命的托克维尔",头脑清醒,判断准确,见解深刻。他先是在《费加罗报》上发表了许多相关的评论文章,继而又出版了一本与此有关的著作《难觅的革命》(*La Révolution introuvable*)③。在《难觅的革命》中,阿隆首先对引发了这场大动乱的大学危机进行了剖析。阿隆认为,这场大学危机既是大学生人数激增引起的高等教育体制的危机,又是法国"失望的

---

① 《萨特文集》第七卷·文论卷,施康强等译,人民文学出版社 2000 年版,第 417 页。

② 徐崇温:《结构主义与后结构主义》,第 6 页。

③ Raymond Aron, *La Révolution introuvable. Réflexions sur les événements de mai*, Paris,Fayard,1968.

公民"和"不屑一顾的治国者"之间愈来愈脱离所造成的消费文明的危机。阿隆虽未排除"五月事件"最终会促成具有积极意义的改革的可能性,但他对"假革命"进行了严厉谴责,尤其是指责某些人以意识形态的演说替代切实可行的政治计划。由于阿隆在著述中多次对极端自由的社会或大学的梦想提出异议,反复提醒人们要警惕那些颠覆手段,再三指出学生参加管理学校该有限度,使他招来了介入最深、狂热性最强的学生和知识分子的恼恨。狂热的大学生们立即把阿隆归入"名教授和保守派"的阵营,并将其称为"反动的化身"。此时已完全被一些激进的青年记者和编辑控制的《世界报》上甚至还转载了一份学生的声明,禁止阿隆继续在巴黎大学授课。不仅如此,当时的大学生们还喊出了"宁愿与萨特走向谬误,也不同阿隆共享真理"的口号。[①] 并不会让人感到意外的是,阿隆此时受到的最猛烈的攻击来自萨特,后者在 1968 年 6 月 19 日出版的《新观察家》周刊上发表了题为《雷蒙·阿隆的巴士底狱》的文章,对自己的老对头进行了激烈的抨击:"当日趋衰老的阿隆无限期地向学生重复 1939 年战争前写的博士论文中的观点,而听众不能对他进行任何批评时,他行使的是真正的权利,但该权利肯定不以名副其实的学问为基础……我敢打赌雷蒙·阿隆从来没有怀疑过自己,因此在我看来他不配当教师。他显然不是唯一这样的人,但我不得不谈论他,因为最近他写了很多文章。"[②]在该文的结尾处,萨特甚至这样写道:"这意味着人们不再像阿隆那样认为,在办公桌后面独自思索——30 年来思索同一件事——是智力的训练。这尤其意味着每位教师同意被受教育者评判和怀疑,心里想:'他们看见我一丝不挂。'这对他很难堪,但如果他想恢复教书的资格,就必须过这一关。既然全法国的人都看到戴高乐一丝不挂,那么也必须让大学生看到雷蒙·阿隆一丝不挂,等他同意受到怀疑,再把衣服还给他。"[③]

"五月风暴"发生时,福柯正在突尼斯任教。但他对事态的发展仍极

---

① 马斯泰罗内:《当代欧洲政治思想(1945—1989)》,社会科学文献出版社 1996 年版。
② 巴维雷兹:《历史的见证——雷蒙·阿隆传》,第 345 页。
③ 巴维雷兹:《历史的见证——雷蒙·阿隆传》,第 345 页。

为关注,并且通过其同性恋伴侣、在"五月风暴"中异常活跃的德菲尔在电话中的通报,及时地了解了事态的发展。尽管如此,福柯还是为自己不在现场而感到遗憾。当《新观察家》周刊的主编让·丹尼尔(Jean Daniel)拜访他时,惊异地发现曾经对"自由"之类的口号持悲观态度的福柯居然说自己最感兴趣的是"政治、现实、今天"。福柯认为,农泰尔文学院的骚乱实际上宣布了一场"日常生活革命"。当他在"五月风暴"期间回巴黎休假时,在目睹了学生示威游行的场面后,即对一起散步的友人、《新观察家》主编让·达尼埃尔说,他们不是在闹革命,他们就是革命。①

"五月风暴"既可以说是战后法国历史上和大革命的情势最为相似的事件,同时也可以说是战后法国最令人迷惑不解的历史事件。也正因为如此,关于"五月风暴"的性质和意义,国内外学者虽早就已经开始进行探讨,但至今尚无令人满意的解释。就法国史学界乃至更大的范围而言,目前主要有以下8种观点比较有代表性,故在此略作述评:

1. 一种"颠覆的企图"。在"五月风暴"结束之后旋即举行的大选期间,戴高乐派的舆论宣传反复强调"极权主义"的威胁,暗示事件是由法共煽动青年学生而起的。事实上,法共在开始阶段可以说和学生运动无关,相反是激进的极左派学生组织攻击的重要对象之一。在事件的进程中,法共所做的更多地是阻止抗议运动而不是鼓励抗议运动。就激进的青年学生本身而言,其目的是政治性的,但是内部分裂成很多派别,对于想要发动的"革命"的性质和内涵,存在很多争论。此外,他们在整个青年学生群体中究竟具有多大的影响力也是一个有争议的问题。因此这个观点是违反事实,不能成立的。

2. "法国高等教育的危机"。"五月风暴"的确和当时高等教育制度的僵硬和保守有关。但是运动的发源地农泰尔学院,在当时的法国大学中,对于改革的态度是最为开明的。另外,大学生数量急剧增长这种变化是当时西方国家普遍存在的,并非法国独有,因而,将"五月风暴"定性为高等教育的危机,具有片面性。

3. "青年的反叛"。抗议运动的主力是青年学生,青年的好动和对

---

① 埃里蓬:《权力与反抗——米歇尔·福柯传》,北京大学出版社1997年版,第211页。

上一代的逆反心理也是一种任何国家、任何社会都存在的正常现象，而且反叛只限于青年学生，而没有蔓延到青年工人的主体中去，并非所有青年都响应抗议运动的号召，这种解释的说服力不足。

4. "文明的危机"。这是蓬皮杜提出、得到马尔罗赞同的观点。强调事件所体现出来的对"无价值、无理想"的消费社会的批判，看到了法兰克福学派的批判理论对学生运动的影响，能够部分解释60年代西方国家学生运动的国际性特点，但是对法国的特性缺乏解释。

5. "一种新型的社会运动"。这是社会学家阿兰·图雷纳（Alain Touraine）的观点。图雷纳认为，现代社会的社会冲突在形式和内容上都产生了变化，"五月风暴"就是这种变化的反映。可以说它是一场新型的阶级斗争，但是其参与者是以学生、记者、教师和科研技术人员等脑力劳动者为主体。斗争的目的是获得在具体的社会生活中参与决策的权力。这种观点缺乏经验研究的支持，因为西方国家中至今尚未有类似"五月风暴"的事件发生，所以这个观点显得有些简单化。

6. "一场传统类型的社会冲突"，产生于1967年的经济和社会上的困难，因为当年是60年代经济状况最糟糕的一年。这种观点无法解释事件的突发性和运动的始发者是学生而不是工人。

7. "政治危机"。这种观点有些牵强，因为戴高乐固然在1967年竞选连任总统时得票率下降，但其影响力仍然不可低估，无人可以取代他在法国政治生活中的作用。"五月风暴"并不是起源于对戴高乐的抗议，运动中出现了反对戴高乐的标语口号，但这不是抗议的主题。

8. "一系列情境的连锁反应"。思想史家让·图夏（Jean Thauchard）和布列东（Breton）提出，"五月风暴"是一系列偶然性因素聚合而爆发的特殊事件。这个观点过于强调"五月风暴"的偶然性，缺乏建设性的解说。

上述观点虽然各有一定道理，但与能为大家所普遍接受仍然具有较大的差距。也许，在这一问题上要得出一种能为大家所普遍接受的"定论"目前看来还不可能。尽管如此，鉴于我们在研究过程中必须要面对这一问题，故不揣浅陋，就此略陈己见。

笔者管见，从"五月风暴"的经过、抗议运动的主题、抗议者的各种口号和实践中,我们可以看出,抗议者不仅要求改革法国的高等教育制度,而且试图否定议会民主制度,甚至否定以理性化为核心的整个现代文明,彻底颠覆现存的社会秩序,完全改变现代文明的生活方式。从根本意义上来说,"五月风暴"体现的是一种不切实际的热狂,一种"反文化",一种对现代文明、理性主义的反叛,我们应该从这个方面去定性"五月风暴"。①

在政治层面上,"五月风暴"无疑造成了戴高乐－蓬皮杜政府的信任危机。在20世纪60年代,学生的反抗运动可以说是西方国家中的常见现象,那么,为何唯独在法国,学生运动引发了社会动荡进而出现了政治危机呢？笔者认为,这和法国民族政治文化的特征密切有关。概而言之,它体现出的是一种政治上的过激性,一种革命崇拜。

从学生抗议运动的指导思想来看,抗议学生受到了很多思想家和革命家的影响,其中有社会学家皮埃尔·布尔迪厄(Pierre Bourdieu)和让－克罗德·帕斯隆(Passelon)对当时高等教育制度的不平等本质的批判、②哲学家亨利·勒费弗尔(Henri Lefebvre)对资本主义日常生活的批判、以赫伯特·马尔库塞(Herbert Marcuse)为代表的法兰克福学派思想家对现代社会理性化过度发展的批判,还有格瓦拉、托洛茨基、卡斯特罗等革命家以实际行动推翻资本主义的各种战略,③可以说,学生运动的意识形态十分庞杂,但是这些批判性或者说是革命性的思想的影响主要限于抗议学生的范围。普通工人和其他民众对那些思想家的理论和革命家的战略并不了解,而如果没有工人和民众的广泛参与,"五月风暴"是无法产生如此巨大的声势的。从总体上讲,"五月风暴"是一场自发性的社会抗议运动,并且,与20世纪法国历史上的历次抗议

① 对于"五月风暴"反现代文明的这个特点,可以参见许平、朱晓罕的《一场改变了一切的虚假革命——20世纪60年代西方学生运动》上海人民出版社2004年版中的有关章节。

② 皮埃尔·布尔迪厄(Pierre Bourdieu,1930－2002),一译布迪厄法国著名社会学家,1964年出版了《继承人》(Les Héritiers,Paris：Minuit, 1964),1971年和让－克罗德·帕斯隆(Jean-Claude Passeron)合作出版了《再生产》(La Réproduction,Paris：Minuit, 1971),认为西方国家特别是西欧国家的高等教育制度并没有为社会底层提供向上流动的途径,反而是制度化地不断生产并且巩固了社会的不平等。

③ 参见前引《一场改变了一切的虚假革命》中的有关章节。

运动相比,例如 30 年代人民阵线运动期间的大规模抗议运动,"五月风暴"的自发性表现得尤其明显。

在历史学家对"五月风暴"的研究中,我们还可以发现,普通民众对学生提出的诸如"打倒消费社会"等文化抗议主张并不感兴趣,他们之所以投入到抗议运动中来,在大部分场合下是受到一些革命的象征物和意识形态的影响,例如,红旗、街垒等革命的符号和"工人阶级"、"巴黎公社"等革命话语的影响。其中最具代表性的时刻是导致民众和政府首次公开对立的 5 月 9 日—10 日之交的"第一个街垒之夜"。当时与校方和警方对峙的抗议学生在拉丁区用各种材料建立起了街垒。根据后来的口述史研究,很多民众承认,正是街垒这个符号使得他们从旁观者变成了学生的支持者,它再现了 1789 年大革命、1848 年革命和 1871 年巴黎公社等法国历史上的英雄主义时刻,街垒两方的对峙者被赋予了正义和邪恶之间的二元对立的色彩。同时,革命所具有的狂欢节形式,也使得民众在日常生活中所受到的压抑得到了发泄的渠道,相当一部分民众是被这种革命的气氛所感染而加抗议运动的行列之中的,将"五月风暴"在时间和空间上逐步推向高潮。[1]

最后,如果我们从更深层次的角度来思考的话,不妨把"五月风暴"看作是一场针对发达资本主义社会异化现象,如异化的官僚等级制度、工具化的教育制度和管理制度、异化的消费社会以及压抑人性的工业文明的大规模的、自发的文化抗议运动。由于这种在一定程度上具有非经济、非物质的倾向,且凸显文化抗衡性质的运动在法国,乃至西方资本主义发展史上从未出现过,因此,"五月风暴"在法国,乃至整个西方的社会文化史上具有分水岭的意义。包括知识分子在内的不少法国人的心态在"五月风暴"前后可谓是判若两人。

---

[1] Ronald Fraser,1968,*A students generation in revolt*,London:Chatto Windus,1995,pp. 177—203.

第七章　媒介、权力、社会抗议
——70 年代的法国知识分子

一　左派知识分子队伍的再度分化与萨特的激进化

众所周知,1968 年"五月风暴""间接"地导致了戴高乐的下台,[①] 1969 年 4 月,在公民投票失利之后,戴高乐宣布辞职,蓬皮杜得以继任总统。从蓬皮杜上台伊始,一直到 1970 年代中期蓬皮杜因身患血癌医治无效而在总统任上猝然去世,法国给人留下印象最深的似乎是"蓬皮杜主义"的法国与"左倾"的法国之间的强烈对比。正如有法国历史学家指出的那样,在 10 年、15 年、20 年之后所作的多次民意测验都表明,人们对蓬皮杜时代普遍感到满意,大家都认为,这是一个在一位地位稳固、性情宽厚的领袖领导下的经济发展、秩序安定的时代。然而,这又是一个延续了"五月风暴"的反抗精神——这种反抗时而天真幼稚,时而深思熟虑——的不断骚乱、对社会提出深深质疑的时代。一言以蔽之,在这一时期,否定之风可谓愈演愈烈。[②] 该历史学家还指出:时任总

---

① 尽管戴高乐政权并未因"五月风暴"的冲击而垮台,但其政治统治的根基已受到了巨大的震荡。为了缓和社会各阶层的不满,戴高乐在平息了"五月风暴"之后,决定对法国社会进行改革,为此,他提出了地方改革和参院改革两个方案,并且不顾亲信与助手的劝告,自信而又固执地决定举行公民投票。像以往那样,他把这次公民投票视为对他信任与否的表现。1969 年 4 月 11 日,戴高乐公开宣布,如果多数反对的话,他将引退。4 月 24 日,《费加罗报》发表的最后一次民意测验的结果表明,53% 的选民打算投反对票。4 月 27 日公民投票的结果完全证实了民意专家的预言,反对票占有效选票的 53.2% 。4 月 28 日,戴高乐宣布停止行使总统职权。

② 参见 Michel Winock, *Le siècle des intellectuels*, p. 712.

理雅克・沙邦－戴尔马(Jacques Chaban-Delmas)①在第五共和国最保守的议会——1968年的恐怖中诞生的"无双议会"上所作的关于"新社会"的计划的报告，无疑为左倾分子的抗议活动火上浇油，他们四面出击，强烈地反对一切：教育制度、埃德加・富尔的大学改革、兵役、大众传媒、妇女地位、对同性恋的镇压、监狱监视、疯人院和普通的精神病院。对很多人来说，革命是唯一值得为之奋斗的前景。② 如前所述，1968年"五月风暴"无疑是战后法国社会文化史上最重要的分水岭。因此，在这场使法国社会和知识分子"着魔"的风暴中，尤其是在这场风暴过去之后，法国的左派知识分子队伍也出现了一些颇为值得注意的变化。

其中最大的变化就是左派知识分子队伍的再次分化。一些人继续坚持激进的革命态度，甚至主张用暴力推翻戴高乐派政权。他们认为，1968年"五月风暴"之所以"失败"，首先得归咎于法共对于夺取政权毫无准备，对人民群众的革命热情持消极态度；其次，得归咎于由法共操纵的，在法国工人中具有极大影响力的法国总工会奉行的"尾巴主义"政策。简而言之，这些知识分子大多属于"毛派"，力主用毛泽东的思想指导用暴力手段进行的社会革命。③ 而另一些人则在对"五月风暴"的结果深感失望之余，认为马克思主义"欺骗"了他们。因此，他们把自己的理论偶像从阿尔杜塞、毛泽东和马克思转向拉康、福柯和亚历山大・

---

① 雅克・沙邦－戴尔马(Jacques Chaban-Delmas,1915—2000)，法国政治家，1969年6月至1972年月担任法国政府总理。

② 参见 Michel Winock, *Le siècle des intellectuels*, p.712.

③ 在这些人当中，当时最为引人注目的是积极鼓吹行动主义的"毛派"组织——无产阶级左翼(La Gauche prolétarienne)的成员。在法国60年代思潮里，反压制行动在理论上得以系统化。1968年以后，无产阶级左翼的思想是为解放群众、实践思想提供理论指导。被压迫者的社会运动需要思想指引。毛泽东思想正好包含了当时法国运动中造反者的要求，正是他们寻求的思想。植根于法国政治现象中，法国毛主义出现了。解放(libérer)就是把被压迫者从专制之下解救出来，使他们摆脱传统思想障碍，释放群众运动的力量。实践和实践思想闪现于法国马克思主义知识分子心中。造反者应该解决从被压迫者的社会实践内部反对奴役体系的造反手段问题。为了解放，被压迫者必须造反。求解放就是脱压制、争自由。就1968年法国学生运动而言，解放就意味着打破陈旧而奴化的政治标准体系。

索尔仁尼琴（Александр Солженицын）①，从热衷于马克思主义、共产主义转向公开地反共、反马克思主义。

在法国左派知识分子的这一新的分化过程中，萨特引人注目地站在了"毛派"知识分子的立场上。

早在运动初期，萨特就对学生们反抗当局镇压的暴力行为予以赞扬，认为这种暴力行为是自卫性的，是被逼出来的。萨特还公开表示了对法共想要阻止事态发展的意图的不满，并驳斥了法共贬低学生运动的各种言论。如针对法共对革命青年"资产阶级的出身"以及"大搞无政府主义"的指责，他指出："不管属于资产阶级与否，这些革命青年所要求的，并不是无政府主义，而恰恰是民主，一种在任何地方都还没有成功的真正的社会主义民主……我之所以指责一切咒骂学生的人，是因为他们没有看到学生们表达了一种全新的要求，即对至高权力的要求。"②萨特还指出："我认为，共产党在这场危机中持一种完全不是革命的态度，甚至连改良也称不上。"③他认为他们根本不够资格去领导一场真正的革命运动。

不过，在这里要注意的是，萨特在此时与其说要对法共进行最后的判决，毋宁说是想对法共施加压力。萨特的下述言论清楚地表明了这一点："我相信，10 年以后，左派目前的所有领导人将什么也代表不了，我看不出这对非共产党构成的革命运动及其左派有任何危险。我甚至相信，这是不可避免的，而且是唯一能'突破'共产党政策的东西，从而

---

① 亚历山大·索尔仁尼琴（Александр Солженицын，1918－2008），前苏俄流亡作家。1918 年 11 月 12 日生于高加索基兹洛沃茨克，2008 年 8 月 3 日逝世。1970 年 10 月"因他在追求俄罗斯文学不可缺少的传统时所具有的道德力量"获诺贝尔文学奖。但索尔仁尼琴未能前往斯德哥尔摩领奖。1974 年 2 月 12 日，苏联最高苏维埃主席团宣布剥夺其苏联国籍，把他驱逐出境到西德，同年 12 月起侨居瑞士苏黎世，后流亡美国。1973 年 12 月，巴黎出版了他的《古拉格群岛》第一卷。该书由作者的个人经历、上百人的回忆、报告、书信，以及苏联官方和西方的资料组成，分七大部分叙述 1918－1956 年，特别是斯大林执政期间，苏联各地关押迫害数百万人的（由于是不同时期，分批处决，具体数字难以统计）集中营的情况。

② 弗朗西斯·让松：《存在与自由——让－保尔.萨特传》，北京大学出版社 1997 年版，第 224 页。

③ 弗朗西斯·让松：《存在与自由——让－保尔.萨特传》，第 224 页。

使人们能听到仍然留在党内的真正革命者的声音，并迫使党接受新的方向。"①

　　萨特在此期的这种政治抉择，在很大程度上得归因于他在"五月风暴"期间对知识分子的作用所作的思索，以及他对自己原先的知识分子观的修正。

　　如前所述，在60年代中期，萨特曾反复强调，知识分子是"实践知识的技术员"。由于知识分子始终为知识的普遍性和产生自己的统治阶级的特殊性之间的矛盾所折磨，因此，知识分子是黑格尔所谓的"痛苦意识"的化身，而正是为满足对这种痛苦意识的意识，知识分子认为自己因而可以站到无产阶级一边。然而，"五月风暴"的政治动荡产生的巨大冲击力，促使萨特对知识分子的作用进行了新的思考，并试图提出新的知识分子的概念。在此时的萨特看来，新的知识分子应当从根本上对自己进行自我否定，使自己以一种新的大众化的形象融入民众的斗争之中，从而使"真正的普遍性"取得胜利。显然，正是萨特思想观念上的这一转变，导致他旗帜鲜明地站在"毛派"知识分子的立场，并利用自己的非同寻常的声望积极支持他们的各种活动。

　　"五月风暴"期间，法国社会涌现出一大批政治色彩强烈的单页报纸。如《我控诉》(J'accuse)、《人民事业报》(La Cause du Peuple)、《革命》(Révolution)和《国际白痴》(L'Idiot international)等。这些只能在街头拐角和大学校园里由热情的"毛派"分子大声叫卖的"地下"出版物对年龄在25岁以下的年轻人具有极强的吸引力，一些人甚至在废寝忘食地阅读它们。

　　在这些小报中，影响最大的首推《人民事业报》，其主办者把自己以及追随者比作反对纳粹德国与维希政权的抵抗运动战士，认为对被资产阶级所占有的法国需要来一次"最后的打击"。1970年4月，领导该报的两位青年编辑让－皮埃尔·勒唐戴克(Jean-Pierre Le Dantec)和米歇尔·勒布利斯(Michel Le Bris)被拘押候审。同年6月的一天，当法官判他们一年徒刑的时候，学生与警方发生了冲突，并一直延续到次日

---

　　①　弗朗西斯·让松：《存在与自由——让－保尔．萨特传》，第224—225页。

凌晨。几天后，警方包围了印刷《人民事业报》的印刷厂，将厂主"监督拘留"，并没收了一批印刷品。这时，工人们围住了警车，迫使警察在放了厂主后撤走。7500 份报纸则被人迅速而神秘地运走了。在这之前，萨特已同意接替被逮捕的《人民事业报》领导人出任社长。在接任社长领导职务的时候，他公开声明说："我在担负起领导职务的同时，还要公开声明，一如那些受到监禁的人那样，我完全支持所有反映当今群众中确实存在的强烈情绪的行动，以突出这种情绪的革命性质。如果政府想把我送上法庭，那么它将无法掩盖对我进行起诉的政治性质。"①在印刷《人民事业报》的印刷厂被抄的第二天，《人民事业报》用大号字登出了新主编的名字：让－保尔·萨特。是日晚上，经过蒙帕纳斯公墓后面的达盖尔街的行人可以看见，一群摄影记者和电视摄像记者围着一对上了年纪的人，他俩正在向带着购物袋的家庭主妇和下班的人分发《人民事业报》。这就是萨特和他的终生伴侣波伏瓦。萨特亲自在街头分发《人民事业报》的形象后来持久地被留在了人们的集体记忆之中。有关的照片甚至成了描绘法国知识分子介入社会的经典之作。同年秋天，萨特又兼任了《一切》(Tout)、《我控诉》、《革命》等刊物的负责人。

应当指出，萨特本人并非毫无保留地赞同"毛派"知识分子的观点。事实上，他觉得"毛派"分子的指导思想或某些具体的政策存在着各种各样的缺陷。尽管如此，萨特认为，这些人的事业是正义的，方向是对头的。因此，他决心利用自己的声誉和影响来保护这些刊物，使它们免遭被查封或被勒令停刊的厄运。他在接受《新观察家》记者的采访时还特意表示："我特别愿意接受这项临时性工作，因为我从中看到一个鼓励各个左派团体进行讨论的办法，不管使他们对立——使我们这部分人与那部分人对立——的矛盾如何，我们必须为保持对话而竭尽努力。"②这表明，萨特是试图促进左派各种力量的团结，以壮大整个左派阵营的力量的。

1971 年 10 月，萨特发表公开谈话，评述由《人民事业报》所组织的

---

① Michel Winock, *Le siècle des intellectuels*, p.715.
② 弗朗西斯·让松：《存在与自由——让－保尔·萨特传》，第 232 页。

法国工人斗争的情况和基本问题。同时,他还在《我控诉》上发表题为《为人民的正义性》的文章,再次表明他支持左派斗争的决心。1972 年,萨特为一本毛派著作《毛主义者在法国》写了一篇序言,萨特在这篇序中阐释了他怎样看待毛主义者,以及他同他们取得一致的缘由。萨特说,"毛主义者的自发主义意味着革命的思想源于人民,只有人民通过实际行动使之体现并使之充分发展"。萨特特别强调毛主义者关于暴力、道德尺度的看法,指出"一个社会主义者只能是暴力主义者,因为他给自己提出的目标是统治阶级拒绝接受的。……一个革命者必须倾向于非法活动。……当资产者宣称按'人性'道德——工作、家庭、祖国——行事时,他只是在掩盖其固有的背叛道德,并试图腐化劳动者。他永远也不会有道德。他们完全不像工人农民,工人农民在反抗时,是完全有道德的,因为他们不剥削任何人。……左翼的老牌政党还停留在 19 世纪自由竞争的资本主义时代。而'毛派',以他们反专制的实践(praxis),却在有组织地资本主义时期作为能适应阶级斗争新形式的唯一革命力量——还在初期——出现了。"①这一时期,萨特还与"毛派"分子一起下厂下乡。1972 年 2 月,他曾到雷诺汽车工厂的车间进行鼓动宣传。不久,他为了弄清一名该厂的工人、无产阶级左派的毛主义分子皮埃尔·奥维内(Pierre Overney)在工厂门口散发传单时被枪杀的事实真相,又特地赴该厂进行调查。②

从 1972 年秋天起,萨特开始致力于创办《解放报》(Libération)的工作。为此,他投入了大量的个人资金,甚至也顾不上《现代》杂志的编辑出版工作。在他的心目中,这份新的报纸应该实际参与民主政治,是一

---

① 弗朗西斯·让松:《存在与自由——让-保尔·萨特传》,第 233 页。

② 1972 年 2 月 25 日,前雷诺汽车厂工人、无产阶级左翼毛主义分子皮埃尔·奥维内(Pierre Overney)被开除之后,仍回工厂门口,与同伴一起向工人们散发小册子,与工厂安全部门的负责人特拉莫尼发生争吵,特拉莫尼拔枪打死了他。这一事件激起了工人的反抗。不少工人因反枪杀事件而被开除,但仍回厂呼吁工人起来造反,遭到保安人员攻击。对此,毛主义分子十分不满,不仅抗议,而且把矛头指向政府的高级官员,比如雷诺汽车厂所在地比朗古尔最重要的人事官员诺格雷特(Robert Nogrette)被他们监禁在一秘密处所。他们还关押工厂老板,并让老板妥协。政府施加压力,造反者也会提出一些释放被监禁者的交换条件。双方互相退让,被监禁者会得到释放,被开除的工人也会恢复工作。

份"人民的"报纸。同时，还有很重要的一点，这就是该报不应该像《人道报》那样，成为党的喉舌。次年1月，萨特在巴黎记者招待会上介绍《解放报》的宗旨和方针。接着，他又与未来的《解放报》编辑部的成员一起到里昂举行了又一次记者招待会，进一步阐明这份报纸的宗旨。

1974年3月，在法国举行新的总统选举前夕，萨特又引人瞩目地发表了《造反有理》一书。① 这本以毛泽东的名言作为书名的新著收集了萨特自1972年11月至1974年3月为止的政论性演说和谈话。它体现了萨特此期在政治立场和思想观点方面的进一步激进化。在这些谈话中，萨特主要讲述自己的政治生涯，力图阐述1968年以来左翼思想状况，以及他与政治的关系。在他看来，参政也有理。政治生活是一种你不找它，它却总是上门找你的东西。一个人要想真正摆脱政治，几乎是不可能的。

该书中题为《造反有理》的这次对谈，是在1972年12月进行的，与萨特对谈的有皮埃尔·维克多（Pierre Victor）和菲利普·加维（Philippe Gavi）。访谈一开始，萨特就提出："对你们来说，当然是实践先于理论。理论如果存在，则据实践而产生——完全合理的思想，我们都以某种方式拥有这一思想——但是实践本身包含某一思想。重要的是行动，行动自身则被思想作为推论的基础。于是，我们想知道你们如何在一定时机预见某项活动。你们的目的是什么，你们怎样构思口号、设计标语，就一定的活动而言，你们的战略观和策略观是什么——我们选择其中任何一个。你们如何随着十分特殊的活动从你们在某个地方没有行动的时刻转入你们行动的时刻。"② 在接下来的谈话中，萨特力求把"造反（révolte）"与"理性（raison）"联系起来，强调造反与理性间的关系是政治与理性间的关系的进一步深化和具体化。为此，他主张"造反有理（On a raison de se révolter）"。造反是发动反抗行动，这一行动是为了实现造反意图。造反要求造反者理智地运用和控制造反权（pouvoir de

---

① Jean-Paul Sartre（avec Pierre Victor et Philippe Gavi），*On a raison de se révolter*，Paris：Gallimard，1974.

② Jean-Paul Sartre（avec Pierre Victor et Philippe Gavi），*On a raison de se révolter*，p.147.

révolte），有理由有道理地进行，这就是造反理性。造反是一种行动，因此，造反理性就是行动理性或实践理性。

跟前一时期一样，此期的萨特并没有把自己的社会活动局限于从事反对本国非正义社会势力的斗争，而是把自己的活动范围扩大到国际领域。

1968 年 10 月，萨特会同罗素等西欧国家著名的知识分子，签署了一项声明，严厉谴责美苏两大超级大国的领导人秘密达成瓜分世界势力范围的默契。声明写道："苏美领导人的秘密使节威胁着人类的自由和主权。为了维护真理，必须充分揭露和击败美国资本主义和苏联官僚之间所维护的共同利益。"①1969 年 8 月，当萨特在罗马获悉美国宇航员成功地登上月球的消息时，他一方面肯定这是"技术上的胜利"，另一方面也指出：当我们为我们在地球上的人类罪行如越南战争而感到耻辱的时候，我们并没有太大的理由为我们征服了月球而自豪。②

值得注意的是，此时的萨特还积极支持苏联与其他社会主义国家知识分子争取基本人权和自由的斗争。随着萨特思想观点和政治立场的日益激进化，他甚至在 1974 年底直接支持西德恐怖分子组织"赤军"的活动。在他的再三坚持下，西德政府不得不同意萨特探望被捕的"赤军"领袖。萨特在探监后，举行记者招待会，宣布他并不赞同"赤军"在西德目前的社会条件下所实行的战略原则，但他支持他们作为革命者的活动。他还说，他同情一切被监禁的革命者，强烈抗议监狱的极其恶劣的条件以及对被监禁者所施行的一些不人道的措施。1975 年 5 月，作为"罗素法庭"执行庭长的萨特在越南战争结束之际，向记者发表了谈话。萨特在总结了"罗素法庭"自成立以来的活动之后，对记者们表示，他所作的每一个抉择都是对自己世界的扩展。因此，他的行动不只限于法国。他所从事的斗争是世界性的斗争。

---

① "Sur les sphères d'influences, letter collective singée par Bertrand Rusell, Laurent Sxhwartz Jean-Paul Sartre Vladimir Dedijer", *Le Monde* 17 octobre 1968.

② Michel Contat et Michel Rybalka, *Les écrits de Sartre : chronologie bibliographie commenté*, Paris, Gallimard, 1970, p. 479—480.

二 右翼的变化:从"新哲学家"到"新右派"

　　70年代前半期,法国知识界开始冒出了一批所谓的"新哲学家"。"新哲学家"由一批从极左转向极右的中青年知识分子组成,其主要成员有安德烈·格卢克斯曼(André Glucksmann)[1]、贝尔纳－亨利·列维(Bernard-Henri Levy)[2]、让－保尔·多列(Jean-Paul Dolle)[3]、菲利普·内莫(Philippe Nemo)[4]、克洛德·勒福尔(Claude Lefort)[5]、克里斯蒂安·让贝(Christian Jambet)[6]和居伊·拉尔德鲁(Guy Lardreau)[7],等等。在"五月风暴"期间与"风暴"过后的最初几年,他们大多是30岁左右的年轻人。他们有的参加过"毛派"组织,有的是托洛茨基派的重要成员,有的则是法共的积极分子。尽管政治派别不尽相同,但他们均对苏联的"修正主义"深恶痛绝,均把马克思、毛泽东以及以"结构主义的马克思主义"赢得国际声誉的阿尔杜塞奉为偶像,并多曾以极左的面目出现投身于"五月风暴"的斗争。但是,"五月风暴"的结局使他们深感失望。与此同时,曾使他们激动不已、热血沸腾并寄予全部希望的中国"文化大革命"的一些真实情况也通过传媒逐渐为他们所知晓,更使他们有如遭受灭顶之灾。在失望与绝望的情况下,他们开始抱怨马克思主义欺骗了他们。由于这些人大多毕业于巴黎高等师范学校,受过系统的哲学理论思维训练。因此,他们在自己的政治信仰从极左转向极右的过程中,把这种转变通过抽象的哲学概念表现出来,并构

---

　　[1]　安德烈·格卢克斯曼(André Glucksmann,1937—),法国哲学家,政论作家。

　　[2]　贝尔纳－亨利·列维(Bernard-Henri Levy,1948—),通常被媒体简称为BHL,法国哲学家,作家,目前是法国最有影响力的公共知识分子。

　　[3]　让－保尔·多列(Jean-Paul Dolle,1939—2011),法国哲学家,作家。

　　[4]　菲利普·内莫(Philippe Nemo,1949—),法国哲学家,作家。

　　[5]　克洛德·勒福尔(Claude Lefort,1924—1910),法国政治思想家,自由主义代表人物之一。

　　[6]　克里斯蒂安·让贝(Christian Jambet,1949—),法国哲学家。

　　[7]　居伊·拉尔德鲁(Guy Lardreau,1947—2008),法国哲学家。

造出所谓"新哲学"的理论体系。

关于何谓"新哲学"？学界至今尚无令人信服的定论，但在 20 世纪 70 年代末，曾有人在《国际哲学季刊》上撰文指出："新哲学家"所使用的概念"是难以捉摸和模棱两可的，是简单化的；甚至可以说，他们的'本体论'的基本论点是那样的模糊不清，可以说是意义很多，也许更可能是毫无意义。"[1]与此同时，也有人辛辣地指出，虽然有所谓的"新哲学家"，但却根本没有"新哲学"。

"新哲学家"的代表人物首推格卢克斯曼。此人曾是法国共产主义大学生联盟的活跃分子，阿尔杜塞学派的积极追随者。1967 年，他曾出版一部书名为《战争论说》(Le Discours de la guerre)[2]的著作，大肆宣扬"毛主义"。1968 年"五月风暴"之后，他还一度与当时重要的左派组织"无产阶级左派"过从甚密，甚至在同年夏天出版的一本小册子《法国的战略和革命——1968 年 5 月》中盛赞马克思竟能预见到"五月风暴"中所出现的新型革命活动。但不久，他的政治倾向即开始发生一百八十度的变化，即从极左转向极右，积极鼓吹既同传统思想对立、又与马克思主义为敌的"新哲学"。

1975 年，他发表了《厨娘与食人者》(La Cuisinière et le Mangeur d'Hommes)一书，大肆攻击社会主义国家把恐怖主义合法化，是典型的"反自由"、"反民主"、"反人民"的"食人者"，宣称社会主义制度是一种强制人们一切活动的准则，即"食人肉"的准则，并且还说，世界上的社会主义国家均是通过"奴役"、"棍子"和"愚民"这三项政策建立起来的。[3] 在法国以研究法国近现代知识分子史著称的著名历史学家米歇尔·维诺克看来，此书是"法国知识分子历史上的一部具有象征意义的作品"，它标志着一部分法国左翼，乃至极左翼极知识分子与马克思列宁主义的决裂。[4]

---

[1] 参见狄山：《法国的"新右派"及其哲学基础》，载《国外社会科学》，1980 年第 4 期，第 19 页。

[2] André Glucksmann, *Le Discours de la guerre*. Paris，：L'Herne, 1967.

[3] André Glucksmann, *La Cuisinière et le Mangeur d'hommes*, Paris：Seuil, 1975.

[4] 参见 Michel Winock, *Le siècle des intellectuels*, p. 744.

1977 年,格卢克斯曼又发表了另一本书《思想大师》(*Les maitres penseurs*)①。他在该书中把矛头直接指向马克思,认为马克思设想的"过渡阶段"保留了资产阶级的权力与法律,并把强权意志说成是费希特的《科学论》、黑格尔的《逻辑论》、马克思的《黑格尔法哲学批判》和尼采的《论道德的谱系》的共同特点。在这基础上,格卢克斯曼攻击马克思和马克思主义者是根据费希特的革命科学概念,吸收黑格尔的国家观点,最后采用尼采的"权力意志"学说,把一切事物说成是"权力意志的结构"和"统治的工具",从而把国家政权推向极端,终于建立领袖的强权政治理论,实行名为没有奴役的极权主义。② 更有甚者,格卢克斯曼还在书中断言,20 世纪的所有国家主义、反犹太主义和极权主义思想均来源于上述 4 位德国的"思想大师"。值得一提的是,格卢克斯曼的这本引起强烈反响,包括猛烈抨击的著作。福柯曾在发表在《新观察家》的一篇书评中对格卢克斯曼的一些观点予以充分肯定。③

"新哲学家"们曾被一位加拿大记者称为"索尔仁尼琴的孩子们",此语生动地表明,1974 年苏联的持不同政见的作家索尔仁尼琴在法国出版《古拉格群岛》以及该书在西方引起的轰动,为"新哲学家"的崛起起了推波助澜的作用。这位被"新哲学家"的重要成员之一克里斯蒂安·让贝誉为"我们时代的但丁"的作家,根据他本人在苏联被囚禁的经历以及他和许多以前被囚禁过的人谈话中所了解来的情况,并利用包括苏联的一些出版物在内的文献材料,详尽地描述了若干有关在苏联逮捕、讯问、审判、判决和监禁的故事和传说。索尔仁尼琴在叙述这些令人毛骨悚然的故事和传说的同时,强调指出,苏联的这种把恐怖加以制度化的现象,是和十月革命的后果直接联系在一起的。虽然该书所涉及的主要是斯大林当政时的情况,并认为斯大林是"古拉格群岛"的主要建筑师,但是,作者一方面把根源追溯到列宁,另一方面又强调说,"古拉格群岛"的出现并不仅仅是特殊的"个人崇拜"使然,而是和苏

---

① André Glucksmann，*Les maitres penseurs*，Paris：Grasset，1977.
② 参见徐崇温:《结构主义与后结构主义》,第 158 页。
③ Michel Foucault，*La grande colère des faits*，Nouvel Observateur，9 mai 1977.

联现行的政治制度生死共存的。

《古拉格群岛》在法国出版后引起了社会的广泛关注,并在短短几周内即销售了70万册。① 与此同时,它更是立即被"新哲学家"们作为抨击马克思主义和社会主义的出发点。"新哲学家"们宣称:马克思主义展示了一种不可避免地要导致古拉格的极权主义逻辑。他们甚至还扬言:既然社会主义搞出了古拉格这样的事,马克思就是已经死去了;社会主义不是一条摆脱野蛮状态的道路,而是一条径直通向野蛮状态的道路。值得注意的是,"新哲学家"们的这些言行得到了他们的新理论偶像之一福柯的首肯。福柯在1977年5月9日出版的《新观察家》杂志上发表了关于《思想大师》的长篇书评,充分肯定格卢克斯曼的新著。

除了格卢克斯曼,"新哲学家"的另一位重要代表人物贝尔纳—亨利·列维的三本著作也曾在此期的法国知识界引起极大的关注。它们分别是1977年出版的《人面兽行》(La barbarie à visage humain)②,1979年出版的《上帝的遗嘱》(Le Testament de Dieu)③,1981年出版的《法兰西意识形态》(L'Idéologie française)④。其中,《法兰西意识形态》甚至还在法国知识界引起了一场规模不小的争论。列维的这一著作旨在解决两个问题:首先是找出纳粹主义和排犹主义的思想根源;其次是寻求贝当主义的精神导师。为此,他通过在蒲鲁东、巴雷斯、莫拉斯、索雷尔、佩居伊等人的作品中断章取义地罗列出大量能证明其论点的文字,得出了这样一种结论,即法西斯主义乃是法国的发明。由于这一结论使包括知识分子在内的不少法国人首先在情感上就难以接受,促使为数可观的知识分子,包括像雷蒙·阿隆这样的具有自由主义思想的右翼知识分子对这部著作口诛笔伐。

毋庸置疑,"新哲学家"的出现意味着战后法国左翼知识分子"辉煌的30年"的终结。如果我们从整个20世纪法国知识分子史的角度来看的话,它甚至还昭示着20世纪法国左翼知识分子的一种重要传统,即起自

---

① 参见 Michel Winock, *Le siècle des intellectuels*, p.743.

② Bernard-Henri Levy, *La barbarie à visage humain*, Paris：Grasset, 1977.

③ Bernard-Henri Levy, *Le Testament de Dieu*, Paris：Grasset, 1978.

④ Bernard-Henri Levy, *L'Idéologie française*, Paris：Grasset, 1981.

一战结束后不久,并在 30 年代前期、二战后初期数度出现高潮的亲苏、亲共传统,或曰"布尔什维克化"传统最终画上了句号。这些"新哲学家"之所以能够在此期法国知识界的"非布尔什维克化"、法国思想界的"非马克思主义化"的进程中扮演引人瞩目的角色,并借助"索尔仁尼琴效应"使自己产生了不容忽视的社会影响,与 60 年代末以来共产主义世界中出现的一连串问题和现象有着密切的关系。我们甚至不妨如此断言:"新哲学家"们的崛起和"成功",虽然有社会经济方面的原因,如此时出现的世界性能源危机导致法国经济发展停滞不前,社会持续动荡不安,但更多的是意识形态方面的原因。下述事例清楚地说明了这一点:

首先,1968 年苏联对捷克斯洛伐克"布拉格之春"的武装干涉,使法国知识界原已所剩不多的亲苏知识分子深感震惊,并最终与苏联决裂。这方面的典型代表就是在与布勒东等超现实主义者分道扬镳后把自己的几乎整个一生都献给共产主义事业的著名作家阿拉贡。如果说阿拉贡在 1956 年"匈牙利事件"发生时还热衷于为苏联辩护的话,那么,他对苏联此次武装干涉捷克斯洛伐克的内政却愤怒地进行了谴责。尤其让人感慨的是,当法共主办并由他本人主编的《法兰西文学》在捷克斯洛伐克事件后不久停刊时,悲愤至极的阿拉贡竟在终刊号上写道,自己乃"徒劳一生",并在后来接受记者采访时还强调说,这是他当时的心里话。①

其次,越南共产党领导的军队占领西贡后大批越南人冒着生命危险出海外逃,成为世人瞩目的"船民";波尔布特(Pol Pot)领导的红色高棉在柬埔寨的种种"左"得出奇、令人发指的行径;中国"文化大革命"的结束和"毛主义的神话"的最终破灭;凡此种种,都使得法国左翼知识分子对革命的乌托邦残存的最后一点幻想亦消失殆尽。

再次,1979 年苏联悍然入侵阿富汗以及法共为之辩护的"自绝性"行为,则更使法国几乎所有的知识分子像躲避瘟疫一样地尽量不使自己与苏联和法共有任何牵连。

对于"新哲学家",雷蒙·阿隆曾在其《回忆录》中作过如下评价:"他

---

① 参见柳鸣九编选:《萨特研究》的附录《一年来的法国文学动态》之《阿拉贡的几次谈话》。

们在研究哲学的方法上没有什么独到之处,与现象学家、存在主义或分析学家都不能相提并论。他们写论文不同于学院的标准形式。'新哲学家'们的成功靠的是新闻机构的宣传,得力于在今天的巴黎缺少一个公正的、令人信服的评判。他们人人都通过了哲学教师头衔的考试,但谁也没有追随过萨特或梅洛—庞蒂。有些人曾信奉过阿尔杜塞,尽管后来又离弃了他,但从来也没有否定他。'新哲学家'们首先引起轰动的,是他们彻底反对苏维埃主义,甚至反对马克思主义的立场。"[1]

诚然,阿隆的上述评论可谓是一针见血,入木三分,但笔者以为,法国兰斯大学哲学和文学教授吉·斯卡佩塔关于列维的下述评语,或许也能有助于我们从另一个角度来理解列维,乃至整个"新哲学家"何以会在此时的法国知识界占据引人瞩目的地位:

> 贝尔纳—亨利·列维是一位不同凡响的哲学家,对我而言,这就是他的全部价值所在。他的地位吗?他在整个格局之外,是捣乱分子的地位,他不遵守游戏规则,无视规范行为方式,他是个挑衅者,反对空洞无物的哲学说教……列维写的书每次都让我思考,我觉得他的书里充满了新思想,也就是巴特称之为的"平庸的反语"……即便他的思想是以历史的思考为基础,也仍然是作为"现实效应"显现在全景之中,而这一点正是与我们要摆脱抽象及形式主义的愿望是协调一致的,他的言论往往"与众不同",同时产生爆炸效应……我尤其欣赏人们加给列维身上的"坏名声",这正是震撼虚伪、打破成见、扰乱众口一词的某种标志。实际上,列维作品中首先吸引我的,就是这种反潮流的行为方式,有针对性的挑衅,行事鲁莽,不计后果,就是他的这种胆大、迅捷和不计场合的风格。试想,当今法国哲学舞台上若是没有列维,该是多么平淡而温吞啊?[2]

---

① 阿隆:《雷蒙·阿隆回忆录》,第 890 页。
② 转引自张放:《自由的冒险历程》中文版译序,第 5—6 页。

70 年代末,虽然从极左转向极右的"新哲学家们"仍然还不遗余力地在法国知识界从事着"非布尔什维克化"、"非马克思主义化"的活动,但其轰动效应已明显减弱。而就在这个时候,一个公开扬言要以自己的"全新的"右翼理论再次从左派手中夺回法国思想领域的领导大权的右翼知识分子群体却开始在法国知识界崛起,史称"新右派"。如果说,"新右派"在发轫时期一般以坚决反对传统的民主—自由派为出发点,常常运用生物学的论据,鼓吹所谓"科学的种族主义",那么,在这之后不久,他们就从生物决定论转向文化决定论,并以此为契机宣告与传统的法西斯主义和种族主义的彻底决裂。在这一过程中,他们还大量吸收当代左派文化理论,拼凑出一套以"新右派"为标签的颇能蛊惑人心的文化种族主义学说。80 年代初以来,由于法国经济持续衰退情况下移民问题的凸现和欧洲一体化的步伐日益加快,更对"新右派"思潮的迅速蔓延起了推波助澜的作用。

"新右派"的首席代表和精神领袖当推阿兰·德·伯努瓦(Alain de Benoist)。伯努瓦 1943 年出生于一个具有贝当主义倾向的家庭。60 年代初,刚入大学不久的他就积极参加反对阿尔及利亚独立的右翼大学生团体——民族主义大学生联盟的活动。阿尔及利亚战争的结局使他深感失望,同时也使他痛感到,必须要把建构新的民族主义理论作为当务之急。为此,他开始与一些"志同道合"的右翼知识青年热衷于阅读欧洲各国民族主义思想家和作家的作品。其中,对他们影响最大的著作有两种。其一是索雷尔、德律蒙、巴雷斯、莫拉斯等本国右翼思想家和作家的著作;其二是魏玛共和国时期德国新保守主义的右翼学者的代表性著作。

1967 年底,伯努瓦在尼斯(Nice)发起建立了一个名为欧洲文明研究会(GRECE)的右翼学术政治团体。翌年 2 月,该团体创办了《要素》(Elément)杂志。同年 11 月,该团体又在里昂(Lyon)召开了首次代表大会。

和以往从政治思想出发的右派知识分子不同,"新右派"的理论建立在生物学的基因学说基础上。他们认为,人类社会中的各种人群由于基因类型的不同,造成了智商的高低差异。而这种智商的差异性,决定了各种人群的本质,这种本质上的差异性是与生俱来的,不可能在后天成长的过程中发生改变。"新右派"将这种由基因造成的智商的差异性,称为各民族"灵魂"之间的差别,是由历史所赋予各民族的财富。他们虽然没有使用高卢人、日耳曼人、雅利安人是不同的种族这种纳粹式的说法,但是他们强调,各个民族如果和其他民族混合,由于基因会发生改变,必将丧失其特性。在这些"新右派"的眼中,当时的欧洲文明处于危机和衰亡状态,他们理想中的欧洲文明,是古代的欧洲文明,欧洲人必须重建他们光荣的历史,恢复他们以前的光辉形象——"一个拥有历史的民族,以凯尔特人神话的光荣传统而感到自豪"①。

　　为此,欧洲文明研究会成立之初,以"欧洲文明"的捍卫者自居,并把其斗争矛头直指所谓对欧洲文明构成最大威胁的四大敌人,即犹太－基督教、无政府主义、马克思主义和(以美国为代表的)无节制的自由主义。伯努瓦等人首先把欧洲文明在当前处于危机和衰亡状态归因于犹太－基督教对欧洲的"腐蚀",认为正是犹太－基督教所提倡的个人平等和集体平等的思想,破坏了欧洲的原始文明和天然的(或曰血亲的)等级制度。与此同时,伯努瓦等人把源出于平等主义的无政府主义视为欧洲文明发展道路上的另一个障碍,认为它是"马克思主义革命的动因"。对于欧洲文明的第三个敌人——马克思主义,伯努瓦等人攻击道,马克思主义只是把犹太－基督教的平等主义做了世俗化的解释,马克思主义的社会主义的基础乃是犹太－基督教关于在人世间建立平等乐园的骗人预言。至于以美国为代表的"无节制的自由主义",或曰"技术治国论的重商主义",它的"罪状"是破坏了社会秩序的天然等级制度,维护关于"没有高贵种族、没有杰出人物、没有特点"的民主社会的空想。而且在伯努瓦等人看来,这种空想比马克思主义的平等主义空想更加危险。②

---

① Aron,"La nouvelle droite",*L'Express*,28.7.1979.

② Jacques Julliard et Michel Winock (sous la direction de),*Dictionnaires des Intellectuels Français*,Paris:Seuil,2002,p. 1095,另可参见 Anne-Marie Duranton-Crabol,"La 'Nouvelle Droite'entre Printemps et Automne,1968－1986",*Vingtime Siècle. Revue d'Histoire*,jan-mar,1988,no. 17,pp. 39－49.

起初,由于知名度不高,伯努瓦本人及其鼓吹的思想并未在法国引起人们足够的注意。然而,1977 年出版的《右派眼中的世界》获得法兰西学院大奖,使作为该书作者的伯努瓦声名大振,其思想亦开始产生不容忽视的影响力。此前,伯努瓦主要以自己及其追随者主办的两本杂志《要素》与《新学派》(Nouvelle Ecole)为阵地来宣传自己的思想主张,但因这两本杂志发行量不大,故其思想影响亦受到限制。但在他获奖成名后,伯努瓦的思想主张和"才华"立即引起了由著名的右翼大报《费加罗报》主办的《费加罗杂志》(Le Figaro Magazine)社的社长路易. 鲍威尔(Louis Pauwels)的关注和赏识,后者立即邀请伯努瓦为该刊"思想评论栏"的特约撰稿人。由此,"新右派"在法国的主流媒体中获得了一个重要的理论阵地。

　　以伯努瓦为代表的"新右派"在崛起过程中,还得到了不少右翼组织的积极响应和支持。如成立于 70 年代末的一个极右政党——新兴力量党的领导人之一杰拉尔·塞泽(Gérard Sèze)曾表示:"我们同欧洲文明研究会和《新学派》具有同样的感情和同样的敌人。"他甚至还赞扬伯努瓦等人大大改变了法国战后知识界的格局:"过去把知识分子同左派当作同义词选用,今天证明也存在着右派知识分子,他们并不羞于称自己为右派。"[①]而另一个由伊万·布洛(Yvan Blot)所领导的创办于 1974 年的右翼团体"时钟俱乐部"(Club de l' horloge)则干脆更直接地与欧洲文明研究会进行联合。由于"时钟俱乐部"的成员大多为法国培养高级行政管理人员的"摇篮"——国立行政学院的毕业生,身居各种重要岗位,因此,这一联合使"新右派"的实力大增。

　　为了表明自己不同于各种传统右派,欧洲文明研究会的一位负责人曾提醒人们注意,在理解"新右派"时,其侧重点不是在"右",而是在"新"。那么,"新右派"新在何处呢?这可从它 1980 年在《要素》杂志上郑重其事地推出的两个新口号中略见一斑,这两个口号分别是"差异的权利"和"反对一切极权主义"。

---

　　① 参见狄山:《法国"新右派"及其哲学基础》,载《国外社会科学》,1980 年第 4 期,第 15 页。

差异性和差异的权利,本来是美国文化左派有关文化多元主义的重要内容,而"新右派"却以此来强调他们所谓的各民族"灵魂"之间的差异性。他们将文化差异绝对化,认为不同文化间的关系是一种绝对的异质性和不可通约性,试图以此来恢复所谓的欧洲文化的纯洁性或者说纯粹性。在新右派的话语中,人类社会由一些"有机共同体"组成,"有机共同体"表示一个自然形成的同质性社会群体,一般规模不大,然而具有高度的自主性。个人并非出于理性的决定才加入社会生活,而是像细胞一样,有机地生存于共同体之中。在这种有机共同体之中,共同的语言、文化、习俗和一套核心价值构成共同体的天然纽带。"有机共同体"一方面是一个完整自主的生命体,但另一方面,对一个更大的生命体来说,它是一个细胞。由此,新右派理想中的"自然的"欧洲,就不是一个巨大的民族国家,也不是民族国家的联合体,而是以罗马帝国为原型的欧洲帝国。①

在这一点上,新右派和以让—玛丽·勒庞(Jean-Marie Le Pen)②及其国民阵线为代表的法国民族主义者有很大的区别。勒庞宣称自己不是种族主义者,而是一个民族主义者,这表明他把捍卫法兰西民族的特性作为自己的任务。同时,勒庞等人还试图通过动员民族精神,凝聚民族国家的力量来抵制全球化,而"新右派"则认为,民族和民族国家面对全球化非但不能力挽狂澜,而且它本身才是灾难的真正根源。如果说,勒庞之流将民族国家的衰落归因于全球化,那么,在伯努瓦等人看来,全球化是民族国家的必然结果。这种灾难的根源,在古代是犹太教—基督教,在近代则是法国启蒙运动和雅各宾模式塑造的民族观念和民

---

① Louis Pauwels, "Les Paradoxes d'un Pseudo-antiracisme", *Le Figaro Magazine*, 4. 10. 1980,另可参见 Pierre-André Taguieff, "Origines et Métamorphoses de la Nouvelle Droites", *Vingtime Siècle. Revue d'Histoire*, no. 40, (oct-dec 1993), pp. 3—22.

② 让—玛丽·勒庞(Jean-Marie Le Pen, 1928—),法国政治家,1972 年至 2011 年起担任极右派政党国民阵线(Front national),领导人,从 1974 年开始多次参加总统选举,在 2002 年大选中击败在位总理若斯潘进入最后一轮,与在位总统希拉克决战败北。2011 年,其女玛丽娜·勒庞(Marine Le Pen)继任国民阵线领袖,在 2012 年法国总统选举中,获得18％选票,排名第三。

族国家,是它们摧毁了无数的有机共同体和一个"自然"的欧洲,像拔草一样把个人抛向人为虚构的同质性空间。正是为了改变这种状态,"新右派"提出建立一个所谓的"欧洲帝国",将许多异质的有机共同体有机地结合起来。在这一帝国中,既可以达到较高层次的统一性,同时又不会压制或者抹平其内部的族群和文化多样性。

"新右派"认为,一神教,尤其是犹太教,是一切极权主义的总根源。由于犹太教是古代世界最早的一神教,它在转化成基督教的过程中,把一神教的观念扩张到整个欧洲,又将此观念以各种宗教和世俗的形式扩张到全世界,所以它必须为所有的极权主义负责。那么,为什么一神教是极权主义的总根源呢?因为主张上帝面前人人平等的犹太教一基督教是后来一切平等观念的起源,伯努瓦称之为"古代布尔什维克"的平等主义。这种平等主义无法容忍差异性和多样性,试图将所有的民族和文化还原为一个单一的模式,所以必然经由普遍主义而走向极权主义。与卢梭将不平等视为万恶之源相反,"新右派"将平等视为万恶之源。并且认为,平等主义是现代世界各种相互冲突的意识形态,例如自由主义、社会主义、法西斯主义的共同根源。而美国,是一神教在当今世界最主要的、也是最重要的代理人,因此将它列为欧洲文明的重要敌人之一。[①]

值得注意的是,伯努瓦在 60 年代后期曾热衷于阅读安东尼奥·葛兰西(Antonio Gramsci)[②]的著作,并因此在其思想形成过程中信奉一种所谓的"右翼葛兰西主义"(gramscisme de droite),即首先应当在发生于"精英"身上的"文化战争"或"思想之战"中获胜,因为这一胜利是征服市民社会基础结构的先决条件。正因为如此,"新右派"在出笼后,似乎并不急于介入政治。他们不仅禁止自己做纯政治观点的宣传,也不允许自己对民主政权妄下判断,而是致力于通过"文化战争"与左翼知

---

① Pierre-André Taguieff, "De la Race à la Culture, l'Idendité Européene selon la Nouvelle Droite", dans *L'Europe au Sortir de la Modernité*, Paris: Le Cerf / Cerit, 1988, pp. 31—68.

② Antonio Gramsci, (1891—1937),意大利政治家,意大利共产党的创立者和领导人之一,也是著名的国际共运理论家。

识分子争夺在文化意识形态领域中的话语霸权，并在这一基础上一步一个脚印地从事争取民心的工作。为此，他们还不遗余力地利用各种传媒传播自己的观点。其中，仅伯努瓦一人就发表了几十本著作与数百篇论文。

尽管"新右派"很善于用各种美妙动听的言辞来掩盖自己。如伯努瓦曾说："我把右派定义为一种要求考虑到世界的多样性的态度。"但是，法国社会各界对"新右派"的危险性显然已有所觉察。如一些犹太人和犹太人团体经常指责"新右派"有纳粹主义的倾向，并建议政府根据禁止口头或书面形式煽动种族仇恨的法令，封闭它的喉舌。在这一过程中，身为犹太人的法国著名思想家雷蒙·阿隆的表现尤其突出。

阿隆尖锐地指出，"新右派"的危险性首先在于纳粹式的种族主义倾向：

> 这些对日耳曼森林和神祇的崇拜，对生物学的滥用，重复陈旧的古代神话，和伪科学，不可能不引起我们那些不愉快的回忆。对这些事物的迷恋曾经唤醒过一小撮人的记忆，进而唤醒了一个民族全体的狂热。①

如果与纳粹相比较的话，"新右派"的种族主义倾向更为隐蔽，概而言之，它始终竭力以现代生物学的理论包装自己，试图披上科学的外衣。尽管如此，阿隆仍对他们鼓吹的这种"智商决定论"予以驳斥，认为这是完全不能成立的：

> 这些所谓"新哲学家"的论述，以具有一定科学性的假说或是一些耸人听闻的原则为基础，其实是站不住脚的。每个个体的智力和生理能力有先天性的差别，这一点任何生物学家都无法否认。莫扎特和爱因斯坦并不是环境创造的。但声称环境的影响"完全可以忽略不计"，这是违背真理的。即使是人们准备接受这种有关

---

① Raymond Aron, "La Nouvelle Droite", *L'Express*, 28. 7. 1979.

智商的计算法,人的成长受 80％的遗传和 20％的环境影响,这种数字并没有实际的意义。……如果环境因素真的不能起到任何作用,那么最有天赋的人在任何条件下都会成功,那么就让高智商者们充满耐心地平静等待就行了。①

还值得一提的是,1993 年 7 月 13 日,《世界报》刊登了一份由 50 位著名知识分子签名的呼吁书。这份呼吁书的签名者既有左派知识分子,又有自由派知识分子。呼吁书要求人们对不断变换手法的新法西斯/种族主义保持警惕,并且声明拒绝同发表极右言论的出版社、电台及电视台进行合作。但更值得深思的是,"新右派"的态度也极为强硬。他们以《讨论还是审讯?》、《左翼卫道士》、《法国新右派:旧偏见还是新范式?》为题发表了一系列文章,声称,把新右派当作新法西斯,如果不是诬陷,至少也是严重误解。他们甚至还扬言,"左翼卫道士"未经而且不敢公开讨论,就把新右派理论斥为"危险的"思想,是一种既粗暴又怯懦的左翼麦卡锡主义,这种垄断公共领域的企图宣告了他们在思想上和道义上的破产。②

三 雷吉·德勃雷和米歇尔·福柯的知识分子观

笔者在上一节之所以用不小的篇幅引述阿隆和斯卡佩塔对"新哲学家"的上述评论,是因为这两段文字分别揭示了以下两种现象:

其一,知识分子的"成功"有赖于大众媒介的宣传;

其二,知识分子与大众媒介的关系越密切,其所能产生的社会影响也就越大。

而讲到这一问题时,我们就又不能不提及雷吉·德勃雷(Régis De-

---

① Raymond Aron, "La Nouvelle Droite", *L'Express*, 28.7.1979.

② 参见陈燕谷:《从种族到文化》,载《读书》,1996 年第 10 期。另,此节关于欧洲文明研究会 80 年代的两个口号的论析颇多借鉴于陈文,谨此说明并致谢。

bray)及其法国知识分子的"三阶段说"。

德勃雷是战后法国左翼知识分子中可圈可点,甚至颇具传奇色彩的活跃人物之一。他于1942年9月2日出身于巴黎一个比较富裕的资产阶级家庭,其父是著名的律师。天资聪慧的德勃雷16岁时赢得法国文科竞赛奖,18岁时以第一名的成绩考入法国声名赫赫的高等学府——巴黎高等师范学院。在大学期间,他深受法国结构主义的马克思主义的代表人物、著名哲学家阿尔杜塞的影响。与此同时,他还积极参与"共产主义大学生联盟"(Union des étudiants communistes)的活动。从巴黎高师毕业并获得哲学教师资格后,德勃雷曾在南锡的圣女贞德中学教授哲学。60年代初期,作为一位激进的热血青年,为接受南美革命风暴的洗礼,德勃雷奔赴被当时世界各国的激进青年视为革命圣地的古巴首都哈瓦那,继而又追随古巴革命领导人之一切·格瓦拉(Che Guevara)到玻利维亚开展游击战争。回国后,他写了《卡斯特罗主义:拉丁美洲的长征》和《拉丁美洲:革命战略上的几个问题》。60年代中期,德勃雷再次来到南美。在这次南美之行中,他先多次与卡斯特罗等古巴革命领导人交谈,并且阅读了大量的从未发表过的古巴内部档案材料。通过这些交谈与阅读,使德勃雷得以写出以系统地归纳和整理卡斯特罗、格瓦拉的思想为要旨的政论著作《革命中的革命》的初稿。尔后,为更好地了解与总结格瓦拉的游击中心主义,他又追随格瓦拉前往玻利维亚从事游击战争。

1967年10月,格瓦拉因战斗失利被玻利维亚当局杀害,而德勃雷亦在玻利维亚一座被废弃的游击队营地中被玻利维亚当局逮捕并被判处30年监禁。审讯期间,一场声援德勃雷的运动在巴黎发起,甚至席卷全球,声援者中包括让－保罗·萨特、玛格丽特·杜拉斯、雅克·拉康等知识界著名人士。就连时任法国总统的戴高乐将军亦向玻利维亚当局施加一定的压力。同年,德勃雷的政论著作《革命中的革命》(Révolution dans la révolution et autres essais)在法国出版。① 书中分

---

① Régis Debray, *Révolution dans la révolution et autres essais*, Paris: Maspero, 1967.

析了拉美武装斗争的战术和战略，提出了"策源地理论"，认为游击战的成功在于形成无数个策源地，在世界各地点燃武装革命之火。作者身陷图圄的现状，别具一格的激进思想，使该书在法国左翼知识分子中产生了相当大的影响，德勃雷亦因其非凡经历中的冒险主义、浪漫主义色彩而声名大振。

70 年初，德勃雷在提前获释后先是来到智利，试图为当时正与美国英勇对抗的阿连德总统及社会党政权施以援手，他之所以有这一想法绝非偶然，主要是因为在他看来，阿连德是"拉丁美洲第一位靠民主选举而执政的马克思主义政治家"。1973 年，美国中央情报局支持的皮诺切特将军（Augusto Pinochet）发动军事政变非法地颠覆了阿连德政权之后，德勃雷才决定回到法国。

回国后的德勃雷仍然是一位对政治革新充满期待的知识分子。为此，他一方面积极参加左翼知识分子的各种社会抗议活动，另一方面则热衷于写作各种政论文和著作。尤其值得一提的是，他与法国社会党的知识分子精英保持密切的联系，甚至与后来担任总统的密特朗和担任文化部长的杰克·朗（Jacques Lang）①成为好友。

80 年代初社会党上台执政后，德勃雷一度步入政界，曾相继出任密特朗总统的第三世界特别助理，以及南太平洋理事会秘书长、法国行政法院审查官、塞维利亚世博会法国馆文化总监。

德勃雷的著述很多，但影响最大者当推其出版于 1979 年的《法国知识分子的权力》(*Le Pouvoir intellectuel en France*)②。该书的主旨是对法兰西第三共和国以来法国知识分子群体的内在结构、知识分子与自己所服务或支持的那些社会力量之间的互动关系进行历史考察，并力图通过这种考察揭示权力、体制和作为"权力的动物"的知识分子之间的关系。

德勃雷在书中认为，自 19 世纪 80 年代以来，法国知识分子经历了以下三个阶段：

---

① 杰克·朗（Jacques Lang, 1939—），1981—1986 年、1988—1993 年两度出任文化部长。

② Régis Debray, *Le Pouvoir intellectuel en France*, Paris : Ramsey, 1979.

第一个阶段是"大学的阶段"（1880—1930 年）。在这一阶段，大学作为主要的制度形式对知识分子具有重要的作用，而大学教师更是成为此期知识分子的典型代表。

第二个阶段是"出版社的阶段"（1930—1960 年）。在这个阶段，大学的重要性相对降低，而能为知识分子提供重要的言论阵地和庇护场所的出版社则日益成为对知识分子及其活动具有重要影响的社会制度形式。与此相应，作家作为知识分子的突出代表异军突起。

第三个阶段是"大众媒介的阶段"（1960—）。在这一阶段，知识分子离开了大学和出版社的依托，转向大众媒介。知识分子的地位可依据他们与媒介接近程度来划分。这里要注意的是，在德勃雷的笔下，第二阶段中的"出版社"与第三阶段中作为大众媒介组成部分之一的"出版社"是有本质区别的。具体而言，前者维护着文化自身的合法化根据和"得体的"文化价值，而后者则是大众化的和商业的。

从上述对德勃雷法国知识分子的"三阶段说"的内容的简单介绍来看，德勃雷的"三阶段说"并不能贴切地反映相关时期法国知识分子发展历程的实际状况，比如说，属于第一阶段的德雷福斯事件期间德雷福斯派阵营中的左拉、法朗士等大作家难道不能算是当时知识分子的典型代表吗？答案显然是肯定的。不过，我们必须要承认，德勃雷对第三阶段的知识分子与大众媒介之间的关系的揭示还是极有见地、发人深省的。

德勃雷在这部著作中还揭示了这样一种发人深省的现象，这就是知识分子的地位高下是依据他们与媒介接近程度来划分的，这种接近也就是影响和权力的力量。在他看来，媒介取代大学和出版社转而成为文化和知识制度化的主要手段，说明了社会的巨大变迁。由于大众媒介日益成为现代社会的象征权力，知识分子自 60 年代以来，离开了大学和出版社的依托，转向大众媒介，这无疑说明了大学和出版社作为文化合法化重要形式的衰落。同时，在他看来，这也是知识分子的一种道义上的背叛。在此基础上，他得出了一个更加偏激的结论：当代法国现代文化的堕落，原因之一就是知识分子与媒介联姻，他们已经蜕变为"追逐名声的动物"。

在揭示上述现象的基础上，德勃雷在这部著作当中还涉及一个西方左派理论都无法避免的问题：那就是在媒介社会，知识分子的批判性日渐衰微，人文学科逐渐丧失了作为批判思想源泉的地位，要么越来越趋向于学院化、专门化的技术性的操作，要么转向哗众取宠的商业价值或市场交换逻辑。为此，他在书中特意并深入探讨了大众媒介和知识分子之间存在着的关系，以及知识分子与大众媒介结盟会导致什么行为方式和后果。对此，已有中国学者作了颇为到位的介绍：德勃雷依然根据他对知识分子的基本界定——知识分子就是那些追逐权力或影响的人——来探讨这种关系。他的基本思路是，由于任何文化产品的价值都必须通过一定时间内的消费才得以实现，所以，知识分子的成功有赖于推销他们的产品，进而使得更多的受众认识和接受这些产品。所谓知识分子的成功也就转而成为与媒体的接近程度，以及利用媒体所获得的文化资本的多寡。他们的成功并不在于他们说了什么，更在于媒介把他们的形象推销给了公众。①

早在 1979 年，德勃雷就已第一次提出"媒介学"的概念。鉴于媒介在当今社会中的地位日益显得至关重要，德勃雷近一二十年来把主要精力用于开创一门全新的学科——媒介学。1991 年，他出版了《普通媒介学教程》(*Cours de médiologie générale*)一书。② 德勃雷在书中对考察媒介如何具有历史的、社会的和文化的效果方面用力甚勤。学术界一般认为，他所倡导的媒介学既不是媒介社会学，也不是符号学，与传播学的路数也有所不同，它不聚焦孤立的个体，而是研究宗教、意识形态、艺术和政治思想在一个社会或跨社会的文化传递，这个理论最核心的内容是对象征形式（各种符号）、集体组织（社会组织结构）、传播技术系统（信息技术格式）的三角关系的梳理。此外，他的研究还呈现出这样一种特点，即更注重历史质感的精准和政治选择的道义，即便在修辞上也不无辩证法的魔幻色彩。

令人对其更生敬意的是，为了能够更好地潜心研究"媒介学"，德勃

---

① 参见周宪：《教师、作家、名流》，载《读书》，2000 年第 2 期。
② Régis Debray，*Cours de médiologie générale*，Paris：Gallimard，1991.

雷在 1992 年主动向密特朗总统提出辞呈,脱离政坛,重返学术圈。为此,他首先是专心致志地撰写以《影像的生与死:西方关于观看的历史》为题的国家博士论文,并在 1993 年在巴黎第一大学顺利通过博士论文的答辩。为了更好地展开"媒介学"的学术推广工作,他从 1996 年开始编辑出版学术刊物《媒介学手册》(*Cahiers de Médiologic*)①。与此同时,他先后在法国和国外的一些大学与研究机构担任教授,并不断出版著作、发表演讲、接受采访,保持一种罕见的活力。2010 年 6 月 3 日,德勃雷在应邀访华期间在北京就"知识分子与权力"这一主题发表演讲,并接受了《南方周末》的专访。

鉴于知识或知识分子与权力之间存在的密切联系,一如德勃雷曾醉心于研究"知识分子与权力"这一问题,已在 70 年代初期登上法国知识界象牙塔顶层的法国著名思想家米歇尔·福柯亦曾对权力与知识之间的关系问题展开过深入的研究②,并提出了一系列令人耳目一新的观点。

在"五月风暴"期间与 70 年代初期,法国知识界流行的权力观是把权力归结为禁止。在为数不少的人眼里,权力就是执行禁止的人,阻止别人去做某些事情。福柯对这一陈见颇不以为然,提出权力是某种更为复杂得多的东西。福柯还认为,"权力在一个我们这样的社会里行使和运转的方式,归根到底还没有很好地被认识到"③。为此,福柯围绕着权力问题展开了极为深入的研究。在这一研究过程中,福柯发现,权力和知识是共生体。即在任何时候,知识都依赖于权力,而没有知识,权力也不可能被实施。由此,福柯提出了权力—知识论。

由于权力—知识论旨在强调两者之间的密切关系,因此,就使得福柯必然要去探讨一番权力与知识分子的关系问题。1972 年 3 月 4 日,

① 该刊物已在 2004 年 11 月停刊。
② 1970 年 12 月,他与雷蒙·阿隆和当代法国史学大师、著名的中世纪史专家乔治·杜比(Georges Duby)一起当选为法兰西学院(Collège de France,一译法兰西公学)教授。其学术地位之高,由此可见一斑。
③ 徐崇温:《结构主义与后结构主义》,辽宁人民出版社 1980 年版,第 311 页。

福柯与吉尔·德娄泽（Gilles Deleuze）①一起就"知识分子与权力"这一问题展开了对话。

福柯在这次对话中首先认为，知识分子的政治化，传统上是从两件事情上开始的：其一是知识分子在资产阶级社会、资本主义制度和意识形态中的地位（被剥削，被遗弃，被"诅咒"，被指控犯有颠覆罪和不道德，贫穷，等等）；其二是知识分子的言论（因为这种言论揭示了某种真理，并从中发现了一些人们尚未觉察的政治关系）。"政治化的两种形式相互之间并不陌生，但也决不重合。以前有'被诅咒者'和'社会主义者'两种类型。但两种政治化在某些权力强烈对抗的时刻很容易混淆，像 1848 年以后，巴黎公社以后，1940 年以后……知识分子向那些尚未看到真理的人以无法说出真理的人的名义道出了真理：意识和雄辩。"紧接着，福柯指出：自 1968 年"五月风暴"以后，"知识分子发现，群众不再需要通过他们来获得知识"；（因为）群众已完全清楚地掌握了知识，甚至比他们②掌握得更多更好；而且，他们亦完全有能力表达自己的想法。③ 由此，福柯宣称，知识分子的角色"不再是为了道出大众'沉默的真理'而'向前站或靠边站'了，而更多的是同那种把他们既当作控制对象又当作工具的权力形式作斗争，即反对'知识'、'真理'、'意识'、'话语'的秩序"④。

次年 5 月中旬，福柯与雷诺汽车工厂一位名叫罗泽的法籍葡萄牙工人就知识分子的作用问题进行了深入交谈，该访谈录不久在 5 月 26 日的《解放报》上全文发表。

在所发表的访谈录中，福柯针对罗泽的这一说法，亦即"一个准备为人民服务的知识分子的作用能够更广泛地反射被剥削者的光芒。它是一面镜子"，在答复中重申了自己关于知识分子角色的看法："我不知

---

① 吉尔·德娄泽（Gilles Deleuze，1925—1995），一译德勒兹，法国著名哲学家。

② 指知识分子——笔者注。

③ 参见福柯：《知识分子与权力》，载于杜小真主编：《福柯集》，远东出版社 1998 年版，第 205 页。

④ 参见福柯：《知识分子与权力》，载于杜小真主编：《福柯集》，远东出版社 1998 年版，第 206 页。

道你是否有些夸大知识分子的作用。我们承认工人不需要知识分子来告诉他们在干什么，他们自己对此非常清楚。我认为知识分子是一种与信息机器而不是与生产机器相关联的类型。他可以让人们听到他的声音。他可以在报纸上写文章，阐明自己的观点。他还与过去的信息机构相联系。他大量阅读书籍，从中获取知识，而其他人却不能直接拥有这些知识。所以，他的作用不是培养工人的意识，因为工人意识存在着，而是使这种意识、这种工人的知识进入信息体系，使它得到传播并最终达到帮助其他工人或那些不曾意识到发生的事情的人们的目的。我同意你把镜子看成是传播方式的说法。……我们可以这样认为：知识分子的知识与工人的知识相比，永远是局部的。我们所知道的有关法国革命史的知识与工人阶级所掌握的广泛知识相比，完全是局部的。"①

不仅如此，在 1980 年 4 月 6 日、7 日《世界报》发表的福柯与克里斯蒂安·德拉康帕涅（Christian Delacampagne）②的访谈录中，福柯竟然扬言，"我觉得'知识分子'这个词很怪。就我个人而言，可以说是从来没有遇到过任何知识分子。我遇到过写小说的人，治病的人，在经济领域工作的人，创作电子音乐的人。我遇到教书的人，绘画的人，还有我从不知道他们干些什么的人。可就是没有遇到过知识分子，另一方面，我却遇到过很多谈论'知识分子'的人。从他们的言谈中，我总算对那是个什么东西有点印象了。这并不困难——他是相当人格化的。他对差不多任何事情都怀有负罪感：无论是说话，保持沉默，什么也不做，或者什么都做……简言之，知识分子是判决、课刑、放逐的原料。"③

如果说，上面引述的话还只是一鳞半爪地反映了福柯对新的社会历史条件下的知识分子的看法的话，那么，他对两种知识分子概念的区分显然最能体现他的知识分子观。

---

① Michele Foucault, l'intellectuel sert à rassembles les idées, mais · · · son savoir est partiel par rapport au savoir ouvrier, *Libération*, 26 mai 1973.

② 克里斯蒂安·德拉康帕涅（Christian Delacampagne, 1949—2007），法国哲学家。

③ 参见包亚明主编：《权力的眼睛——福柯访谈录》，严锋译，上海人民出版社 1997 年版，第 102 页。

在福柯的笔下,知识分子可分为两大类。第一种类型是伏尔泰(Voltaire)、萨特式的"普遍型知识分子"。这种知识分子表达并拥有作为真理和正义的主人而发言的权利,并用普遍正义和公正的法律理想来抗衡权力、专制和为富不仁。福柯认为,这种类型的知识分子"实际上源自一种非常特殊的历史人物——司法人员,法律界人士。这种人物用正义的普遍性和理想法律的公正性来抗衡权力、专制、流弊、财富的霸道。18 世纪的重大斗争是围绕法律、权利、宪法、合乎理性和自然的东西展开的。今天人们所说的知识分子(也就是政治意义上而不是社会学或职业意义上的知识分子,即,将其知识、能力及其同真理的关系应用于政治斗争者)来自于法学家,即依靠公正法律的普遍性在必要时抗衡专职法律界人士的人(在法国,伏尔泰是这类知识分子的典范)。普遍型知识分子来自名人——法学家,并在作家身上得到最充分的体现,因为作家掌握着所有人都能从中认识自己的意义和价值。"①在福柯看来,18 世纪的伏尔泰与 20 世纪的萨特堪称"普遍知识分子"的最突出的代表。

知识分子的第二种类型则是以原子物理学家奥本海默(Oppenheimer)②为代表的"专业型知识分子"。在福柯看来,从第二次世界大战结束起,"普遍知识分子"开始逐渐消失。随着理论与实践之间关系的新模式的确立,知识分子不再扮演"普遍"、"典范"、"放之四海而皆准"的角色,而是专注于"专门的"和"局部的"区域。因为他们的职业工作条件或者生活条件已经把他们固定在某一特殊的地方,如实验室、大学、医院、家庭,等等。福柯认为,尤其是在 60 年代前后,随着科技革命的发展,由于"科技结构在经济和战略领域的扩展",由于科学合理化的扩展和职业分工的细密,"普遍型知识分子"已经被"专业型知识分子"所取代。"专业型知识分子"不再是以文人为代表,而是以专家—学者为代表。

---

① 参见福柯:《米歇尔·福柯访谈录》,载于杜小真主编:《福柯集》,远东出版社 1998 年版,第 443 页。

② 罗伯特·奥本海默(Robert Oppenheimer,1904—1967),美国著名原子物理学家,"曼哈顿工程"的负责人,被称为"原子弹之父"。

福柯在将知识分子进行分类的同时还强调："我们正处在一个必须对特殊型知识分子的职能重新考虑的时刻。不是丢弃这些职能,尽管有人还在怀念普遍型大知识分子(他们说:'我们需要一种哲学,一种世界观');我们只需想一想在精神病学领域取得的重大成果:这些成果证明,局部的和特殊的斗争不是一个错误,没有把人们引入绝境。甚至可以说,特殊型知识分子的作用将越来越重要,并同他们作为原子学家、遗传学家、信息论专家、药理学家或其他专家而必须承担的政治责任相适应。特殊型知识分子同某种局部知识有着特殊的关系。如果借口这是专家的事,与大众无关(此话双重不实,一是因为大众已经意识到这一问题,二是不管怎样他们已被牵连进去),或者借口特殊型知识分子服务于资本和国家利益(这不假,但同时也表明他们占据着战略位置),或者还借口他们在传递某种唯科学主义观念(这一点并非始终正确,而且其重要性可能只是第二位的,相比之下,真实话语所固有的作用则是首要的)——如果以这些借口贬低特殊型知识分子同局部知识的特殊关系,都是很危险的。"[①]

福柯在对知识分子进行分类时还认为,在知识分子身上,现在必须加以考虑的并非是"普遍价值观的持有者",而是占据特殊地位的人,而这种地位的特殊性,在像法国这样的社会中,是同真理机构的总体职能联系在一起的。

福柯在指出这一点的同时还剖析了法国知识分子所隶属的三重特殊性及其产生的影响:第一,阶级地位的特殊性。由于知识分子或者是服务于资本主义的小资产阶级,或者是无产阶级的有机部分,因而,"知识分子实际上越来越接近无产阶级和大众"。第二,与他们的作为知识分子的条件相关的生活和工作条件的特殊性。现在的知识分子"不是按照'普遍的'、'楷模的'、'代表正义和真理的'模式工作,而是在一定的专业范围、在一定生活或工作环境(住所、医院、疯人院、实验室、大学、家庭以及性关系)中工作"。他们面临的是实际的、物质的、日常的

① 参见福柯:《米歇尔·福柯访谈录》,载于杜小真主编:《福柯集》,远东出版社 1998 年版,第 445 页。

斗争问题,而且他们是以不同的形式面临与无产阶级、农民和大众所面临的敌手相同的敌手,如跨国公司、法律、警察机构和财产投机商,等等。第三,(我们)社会中的"真理"政策的特殊性。福柯认为,正是在最后一点上,知识分子的地位能够具有某种普遍的意义,他所从事的局部或特殊的斗争因他而产生一些不单单具有职业或部门性质的效能和结果。在自己领域里的"特定斗争"能影响"真"陈述借以在一个社会里被权力机制生产出来的方法。对他们来说,其基本的政治作用并不是批判科学可能具有的意识形态内容或弄清他们的科学实践伴随着正确的意识形态,而是认识到确立起一种新的真理政治学是可能的。要言之,问题并不是改变人们的"意识",或者他们头脑中的一切,而是改变真理生产的政治、经济和机构秩序。同时,问题也不是把真理从每个权力体系中解放出来(因为真理本身早已是权力),而是使真理的权力偏离它目前在其中发生作用的社会的、经济的和文化的霸权形式。①

总之,福柯通过对两种知识分子概念的区分,尤其是通过对当代知识分子所具有的三重特殊性的强调,对知识分子和大众的关系以及知识分子的社会政治角色做出了新的规定,即知识分子已不再是全世界的代表,同时也不应该继续以"普遍价值观的承担者"自居,而应该脚踏实地地投入具体的斗争。由于福柯此时在法国知识界的地位已如日中天,因而,他的知识分子观对这一时期法国知识分子的自我定位以及"介入"方式的转型产生了不容忽视的影响。

四 作为社会抗议运动先锋的知识分子

雷蒙·阿隆在其回忆录中曾经指出,"1968 年 5 月事件,正如法国历次革命一样,不会事过境迁,在过去的雾气中消失"②。事实确实如

---

① 参见福柯:《米歇尔·福柯访谈录》,载于杜小真主编:《福柯集》,远东出版社 1998 年版,第 446—447 页。

② 阿隆:《雷蒙·阿隆回忆录》,第 589 页。

此,其佐证之一就是从 70 年代初起,法国不少左翼知识分子在"五月风暴"余波的影响下,积极寻求新的政治行动方式,并开始热衷于行动主义。在这一过程中,他们把触角伸向了女权运动、保护生态运动、反精神病学运动与监狱改革运动等新的斗争领域。其中,以福柯为首的知识分子群体在监狱改革运动中所起的先锋作用在当时尤其给人留下了深刻的印象。

作为"五月风暴"的余波之一,60 年代末、70 年代初法国极左派学生发动的社会抗议活动经常带有暴力的色彩,许多人因此而银铛入狱。1970 年 9 月,近 30 名被关押的青年左派学生在狱中进行绝食斗争,要求获得政治犯的正式身份并享受政治犯应享有的专门待遇,如阅读书籍和报刊。此前,他们在入狱后一直被有关方面当作"普通法"的犯人来对待。与此同时,他们还要求改善所有犯人的待遇。绝食者们的斗争引起了包括知识分子在内的社会各界对监狱情况的广泛关注。

1971 年初,福柯与《精神》杂志的编辑让一玛丽·多梅纳克和曾因首先谴责法国军队在阿尔及利亚使用酷刑而名噪一时的历史学家彼埃尔·维达尔一纳盖(Pierre Vidal-Naquet)联手创立了"监狱情况报道小组"(Groupe d'information sur les prisons,简称 GIP)。同年 2 月 8 日,福柯在新闻发布会上宣读了一份声明:

> 我们当中谁都不能肯定自己会逃脱坐牢的命运。今天比以往任何时候都更加不能肯定。我们的日常生活被控制得越来越严了:在街上,在公路上;在外国人和年轻人周围,这种监视无所不在;言论罪又出现在法律之中;反毒品的措施里专断的内容越来越多。我们处于被"监视"的状态中。有人对我们说,司法机关无能为力。这一点我们看得很清楚。可是,如果是警察使法庭力不从心呢? 有人对我们说,监狱已经人满为患,可是,如果监狱里关的都是老百姓呢?[1]

----

[1]　Michel Winock, *Le siècle des intellectuels*, p.720.

福柯在声明中指出,关于监狱的情况几乎很少披露。"它是我们社会制度的一个隐蔽领域,我们生活的一个黑暗角落。这就是为什么我们与一些法官、律师、新闻记者、医生和精神分析医生一起创立了 GIP。"①

GIP 是一个由各方人士组成的松散型的团体。它的宗旨并不是要抗议监狱的存在,而是收集和公布监狱情况,使社会公众知晓监狱的情况和犯人的待遇。GIP 先后编辑出版了四个小册子。

第一个小册子是 1971 年 5 月由自由论坛出版社出版的《二十个监狱调查》。在该小册子的序言中,详细阐释了"监狱情况报道小组"的目的:"法庭、监狱、医院、精神病院、职业医院、大学、新闻和信息机构:通过这些机构和不同的面具表现出的是压迫,而它的根源是政治压迫。被剥削阶级虽然总是能识别出它,从未停止过反抗它,但他们又不得不忍受它。不过,现在一些新的社会阶层——知识分子、技术人员、法学家、医生、记者等已不能容忍这种压迫。那些负责支配法律、健康、知识、信息的人们开始在他们的所作所为中感觉到政治权力的压迫。这种新生的不可容忍性恰恰与无产阶级长期进行的战斗和斗争相符合。这两种互相关联的不可容忍性重新发现了无产阶级在 19 世纪创造的方法:首先由工人阶级自己对工人的条件进行调整。这就是我们现在进行的不可容忍性调查。"②该小册子的正文是对 20 座监狱的犯人进行调查的结果。第二个小册子的内容是关于一家"模范监狱"——弗洛里梅诺吉监狱的调查报告。第三个小册子是关于一个名叫乔治·雅杰克逊犯人于 1971 年 8 月 21 日在美国圣一刚但监狱被害的报告。第四个小册子是关于犯人自杀情况的报道。

作为"监狱情况报道小组"的核心人物,福柯在这一运动过程中始终认为并再三强调:需要做的不是替犯人说话,而是为他们提供说话的机会,讲出监狱的真实情况。由于"监狱情况报道小组"多次在监狱前组织

---

① 转引自刘北成:《福柯——思想肖像》,北京师范大学出版 1995 年版,第 204 页。

② 迪迪埃·埃里蓬:《权力与反抗——米歇尔·福柯传》,谢强等译,北京大学出版社 1997 年版,第 250 页。

集会,散发传单和调查表,福柯等人在警察驱散集会时曾被击打,甚至被拘审。应当说,"监狱情况报道小组"及其在法国各地建立的一些委员会在打开监狱与公众之间交流的通道、推进司法改革方面做出了许多成绩。但更为重要的是,正如德娄泽在1986年发表的一篇访谈录中所指出的那样,它的活动显示了一种新的知识分子的参与方式,即不是以某种理想或价值观的名义采取行动,而是关注一直不为人注意的现实;不是代替别人说话,而是揭示忍无可忍的状况,让受压迫者自己说话。

在70年代初法国知识分子所热衷的各种社会抗议运动中,妇女解放运动占有非常突出的地位。1970年5月,由让－艾德尔登·哈利埃(Jean-Edern Hallier)创办于1969年12月的《国际白痴》(L'Idiot international)出版了《为妇女解放而战》的专刊。同年8月,由波伏瓦领导的"妇女解放运动"(MFL)在巴黎凯旋门的无名战士墓前组织了一次示威活动,并在示威中宣称:"还有人比无名战士还要'无名',这就是无名战士之妻。"①此说很快就在全法,乃至在同样进行妇女解放运动的欧美各国引起了强烈的共鸣。同年11月,法国著名的女性杂志《她》(Elle)在1789年法国大革命前夕举行过三级会议的地点——凡尔赛举行了一次"妇女的三级会议"。

此期法国妇女解放运动的一个重要目标是争取堕胎的合法权利。在这一斗争过程中,法国的一些著名的女知识分子扮演了最重要的角色。比如,1971年4月5日,波伏瓦、玛格丽特·杜拉斯等343名女性知名人士在《新观察家》上发表了赞同堕胎的宣言,并在宣言中公开承认自己曾经堕过胎。②此举在当时引起了轰动。此后不久,法国涌现了一大批新的争取妇女解放的组织,其中影响最大的组织之一是由女律师吉赛尔·哈莉米(Gisèle Halimi)创建的"选择"。

需要指出的是,这一时期法国的妇女解放运动与早年的妇女解放运动相比具有许多新的特点。比如说,早年的妇女解放运动只注重争取获得同男人平等的机会和权利,如同工同酬和平等的政治选举权,而

---

① Michel Winock, *Le Siècle des Intellectuels*, p. 723.
② Le manifeste des 343, *Le Nouvel Observateur*, le 5 avril, 1971.

此期的妇女解放运动则在后结构主义和西方马克思主义理论的影响下，从原先的"注重男女平等"改为强调"性别差异和独特性"上，并以这种"差异性"为名否定男权统治。

70 年代初，法国知识分子还积极投身于保卫移民权利的斗争。1971 年秋，一位移民到法国的阿尔及利亚青年杰拉里·邦·阿里在街头被人枪杀。类似的事情过去时有发生，并未引起人们过多的关注。但此次种族主义暴行却不然，它很快就促使法国的知识分子行动起来。11 月 27 日，萨特、福柯等人聚在一起，成立了杰拉里事件调查委员会，并积极准备组织示威游行。在他们的努力下，杰拉里事件调查委员会不久发展成了"保卫移民权利委员会"。该组织在抑制种族主义、改善移民的处境方面起了很大的作用。

在这一斗争过程中，福柯与萨特这两位曾在数年前展开过思想交锋的新老哲学大师引人瞩目地走到了一起，并肩参加示威游行。而克洛德·莫里亚克，这位原戴高乐派知识分子的重要成员，亦最终完成了始自"五月风暴"的政治转变，成为一名活跃在这一当时被称为"斗争阵线"前哨的左翼知识分子。1972 年 7 月，当巴黎郊区发生暴徒用棍棒和催泪瓦斯袭击来自南斯拉夫的移民、劫持和轮奸移民中的少女的事件时，萨特、福柯、杜拉斯等知识界的名流共同发表声明，对这一暴行进行了严厉的谴责，并号召大家声援受害者。

从 70 年代中期起，法国知识分子在声援苏联等国家中的不同政见者与捍卫人权等方面也极为活跃。在这一过程中，左右两翼的知识分子有时也走到了一起。

1975 年 9 月，当西班牙的佛朗哥（Franco）独裁政权处死了两名巴斯克分离主义运动的成员，并且还将准备对 8 名"反法西斯爱国革命阵线"成员（其中两名系孕妇）处以绞刑时，法国的知识分子再次被激怒了。福柯迅速地起草了一份抗议书，并征集到了萨特、马尔罗、阿拉贡和生物学家弗朗索瓦·雅各布（François Jacob）①等著名知识分子的签

---

① 弗朗索瓦·雅各布（François Jacob，1920－），法国著名生物学家，1965 年诺贝尔生理学及医学奖获得者。

名。9 月 22 日,福柯与电影明星伊夫·蒙当(Yves Montand)①、女作家杜拉斯、著名记者让·拉库迪尔(Jean Lacouture)以及莫里亚克、德勃雷、科斯塔—加夫拉(Costa-Gavras)②等一行 7 人携带抗议书乘飞机抵达马德里,并在预订的旅馆里召开新闻发布会,宣读了抗议书。结果被西班牙当局强行押送出境。

　　1976 年,苏联医学家斯特恩(Stern)因拒绝克格勃要他阻止两个儿子移居以色列的要求受到迫害。是年 3 月 25 日,萨特联合其他 50 名诺贝尔奖获得者向苏联政府呼吁释放斯特恩。同年 12 月 17 日,福柯在应邀参加法国电视二台著名主持人贝尔纳·皮沃(Bernard Pivot)主持的、设在卢浮宫的讨论"人类的未来"的电视直播节目时,出人意料地利用这一机会向电视观众大谈起斯特恩事件,使之成为一个公众话题。迫于各方面的压力,苏联当局终于把斯特恩从监狱里放了出来,并允许他在次年 6 月来到巴黎。

　　1977 年 6 月 21 日,正当吉斯卡尔·德斯坦总统在爱丽舍宫会见对法国进行正式访问的苏共中央总书记勃列日涅夫时,萨特、福柯、巴尔特、雅各布和格卢克斯曼等人为了表示对包括苏联在内的东方国家持不同政见者的支持,在爱丽舍宫附近优雅的雷卡米埃剧场为所有流亡巴黎的苏联及东欧国家的持不同政见者举行了一个招待晚会,公开向勃列日涅夫示威。

　　1980 年波兰实行全国军管时,福柯与皮埃尔·布尔迪厄(Pierre Bourdieu)③联袂起草了一份声明,抨击波兰领导人雅鲁泽尔斯基将军"篡夺权力",指责法国社会党政府对事态的暧昧态度:"法国政府不应像莫斯科和华盛顿那样,要让人们相信:在波兰建立军事专制是应由波兰人民自己决定自己命运的内政。这是不道德和欺骗的断语……1936年西班牙社会主义政府曾面临一场军事政变;1956 年,匈牙利社会主义政府遭受镇压;1981 年,华沙社会主义政府又遭到一场政变。他们不希

---

　　① 伊夫·蒙当(Yves Montand,1921－1991),法国著名影星、歌星。
　　② 科斯塔—加夫拉(Costa-Gavras,1933－),法籍希腊裔著名导演。
　　③ 皮埃尔·布尔迪厄(Pierre Bourdieu,1930－2002),法国著名社会学家,90 年代公共知识界领军人物。

望这届政府采取前任的态度。我们提请它记住,它曾许诺用国际主义道德义务反对现实政治的义务。"①很快地,格卢克斯曼、维达尔一纳盖、莫里亚克等一大批文化名人在声明上签字,并由蒙当在电台宣读了这一声明。由于社会党总书记若斯潘和文化部长杰克·朗(Jack Lang)声称福柯一布尔迪厄声明是"知识分子抽风"、"小丑行为",导致原先对社会党政府寄予厚望的福柯等一批著名知识分子与社会党政府分道扬镳。

值得一提的是,1979 年 6 月,在法国知识分子为营救越南船民行动举行的记者招待会上,萨特和阿隆两人坐到了一起。左翼知识分子的领袖与自由主义知识分子的盟主在经过数十年的对抗之后再次握手合作,被不少法国知识分子视为是具有重要象征意义的事件。

需要指出的是,在 70 年代,作为社会抗议运动先锋的法国知识分子采取最多的斗争方式依然还是发表公开信或呼吁书。对此,波伏瓦在《告别的仪式》一书中曾描述了萨特 1977 年前半年在这方面的所为:

> 1 月 9 日,支持处境困难的《政治周刊》的呼吁书,1 月 23 日,反对摩洛哥镇压的呼吁书;3 月 22 日,一封致拉瓦尔法庭庭长的信,信中表示支持伊万·皮诺(Yvan Pineau),他因退回自己的军籍簿而被控告;3 月 26 日,抗议一名歌唱家在尼日利亚被逮捕的信;3 月27 日,为争取阿根廷公民自由权的呼吁书;6 月 29 日,寄给贝尔格莱德会议的请愿书,反对在意大利的镇压;7 月 1 日,反对巴西政治形势恶化的抗议信。②

无独有偶,此期在法国文坛大红大紫的著名女作家杜拉斯也经常为各种呼吁书或抗议信签名。而在法国思想界的地位如日中天的福柯则几乎每天都有人找上门来征集签名。

---

① 迪迪埃·埃里蓬:《权力与反抗——米歇尔·福柯传》,第 335—336 页。
② 西蒙娜·德·波伏瓦:《萨特传》,黄忠晶译,百花洲文艺出版社 1996 年版,第 119 页。

第八章　知识分子没有"终结"
——80 年代以来的法国知识分子

一　法国知识界的剧变

80 年代初期,法国知识界的两大巨星萨特与雷蒙·阿隆相继谢世。在这前后,数名在年龄上要比他们小一辈左右的知识精英也过早地结束了自己的生命,或者是虽生犹死。这一切,使得这一时期的法国知识分子不时地与各种追悼仪式打交道,并经常地沉浸在悲痛之中。

始自 70 年代中期,亦即法国左翼知识分子的"辉煌的 30 年"最终画上句号之际,既老又病的萨特的身体状况日趋恶化,他不仅身体虚弱,而且还双目失明。但他并不服老,更不愿停止表达自己的仍带有激进色彩的思想。1980 年 3 月,萨特在接见记者时说:"我将在至多五年内死去,在实际上我想是十年,但很可能是五年。总而言之,这个世界看来是丑恶的、坏的和没有希望的。这是一个将在其中死去的老人怀有的安详的绝望心情。但是,恰巧是这一点,我坚持反抗,而且我意识到,我将在希望中死去,但这个希望,必须加以创建。"①就在这次谈话后不久,萨特因肺水肿住进医院。4 月 15 日晚 9 时,一代思想巨人萨特病逝于医院,享年 75 岁。

萨特逝世的消息传出后,整个法国,乃至全世界都受到强烈震动。各国的通讯社、报纸和电台立即发布消息、文章和各种评论。时任法国总统吉斯卡尔·德斯坦宣称,萨特逝世,就好像我们这个时代陨落了一

---

① 　高宣扬:《萨特传》,作家出版社 1988 年版,第 300 页。

颗明亮的智慧之星。时任法国政府总理雷蒙·巴尔(Raymond Barre)则说，萨特是"当今时代最伟大的哲学家"，他的逝世"使法国和国际思想界蒙受了损失"。与此同时，法国与其他国家的知识分子也纷纷写文章和发表谈话表示最深切的悼念。

法国著名的哲学家和社会学家莫德加·莫兰(Edgar Morin)把萨特誉为"左派知识分子的发言人、象征和英雄"。他说，萨特自1945年以来一直不停地"探索政治的真谛，他的探索是为了保护受压迫的人，与特权阶级无关；是为了求得团结，没有妄自尊大的孤独；是为了寻找历史的现身说法，没有抽象的理念；是为了采取有效的行动，没有滔滔不绝的宣言。唯其如此，他在漫长的道路上看到了革命思想的全部问题和变化"①。

福柯则肯定萨特在提高公众的思想和政治觉悟方面所起的重要作用："自战争结束以后……我们看到，具有深厚学术根基的思想……开始面向广大的公众而不是仅仅面向大学。现在，即使没有类似萨特那种地位的人来继续这项事业，这种现象也已经变得很普通了。只有萨特，或者说萨特和梅洛—庞蒂，能够做到这一点。"②

就连萨特的老对头雷蒙·阿隆也在萨特逝世时在《快报》上发表文章向萨特表示敬意，肯定"萨特一生都是一位深刻的伦理学家"。他还写道："尽管他受革命绝对主义的逻辑的影响，写了一些关于暴力的文章，比如法农的那本书《全世界受苦的人》的前言，就可以收在有迷惑力的文学作品选读里……他从来没有向他所观察到的、他所批判的社会生活低头。他认为，这种生活不适合于他理想中的人类。乌托邦？太平盛世论？更确切地说，是对另一种人与人之间的关系的希望或渴求。"③

4月19日为萨特遗体举行安葬仪式时，5万多人列队护送萨特的灵柩前往蒙帕纳斯公墓。是时，伫立在道路两旁目送灵车的人群不计其数，更多人则守着电视机收看电视转播。当灵车到达蒙帕纳斯公墓时，公墓内外早已人山人海，使得灵车一再受阻。总之，其场面极为感人。

---

① 柳鸣九：《萨特研究》，第512页。
② 参见刘北成：《福柯——思想肖像》，第285页。
③ Michel Winock, *Le Siècle des Intellectuels*, Paris：Seuil, 1999，p. 756.

3 年后,战后法国另一位最有影响力的思想家雷蒙·阿隆也因心脏病发作而在 1983 年 10 月 17 日辞别人世,法国知识界再次遭受重创。

　　阿隆一生致力于哲学、政治、军事、经济和历史等方面的研究,知识渊博,著作等身。他曾执政于欧美著名学府,并先后被英、美等国科学院和牛津大学等授予荣誉院士或荣誉博士称号,此外,在 1970 年,阿隆还以其卓越的学术成就入选法兰西学院。阿隆同时还是法国 20 世纪首屈一指的社论作者和专栏作家。他头脑清晰,思维敏捷,擅长分析,能够在错综复杂的现象中抓住问题实质,提出独到的见解。更难能可贵的是,他作为法国自由派知识界的代言人,能够直言不讳地讲出西方政治家想讲而不能讲的思想。然而,由于法国知识界在战后相当长的时间里为以萨特为首的左翼知识分子所左右,使得阿隆在知识界有如一个孤独的斗士。他的名声被其同窗、后来的对头萨特远远地盖过。但是,阿隆并没有气馁。阿隆说,尼采曾预言,20 世纪将是以哲学名义进行大战的世纪,而他就是试图以自己的著述参加大战。正因为如此,在几十年的风风雨雨中,阿隆多次战胜从政的诱惑,坚持以学者和记者的身份观察着 20 世纪的风云变幻,并始终把自己定位为"介入的旁观者"。

　　从 1979 年开始,自知死神已向他逼近的阿隆把自己的主要精力用于撰写自己的回忆录。他为这部回忆录取了个副标题:"50 年的政治思考"。① 在该书中,阿隆有意突出自己与 20 世纪历史密切联系的精神历程,同时淡化他认为没多大意思的个人生平。没想到,这部厚达 750 页、艰涩难懂的巨著在 1983 年出版时获得了巨大的成功。在短短的时间里,该书就售出了数十万册。法国的各种报刊、电台与电视台等均把该书的问世作为当年的文坛大事,给予了极高的评价。尤其令人感慨的是,不少当年深受萨特影响的左翼知识分子在看了《回忆录》之后,纷纷写信给阿隆,对自己长期来误解他,并对他抱着敌对态度表示深深的歉意。这当中,以法国著名的现代史专家、原左翼知识分子米歇尔·维诺克的信最具代表性,信中写道:

---

　　① Raymond Aron,*Mémoires*,*50 ans de réflexion politique*,Paris:Julliard,1983.

我想向你表达阅读你的大作时我体验到的精神上的快乐。和今天许许多多敬佩你的人一样,我来自左翼,甚至极左翼,在大约25年间,你的名字对我们来说意味着——套用你的友人尼赞的话说——"看门狗"。就我而言,我从未分享这种共同的厌恶,道理很简单:20岁那年,我为阿尔及利亚的独立战斗时,曾把你的《阿尔及利亚的悲剧》当作我们最好的战斗武器之一。不过,你仍是《费加罗报》的人,就是说资本家的人。你是聪明的对手,但还是对手。我的情况很普通。法国知识界的心理环境使我长期远离你的大部分著述。1962年至1975年我一直在《精神》杂志工作,在那里我从未听到过敌视你的言论;大家尊重知识分子,但和别处一样对你有怀疑:你是有钱人一边的。与此同时,我在万桑大学任教——从它成立至1976年,我猜你想象得出我们的左翼学生是怎样厚待你的。然而,正是在万桑大学这些年,我真正开始读你的书……并劝别人读你的书。周围的左派和你有个共同点,即反共,尽管性质不同。我和几个后来成为我的朋友的大学生,把你视为一个有争议的作者,就是说完全不同于一个遭人痛恨或遭禁的作者。随着知识分子的非马克思主义化,我们开始真正发现了你。回顾往事,我佩服你迎着风浪,顶住来自你的天然环境,来自知识界的压力,坚持自己的立场。单凭你早已有的把政治分析与感情分开的愿望是不够的,你还需要平静超凡的精神勇气。如今的报复多么痛快淋漓。①

　　然而,就在这一年的10月17日,阿隆因心脏病发作猝然而死。阿隆的突然谢世使刚刚通过其《回忆录》进一步认识其人其作品之价值的舆论惊呆了。人们痛悼法国失去了本世纪最后一位思想导师。当时的法国总统密特朗向阿隆夫人发去唁电,向这位"主张对话、信念坚定、学养深厚的人"表示致敬;②基辛格将阿隆称为"我的导师",并感叹:"没有

---

　　① 巴维雷兹:《历史的见证——雷蒙·阿隆传》,第436—437页。另,该段译文中的《思想》(*Esprit*)杂志似应改译成《精神》杂志。

　　② Robert Colquhoun, *Raymond Aron*, London : Sage Publication, 1986, p.593.

雷蒙·阿隆,世界将感到更加孤独与空虚";①法国所有的著名报刊都做出了反应,《解放报》(*Libération*)以"法国失去了自己的老师"作为标题,②《世界报》(*Le Monde*)为纪念这位"清醒而睿智的教授"辟出了整整三个版面,③《新观察家》(*Le Nouvel Observateur*)和《快报》(*L'Express*)则分别发表了大量悼念这位"超凡出众"的知识分子的文章。④

随着萨特与阿隆的相继逝世,两人之间持续数十年之久的"世纪之争"亦最终画上了句号。值得人们深思的是,两人生前的一荣一冷的命运在其逝世多年后出现了逆转。随着苏联、东欧的社会主义相继遭受巨大的挫折,西方知识分子中的激进主义消退,而传统的自由主义得到加强。这一趋势在法国知识界的表现是:卢梭—萨特一派的激进思想日趋衰落,而孟德斯鸠—托克维尔—阿隆的传统自由派思想正逐渐占据上风。具体表现在萨特与阿隆身上,则是萨特那些充满光彩和激情的著作中的许多观点已不能不受到历史的严厉责难,而自称"从未以辩证的名义去为无法辩护的东西进行辩护"的阿隆,以其著作中反映出来的明澈的理性和无懈可击的分析能力日益被人誉为"智坛巨星"、"思想泰斗"。

如果说,萨特与阿隆撒手人寰标志着一代知识分子的结束的话,那么,以下几位在辈分上比他们要低一辈左右的知识精英的早逝或精神失常,也使法国知识界蒙受了巨大的损失。

1979年10月3日,以结构主义的国家理论和阶级理论蜚声知识界的尼科·濮兰查斯(Nico Poulantzas)⑤用自杀手段结束了自己的生命,时年43岁。

1980年2月,一位与列维—斯特劳斯、福柯、拉康齐名的学术名流,身后被誉为法国当代最优秀的文学批评家、巴黎结构主义的重要代表之一罗兰·巴特因穿越街道时被卡车撞伤,在一个月后不治身亡,时年65岁。

---

① Robert Colquhoun,*Raymond Aron*,p. 594.

② "La France perd son prof",*Libération*,18. 10. 1983.

③ Robert Colquhoun,*Raymond Aron*,London:Sage Publication,1986,p. 593.

④ Robert Colquhoun,*Raymond Aron*,p. 593.

⑤ 尼科·濮兰查斯(Nico Poulantzas,1936—1979),出生于希腊的法国哲学家。

同年 11 月 16 日,62 岁的阿尔杜塞为长他 10 岁的妻子按摩颈部时,因躁郁症发作勒死了妻子。事后,阿尔杜塞被送进精神病院监护起来,处于虽生犹死的状态。1990 年,阿尔杜塞死于一家老人院。

更让人没想到的是,1984 年 6 月 25 日,年仅 58 岁,且已在萨特之后被推上法国思想界顶峰的福柯竟因患上艾滋病而溘然长辞。消息传来,法国乃至世界知识界都为之惋惜,为之震动。包括《世界报》、《费加罗报》、《新观察家》在内的各大报刊都在头版或重要位置发布消息和悼念文章。其中在 6 月 29 日出版的《新观察家》上,法国年鉴学派的史学大师费尔南·布罗代尔(Fernand Braudel)①称福柯之死使"法国丧失了这个时代的一个最辉煌的思想家、一个最富有创造力的知识分子"。更多的知识分子认为,"萨特和福柯的相继逝世是两个时代的死亡"。不少人带着一种惆怅的失落感茫然不知所措。

从总体上看,并且相对而言,进入 80 年代后的法国知识分子似乎已失却了本世纪早期与中期时的激情。人们不会忘记,法国知识分子在 30 年代曾围绕着处于危机中的法国该向何处去而慷慨激昂地展开辩论,50 年代围绕着共产主义和苏联社会的性质问题势不两立地争论不休,60 年代又围绕着当代资本主义社会中存在的问题没完没了地大打笔仗。然而,进入 80 年代后,这种在整个法国社会引起极大反响的大辩论显然已经成为历史。积极参加辩论的知识分子愈来愈少,即使围绕着某些问题展开辩论,也往往局限于报纸与期刊讨论的范围之内。由于受全球性的政治气候的影响,在战后长期控制着法国知识界的左翼知识分子的势力在明显地削弱。同时,他们当中坚定地追随法共的人在日益减少,更多的共产党的同路人转向了社会党,还有一些人则在积极加入捍卫人权、保护生态斗争的同时拒绝投靠任何左翼政党。相反,不少知识分子已经回归到传统的自由主义立场,导致近代的托克维尔、当代的雷蒙·阿隆的著作一时洛阳纸贵。尤其值得注意的是,作为法国知识界领衔人物的几位著名的知识分子似乎正茫然不知所措。对此,法国著名评论家阿兰·杜阿

---

① 费尔南·布罗代尔(Fernand Braudel,1902－1985),法国著名史学家,年鉴学派第二代领军人物,法兰西学院教授。

梅尔（Alain Duhamel）曾如是评论说，他们就"仿佛是一批准备转地放牧的牧羊人，已经离开了原地，但尚不清楚去向何处"。70年代后期，吉斯卡尔·德斯坦总统曾试图拉拢他们，如他曾在爱丽舍宫为法国知识精英举行过轰动一时的"知识分子的晚餐"，但并未奏效，而80年代初上台的社会党政府也曾向他们抛出绣球，但也同样被他们所冷落。

不过，如果说社会党政府在争取"著名知识分子"方面收效甚微的话，那么，其上台执政却实实在在地演绎出了一个新的"教授共和国"：大批大、中学教授或教师出身的人进入了从中央到地方的各级政府。其中，在莫鲁瓦（Maurois）①政府的35位部长中有10位是教授，在负责部长办公室一级工作官员中，教师职业者由雷蒙·巴尔时期的13名猛增至莫鲁瓦时期的50名。当然，其最具象征意义的是，总理莫鲁瓦、国民议会长路易·梅尔马兹（Louis Mermaz）和社会党第一书记利昂内尔·若斯潘（Léonard Jospin）三人都是教师出身。莫鲁瓦出生于法国北方一个清寒的家庭，当过技校的教师；梅尔马兹拥有历史教员学衔；而小学教师家庭出身的若斯潘在从国家行政学院毕业后，虽因成绩优异被选入外交部任职，但他不久就放弃了在凯道赛的工作，宁愿在学校里教授经济学课程。

然而，新的"教授共和国"的出现并没有使法国的知识界重新振作起来。相反，随着萨特、阿隆、福柯等法国知识界的巨星一一陨落，随着知识分子们对社会党执政后的所为日益失望，法国知识分子在社会舞台上显得非常的低沉。

知识分子们的"沉默"，很快就引起了社会的关注。一时间，许多报刊在谈到知识分子时开始频频使用"危机"、"衰落"等词语来形容法国知识分子的现实处境。与此同时，法国知识分子中的一些有识之士也开始对知识分子在新的社会历史条件下的角色定位与作用重新进行审视。

例如，1980年5月，皮埃尔·诺拉（Pierre Nora）②，这位与出版社等媒体关系极其密切，且在扩大"新史学"，或曰"年鉴学派的第三代"的社

---

① 皮埃尔·莫鲁瓦（Pierre Maurois，1928—），法国政治家，1981年5月至1984年7月任政府总理。

② 皮埃尔·诺拉（Pierre Nora，1931—），法国著名史学家，法兰西研究院院士。

会影响方面贡献巨大的著名知识分子在其刚刚创办的《争鸣》(Le Débat)杂志上发表了一篇题为《知识分子们究竟能干什么?》的文章。他在此文中宣称:"权威人士型的知识分子(l'intellectuel-oracle)已经过时了。现今没有人会为自己是否该加入外籍军团或让自己的女友堕胎之类的事情去请教米歇尔·福柯,而在过去,他们会为此去向萨特讨教。尽管他①拥有极高的声望,但其身上已不再具有神职人员般的光环。知识分子正在强力地被世俗化,其作为先知的特征已不复存在。科学方面的投资已使他被淹没在一个巨大的由科研团体和科研经费等编织成的网络之中。"②

　　1983 年 7 月 26 日,社会党政府的发言人马克斯·加罗(Max Gallo)在《世界报》上发表了一篇题为《知识分子、政治、现代性》文章。③ 此文一方面号召知识分子开展对法国需要什么样的"转变"才能在经济和社会方面"赶上潮流"的讨论,另一方面也在字里行间流露出对法国知识分子未能很好地理解与支持社会党政府的抱怨:"与 1968 年 5 月事件有着明显关系的 1981 年 5 月至 6 月的事件被世人看作是左派的胜利,而作为象征性团体的知识分子没怎么参加,至少没有积极参加。因此,在这个知识分子团体和新政权之间出现了问题:相互不理解、失望,号召那些只是在形式上支持政治,但在研究上并不总是'激进'的作者们反对政府。因此,许多知识分子的情感被遗忘或遭到冷遇,或者只是被用来歌功颂德。这种情形造成严重的后果。"文章在结尾时还强调道:"国家首先需要的不是名人的名字出现在政治论坛上,而是需要它们出现在独立的、真实的思考中。"④

---

① 指福柯——笔者注。

② Pierre Nora，Que peuvent les intellectuels?，*Le Débat*，N° 1，mai 1980.

③ Max Gallo，Les intellectuels，la politique et la modernité，*Le Monde*，le 26 juillet 1983.

④ Max Gallo，Les intellectuels，la politique et la modernité.

二　利奥塔：一位"知识分子的掘墓人"?

　　马克斯·加罗发表在《世界报》上的这一文章立即在法国知识界引发了一场大论战。赞同者有之，而反对者更多。而在对此予以反驳的众多文章中，影响最大者当属当代法国著名哲学家、后现代思潮理论家、后现代话语最具代表性的人物让－弗朗索瓦·利奥塔（Jean-François Lyotard）①于同年 10 月 8 日在同一家报纸上发表的《知识分子的坟墓》一文。② 换言之，在这场关于知识分子的认同危机或身份危机的大讨论中，最引人注目者非利奥塔莫属。

　　利奥塔于 1924 年出生在巴黎市郊凡尔赛的小商人家庭，少年时代经历过第二次世界大战，亲眼目睹了纳粹德国对法国的占领。利奥塔中学时曾先后就读于布封和路易大帝中学，后入索邦大学学习哲学。当时，对利奥塔影响最大的是法国的现象学大师、存在主义哲学家梅洛－庞蒂。1950 年，他在大学毕业时因生计所迫，毅然选择了去法属阿尔及利亚东部重镇康士坦丁市的一所中学任教。在阿尔及利亚任教的几年经历，使利奥塔后来得以就法国与阿尔及利亚之间的冲突写出多篇颇有见地的文章，这些文章多发表在激进团体"社会主义或野蛮"的同名刊物，亦即《社会主义或野蛮》上。

　　1954 年，利奥塔返回巴黎，并在同年以《现象学》一书在此期高手如林的法国哲学界崭露头角③。这一时期的利奥塔同当时许多法国青年思想家一样，对现象学情有独钟。与此同时，他也和他们一样深受马克思思想的影响，对社会的非正义深感不满。为此，他后来曾加入过持不同政见的马克思主义团体"工人权力"（Pouvoir Ouvrier）。1954 年阿尔及利亚战争爆发，从 1956 起，利奥塔写了许多文章支持阿尔及利亚人民

---

① 让－弗朗索瓦·利奥塔（Jean-François Lyotard，1924—1998），法国著名哲学家。
② Jean-François Lyotard, Tombeau de l'intellectuel , Le Monde , le 8 octobre 1983.
③ Jean-François Lyotard, La Phénoménologie ,Paris ：PUF,1954.

争取民族独立的斗争。这些文章多发表在《社会主义或野蛮》这一刊物上，也正是因为如此，他不久加入了"社会主义或野蛮"这个左翼激进团体，与克洛德·勒福尔(Claude Lefort)[①]和科内利乌斯·卡斯托里亚迪(Cornelius Castoriadis)[②]等人过从甚密。在 20 世纪 60 年代的学生和工人运动中，他始终都是积极的参与者和支持者。在"五月风暴"期间，利奥塔参与了组织"五月风暴"的发源地——农泰尔学院的新左派师生联盟，并还作为《社会主义或野蛮》杂志的著名撰稿人，在法国左翼知识分子中名噪一时。

始自 70 年代上半期，在利奥塔因观点分歧等原因离开勒福尔和卡斯托里亚迪等人之后，他更多地从弗洛伊德和马克思的思想中吸取思想养料，特别是更多地关心社会和文化问题，集中讨论思想创作及美学问题。他引用马克思的政治经济学原则，并同弗洛伊德的潜意识性欲学说结合起来，完成了他的博士论文《论述和形象：一篇美学论文》(*Discours，figure*)。[③] 在这之后，他又力图从马克思、弗洛伊德和尼采哲学的角度，对人的欲望，特别是性欲的重要作用加以探讨，他在 1974 年出版的《性动力经济学》(*Economie libidinale*)[④]一书，就是他在这方面最为重要的研究成果。

利奥塔在发表《性动力经济学》之后，其整个态度发生了引人瞩目的变化。概而言之，他在学术观念上由现象学转向后结构主义者所关

---

① 克洛德·勒福尔(Claude Lefort，1924－2010)，战后法国著名的积极"介入"社会政治生活的哲学家与社会理论家，梅洛－庞蒂的得意门生和好友。勒福尔是战后法国政治哲学复兴和极权主义批判运动的主要推动者。其主要著作有《论政治(19 和 20 世纪)》(*Essais sur le politique：XIX-XX siècle*)、《多余的人——对〈古拉格群岛〉的思考》(*Un homme en trop，Réflexions sur L'Archipel du Goulag*)，等等 。

② 科内利乌斯·卡斯托里亚迪(Cornelius Castoriadis)，早年加入希腊共产党，且是该党内部托洛茨基派成员，1945 年底流亡到巴黎。此后与原为法共托派成员的克洛德·勒福尔创立"社会主义或野蛮"，该组织被一些人称为是"战后法国最重要的、最有影响的马克思主义团体"。卡斯托里亚迪激进的政治思想对"五月风暴"中的青年学生，尤其是学生运动领袖丹尼尔·科恩－邦迪具有很大影响。

③ Jean-François Lyotard，*Discours，figure*，Paris：Klincksieck，1971.

④ Jean-François Lyotard，*Economie libidinale*，Paris：Minuit，1974.

注的西方文化精神裂变特征。在政治观点上,由过去的激进主义转向保守折衷。在这一过程中,利奥塔着重对现代知识的转变和"后现代社会进"行了深入研究,并撰写和出版了给他带来国际声誉的力作《后现代的状况》(*La condition postmoderne*)。①,此书问世后很快引起西方哲学界有关后现代主义问题的深入论争,至今仍被认为是研究这一课题的经典著作之一。

值得一提的是,利奥塔在这一时期,还在其发表的《论正义》②等著述中将他的后现代理论运用于社会正义问题,将维特根斯坦后期的语言游戏理论作为基本模式,深入探索后现代社会正义的运作机制。

如前所述,1983 年 7 月 26 日,社会党政府的发言人马克斯·加罗(Max Gallo)在《世界报》上发表了一篇题为《知识分子、政治、现代性》的文章。此文一方面号召知识分子开展对法国需要什么样的"转变"才能在经济和社会方面"赶上潮流"的讨论,另一方面也在字里行间流露出对法国知识分子未能很好地理解与支持社会党政府的抱怨。加罗的这一文章发表后,立即在法国知识界引发了一场大论战。在对后现代社会进行探讨的过程中,对与之密切相关,乃至至关重要的知识的"合法性"、知识分子社会地位与作用的变迁等问题颇有研究的利奥塔,也以自己于同年 10 月 8 日发表在同一份报纸上的《知识分子的坟墓》一文参与了这场论战。

利奥塔在这篇题目就极为引人瞩目的文章中,通过附和其老师福柯关于知识分子类别与职能分化的理论,强调指出,那种为理想的统一目标而奋斗、为集体责任而牺牲个人利益的时代已成为过去,今天知识分子要破除笛卡尔以来对哲学整体论的迷信,代之以鼓励差异和自由欲念的局部独特性思维,从而从根本上颠覆一切专制赖以存在的统一性和理性根基。在文中,利奥塔耸人听闻地提出:"不应该再有'知识分子'了,如果还有的话,这是因为他们对自 18 世纪以来西方历史上的这一新事实视而不见:在现实中已不再出现普遍的主体受害者,让思想能够以它的名义提出一种同时是'世界的构想'(寻找名字)的控诉。萨特

---

① Jean-François Lyotard,*La condition postmoderne*,Paris:Minuit,1974.

② Jean-François Lyotard(avec Jean-Loup Thébaud),*Au juste*,Paris:Bourgois,1979.

试图采纳'社会经济地位最低下'的阶层的观点经引导自己穿过各种不正义的迷宫,但归根结底,这一阶层不过是一个消极的、无名的、经验的存在。我不是说没有必要关注社会经济地位最低下的阶层的命运:道德的和公民的责任要求人们这么做。但是这一观点只容许保护性的和局部的干预。如果超出这种干预范围之外,它就会把思想引入歧途,就像它把萨特的思想引入歧途一样。"①

显然,利奥塔让自己扮演了"知识分子的掘墓人"的角色,而他的"惊人之语"更是把法国知识界持续有年的关于知识分子是否已经"终结"的大讨论推向了一个新的高潮。笔者以为,利奥塔的上述论述虽然很难让我们全盘接受,但它却确实发人深省。因为,如果说,对知识分子是否已经"终结"这个问题,人们目前尚可以,而且也只能仁者见仁、智者见智的话,那么,以左拉、萨特为代表的传统意义上的知识分子已经受到全面的挑战,则是一个不争的事实。法国知识界关于知识分子是否已经"终结"的讨论也充分说明,当今法国知识分子在调适自己的社会角色时遇到了不少难题,存在着许多困惑。其中,他们必须要解决的首要难题就是如何去应对自己的认同危机,或曰身份危机。

三　布尔迪厄:左拉、萨特在世纪末的传人

正当人们为 80 年代法国知识界巨星陨落而叹息,为知识分子是否"终结"而争论的时候,一颗新星冉冉升起,接过了左拉和萨特的良知大旗,活跃在法国乃至全世界的社会舞台上,成为世纪末法国知识界一道亮丽的风景。这颗新星就是著名社会学家、法兰西学院社会学讲席教授皮埃尔·布尔迪厄(Pierre Bourdieu)。

布尔迪厄于 1930 年出生于法国西南部比利牛斯一大西洋省贝亚恩

---

① 参见利奥塔:《〈知识分子的坟墓〉与其他论文》,第 11－22 页。另,若想进一步了解利奥塔的知识分子理论,可参看秦喜清:《元叙事的危机与知识分子的坟墓——评利奥塔的知识分子理论》,载《国外社会科学》,1996 年第 2 期。

地区(Béarn)当甘(Denguin)城的一个普通公务员家庭,祖上是农民,他自己早年生活的地区也属于农村。因此布尔迪厄在一些场合或著作中也自称农民的后代。这并不是一种单纯的表白或者说故作姿态,它反映了布尔迪厄对社会中每一群体平等关注的态度,不论他们是国家精英还是平头百姓,因为他们每一个人都是布尔迪厄试图了解的社会中必不可少的因素。接下来我们就将看到,布尔迪厄最初的经验研究就是从对农民和农村的考察开始的。在其后来的名著《实践与反思》中,布尔迪厄认为,正是在这个城里人经常称为"落后"的偏僻小村庄中的生活,使他很容易理解农民的生活和心态,对他以后的研究大有帮助。[1]

1951 年,布尔迪厄考入著名的巴黎高师研修哲学,1954 年毕业通过教师证书会考,成为一名哲学教师。布尔迪厄在高师的入学时间比福柯晚 3 年,与著名历史学家艾曼纽埃尔·勒华拉杜里同级。当时的法国知识界正是"左倾化"的时代,战后左翼知识分子的"辉煌的 30 年"刚刚启幕不久,而巴黎高师正是左派知识分子的重镇,亲苏亲法共是青年学生的政治时尚,许多学生加入了法共。但布尔迪厄体现出了其终生坚持的独立思考精神,和后来成为著名哲学家的德里达等人站在了批判斯大林主义的一边。与此同时,布尔迪厄系统研读了马克思的著作,尤其对马克思早年的思想大为欣赏。作为社会学大家的马克思,后来成为布尔迪厄理论体系的来源之一。

从巴黎高师毕业之后,布尔迪厄前往外省的中学任教。几乎与此同时,阿尔及利亚战争爆发,布尔迪厄应征入伍,并留在那里,担任了阿尔及尔大学文学院的讲师。这在当时是一种极需要勇气的行动。苦难的现实迫使布尔迪厄暂时放下了哲学的思辨,关注殖民地社会的具体状况。在战火中,他从一名未来的哲学家转变为一名关注现实的社会学家。1958 年,布尔迪厄出版了学术生涯的第一部著作《阿尔及利亚社会学》(*Sociologie de Algérie*)[2],对阿尔及利亚的原住民进行了经验研究。在布尔迪厄

---

① 布迪厄:《实践与反思:反思社会学导引》,李猛、李康译,中央编译出版社 1998 年版,第 268 页。

② Pierre Bourdieu, *Sociologie de l'Algérie*, Paris, Presses universitaires de France(Que Sais-Je?;802),1958.

看来,尽管萨特等知识分子挺身而出,为阿尔及利亚人民说话,但是对于生活在苦难中的阿尔及利亚人民来说,这些知识分子行动时所倡导的那种理念,是乌托邦式的。不仅对阿尔及利亚民众生活状况的切实改善没有帮助,而且很可能还是有害的。要从根本上解决殖民地和宗主国的冲突,必须帮助殖民地民众建立本土文明自身的经济和社会结构。而要达到这一目的,必须首先要了解本土文明的原生态状况。因此布尔迪厄选取了当地的卡比尔人作为考察对象,系统地探讨他们的社会组织及其运行状况,并在研究中对法国殖民者的罪恶进行了谴责。尽管布尔迪厄于1960年回国,但是他对阿尔及利亚民众的关怀一直没有减弱,1963年,布尔迪厄出版了《阿尔及利亚的劳动和劳动者》(*Travail et Travailleurs en Algérie*)①,探讨阿尔及利亚农村劳动力迁移及其带来的问题。1964年,出版了《背井离乡——阿尔及利亚传统农业的危机》(*Le déracinement, le crise de l'agriculture traditionnelle en Algérie*)②,在开展社会学经验研究的同时,揭露法国军队大规模迁移当地人口的暴力行径。在阿尔及利亚的这些实地研究,为布尔迪厄成为一名社会学大家打下了坚实的基础,成为其重要的学术灵感来源。

1964年是布尔迪厄在巴黎定居和工作的起点,他进入高等实践研究院(即现在的高等社会科学研究院),成为最年轻的研究指导教授。作为一名社会学家,布尔迪厄对社会不平等问题十分关注,体现出作为一名出色的社会学家的深刻洞察力。1966年,他发表了《热爱艺术:欧洲的艺术博物馆及其公众》(*L'Amour de l'art: les musées d'art Européens et leur public*)③,揭示出社会阶层与文化趣味的密切关系,后来深刻影响了法国政府的文化决策,出台了各种公众文化措施以弥补在艺术享受中存在的不平等现象。

---

① Pierre Bourdieu avec A. Darbel, Jean-Paul Rivet, C. Seibel, Travail et travailleurs en Algérie. Paris-La Haye, Ed. de Mouton, 1963.

② Pierre Bourdieu avec Abdelmalek Sayad, Le déracinement : la crise de l'agriculture trationnelle en Algérie, Paris, Ed. de Minuit (Grands documents ; 14), 1964.

③ Pierre Bourdieu avec Alain Darbel, l'amour de l'art : les musées d'art Européens et leur public, Paris, Ed. de Minuit, 1966.

不过，为布尔迪厄赢得决定性声誉的是他对高等教育的研究。60 年代，正是西方国家高等教育迅速发展的时代，随着大学和学生数量的空前增加，西方社会普遍存在着一种乐观情绪，认为随着教育的民主化，整个社会将会日益趋向平等。布尔迪厄和另一位社会学家帕斯隆（Jean-Claude Passeron）合作，于 1964 年和 1970 年先后出版了《继承人》（Les héritiers）①和《再生产》（La réproduction）②两本著作。在《继承人》中，他们通过大量系统详尽的调查，用图表等直观的方式，从大学生的年龄大小、性别差异、中学学业、经济来源、居住情况、课余生活、研究兴趣、学习态度、政治倾向、宗教信仰、交往程度、艺术欣赏、学习成绩、语言水平、习惯爱好等各个层面，全方位地剖析了社会出身的影响之深、之广。然而，作者并没有停留在对表面现实揭露之上，而是步步深入，在《再生产》中，把人们往往熟视无睹或有时有意掩盖的现象上升到理论深度。布尔迪厄和帕斯隆指出，学校制度表面上实现着技术性的交流功能，但这只是一方面，学校制度同时还在另一方面实现着社会的保存功能和思想方面的合法化功能，即保存固有的社会结构并使之在思想上被人们接受。两位作者犀利地指出，当代教育传授的能力，只是统治阶级灌输的文化，而这种教育所提供的信息和培养也只能被特权人物完全接受，弱势个体或群体根本做不到这一点。所以弱势个体或群体总是处于一种十分被动不利的境地，而且社会地位越低，这一情况越严重。考试的作用，是将容易引起非议的社会等级转化为易于接受的学校等级。教育系统相对的自主性和独立性，掩盖了自身的其他功能，其本质是表面平等下掩盖的不平等，并将这种不平等不断生产得以延续。

　　布尔迪厄对高等教育不平等现象的揭示，不仅为他带来了广泛的学术声誉，而且也产生了深刻的社会影响，《继承人》成为 1968 年"五月风暴"中学生的重要理论依据之一。雷蒙·阿隆在《回忆录》中，将此书称为

---

①　　Pierre Bourdieu avec Jean-Claude Passeron，Les héritiers ：les étudiants et la culture，Paris：Ed. de Minuit，1964.

②　　Pierre Bourdieu avec Jean-Claude Passeron，La reproduction ：éléments pour une théorie du système d'enseignement，Paris ：Ed. de Minuit，1970.

造反学生的《圣经》①。此后,布尔迪厄开始跻身于一流社会学家之列。

布尔迪厄著述甚丰,已出版的超过 300 种,其名著《区隔》(*La Distinction*)②被国际社会学会评为 20 世纪 10 部最重要的社会学著作之一。由于布尔迪厄在学术上取得的卓越成就,1981 年,他入选法国学术最高殿堂法兰西学院,执掌社会学教席,达到了其学术生涯的巅峰。在国际学术界,布尔迪厄也享有广泛声誉,获得的奖项不胜枚举。最后一枚由英国皇家学院于 2000 年颁发给他的赫胥黎奖章(Huxley Medal),代表着国际人类学界的最高荣誉。

当布尔迪厄于 2002 年元月去世的时候,法国各大报纸——《世界报》《解放报》《费加罗报》《人道报》都用了大量篇幅纪念这位杰出的学者兼公共知识分子。哈贝马斯、德里达、图雷纳等同时代的大学者都从不同角度肯定了布尔迪厄的建树。法国总统、总理也都分别为法国知识界的这一巨大损失表达了深切的悲痛之情。蓬皮杜艺术中心专门为布尔迪厄举办了纪念展览,国际学界刊物纷纷出版专刊纪念这位杰出学者的理论贡献。布尔迪厄长于实证经验研究,又有深刻系统的理论建树,是一位关怀真切的社会学大家。

作为 20 世纪末法国影响最大的公共知识分子,布尔迪厄对知识分子理论有着深入的思考。随着自身反思社会学体系的逐渐完备,随着自身对社会政治活动的"介入"日益深入,布尔迪厄逐渐创立了独具特色的知识分子观。

无论是普通民众,还是知识分子自己,经常会不假思索地认为,知识分子生活的世界应该是一个"纯洁"的世界,是与任何权力斗争无关、真理通过知识的论辩驱逐了各种错误意见的"理想国"。知识分子群体,正如德国著名社会学家曼海姆所言,是一个不依附于任何阶级、"自由飘浮"的群体。③ 而布尔迪厄犀利地指出,这是一种对知识界和学术

---

① 雷蒙・阿隆:《回忆录:五十年政治思考》,三联书店 1992 年版,第 452 页。

② Pierre Bourdieu, *La distinction : critique sociale du jugement*, Paris : Ed. de Minuit, 1979.

③ 卡尔・曼海姆:《意识形态与乌托邦》,黎鸣、李书崇译,商务印书馆 2000 年版,第 158—159 页。

界无意识的神圣化①，知识分子生活的世界，是一个"文化场域"，这个世界绝不是人们想象的那样纯粹和超然。

"场域"（champs）在布尔迪厄的理论中并非指物理学意义上的场，也不是指一般所说的学科领域，而是指充满斗争的社会空间。在场域中，总是充满了力量、斗争和各种利害关系。拥有不同资本与力量的人在那里争权夺利。每个人都在场域中占有一定的地位，各种地位之间的关系构成了场域的结构，处于场域中的人或是为了维护现有结构，或是为了改变现有结构而进行不断的斗争。一个人的地位，由其所掌握的资本数量及其强弱所决定，资本的数量取决于特定社会中资本的分配方式，地位之争实际上就是资本之争。

布尔迪厄认为资本的形式是多样的，最基本的三种形式是经济资本、社会资本和文化资本。在文化场域，即知识和文化生产的场域中，文化资本起主要作用，它并不具有物质资本那样的可触摸性，但在社会支配和社会关系的再生产中同样重要。如等级、权威、声望、学历与文凭、所在教学科研单位的名声都属于文化资本：它是权力与地位的基础。文化资本的力量不仅在它的相对自主性，更重要的是在于它可以转化为经济资本或其他资本。此外，布尔迪厄指出，在特定时期，资本的总量总是有限的，并具有流动性，因而加剧了围绕文化资本的争夺。因而，知识分子同样对文化权力、文化资本有着利益的追求和斗争。

另一方面，许多人又容易走到另一极端，认为知识场域完全是社会利益特别是阶级利益的一种自然反映，知识分子的观念不过是其阶级出身或者社会位置的特定表现。这种论点以意大利思想家葛兰西的"有机"知识分子论②作为代表。在布尔迪厄看来，这种观点也是片面的，犯的是"短路"的错误③，它忽视了文化场域的相对自主性。文化生产有自己的逻辑，文化场域的内部也有自己的游戏规则，表现为在科学研究中对真理的信奉，拒绝支配着世界的经济和政治的逻辑，知识分子

---

① Pierre Bourdieu, *The political ontology of Martin Heidegger*, Stanford, 1991, p. 3.

② 葛兰西：《狱中札记》，曹雷雨等译，中国社会科学出版社 2000 年版，第 40 页。

③ Pierre Bourdieu, The political ontology of Martin Heidegger, p. 3.

可以借助于专业领域的权威,将文化场域中遵守的共同信念建构为全社会的信念,进行一种精神总动员,号召人们颠倒现存的统治秩序和主流话语,在德雷福斯事件、阿尔及利亚战争中,知识分子就站在了政府的对立面,甚至抗议政府宣称的爱国主义。布尔迪厄说:"知识分子的权威建立在伦理和科学的普遍性这种不成文法则的基础上,充当道德代言人的角色,在某种特定情况下为了斗争而进行集体动员,斗争的目的是向整个社会世界宣布自己领域中所通行的种种价值。"①

从布尔迪厄的论著文本来看,布尔迪厄对知识分子在现代社会中的角色前景并不乐观。如果将知识分子群体放入社会整体的框架中来看,他认为知识分子群体是"统治阶级中的被统治者阶级":"文化生产场在权力当中占据的是一个被统治的地位,那是一种被一般的艺术和文学理论所忽略的关键性因素,或者,可以把这个表述重新翻译成一种更通常的(但却是不充分的)说法,我可以这样说,艺术家和作家,或更笼统地说,知识分子其实是统治阶级中被统治的一部分。他们拥有权力,并且由于占有文化资本而被授予某种特权,他们中的一些人甚至占有大量的文化资本,大到足以对文化资本施加权力,就这方面而言,他们具有统治性,但作家和艺术家相对于那些拥有政治和经济权力来说又是被统治者。"②不仅知识分子与被统治阶级的联盟是不牢固的,而且知识分子内部也存在着各种权力斗争。布尔迪厄在其名著《学术人》(*Homo academicus*)中详尽论述了法国学术界的生存状况和权力斗争。③

尽管如此,布尔迪厄强调,知识分子在现代社会中仍然可以也应该发挥作用:"文化生产者要取得知识分子的名头,必须满足两个条件,一方面,他们必须从属于一个知识上自主的,独立于宗教、政治、经济或其他势力的场域,并遵守这个场域的特定法则。另一方面,在超出他们知

---

① Pierre Bourdieu, "Universal corporation: the role of intellectuals in the modern world", *Poetics today*, vol. 12. no. 4, National literatures / Socail spaces. (winter 1991), p. 658.

② 布尔迪厄:《文化资本和社会炼金术——布尔迪厄访谈录》,包亚明译,上海人民出版社 1997 年版,第 85 页。

③ Pierre Bourdieu, *Homo academicus*, Paris: Ed. de Minuit, 1984.

识领域的政治活动中，他们必须展示在这个领域的专门知识和权威。他们必须做专职的文化生产者，而不是政客。知识分子因为他们的专门知识（比如奥本海姆的科学权威、萨特的知识权威）而区别于世俗利益的独立性越强，他们通过批判现存权力来宣称这种独立性的倾向就越大，无论他们采取什么政治立场，这政治立场的符号有效性就越大。"①

在现在社会的条件下，知识分子发挥社会作用，需要采取新的方式。布尔迪厄指出，最重要的是坚持文化生产场域的自主性。在文化场域这个空间中，尽管知识分子采取各种策略，争夺某种在他们眼中利害攸关的事物，但是从更大范围的社会世界中盛行的利益观念来看，他们所追求的利益在很多情况下是颇为超越功利的。要创造适宜的制度，让最自主的文化生产者不受象牙塔的诱惑，以使他们能够使用特定权威集体干预政治，为保障他们自己控制文化生产方式和知识合法性的最低目标而奋斗："文化场域的自主性，在同一个社会内的不同发展阶段会有很大的变化，而在不同的社会同样也会有很大的变化。因此与场的内部的两极相关的力量，以及与艺术家或知识分子的角色相关的重要性也是会变化的。一方面，在一个极端，存在着专家或技术人员的作用，他们为统治者提供象征性服务（文化生产也有它的技术人员，如同资产阶级剧院有它的流水线上的制作者，或者流行文学有它所雇佣的制作者一样）；另一方面，在另一极端，则存在着自由的、具有批判意识的思想家，他们赢得了反对统治者的角色。他们是一些运用自己独特资本的知识分子，这些资本是他们依据自主性的力量而赢得的，并且得到文化生产场域的自主性的庇护，他们的确对政治场做出了干预，这是一种左拉和萨特的模式。②

在现实社会的运行当中，知识场域的自主性受到国家权力、商业经济逻辑等诸多因素的严重威胁，为了抵抗这些严重的威胁，布尔迪厄提

---

① 布尔迪厄："现代社会的知识分子角色"，崔卫平编：《知识分子二十讲》，天津人民出版社 2009 年版，第 277 页。

② 布尔迪厄：《文化资本和社会炼金术——布尔迪厄访谈录》，第 86 页。

倡知识分子开展集体斗争,创建一种"知识分子国际":"尽管旧式的知识分子的预言功能被抛弃了,知识分子不必在萨特发明和身体力行的总体知识分子和福柯意义上的普遍知识分子做出选择,今天必须发明的是一种组织形式。这种组织形式可能产生一种代表知识分子大集体的声音,并能够把特殊知识分子的全体聪明才智都结合进去。这一组织形式的卓越典范过去曾经存在过(比如,百科全书派)。以一种国际网络的形式,解决自发和集中的两难……'一个圆心无所不在又无处存在的圆',其中所有地方都是中心,也就没有地方是中心。……反抗对知识分子自主性的一切攻击,特别是反对一切形式的文化帝国主义,有助于创建一种真正的文化国际主义,抛弃保护主义和特殊主义,为每个民族最特殊的东西迈向普遍性创造途径。"①

西方学界一般认为,布尔迪厄的知识分子生涯可以分为两个阶段。90 年代之前,他的角色是一位出色的学者,著作等身,成就斐然。从 90 年代开始,布尔迪厄开始积极介入社会政治生活,成为一名著名的公共知识分子。② 很多西方学者将 1995 年布尔迪厄公开支持法国民众的 12 月大罢工作为他积极介入的标志性事件,而在笔者看来,布尔迪厄的"介入",可以上溯到 1993 年出版《苦难众生》(*La Misère du monde*,一译《世界的苦难》)③这一揭示社会疾苦问题的名著开始。

---

① 布尔迪厄:"现代社会的知识分子角色",崔卫平编:《知识分子二十讲》,第 288 页。

② 参见 Bernard Lahire, "How to Keep a Critical Tradition Alive: A Tribute to Pierre Bourdieu", *Review of International Political Economy*, Vol. 9, No. 4 (Nov., 2002), pp. 595 – 600; Anne Friederike, "Sociology as a Combat Sport: Pierre Bourdieu (1930 – 2002)", *Anthropology Today*, Vol. 18, No. 2 (Apr., 2002), pp. 5 – 9; Keith Reader, "The State They're in: Bourdieu, Debray, and the Revival of Engagement", *SubStance*, Vol. 29, No. 3, Issue 93: Special Issue: Pierre Bourdieu (2000), pp. 43 – 52; Niilo Kauppi, "The Sociologist as Moraliste: Pierre Bourdieu's Practice of Theory and the French Intellectual", *SubStance*, Vol. 29, No. 3, Issue 93: Special Issue: Pierre Bourdieu (2000), pp. 7 – 21; David L. Swartz, "From Critical Sociology to Public Intellectual: Pierre Bourdieu and Politics", *Theory and Society*, Vol. 32, No. 5/6, Special Issue on The Sociology of Symbolic Power: A Special Issue in Memory of Pierre Bourdieu (Dec., 2003), pp. 791 – 823; Hans Haacke, "A Public Servant", *October*, Vol. 101 (Summer, 2002), pp. 4 – 6.

③ Pierre Bourdieu(sous la direction de), *La Misère du monde*, Paris, Seuil, 1993.

对于社会疾苦的研究,是布尔迪厄晚年主持的一项重大学术活动,这个研究项目历时 3 年之久。1993 年,作为这项研究的最终成果,《苦难众生》这部厚达千页的著作问世,立刻登上了畅销书排行榜,并在当时的法国激起了强烈反响,引发了公众对于不平等、种族歧视、社会凝聚力等问题的大讨论,其影响远远超出了学术界的范围,在某种程度上可以称之为一次重要的社会和政治事件,其英文版于 1999 年同时在英国和美国问世。

在这项研究中,布尔迪厄组织了 20 多位社会学家共同进行调查,呈现在读者面前的是 60 多份访谈笔录。每一份笔录都可以当做一部精彩的短篇小说来读。采访的对象是些社会中下层的普通百姓,其中包括工人、教师、警察、职员、失业者、外籍移民等。听他们诉说自己的无奈、困惑、忧虑和愤慨,讲述各人的苦难生活。并透过社会学的理解,揭示出痛苦背后深刻的社会和政治根源。这些访谈比概括、抽象的理论思辨具有更多的说服力。例如,在当代法国,在选举中投票支持极右翼的国民阵线的工人为数不少,如果简单套用马克思的阶级分析法很难解释这种现象。而仔细研读书中的一篇访谈,就会清楚地了解这种现象背后的原因。

可以说,《苦难众生》是一部当代法国社会疾苦的百科全书,其中,比较突出的有以下几个方面:首先是工人阶级的疾苦。他们经历了一场集体的衰落,分裂成产业工人和临时工两个群体。劳工运动已经不复存在,新一代的工人只考虑谋生的现实问题,缺乏统一的阶级意识。随着产业结构的调整,大工业衰落,中小企业数量增加,雇员很难"依靠工会"维护自己的权益。普遍存在的失业问题,令工人们只能屈服和沉默,而管理者通过种种手段,分化瓦解工人群体。随着整个工业区的衰落,工人生活状况陷入危机。其次是外来移民群体的问题。在移民社区,正常的社会关系和交往遭到破坏,微不足道的琐事可以成为本地人和移民之间产生摩擦的导火索,暴力泛滥。本地居民撤出、公共设施撤出,种族歧视和社会怨恨不断积累,同时社会信任被破坏,社会规范丧失,移民内部也自相残杀,形成一种恶性循环。最后是基层的公共服务者的疾苦。执行社会功能的督察、法官、教师等,手中掌握的手段十分有限,而国家却赋予他们繁重的、无休无止的任务,很明显,这些任务都是无法完成的。学校作为社会再生产的机制也陷入矛盾,教育体制承担着社会公平的功能,但在市场机制主导的教育体制下,学校之间恶性竞争,导致了两极分化,成为社会不平等再生产的重要因素。学校打破了工人阶级再生产的循环,教育孩子们拒斥体力劳动,但对他们的未来又没有任何保证,青少年在学校和劳动力市场接连遭遇失败,被社会日益底层化。

布尔迪厄认为,对于社会的疾苦,作为一名社会科学家,绝不能袖手旁观,他主持这项研究,就是为了揭示弱势群体的生存状况,像医生诊断病患一样,将模糊的病痛变成清晰的症状,从而可以用各种手段加以治理,承担起社会学的责任。因此,《苦难众生》不仅是一部学术论著,它更多的是一名知识分子,以自己的专业知识为武器,承担良知和责任的"介入"活动。在向我国著名的翻译家顾良先生介绍此书的访谈中,布尔迪厄强调,不论今天明天,不论穷国富国,社会问题始终存在。社会学家的任务,不是为没有条件讲话的受苦人提供一个发泄的机会,而是理解他们,透过表象寻找深层次的社会原因。①

那么,造成法国社会中芸芸众生苦难重重的深层次原因何在?布尔迪厄指出,其根源在于从 80 年代开始盛行于西方发达国家,并扩展到全球的"新自由主义"意识形态及其所导致的一系列政策。1999 年,布尔迪厄在与诺贝尔文学奖得主、德国作家君特·格拉斯的对话中,重申他写这本书的原因,是因为"弥漫欧洲、拉美以及其他国家的新自由主义政策所造成的暴力如此强大,纯粹的概念分析已属徒劳,对新自由主义的批评达不到相应的效果"②。在布尔迪厄看来,作为经济全球化意识形态的新自由主义思潮,给人类带来的并不是幸福,而是灾难。90 年代欧洲主要国家的领导者:布莱尔,若斯潘和施罗德,都标榜自己是社会主义者,但实施的政策却都是新自由主义的政策。国家从社会经济

---

① 顾良:"布迪厄一席谈",《读书》,1997 年第 10 期,第 148—149 页。

② 黄世权编写:"进步的复辟——布尔迪厄和格拉斯的法德会谈",《国外理论动态》,2002 年第 7 期,第 12 页。

领域退却,80 年代经济全球化兴起之后,无限制的国际资本自由流动加剧了全球经济和社会的动荡。

1995 年 12 月,法国阿兰·朱佩政府宣布将进行一系列改革,削减社会福利开支,此举引发了自 1968 年“五月风暴”以来规模最大的罢工浪潮,抗议朱佩的政策,质疑经济全球化的进程,被称为“全球化时期的第一次起义”。布尔迪厄认为,朱佩改革不仅是“新自由主义”对法国的挑战,甚至是对整个人类文明的挑战。他在巴黎里昂火车站,向罢工的民众发表了一次演讲,题为《反对摧毁我们的文明》。这篇演讲,可以说是讨伐“新自由主义”的檄文,在战后法国知识分子史的历史上,具有与《121 人宣言》同样的重要意义。

布尔迪厄首先对 12 月罢工表示了鲜明的支持:“我来到这里,是为了声援三个星期以来,为反对摧毁我们的文明而斗争的人们。这种文明与公共服务相连,保障国民权力的平等,诸如教育、健康、文化、研究、艺术,尤其是工作的权利。”①

针对部分知识分子对朱佩改革的支持,称之为“理性的对世界的理解”,布尔迪厄给予坚决的驳斥:“对理智‘精英’的长远观点与人民及其代表的短视冲动对立起来,是所有时期所有国家典型的反动思想。随着一种国家贵族的出现,这种反动今天有了新的形式,这些新的神权统治者,其合法性来自学位和科学,尤其是经济科学的权威。对于他们来说,不仅理性和现代性,而且运动和变化,都在统治者、部长、老板或‘专家’一边,而非理性、陈旧、停滞、保守都在工人、农民、工会和批判知识分子一边。”②

布尔迪厄指出,朱佩所代表的是当代社会中的技术官僚统治,朱佩政府奉行的新自由主义原则,对法国乃至全球都带来了重大的危害,他呼吁知识界和民众一起,抵制以新自由主义为信条的全球化进程:“这些国家的贵族,鼓吹国家的衰微,宣扬市场和消费者(公民的商业替代物)的绝对统治,他们其实操纵了国家,将公共福利变成私利……当前

---

① 皮埃尔·布迪厄:《遏止野火》,河清译,广西师范大学出版社 2007 年版,第 27 页。
② 皮埃尔·布迪厄:《遏止野火》,第 28 页。

的关键,是要重新夺得民主,反对技术官僚,应当终结世界银行、国际货币基金组织风传的'专家'暴政,这些'专家'不容置辩地强加给人们新的利维坦的断决,所谓的'金融市场'。他们不想与人民谈判,而只想解释,应当终结自由主义理论家宣告的历史必然性的新信仰,应当发明集体政治政策的新形式。……而在重建公共服务的工作中,知识分子、作家、艺术家和学者,能起到一个决定性的作用。"①

如果我们从战后法国知识分子史的维度来看,从 1995 年的 12 月罢工开始,沉寂了 10 余年的法国公共知识界开始重新出现了自己的领军人物。布尔迪厄为 20 世纪 90 年代至 21 世纪法国知识分子的参与确定了新的内容:采取新的组织形式,从事反全球化的斗争。此后,布尔迪厄持续不断地深化对新自由主义的理论批判。1998 年,他在法国《外交世界》杂志上,撰写了题为《无止境剥削的乌托邦——新自由主义》的长篇理论文章,从学理上批判了新自由主义的基础,指出新自由主义的支柱理论"是数学上的虚构",而实践后果则是造成了一个达尔文主义的世界,贫富分化,文明解体。② 1999 年,在与格拉斯的访谈中,布尔迪厄从人类文明进程的角度对新自由主义的本质展开剖析,深刻地指出,新自由主义本质上讲是一场保守的革命。这种革命复辟过去,表面上却装扮成进步的模样,这其实是一种启蒙传统的丧失。③ 2000 年,在德国的《社会主义》杂志上,布尔迪厄揭露了新自由主义的社会经济政策的目的,是消灭福利国家,毁灭这一社会进步的成果,"砍断国家的左手"。④

在持续的理论批判同时,布尔迪厄继续支持各种社会弱势群体要求社会平等和公正的斗争,积极呼吁欧洲知识界组织起来,创建一个新

---

① 布尔迪厄:《遏止野火》,第 28—30 页。

② 何增科编写:"法国学者布迪厄谈新自由主义的本质",《国外理论动态》,1999 年第 4 期,第 14—16 页。

③ 黄世权编写:"进步的复辟——布尔迪厄和格拉斯的法德会谈",《国外理论动态》,2002 年第 7 期,第 10—12 页。

④ 沈红文摘译:"布尔迪厄谈新自由主义及其新的统治形式",《国外理论动态》,2001 年第 4 期,第 12 页。

型的、国际性的知识分子批评运动。他身体力行,创办杂志,举办论坛,并且充分利用电视这一统治性大众传媒宣传自己的主张。在布尔迪厄眼中,新自由主义在当今世界,就像是四处蔓延的野火,因此,他将自己反对新自由主义、呼吁建立新型欧洲社会运动的文集定名为《遏止野火》(Contre-feux)①。

布尔迪厄的"介入"产生了广泛而持久的社会影响。1998 年,一些法国知识分子成立了"征收金融交易税以援助公民协会"(Association pour la Taxation des Transactions Financiers pour l'Aide aux Citoyens,简称"ATTAC")。ATTAC 的创建者们直接受到布尔迪厄思想的启发,成立后获得了布尔迪厄的大力支持,迅速发展成法国影响力最大的反全球化非政府组织。1999 年,法国南部的农场主约瑟·博维(José Bové)冲击了当地的一家麦当劳,建立了以农场主为主体的反新自由主义和反全球化组织,并于 2009 年当选为欧洲议会议员。博维是布尔迪厄最坚定的支持者之一,对布尔迪厄的言行给予了高度的评价,他说:"对布尔迪厄而言,生命本身就意味着献身。"②

布尔迪厄于 2002 年 1 月去世,法国发行量最大的报纸《世界报》为了能将此消息登上头版而推迟了发行时间。终其一生,他始终没有终止对弱势群体的关怀和对知识分子责任的担当,正如尼罗·考比(Niilo Kauppi)教授所指出的那样:"19 世纪末至今的法国知识分子怀有一个共同的道德信念,可以概括为'单枪匹马,反抗不公'。这种英雄主义激励了左拉和萨特,也激励了布尔迪厄。对左拉而言,苦难众生是德雷福斯和普通劳动阶级;对萨特而言,苦难众生是殖民地人民、无产阶级和犹太人;而对布尔迪厄而言,苦难众生则是穷人、失业者和外籍劳工。"③

---

① Pierre Bourdieu, *Contre-feux. Propos pour servir à la résistance contre l'invasion néo-libérale*, Paris, :Liber-Raisons d'agir,1998.

② Douglas Johnson, "Obituary: Pierre Bourdieu", *The Guardian*, Monday 28 January 2002.

③ Niilo Kauppi, "The Sociologist as Moraliste: Pierre Bourdieu's Practice of Theory and the French Intellectual", *SubStance*, Vol. 29, No. 3, Issue 93: Special Issue: Pierre Bourdieu, 2000, p. 18.

在20世纪法国知识分子的辉煌历程中,布尔迪厄是左拉、萨特在世纪末当之无愧的传人。

四 知识分子与法国的反全球化运动:以 ATTAC 为中心的个案研究

20世纪80年代以来,以经济全球化为中心的全球化浪潮进一步席卷世界,它在为各国人民带来福祉的同时,也暴露出了种种弊端。由此,反全球化运动于20世纪90年代在西方发达国家兴起,并逐渐蔓延至世界各地。其中,法国的反全球化运动以其规模大、影响广而著称,并被各国的反全球化组织看作是"遵循的榜样"。[1] 鉴于法国知识分子不仅在这一过程中起了至关重要的作用,而且还在"介入"社会现实方面表现出了一系列引人瞩目的新特点,故有必要在此选取法国反全球化运动中最为重要、最具代表性的组织——"征收金融交易税以援助公民协会"(ATTAC)为考察对象,就"知识分子与法国的反全球化"展开较为细致入微的研究。

1997年12月,伊格纳西奥·拉莫内(Ignacio Ramonet)在其编辑的《外交世界》(Le Monde diplomatique)[2]当月号上发表社论文章《驯服市场》,对当时爆发的亚洲金融危机及其所凸现的金融、市场自由化为核心的经济全球化之负面影响作了深刻剖析。该文指出:"(亚洲金融)危机对世界其他地区产生了巨大影响。资本投资的全球化正引起世界范

---

① G. Pleyers, "Le modèle français: 1995—2000", in M. Wieviorka (ed.), *Un Autre monde*, Paris, 2003, p.141.

② 《外交世界》创立于1954年,原本只是法国《世界报》报道国际事务的副刊,每月出版一次。在贝尔南·卡森和伊格纳西奥·拉莫内的领导下,逐渐从一个有关国际关系和外交事务的中立刊物转变为具有鲜明左派立场的刊物。1996年《外交世界》从《世界报》独立出来,每月销量达到225000份,成为左翼记者、学者、作家、工会领导人发表观点的重要论坛。参见 Bernard Cassen, "On the Attack", *New Left Review*, Jan.-Feb.2003, p.47.

围的不安全。它戏弄了民族边境、削弱了国家实施民主和保证人民财富和繁荣的能力。金融全球化自身就是法律，它建立了一个孤立的超民族的国家。……国际货币基金组织、世界银行、经合组织和世贸组织等一致鼓吹市场价值。这一人为的世界国家是一个没有社会基础的力量。……资本流动的绝对自由破坏了民主制，我们需要引入机制限制它的影响。这一机制就是托宾税，对一切金融交易征收最低的税……0.1％，每年就将产生 1660 亿美元，是世纪末消除最贫穷人口每年所需金额的两倍。……为什么不创立一个新的世界范围的非政府组织"为征收托宾税以援助公民而斗争"（Action pour une Taxe Tobin d'Aide aux Citoyens，其缩写为 ATTAC）与工会和其他很多社会、文化、生态组织一起，它能对政府施加巨大压力，从而以世界团结的名义最终引入这一税收。"①

　　该文出版后的几周内，《外交世界》就收到来自法国各地的政治活动家、工会人士、知识分子和普通公民的几千封信，对拉莫内有关成立非政府组织"为征收托宾税以援助公民而斗争"（Action pour une Taxe Tobin d'Aide aux Citoyens）的建议表示支持。这一情景完全出乎原本只是想提出建议的拉莫内和《外交世界》编辑部的意料，也给他们造成极大压力，并最终不得不自己承担起组织该协会的重任。② 1998 年 3 月 16 日，《外交世界》编辑部召集各个左翼政治团体、工会、知识分子团体开会，商讨成立组织的事宜。该次会议达成三点共识：首先，必须直面全球范围内的新自由主义的霸权，并就此提出可行的替代办法；其次，必须通过实施托宾税来削减日益增加的经济不安全和不平等；第三，呼吁超越法国社会中存在的传统分裂局面，并在地方层面和世界范围内恢复分享政治，从而抗衡金融全球化的消极影响。③ 1998 年 6 月 3

---

① Ignacio Ramonet，"Désarmer les marchés"，*Le Monde diplomatique*，décembre 1997.

② Bernard Cassen，"On the Attack"，pp. 41—42.

③ ATTAC，*Tout sur attac*，Editions Mille et une Nuits，2000，p. 11.

日，ATTAC 在法国正式成立①，《外交世界》执行主编贝尔南·卡森（Bernand Cassen）当选为主席，同时发布了该组织的纲领和章程。

ATTAC 的章程对该协会的内部构成和各部门的功能作了详细规定：全体大会，是协会的最高权力机构，由全体缴纳会费的成员组成，每年召开一次；行政委员会，负责制订与协会有关的各项决策和措施，由全体大会选出的 30 位委员组成，任期 3 年，其中设主席一人，秘书长一人，司库一人，另外根据需要设一名或若干名副主席；管理局，在行政委员会的指导下负责协会的日常管理，由主席、秘书长、司库和副主席组成；创始人团，由那些创立协会的个体和团体成员组成，就协会的行动目标向行政委员会提出建议；科学委员会，成员由行政委员会任命，负责协会的研究工作。②

在其纲领《团结起来共同把握我们世界的未来》中，ATTAC 明确指出"金融全球化加剧了经济不安全和社会不公平。它不顾人民的选择、民主制度和负责提供公益的主权国家，并使它们价值降低。它以纯粹是投机和仅代表跨国公司与金融市场利益的逻辑取代了人民的选择、民主制度和主权国家"③。就此，ATTAC 提出为之奋斗的 5 点具体目标：阻止国际投机行为；对金融资本交易征税；制裁税收天堂；禁止将养老金全球化；反对将国家主权屈服于投资者和市场。④

ATTAC 的主张立刻在法国得到了广泛响应，其成员数也不断增加：1998 年 10 月 17 日，ATTAC 第一次全体会议在罗讷河口省的拉西奥塔市

---

① 尽管拉莫内在文章中建议的组织名是"为征收托宾税以援助公民而斗争"（Action pour une Taxe Tobin d'Aide aux Citoyens），但最后成立时用的是"征收金融交易税以援助公民协会"（Association pour la Taxation des Transactions Financiers pour l'Aide aux Citoyens），两者的法文缩写相同，都是 ATTAC。托宾税是美国经济学家、1981 年诺贝尔经济学奖得主詹姆斯·托宾于 1972 年提出的，是指对全球外汇交易征收统一的交易税。因此，上述两个名字尽管文字表述上有所不同，但其实质是与它们的法文缩写一样是相同的。

② ATTAC，Statuts de l'association，http://www.france.attac.org/spip.php? article604&decoupe_recherche＝statuts.

③ ATTAC，"Se réapproprier ensemble l'avenir de notre monde"，*Problèmes politiques et sociaux*，janvier 2006，La Documentation française，p.51.

④ ATTAC，"Se réapproprier ensemble l'avenir de notre monde"，p.52.

(La Ciotat)召开时，其成员已有 4000 人；1999 年，成员数达到 15000 人；2002 年则更是达到近 3 万人，此后一直维持在 3 万人左右（表 1）。

表 1 1998－2002 年 ATTAC 成员数①

年　份	法国 ATTAC 组织成员数	在每万名法国人（1998 年人口数）中的人数
1998	5411	0.9
1999	15049	2.6
2000	23277	4.0
2001	27635	4.7
2002	29872	5.1

从 ATTAC 的成员的构成来看：性别上，男性所占的比例要更高一些（表 2）；年龄上，以 35－65 岁的人员占主体（表 3）。

表 2 成员性别构成②

性　别	2001 年 12 月 31 日	2002 年 12 月 31 日
女　性	46%	44%
男　性	54%	56%

表 3 成员年龄构成情况③

年　龄	2001 年 12 月 31 日	2002 年 12 月 31 日
20 岁以下	1%	1%
20－35 岁	20%	20%
35－50 岁	36%	32%
50－65 岁	32%	33%
65 岁以上	11%	14%

---

①　Fredrik Uggla, "Global Demands and National Politics: Attac in France and Sweden", *Comparative Politics*, January 2006, p. 180.

②　Raphael Wintrebert, *Decisions, Critiques et Pouvoirs: vers une sociologie configurationnelle du changement d'Attac France* (1998－2002), Thèse de doctorat, EHESS, 2004, http://site. voila. fr/etudesattac, p. 190.

③　Raphael Wintrebert, *Decisions, Critiques et Pouvoirs: vers une sociologie configurationnelle du changement d'Attac France* (1998－2002), Thèse de doctorat, EHESS, 2004, http://site. voila. fr/etudesattac, p. 190.

批判新自由主义意识形态为核心的经济全球化,是 ATTAC 组织的基本理论主张。在 ATTAC 看来,从 20 世纪 80 年代起,世界进入了资本主义的一个新时代——新自由主义时代,这个时代的核心就是将原有的针对资本活动的所有政治、社会和生态限制完全摧毁,推行全面的商业化,雇主和投资者拥有完全的行动自由,跨国公司在全球范围内追逐利润。① 具体地说,新自由主义由以下几个方面的内容构成:资本的自由兑换和自由流通,鼓吹取消一切关税、贸易壁垒,不顾人权和社会、生态考虑,强行实施商品和劳力的自由流动;掠夺性地破坏环境,将自然看作是取之不尽、用之不竭的资源库,对自然资源尤其是能源的争夺,造成世界各地,尤其是拥有丰富资源的发展中国家和地区战乱频仍,而发达国家内部安全问题也日渐突出;以推广民主制为名,实施私有化;为资本所有者的利益而牺牲公共政策;在公司和企业中,一切都从股东的利益角度出发,而毫不顾及劳动者的利益,破坏了社会公平和正义。②

从 1998 年正式成立之时起,ATTAC 就把在世界各地,尤其是欧洲和法国实施的上述新自由主义政策,看作是造成全球范围内不平等现象增多、失业和不稳定导致社会解体、社会不安全、军事冲突与盲目暴力的扩散、种族主义与排外的极右势力的兴起,以及环境破坏的加速等诸多问题的主要原因。③

在对新自由主义严厉批判的基础上,ATTAC 提出"另一个世界是可能的",这个世界不同于新自由主义主宰一切的现有世界,而是一个团结互助、注重生态和强调民主的世界。在这个世界里:推行的是公平贸易,而不是自由贸易;对国际资本征税所得之款项被用于消除贫困和缩小南北差距;第三世界的债务被取消;环境得到有效保护。为了进入

---

① ATTAC, *Manifeste altermondialiste*: *Construire un monde solidaire*, *écologique et démocratique*, Editions Mille et une Nuits, 2007, p. 11.

② ATTAC, *Manifeste altermondialiste*: *Construire un monde solidaire*, *écologique et démocratique*, p. 11—34.

③ ATTAC, *Manifeste altermondialiste*: *Construire un monde solidaire*, *écologique et démocratique*, p. 8.

这样一个世界,有必要采取以下一些措施:对世界贸易组织、国际货币基金组织和世界银行进行深入改革,调整它们的目标、原则和运行方式,并将它们纳入到业已改革的联合国体系中;以有选择的和经协商的对外开放来取代商业贸易和资本的全面自由化;对当前世界资本市场上每天 1.5 万亿美元的资本流动征税,取消避税天堂;在联合国框架内设立一个世界环境组织,赋予其决策和制裁权。①

　　作为一个反全球化组织,ATTAC 在对新自由主义为思想根基的全球化进行尖锐的理论批判的同时,也积极投身具体的反全球化实践中,组织了一系列形式多样的活动,产生了重要影响。

　　组织集会、罢工、游行示威是 ATTAC 反全球化实践活动中的常规行为方式。每当推进全球化进程的国际大型会议召开之际,ATTAC 就动员成员们在国内或是在会议召开地组织公共集会、发表演说,开展游行示威等抗议活动。1999 年 1 月,世界经济论坛在瑞士达沃斯召开。ATTAC 在此期间组织了“另一个达沃斯”活动,举行一系列会议,发表各种演说和媒体讲话,与世界经济论坛唱反调。同年 11 月 27 日,在西雅图世界贸易组织部长级会议召开前夕,ATTAC 与其他反全球化组织一起在巴黎、里昂、马赛、斯特拉斯堡等地发动了全国统一的大规模群众示威游行,提出“世界并不是一种商品”,反对跨国公司主宰全世界人民的生活、剥夺大多数人的工作集会,反对经济全球化,试图“阻止这一使世界完全商业化的进程”。②

　　除了在街头举行集会、游行示威等常规的抗议行动之外,ATTAC 还采取举办社会论坛的形式来反抗经济全球化。2001 年 1 月,当世界经济论坛在达沃斯举行的时候,第一届世界社会论坛在巴西阿雷格里港召开,来自世界各地的 1 万多名反全球化运动的代表参加了这次盛会。ATTAC 在世界社会论坛的创立中起了决定性作用:2000 年 2 月,巴西的两位群众运动领袖格拉久(Oded Grajew)和怀特克(Chico Whi-

---

　　①　ATTAC, *Manifeste altermondialiste : Construire un monde solidaire, écologique et démocratique*, pp. 50—51.

　　②　ATTAC, *Tout sur attac*, p. 14.

taker)从达沃斯前往巴黎拜访 ATTAC 主席卡森。在此次会面中,卡森提出在南半球的发展中国家巴西举行世界社会论坛,该论坛将与世界经济论坛在同年同月同日举行,目的就是挑战和批判达沃斯所象征的新自由主义。ATTAC 法国组织将全力协助巴西举办这次论坛。该倡议得到了格拉久和怀特克的积极响应,在阿雷格里市政府的支持下,世界社会论坛如期举行。① 此后,每当世界经济论坛举行年会的时候,世界社会论坛也会同时召开,至 2006 年时已举行 6 届,成为世界各地反全球化人士就全球化进程中的各种热点问题进行充分交流和探讨的自由论坛。而在这其中,始终活跃着 ATTAC 组织的身影。此外,ATTAC 也是 2002 年 11 月首次举行的欧洲社会论坛发起组织者之一,并且于翌年 11 月在巴黎主办了第二届欧洲社会论坛。

　　ATTAC 的理论批判和实践活动,使其在短短的几年时间里,就已成为"反对新自由主义全球化最成功的社会运动",不仅在法国各地,而且在西班牙、德国等欧洲国家都成立了分支机构,成为"当前法国政治上最重要、组织上最完善的反全球化组织"②。它对法国社会生活的影响也日益突出,最新的例证就是它在 2005 年 5 月 29 日法国全民公决否决《欧盟宪法条约》中所发挥的重要作用。在 ATTAC 看来,"欧洲一体化进程是新自由主义在法国的特洛伊木马"。③ 条约中规定的商品、人员、资本和服务的自由流通,以及将民族国家的部分主权让渡给欧盟等,皆被 ATTAC 看作是新自由主义的体现,它使得民族国家内的就业、社会保障等问题凸现。因此当《欧盟宪法条约》提交公决之际,AT-TAC 发起了全国范围内的反对运动。ATTAC 的数百个地方委员会组织广大民众学习欧盟的发展历史、机构运作模式、此前通过的条约的内容,并且对宪法条约的措辞、内容、关键问题、可能造成的影响进行了深

---

① Bernard Cassen,"On the Attack",pp. 48—49.

② Sarah Waters:"Mobilising against Globalisation:ATTAC and the French Intellectuals",*West European Politics*,vol. 27,No. 5,Nov. 2004,p. 855.

③ Bernard Cassen,"On the Attack",p. 55.

入分析。[①] 2005 年 5 月 29 日法国全民公决以 54.87% 的反对票否决《欧盟宪法条约》[②]，应当说是和 ATTAC 进行的反对《欧盟宪法条约》的教育和动员活动密不可分的。

通过以上对 ATTAC 组织的产生、内部组成、理论主张和实践活动的考察，我们不难发现，ATTAC 及其所代表的法国反全球化运动的产生绝非偶然，它是与当时法国的社会状况和精神气候直接相关的。

20 世纪 80 年代末 90 年代初，法国经济长期处于困境之中，造成失业人数始终居高不下、社会问题突出，进而导致意识形态领域也出现了深刻危机。1995 年，法国更是经历了 1968 年"五月风暴"之后最大规模的罢工浪潮。当时担任法国总理的阿兰·朱佩为实现《马斯特里赫特条约》有关"加入欧元区的所有国家必须将财政赤字控制在国内生产总值的 3% 以内"的规定，制订了一系列旨在降低赤字、减轻国家财政负担的改革方案，如提高个人所得税、削减医疗补贴、降低国有企业员工的退休金等。这一系列改革方案其实就是效仿英美式的"自由市场"道路，试图以此来改变法国原有的以国家为主导的社会保障体系。但是改革方案一经公布，就招致强烈反对，加之朱佩欲强行推进改革，终于导致一场历时数周、席卷整个法国的大罢工。1995 年 11 月 24 日开始的这场涉及各个行业的大罢工，最终迫使朱佩收回了整个改革方案。[③]但由朱佩改革引发的这次法国社会危机，清晰地表明当时的法国民众对改革背后隐含着的新自由主义和市场主导思想是持坚决反对的态度。这场持续时间长、影响范围广的社会运动，被誉为是"反对全球化的第一次起义"，[④]使得法国各个阶层的人、各个工会组织、左翼社会团体、知识分子为实现共同的目标而发生联系，相互团结。

1997 年发生的亚洲金融危机，更是使得法国的有识之士，尤其是关

① Bernard Cassen，"ATTAC against the Treaty"，*New Left Review*，May-June 2005，p. 27.

② http://www.china.com.cn/chinese/zhuanti/qkjc/1080420.htm.

③ 参见陈文海：《法国史》，人民出版社 2004 年版，第 590—591 页。

④ Erik Izraelewicz，"La première révolte contre la mondialisation"，*Le Monde*，7 décembre 1995.

心国际形势的左翼人士们对不加控制的资本自由流动所可能带来的危害有了全面、深刻的认识,也使他们具有了危机感,决心将批判理论思考转变为具体实践,通过有组织的运动来遏制资本这一脱缰野马。由此,前述拉莫内的《驯服市场》一文在法国左翼群体中和者如云也就不难理解,而 ATTAC 组织也就在这一背景下成立了。

我们还可以发现,批判新自由主义意识形态为核心的经济全球化、提倡建设"另一个世界",是 ATTAC 及其所代表的法国反全球化运动的理论基石。

在 ATTAC 成立之前,已有很多法国非政府组织和知识分子对世界贸易组织、欧洲一体化中的新自由主义思想进行了尖锐批判,其中最著名的是皮埃尔·布尔迪厄。布尔迪厄指出:"全球化是一个十足的神话……其功用是让人们接受一种复辟,回返到一种野蛮无耻但理性化的资本主义。"①新自由主义的"信仰者……以经济效益的名义将市场的能力神圣化,要求取消妨碍资本持有者纯粹个体地寻求最大值个人赢利(确立为理性的模式)的行政或政治障碍,要求中央银行独立,宣扬民族国家隶从于经济自由的要求,以符合那些经济的主人的利益:取消对所有市场(首先是劳动市场)的一切调控、制止赤字和通货膨胀、将公共服务普遍私有化、缩减公共和社会开支"。"这个标举个人自由的经济秩序,其终极根本是失业、不稳定和和解雇的威胁引起的恐慌带来的结构性暴力。"②

ATTAC 继承了这一批判传统,自创立之日起就对经济全球化给世界带来的种种弊端及其所蕴含的新自由主义思想进行了严厉批判。同时,ATTAC 并没有停留在批判层面,而是进一步就未来世界的建构和发展阐明了自己的设想,明确提出"另一个世界是可能的"。正如上文所分析指出的,这"另一个世界"是与新自由主义占主导地位的当今世界截然不同的,它鼓励各国、各民族之间的团结互助、注重保护生态环境、强调民主和社会公平。ATTAC 的这一理论主张已在其他反全球化

---

① 皮埃尔·布迪厄:《遏止野火》,第 36—38 页。
② 皮埃尔·布迪厄:《遏止野火》,第 109、108 页。

组织中获得广泛认同,"另一个世界是可能的"也已成为整个法国反全球化运动的口号。

最后,组织结构的开放性以及斗争形式和动员方式的多样性,是ATTAC 及法国反全球化运动的鲜明特点。

作为一个反全球化的非政府组织,ATTAC 并不想成为一个政党,而只是致力于批判权力和新自由主义意识形态。它是一个开放的组织,任何个人和团体只要认同它的章程和条例,就可以加入。因此在ATTAC 的 3 万成员中除了媒体、工会、小商业组织、非政府组织等团体成员外,其他个人成员的组成丰富多样:既有教师、研究人员和学生,也有农民、雇员和失业者(详见表 4)。

表 4　ATTAC 组织个人成员的社会职业情况①

社会职业类别	2001 年 12 月 31 日	2002 年 12 月 31 日
教师、研究人员	18.1%	18.7%
退休人士	17.3%	18.2%
中间人职业	17%	16.6%
雇员	13%	14.2%
自由职业者	10.6%	10.2%
大学生、高中生	7%	6.3%
高级知识分子	5%	5.1%
艺术家	4.5%	4%
失业者	4.4%	3.6%
工匠、商人和企业主	2%	2%
农民	1%	1%

在反全球化的具体实践中,ATTAC 采取的斗争形式和动员方式也呈现出多样化的特点。如前所述,ATTAC 除了采用组织集会、游行示威这样的直接行动以外,还发起创立了世界社会论坛和欧洲社会论坛。

---

① Raphael Wintrebert, *Decisions, Critiques et Pouvoirs : vers une sociologie configurationnelle du changement d'Attac France*(1998—2002), p. 192.

社会论坛应当说是反全球化运动中出现的一种新的动员方式和斗争形式。它向所有人开放,在这里,各种团体和个人在反全球化的旗帜下聚集到一起,自由交流、辩论,进一步协调行动,统一斗争目标。它所具有的开放性和多样性,不仅使处于社会底层的人有了表达意见的场所,而且发挥了强有力的社会动员作用,使得越来越多的人投身于反全球化斗争中。

组织夏季学校,则是 ATTAC 对成员进行理论教育的一种独特方式。从 2000 年开始,ATTAC 每年举办一次夏季学校。在夏季学校里,ATTAC 组织协会内的专家、学者(一般是科学委员会的成员)开设一系列培训课程。如 2003 年在阿尔勒举行的主题为"反对自由主义全球化"的夏季学校,就开设了诸如欧洲联盟、多边组织、劳动与失业、媒体、教育、第三世界债务、社会保障等方面的课程。① 这些课程使得普通成员可以学习、领会本组织的理论主张,从而更好地投身于反全球化的实践活动中。

此外,ATTAC 还注重利用互联网这一便利的工具来进行社会动员和表达自己的理论诉求。在 ATTAC 法国的网站主页上,有关于该组织的历史、结构和目标等的详细介绍,以及各种研讨会、集会、出版物的信息。人们还可以通过加入该网站的电子邮件网络,便捷地收取各项相关通知。ATTAC 在法国组织的很多反全球化示威游行就是通过互联网实现的。

---

① http://www.france.attac.org/spip.php? article2099.

结　语

　　20 世纪法国知识分子，尤其是战后左翼知识分子，素有批判权力、"介入"政治和社会生活、充当"社会的良心"的传统。当 20 世纪进入尾声之际，由于国内外局势均发生了重大、深刻的变化，导致法国知识界亦出现了一些新的特点，如"非政治化"现象进一步突出；知识分子中左一右之间的分野日渐模糊，传统的"左派知识分子"已然消失；人文知识分子的边缘化和科技知识分子的中心化趋势加剧，知识体制对知识分子的束缚愈益严重；知识分子更加热衷于与媒体打交道，并因此不惜屈从于市场法则，弱化自己的独立性……

　　如果说，上述特点可以作为（传统意义上的）知识分子已经"终结"的注脚的话，那么，我们也可以从发生在"世纪末"的下列事例中看到，在法国知识界内部，以左拉、萨特为代表的传统知识分子的余韵尚存。法国当代知识分子仍保持着一份公共的关怀：集体要求法国政府用外交或其他手段对发生在波黑或卢旺达的种族大屠杀进行干涉；发起"无国界医生"、"世界医生"运动；隆重纪念左拉的《我控诉！》发表 100 周年……而我们以"为征收托宾税以援助公民而斗争"（ATTAC）这一组织为切入点曾重点加以考察的法国知识分子在反全球化过程中的表现更是令人印象深刻的例证。

　　简而言之，诚然，在进入 20 世纪 80 年代后，随着萨特、阿隆等相继离世，法国知识分子曾一度陷入沉寂之中，以至有人在只看到知识分子的"缺席"一面之余，大声发问道：法国知识分子到哪里去了？但有关新自由主义为代表的全球化的争论，应当说在一定程度上唤醒了法国知识分子的"介入"激情。在 1998 年 ATTAC 组织创立之时，除了贝尔南·卡森和拉莫内等来自《外交世界》的左翼知识分子外，苏珊·乔治（Susan George）①、勒内·杜蒙（René Dumont）②、吉赛勒·阿里米（Gisèle Halimi）③等公共知识分子也起了重要作用。布尔迪厄虽然没有直接参与 ATTAC 的组织工作，但他领导的《行动理由》（Raison d'Agir）是创始团体成员之一。正如卡森所说的，"布尔迪厄的著述始终是我们的主要参考"。④ 布尔迪厄有关知识分子在这场新的社会运动中的作用的分析，更是对 ATTAC 有启发作用。在布尔迪厄看来，知识分子"对于社会斗争是不可缺少的，尤其在今天，因为统治采取了全新的形式。许多历史研究都揭示了智囊在主导今日世界的新自由主义意识形态产生和确立过程中所起的作用。……我们应当用批判性团体的著述去反对那些智囊团的著述。……组成一个真正的集体知识分子……他可以组织指挥集体性的研究，探索政治行动的新形式，发动民众一起工作的新方式，以及制订计划并共同实现计划的新方式"⑤。

ATTAC 的科学委员会也可谓是这样一个"集体知识分子"。在这个委员会里，有来自经济学、社会学等各个社会科学学科的众多专家，他们分组对当前面临的政治、经济、社会等问题进行研究，并将成果以书籍、文章、小册子的形式出版。这些专家的客观、公正的研究，不仅使得 ATTAC 在进行批判时有据可依，而且使得它在"介入"政治和社会生活时具有了合法性。因为在法国这样一个具有悠久"文人政治"传统的国度里，"在某一文化领域拥有一定的职业权威本身就是在政治世界进行公开干预的充分理由"⑥。

同时，通过网络和现实中的各种论坛、研讨会，尤其是夏季学校中

---

① 苏珊·乔治（Susan George，1934—），出生于美国的法国作家，社会活动家，AT-TAC 名誉主席。

② 勒内·杜蒙（René Dumont，1904—2001），法国农学家，生态运动活动家。

③ 吉赛勒·阿里米（Gisèle Halimi，1927—），出生于突尼斯，法国著名律师，社会活动家。

④ Bernard Cassen，"On the Attack"，p. 58.

⑤ 皮埃尔·布迪厄：《遏止野火》，第 140—141 页。

⑥ Sudhir Hazareesingh，*Political Traditions in Modern France*，Oxford University Press，1994，p. 52.

专家学者的讲授,这些研究成果就为广大普通成员所理解和掌握。由此,ATTAC 内的知识分子精英和普通民众实现了有机互动。这是 AT-TAC 与法国其他反全球化组织的最大不同之处,也是 ATTAC 的力量和影响之源泉所在。正是这一点使得 ATTAC 自诞生之后不久就成为法国最重要的反全球化组织,其影响已然超越民族国家边境,在整个世界范围产生回响。

行文至此,笔者还不由得想到当今法国最著名的政治史专家、法兰西学院近现代政治史讲座教授皮埃尔·罗桑瓦龙(Pierre Rosanval-lon)①的相关表现。作为时下在法国史学界乃至整个思想文化界颇为引人瞩目的政治概念史的领军人物,罗桑瓦龙曾多次强调"政治概念史"也是一种"介入的"史学。罗桑瓦龙目前的抱负,就是沿着基佐、基内和托克维尔等伟大历史学家的足迹,分析民主的探索与实验、冲突与争论,以促进人们对当代的理解。罗桑瓦龙表示,历史学家应该把历史研究和对当代最棘手、最迫切的问题的关注结合起来,让历史成为现时的"活动实验室"。他认为,只有借助于这种"过去和现在的不断对话",人们才能认识创制社会的过程,才能全面地理解当代社会。为此,他还引用年鉴史学家马克·布洛赫的经典话语——"对现时的不理解,必然肇始于对过去的无知"②——来鞭策自己。在罗桑瓦龙看来,政治概念史的力量就在于它能同时创造"理解的工具和现实介入的手段"。③ 在最近的一次访谈中,罗桑瓦龙更是明确表达了成为一个"介入型知识分子"(un intellectual impliqué)的强烈愿望④。

但值得我们注意的是,强烈的介入意识并没有让罗桑瓦龙丧失作为历史学家应该具备的求真品质。罗桑瓦龙表示,他反对打着学术研究的旗号,把个人的倾向与激情投射到历史研究上去。罗桑瓦龙认为,

---

① 皮埃尔·罗桑瓦龙(Pierre Rosanvallon,1948—),法国著名史学家,法兰西学院教授。

② Pierre Rosanvallon, *Leçon inaugurale*: *faite le jeudi 28 mars* 2002, Paris : Collège de France, DL 2002 p. 15.

③ Pierre Rosanvallon *Democracy*: *Past and Future*, p. 71.

④ Interview avec Pierre Rosanvallon, "Conjurer l'impuissance politique", *Le Monde* du 19 mai 2006.

政治概念史代表了一种全新的知识分子介入模式，从此以后，介入与否的标准不再取决于知识分子的立场，而只取决于其学术研究的内容与性质。罗桑瓦龙指出，除了普通的政治斗争或矢志于捍卫某些价值与乌托邦外，通过清楚地阐明人们在当前面临的困境以及由此产生的问题，知识也能变成"一种行动模式"。① 所以，政治概念史的优点在于它能很好地兼顾公民的介入需要和历史学家的求真意识。

总而言之，从以上对法国知识分子在反全球化过程中的表现和我们的法国同行倡导的全新的知识分子介入模式所作的概括与剖析中，我们不妨认为，尽管时下法国知识分子的社会角色和生存方式已发生了不容忽视的变化，但他们的前辈传给他们的担当道义和社会良心的精神在他们身上仍然一定程度地存在着。从这一意义上说，法国的知识分子并没有"终结"，而且在以后相当长的时期内也不会"终结"。

1998 年，法国社会各界隆重纪念左拉《我控诉!》发表 100 周年，时任法国总统希拉克给左拉和德雷福斯家族的后裔写了一封公开信，高度评价了德雷福斯"高贵的宽容"和左拉的仗义执言。在此，谨以希拉克公开信中的话作为全书的结束：

> 那天，左拉写信给共和国总统；今日，我们庆祝已成为历史一部分的这封信的百年生日。今天，我想告诉左拉和德雷福斯的家人，法国是如何感激他们的先人，他们的先人以可敬佩的勇气为自由、尊严和正义的价值献身。
>
> ……
>
> 让我们永不忘记一位伟大作家的勇气，他冒尽风险，不顾自身的安危、名誉甚至生命，运用自己的天分，执笔为真理服务。左拉，一位杰出的文坛健将，伦理道德的捍卫者，明白自己有责任明辨事理；当别人保持缄默时，他表达己见，一如伏尔泰，他是最佳知识分子传统的化身。
>
> 德雷福斯上尉的悲剧发生在一个世纪前，然而这么多年后，它

---

① Pierre Rosanvallon *Democracy : Past and Future*，p.71.

仍然深深地拨动我们的心弦。左拉的文章在我们的集体记忆中，成为"人类良心的一刹那"。①

---

① 迈克尔·伯恩斯：《法国与德雷福斯事件》，郑约宜译，江苏教育出版社 2006 年版，第 184—185 页。

附录：
20 世纪法国知识分子史大事年表

1898 年1 月13 日　左拉在《震旦报》发表《我控诉！》。

　　1 月23 日　克雷孟梭首次使用"知识分子"(intellectuel)一词。

　　2 月1 日　巴雷斯在《日报》上发表专栏文章《知识分子的抗议！》。

　　2 月7－23 日　左拉因"侮辱军队"受审，并被判一年徒刑和3000 法郎罚款。

　　12 月　巴雷斯领导组建了"法兰西祖国同盟"。

1899 年2 月23 日　戴鲁莱德试图煽动军队进占爱丽舍宫。

　　8 月　《法兰西行动》杂志创刊。

1900 年1 月5 日　佩居伊主编的《半月丛刊》创刊。

1901 年　普吕多姆获诺贝尔文学奖。

　　巴雷斯发表《向军队发出号召》。

1902 年　法国隆重纪念雨果诞辰100 周年。

　　左拉逝世，法朗士在葬礼上亲致悼词。

　　罗曼·罗兰发表《约翰·克里斯多夫》第一卷。

　　纪德发表《背德者》。

　　巴雷斯发表《民族主义的舞台与学说》。

　　阿波利奈主编的《伊索的盛宴》创刊。

1904 年4 月17 日　饶勒斯主编的《人道报》创刊。

　　米斯特拉尔获诺贝尔文学奖。

1905 年　儒勒·凡尔纳去世。

　　巴雷斯发表《东面的支柱》。

1906 年3 月　巴雷斯入选法兰西学院。

　　7 月　最高法院宣布德雷福斯无罪，恢复其军衔和职务，并晋升少校,获得荣誉军团勋章。

埃尔韦创办《社会战争报》。

1907 年　帕格森发表《创造进化论》。

1908 年　纪德等人第一次创办《新法兰西评论》。

左拉的骨灰被迁入先贤祠安放。

法朗士发表《企鹅岛》。

索雷尔发表《关于暴力的思考》。

《法兰西行动》由杂志变为日报。

1909 年　纪德等人再次出版《新法兰西评论》创刊号。

纪德发表《窄门》。

1910 年　饶勒斯向议会提交有关新军队的法案。

佩居伊发表《圣女贞德的仁爱的奥秘》。

1911 年　饶勒斯发表《新军队》。

1912 年　法朗士发表《诸神渴了》。

阿波利奈创办《巴黎之夜》杂志。

涂尔干发表《宗教生活的基本形式》。

1913 年　普鲁斯特开始发表《追忆逝水年华》。

罗什福尔逝世。

乔治·贝尔纳诺开始为《法兰西行动报》撰稿。

1914 年 7 月 31 日　饶勒斯被刺。

9 月 5 日　佩居伊在前线阵亡。

9 月 15 日　罗曼·罗兰发表《超乎混战之上》。

法国知识界名流发起建立战争研究与文献委员会。

纪德发表《梵蒂冈地窖》。

1915 年　罗曼·罗兰获诺贝尔文学奖。

1916 年　巴比塞的小说《火线》获龚古尔文学奖。

巴雷斯发表《法兰西的灵魂与大战:战壕中的友谊》。

1917 年　法朗士发表《为了自由》。

罗曼·罗兰在《明日》杂志上发表《致自由与解放的俄国》

1918 年　G.杜阿梅尔的小说《1914－1917 年的文明》获龚古尔文学奖。

1919 年 3 月 29 日　《人道报》发表罗曼·罗兰起草、巴比塞等人签名的《精神独立宣言》。

巴比塞发表长篇小说《光明》。

布勒东、苏波、阿拉贡等人创办《文学》月刊。

1920 年　布勒东与苏波联袂在《文学》月刊发表超现实主义"自动写作法"的第一个样品——《磁场》。

1921 年 1 月 11 日　《人道报》宣布法朗士加入新成立的法国共产党。

4 月　马尔罗发表《纸月》。

11 月　法朗士获诺贝尔文学奖。

查拉和布勒东在巴黎组织达达主义展览,达达主义者上演戏剧"审判巴雷斯"。

1922 年　普鲁斯特逝世。

史学大师拉维斯逝世。

法朗士在《人道报》上发表《向苏维埃人致敬》。

法国大学出版社成立。

1923 年　布勒东等超现实主义者与查拉等达达分子分道扬镳。

巴雷斯逝世。

罗曼·罗兰主编的《欧洲》杂志创刊。

巴比塞正式加入法共。

1924 年 6 月　马尔罗与在越南定居的一名法国律师共同创办了《印度支那报》。

10 月 12 日　法朗士逝世,法国为其举行国葬。

10 月 11 日　布勒东等人成立了"超现实主义研究室";11 月,布勒东又发表《超现实主义宣言》;尔后,《超现实主义革命》杂志取代《文学》月刊。

11 月　饶勒斯的骨灰被迁送到先贤祠。

1925 年　乔治·伐卢瓦创建"束棒"。

1926 年 12 月 29 日　教皇庇护十一世公开谴责"法兰西行动",并把莫拉斯的书列为禁书。

苏波、阿尔托等人被驱逐出超现实主义团体。

纪德发表《伪币制造者》。

贝尔纳诺发表《在撒旦的阳光下》。

1927 年　柏格森获诺贝尔文学奖。

布勒东、艾吕雅与阿拉贡加入法共。

朱利安·班达发表《知识分子的背叛》。

1928 年　《格兰古瓦》周刊创刊。

马尔罗发表小说《征服者》。

纳韦尔发表《革命与知识分子》。

1929 年　布洛赫与费弗尔主编的《经济社会史年鉴》杂志创刊。

《我无所不在》周刊创刊。

1930 年　布勒东创办《为革命服务的超现实主义》杂志。

1931 年　保尔·尼赞发表《亚丁·阿拉伯》。

马尔罗在《新法兰西评论》上与托洛茨基展开了一场关于小说《征服者》的争论。

1932 年 8 月 27—29 日，国际反战大会在阿姆斯特丹举行，巴比塞、罗曼·罗兰和朗之万被选为国际反战委员会正、副主席。

革命作家与艺术家协会成立。

穆尼埃等人创办《精神》杂志。

塞利纳发表《在茫茫黑夜中的漫游》。

1933 年　弗朗索瓦·莫里亚克入选法兰西学院。

布勒东、艾吕雅等人被开除出法共。

纪德发表亲苏的声明。

马尔罗与纪德发起成立了"全世界争取德国反法西斯政治犯无罪释放委员会"，其简称为"台尔曼委员会"。

罗贝尔·阿隆、阿尔诺·丹迪厄等人创办《新秩序》杂志。

马尔罗发表《人类的处境》，该小说先由《新法兰西评论》连载，继而由伽利玛出版社出版单行本。

革命作家与艺术家协会的机关刊物《公社》创刊，该刊的负责人为阿拉贡与尼赞。

欧洲反法西斯代表大会在巴黎普莱埃尔大厅举行。

1934 年1 月　马尔罗与纪德前往柏林,向希特勒请愿,要求释放季米特
　　　　　　洛夫。

　　　3 月　阿兰、朗之万、保尔·里韦创立了反法西斯知识分子警惕
　　　　　　委员会。

　　　6 月　马尔罗赴苏联出席在莫斯科举行的第一届苏维埃作家代
　　　　　　表大会。

　　　　　　G.贝热里领导的共同阵线的机关刊物《箭》创刊。

　　　　　　一些赞同统制经济的知识分子在是年夏天制订出"7 月 9 日计
　　　　　　划"。

1935 年　第一届保卫文化国际作家代表大会在巴黎举行。

　　　　　巴比塞逝世。

　　　　　人民联盟组织委员会成立,巴黎大学教授、人权联盟主席维克
　　　　　多·巴什任委员会主席。

　　　　　布勒东正式与法共决裂

1936 年　梯耶里·莫尼埃主编的极右杂志《战斗》创刊。

　　　　　纪德发表《从苏联归来》。

　　　　　西班牙内战爆发后,马尔罗加入国际纵队赴西班牙参战。

1937 年　杜加尔获诺贝尔文学奖。

　　　　　R.布拉齐拉克担任《我无所不在》报主编。

　　　　　法共创办《今晚报》,由阿拉贡任主编。

　　　　　马尔罗发表《希望》,该小说先由法共主办的《今晚报》连载,继
　　　　　而由伽利玛出版社出版单行本

1938 年　萨特发表《恶心》。

　　　　　雷蒙·阿隆发表《历史哲学导论》。

　　　　　布勒东赴墨西哥会见托洛茨基,两人共同签署《独立的革命的
　　　　　艺术宣言》。

1939 年　莫拉斯入选法兰西学院。

　　　　　法共的《人道报》与《今晚报》被当局查封。

　　　　　德里厄·拉罗歇尔发表《吉尔》。

　　　　　布拉齐拉克发表《七色》。

萨特发表《墙》。

因对苏德互不侵犯条约签订后法共领导人奉行的政策不满，尼赞宣布退出法共。

1940 年　尼赞在前线阵亡。

雷蒙·阿隆在伦敦创办《自由法国》杂志。

一系列宣传抵抗的秘密刊物在法国问世。

1941 年　柏格森逝世。

因不赞同德里厄·拉罗歇尔推行的路线，纪德与《新法兰西杂志》决裂。

拉罗歇尔、布拉齐拉克等人前往德国出席欧洲作家代表大会。

1942 年　穆尼埃被逮捕，其在被关押期间曾以绝食进行斗争。

拉罗歇尔等人再次赴德国出席欧洲作家代表大会。

《法兰西文学》在巴黎秘密出版。

加缪发表《局外人》与《西西弗的神话》。

1943 年　女哲学家西蒙娜·韦伊逝世。

萨特发表《存在与虚无》。

波伏瓦发表《女客人》。

1944 年　积极参与抵抗运动的年鉴学派的两大奠基人之一布洛赫在里昂被捕遇害。

全国作家委员会宣布被怀疑二战期间有通敌劣迹的作家的名单。

F. 莫里亚克与加缪就清洗附敌知识分子问题展开笔战。

布拉齐拉克在 9 月 14 日被捕，并在翌年春天被判处死刑。

12 月　《精神》杂志复刊；《世界报》创刊，伯夫－梅里任主编。

12 月 30 日　罗曼·罗兰逝世

1945 年　拉罗歇尔自杀身亡。

莫拉斯被判终身监禁。

萨特发表著名演讲《存在主义是一种人道主义》。

萨特与梅洛－庞蒂等人创办《现代》杂志。

马尔罗被戴高乐任命为临时政府的新闻部长。

1946 年　阿拉贡发表《共产党人》。

马尔罗追随戴高乐辞职,不久加入"为戴高乐将军重新执政研究会"。

附敌文人勒巴泰被当局判处死刑,但不久获得赦免。

1947 年　纪德获诺贝尔文学奖。

梅洛—庞蒂发表《人道主义与恐怖》。

1948 年　阿隆发表《大分裂》。

萨特参与组建"革命民主联盟"。

马尔罗在普莱埃尔大厅代表戴高乐派知识分子发表演说《对知识分子的呼吁》。

1949 年 1 月　克拉夫申科状告《法兰兰文学》诽谤。波伏瓦发表《第二性》。

马尔罗与克洛德·莫里亚克创办《精神自由》杂志。

1950 年　《观察家》周刊创刊。

1951 年　纪德获诺贝尔文学奖,并于同年逝世。

阿兰逝世。

加缪发表《反抗者》。

1952 年　弗朗索瓦·莫里亚克获诺贝尔文学奖。

莫拉斯逝世。

艾吕雅逝世。

萨特与加缪反目。

1953 年　弗朗索瓦·吉罗与让—雅克·塞尔旺—施赖贝尔创办《快报》周刊。

《新新法兰西杂志》创刊。

罗兰·巴特发表《写作的零度》

1954 年　波伏瓦发表《名士风流》。

1955 年　阿隆发表《知识分子的鸦片》。

梅洛—庞蒂发表《辩证法的冒险》。

列维—斯特劳斯发表《忧郁的热带》

1956 年　朱利安·班达逝世。

《世界报》刊登赫鲁晓夫的"秘密报告"。

《论证》杂志创刊。

1957 年　加缪获诺贝尔文学奖。

勒高夫出版《中世纪的知识分子》。

罗兰·巴特发表《神话集》

1958 年　杜加尔逝世。

列维－斯特劳斯发表《结构人类学》第一卷。

戴高乐东山再起,马尔罗在戴高乐重新执政期间先后任新闻部长、文化部长和国务部长。

1959 年　戛纳电影节上映特吕弗的《四百下》、雷乃的《广岛之恋》,新浪潮电影运动开始席卷法国影坛。

1960 年　加缪因车祸丧生。

圣琼·佩斯获诺贝尔文学奖。

《原样》杂志创刊。

萨特发表《辩证理性批判》。

萨特等人发表《121 人宣言》。

1961 年　梅洛－庞蒂逝世。

福柯发表《癫狂与文明:古典时代的癫狂史》。

1962 年　阿隆发表《工业社会 18 讲》和《各民族间的和平与战争》。

列维－斯特劳斯发表《野性思维》。

1963 年　达达主义之父查拉逝世。

波伏瓦发表《事物的力量》。

罗伯－格里耶发表《为了一种新小说》。

1964 年　萨特拒绝接受诺贝尔文学奖。

《法兰西－观察家》周刊改为《新观察家》。

M. 克罗泽埃发表《官僚主义现象》。

皮埃尔·布尔迪厄和让－克洛德·帕斯隆发表《继承人》。

1965 年　阿尔杜塞发表《捍卫马克思》。

萨特致电美国知识分子,希望他们能像当年法国知识分子反对阿尔及利亚战争一样,去反对越南战争。

1966 年　布勒东去世。

福柯发表《词与物》。

1967 年　雷吉斯·德勃雷因投身南美革命活动被波利维亚当局囚禁。

罗兰·巴特发表《时装系统》。

德里达发表《文字与差异》。

马尔罗发表《反回忆录》。

萨特致函戴高乐,请求允许"罗素法庭"在巴黎开庭。

伯努瓦等人在尼斯发起建立了"欧洲文明研究会"。

1968 年 2 月　《新学派》创刊。

　　5 月　"五月风暴"爆发后,萨特在索邦发表演讲,表示支持学生的行动。

　　11 月　"欧洲文明研究会"在里昂召开首次代表大会。

《人民事业报》创刊。

1969 年　福柯发表《知识考古学》。

《国际白痴》创刊。

1970 年　弗朗索瓦·莫里亚克逝世。

雷吉斯·德勃雷在波利维亚出狱。

萨特担任《人民事业报》社社长。

罗兰·巴特发表《符号帝国》。

克罗泽埃发表《被封锁的社会》。

1971 年 1 月　福柯等创立"监狱情况报道小组"(GIP)。

　　3 月　马尔罗发表《倒伐的橡树》。

　　343 名法国女知名人士在《新观察家》上发表赞同堕胎的宣言。

　　11 月 27 日　在萨特、福柯等人的推动下,"保卫移民权利委员会"成立。

1972 年 2 月　萨特到雷诺汽车工厂的车间进行鼓动宣传。

福柯等法国知识分子发表集体声明,谴责美国军队在越南使用现代化武器。

《观点》杂志创刊。

1973 年　列维－斯特劳斯入选法兰西学院。

《解放报》在萨特领导下创刊。

《要素》杂志创刊。

1974 年 3 月　萨特发表《造反有理》。

　　　　4 月　索尔仁尼琴的《古拉格群岛》在法国出版。

"时钟俱乐部"成立。

1975 年　福柯发表《监视与惩罚》。

格鲁克斯曼发表《厨娘与食人者》。

1976 年 11 月 23 日　马尔罗逝世。

让－弗朗索瓦·雷韦尔发表《极权的诱惑》。

1977 年　阿兰·德·伯努瓦出版《右派眼中的世界》。

格卢克斯曼发表《思想大师》。

贝尔纳－亨利列维发表《人面兽行》。

1978 年　孚雷发表《思考法国大革命》。

《费加罗杂志》创刊。

1979 年　利奥塔发表《后现代状况》。

德勃雷发表《知识分子在法国的权力》。

贝尔纳－亨利·列维出版《上帝的遗嘱》，并跟随"无国界医生"组织赴柬埔寨。

1980 年 4 月 15 日　萨特逝世。

罗兰·巴特因车祸身亡。

玛格丽特·尤瑟纳尔入选法兰西学院，成为第一位女院士。

福柯与布尔迪厄起草并发表声明，指责雅鲁泽尔斯基在波兰实行军管，批评法国社会党政府对此事态度暧昧。

1981 年　拉康逝世。

贝乐纳－亨利·列维发表《法兰西意识形态》。同年携带发报机赴阿富汗，支持阿富汗游击队抗击入侵该国的苏联军队。

布尔迪厄发表《社会学的问题》。

1982 年　阿拉贡逝世。

波伏瓦发表《告别的仪式》。

勒华拉杜里发表《巴黎－蒙彼利埃》。

1983 年 7 月 26 日　社会党政府发言人马克斯·加罗在《世界报》上发表题为《知识分子、政治与现代性》的文章,对"左翼知识分子的沉默"提出批评。

　　10 月 17 日　阿隆逝世。

　　《阿隆回忆录》出版。

　　埃德加·莫兰发表《论苏联的本质》。

　　利奥塔发表《知识分子的坟墓》。

1984 年 6 月 25 日　福柯逝世。

　　布尔迪厄发表《学术人》。

1985 年　克洛德·西蒙获诺贝尔文学奖。

1986 年　波伏瓦逝世。

1987 年　尤瑟纳尔逝世。

　　贝尔纳—亨利·列维发表《知识分子颂》。

1988 年　乔治·杜比入选法兰西学院。

　　西里奈利发表《知识分子的"代"——两次大战之间的高等师范文科预备班和巴黎高师的学员》。

1989 年　伯夫—梅里逝世。

1990 年　阿尔杜塞逝世。

　　西里奈利出版《知识分子与法国的激情:20 世纪的宣言与请愿》

1991 年　曾积极投入社会活动的电影明星蒙当逝世。

　　贝尔纳—亨利·列维发表《自由的冒险历程》,创作同名四集纪录影片。

1992 年　阿兰·图雷纳发表《现代性之批判》。

1993 年　布尔迪厄发表《世界的不幸》。

　　7 月 13 日　《世界报》刊登由 50 位著名知识分子签名的呼吁书,呼吁人们对不断变换手法的新法西斯/种族主义保持警惕。

1994 年　勒内·雷埃菲尔发表《文人的部落:第五共和国时期的法国知识分子》。

1995 年　德娄泽逝世。

西里奈利出版《20 世纪的两位知识分子：萨特与阿隆》

1996 年　杜拉斯逝世。

马尔罗的骨灰迁入先贤祠。

朱利亚尔、维诺克主编的《法国知识分子辞典》出版。

1997 年　孚雷入选法兰西学院。

布尔迪厄发表《关于电视：帕斯卡式的沉思》。

维诺克发表《知识分子的世纪》。

1998 年　法国知识界为左拉《我控诉！》发表 100 周年举行多种纪念活动

ATTAC 正式成立

1999 年　维诺克出版《知识分子的世纪》

2000 年　贝尔纳－亨利·列维出版《萨特的时代》。

主要参考书目

一、中文参考书目

1. 雷蒙・阿隆:《知识分子的鸦片》,吕一民、顾杭译,南京:译林出版社,2005 年。

2. 雷蒙・阿隆:《雷蒙・阿隆回忆录:五十年的政治反思》,杨祖功等译,北京:新星出版社,2006 年。

3. 让一皮埃尔・阿泽马、米歇尔・维诺克:《法兰西第三共和国》,沈炼之等译,北京:商务印书馆,1994 年。

4. 迪迪埃・埃里蓬:《权力与反抗——米歇尔・福柯传》,谢强等译,北京:北京大学出版社 1997 年。

5. 迪迪埃・埃里蓬:《今昔纵横谈——克劳德・列维一斯特劳斯传》,袁文强译,北京:北京大学出版社 1997 年。

6. 尼古拉・巴雷维兹:《历史的见证——雷蒙.阿隆传》,王文融译,北京:北京大学出版社,1997 年。

7. 朱利安・班达:《知识分子的背叛》,佘碧平译,上海:上海人民出版社,2005 年。

8. 齐格蒙・鲍曼:《立法者与阐释者:论现代性、后现代性与知识分子》,洪涛译:上海:上海人民出版社,2000 年。

9. 雅克・贝尔沙尼等:《法国现代文学史(1945—1968)》,孙恒等译,长沙:湖南人民出版社,1989 年。

10. 朱利安・本达:《知识分子的背叛》,孙传钊译,长春:吉林人民出版社,2004 年。

11. 西蒙娜・德・波伏瓦:《萨特传》,黄忠晶译,南昌:百花洲文艺出版社,1996 年。

    12. 迈克尔·伯恩斯:《法国与德雷福斯事件》,郑约宜译,南京:江苏教育出版社,2006 年。

    13. 皮埃尔·布尔迪厄:《遏止野火》,河清译,桂林:广西师范大学出版社,2007 年。

    14. 皮埃尔·布迪厄:《实践与反思:反思社会学导引》,李猛、李康译,北京:中央编译出版社,1998 年,第 268 页。

    15. 皮埃尔·布尔迪厄:《文化资本和社会炼金术——布尔迪厄访谈录》,包亚明译,上海:上海人民出版社,1997 年。

    16. 皮埃尔·布尔迪厄等:《自由交流》,桂裕芳译,北京:三联书店,1996 年。

    17. 布洛克曼:《结构主义》,李幼蒸译,北京:商务印书馆,1986 年。

    18. 皮埃尔·布吕奈尔等:《20 世纪法国文学史》,郑克鲁等译,成都:四川文艺出版社,1991 年。

    19. 雅克·卡博:《信仰与重负——西蒙娜·韦伊传》,顾嘉琛等译,北京:北京大学出版社,1997 年。

    20. 路易一让·卡尔韦:《结构与符号——罗兰·巴尔特传》,车槿山译,北京:北京大学出版社,1997 年。

    21. 乔治·杜比主编:《法国史》(上、中、下),吕一民等译,北京:商务印书馆,2010 年。

    22. 崔卫平编:《知识分子二十讲》,天津:天津人民出版社,2009 年。

    23. 雅克·德里达:《一种疯狂守护着思想——德里达访谈录》,何佩群译,上海:上海人民出版社,1997 年。

    24. 弗朗索瓦·多斯:《从结构到解构:法国 20 世纪思想主潮》(上、下),季广茂译。北京:中央编译出版社,2004 年。

    25. 德里克·厄尔温:《第二次世界大战后的西欧政治》,章定昭译,北京:中国对外翻译出版公司,1985 年。

    26. 米歇尔·福柯:《福柯集》,杜小真主编:上海:远东出版社 1998 年版。

27. 米歇尔·福柯:《权力的眼睛——福柯访谈录》,严锋译,上海:上海人民出版社,1997年。

28. 高宣扬:《当代法国思想五十年》(上、下),北京:中国人民大学出版社,2005年。

29. 高宣扬主编:《法兰西思想评论》第二卷:纪念萨特与阿隆诞辰一百周年国际学术研讨会论文集,上海:同济大学出版社,2006年。

30. 高宣扬:《萨特传》,北京:作家出版社,1988年。

31. 罗歇·格勒尼埃:《阳光与阴影——阿尔贝·加缪传》,顾嘉琛译,北京:北京大学出版社 1997年。

32. 黄颂杰等:《萨特其人及其"人学"》,上海:复旦大学出版社,1986年。

33. 安德烈·纪德:《从苏联归来》,郑超麟译,沈阳:辽宁教育出版社,1999年。

34. 阿尔贝·加缪:《置身于苦难与阳光之间——加缪散文选》,杜小真译,上海:上海三联书店,1989年。

35. 金重远:《20世纪的法兰西》,上海:复旦大学出版社,2004年。

36. 库慈韦尔:《结构主义时代:从莱维—斯特劳斯到福柯》,尹大贻译,上海:上海译文出版社,1988年。

37. 沙尔·拉波波尔:《饶勒斯传》,陈祚敏等译,北京:三联书店,1982年。

38. 老高放:《超现实主义导论》,北京:社会科学文献出版社,1997年。

39. 雅克·勒高(戈)夫:《中世纪的知识分子》,张弘译,北京:商务印书馆,1996年。

40. 贝尔纳—亨利·雷威:《自由的冒险历程——法国知识分子历史之我见》,曼玲等译,北京:中央编译出版社,2000年。

41. 马丁·李普赛特:《政治人:政治的社会基础》,上海:上海人民出版社,1997年。

42. 让—弗朗索瓦·利奥塔:《后现代性与公正游戏——利奥塔访谈、书信录》,谈瀛洲译,上海:上海人民出版社,1997年。

43. 刘北成编著:《福柯——思想肖像》,北京:北京师范大学出版社,1995 年。

44. 柳鸣九等编选:《马尔罗研究》,桂林:漓江出版社,1984 年。

45. 柳鸣九编选:《萨特研究》,北京:中国社会科学出版社,1981 年。

46. 楼均信主编:《法兰西第三共和国兴衰史》,北京:人民出版社,1996 年。

47. 楼均信等选译:《1871—1918 年的法国》,北京:商务印书馆,1989 年。

48. 艾曼纽·卢瓦耶:《流亡的巴黎:二战中栖居纽约的法国知识分子》,张文敬译,桂林:广西师范大学出版社,2009 年。

49. 布鲁斯·罗宾斯:《全球化中的知识左派》,徐晓雯译,北京:中国社会科学出版社,2000 年。

50. 罗大冈:《论罗曼.罗兰》,上海:上海文艺出版社,1979 年。

51. 罗芃等:《法国文化史》,北京:北京大学出版社,1997 年。

52. 吕一民:《20 世纪法国知识分子的历程》,杭州:浙江大学出版社,2001 年。

53. 吕一民等选译:《1918—1939 年的法国》,北京:商务印书馆,1997 年。

54. 安德烈·马尔罗著:《反回忆录》,钱培鑫等译,桂林:漓江出版社,2000 年。

55. 马胜利:《争取社会主义和民主——饶勒斯传》,北京:中国社会科学出版社,1996 年

56. 萨尔沃·马斯泰罗内主编:《当代欧洲政治思想(1945—1989)》,黄华光译,北京:社会科学文献出版社,1996 年。

57. 卡尔·曼海姆:《意识形态与乌托邦》,黎鸣、李书崇译,北京:商务印书馆,2000 年。

58. 皮埃尔·米盖尔:《法国史》,蔡鸿宾等译,北京:商务印书馆,1985 年。

59. 詹姆斯·米勒:《福柯的生死爱欲》,高毅译,上海:上海人民出

版社,2005 年。

60．莫蒂列瓦:《罗曼·罗兰的创作》,卢龙等译,上海:上海译文出版社,1989 年。

61．莫伟民:《主体的命运——福柯哲学思想研究》,上海:上海三联书店,1996 年。

62．约瑟夫·祁雅理:《二十世纪法国思潮》,吴永泉等译,北京:商务印书馆,1987 年。

63．弗朗西斯·让松:《存在与自由——萨特传》,刘甲桂译,北京:北京大学出版社,1997 年。

64．让－保罗·萨特:《萨特文集》(七卷本),施康强等译,北京:人民文学出版社,2000 年。

65．萨义德:《知识分子论》,单德兴译,北京:三联书店,2002 年。

66．沈炼之主编:《法国通史简编》,北京:人民出版社,1990 年。

67．时波、张泽乾主编:《法国当代文化》,北京:国际文化出版公司,1989 年。

68．孙梁辑译:《罗曼·罗兰文钞》,上海:上海译文出版社,1985 年。

69．谭立德选编:《法国作家、批评家论左拉》,合肥:安徽文艺出版社,1994 年。

70．克洛德·维拉尔:《法国社会主义简史》,曹松豪译,北京:中共中央党校出版社,1992 年。

71．米歇尔·维诺克:《法国知识分子的世纪》,孙桂荣等译,南京:江苏教育出版社,2006 年。

72．米歇尔·维诺克:《自由之声:19 世纪法国公共知识界大观》,吕一民等译,北京:中国人民大学出版社,2006 年。

73．吴岳添:《法朗士——人道主义斗士》,长春:长春出版社,1995 年。

74．让－弗朗索瓦·西里奈利:《20 世纪的两位知识分子:萨特与阿隆》,陈伟译,南京:江苏人民出版社,2001 年。

75．让－弗朗索瓦·西里奈利:《法兰西激情:20 世纪的声明和请愿书》,刘云虹译,南京:江苏人民出版社,2001年。

76. 徐崇温:《结构主义与后结构主义》,沈阳:辽宁人民出版社,1986年。

77. 威廉·夏伊勒:《第三共和国的崩溃:1940年法国沦陷之研究》(上、下),戴大洪译,北京:新星出版社,2010年。

78. 阿兰·谢里登:《求真意志——密歇尔·福柯的心路历程》,尚志英等译,上海:上海人民出版社,1997年。

79. 许平、朱晓罕:《一场改变了一切的虚假革命——20世纪60年代西方学生运动》,上海:上海人民出版社,2004年。

80. 杨晓明:《欣悦的灵魂:罗曼·罗兰》,成都:四川人民出版社,1997年。

81. 余英时:《士与中国文化》,上海:上海人民出版社,1987年。

82. 保罗·约翰逊:《知识分子》,杨正润等译,南京:江苏人民出版社,1999年。

83. 西奥多·泽尔丁:《法国人》,严撷英等译,上海:上海译文出版社,1998年。

84. 弗雷德里克·詹明信:《晚期资本主义的文化逻辑》,陈清侨等译,北京:三联书店,1997年。

85. 张秉真等主编:《未来主义、超现实主义》,北京:中国人民大学出版社,1994年。

86. 张容:《加缪——西绪福斯到反抗者》,长春:长春出版社,1995年。

87. 张若名:《纪德的态度》,北京:三联书店,1994年。

88. 张玉书主编:《20世纪欧美文学史》,北京:北京大学出版社1995年。

89. 张芝联主编:《法国通史》,北京:北京大学出版社,1988年。

90. 周穗明:《文明的震荡——当代西方后"三十年现象"》,深圳:海天出版社,1998年。

91. 托尼·朱特:《责任的重负:布鲁姆、加缪、阿隆和法国的20世纪》,章乐天译,北京:新星出版社,2007年。

92. 祝勇编:《知识分子应该干什么》,北京:时事出版社,1999年。

二、西文参考书目(法文、英文)

1. Agulhon，Maurice，*The Republic in the Village*：*the People of the Var from the French Revolution to the Second Republic*，Cambridge：Cambridge University Press，1982.

2. Aron，Jean-Paul，*Les Temps Modernes*，Paris：Gallimard，1984.

3. Aron，Raymond，*L'Opium des intellectuels*，Paris：Calmann-Lévy，1955.

4. Aron，Raymond，*La Tragédie Algérienne*，Paris：Plon，1957.

5. Aron，Raymond，*L'Algérie et la République*，Paris：Plon，1958.

6. Aron，Raymond，*La Révolution Introuvable*，*Réflexions sur les Evénements de Mai*，Paris：Fayard，1969.

7. Aron，Raymond，*Le Spectateur Engagé*，*Entretien avec Jean-Louis Missika et Dominique Wolton*，Paris：Julliard，1981.

8. Aronson，Ronald，*Camus & Sartre*：*the story of a friendship and the quarrel that ended it*，Chicago：the University of Chicago press. 2004.

9. Assouline，Pierre，*L'Epuration des intellectuels*；Bruxelle：Complexe，1985.

10. Bakcan，Ahmed，*Camus et Sartre*，*deux intellectuels en politique*，Lille：Atelier national de Reproduction des Thèses，1998.

11. Becker，Jean-Jacques，Crise et alternances，Paris：Seuil，2002.

12. Berker，Jean-Jacques，*Histoire Politique de France*，Paris：Galimard，2002.

13. Becker，Jean-Jacques et Becker，Annette(dir.)，*La France en guerre*（1914—1918），Bruxelle：Editions Complexe，1988.

14. Benda，Julien，*La Trahison des clercs*，Paris：Grasset，1927.

15. Birnbaum，Pierre et Berlière，Jean-Marc（dir.），*La France de*

l'affaire Dreyfus, Paris：Gallimard，1994.

16. Blum，Léon，*Souvenir sur l'Affaire*，Paris：Gallimard,1935.

17. Bourdieu，Pierre，*Homo academicus*，Paris：Ed. du Minuit,1984.

18. Bredin,Jean-Denis，*L'Affaire*，Paris：Fayard，1993.

19. Camus，Albert，*Essais*，Paris：Gallimard，1965.

20. Charle，Christophe，*Naissance des intellectuels*,1880－1900，Paris：Ed. de Minuit,1990.

21. Charle，Christophe，Julien Vincent and Jay Winter(ed.)，*Anglo-French Attitudes：Comparisons and Transfers between English and French Intellectuals since the Eighteenth century*，Manchester：Manchester Univesity Press，2007.

22. Chebel d'Appollonia，Ariane，*Histoire politique des intellectuels en France* 1944－1954，Bruxelles：Complexe，1991，2 vol.

23. Colquhoun，Robert，*Raymond Aron*，London：Sage Publication，1986.

24. Comte，Bernard，*Une Utopie Combattante*，*L'Ecole des cadres d'Uriage*1940－1942，Paris：Fayard，1991.

25. Cohen-Solal，Annie，*Sartre*，Paris：Gallimard，1985.

26. Colletti，Lucio，*Le Déclin du marxisme*，Paris，PUF，1984.

27. Dalloz，Jacques，*Histoire de la France au XX siècle par les textes*，Paris：Armand Colin，1985.

28. Dard，Olivier et Grunewald，Michel（éds.），*L'Action francaise，culture，politique，société. II.，Charles Maurras et l'étranger，l'étranger et Charles Maurra*s,Bern；Berlin；Bruxelles：P. Lang，cop. 2009.

29. Dard，Olivier et Leymarie，Michel et McWilliam，Neil（éds.），*L'Action française，culture，société，politique. III.，Le maurrassisme et la culture*，Villeneuve-d'Ascq：Presses universitaires du Septentrion. 2010.

30. Debray，Régis，*Le Pouvoir intellectuel en France*，Paris：Ramsay，1979.

31. Debray, Régis, *Le Scribe*, *Genèse du politique*, Paris : Grasset, 1980.

32. Drake, David, *Intellectuals and Politics in Post-war France*, New York: Palgrave, 2002.

33. Drake, David, *French Intellectuals and Politics from the Dreyfus Affair to the Occupation*, Basingstoke; New York : Palgrave Macmillan, 2005.

34. Duby, George (sous la direction de), *Histoire de la France*, Paris: Larousse, 2003.

35. Duclert, Vincent, *Biographie d'Alfred Dreyfus*, *l'honneur d'un patriote*, Paris :Fayard, 2006.

36. Duranton-Crabol et Anne-Marie, *Visages de la Nouvelle droite : le GRECE et son histoire*, Paris : Presses de la Fondation Nationale des Sciences politiques,1987.

37. Duroselle, Jean-Baptiste, *Clemenceau*, Paris : Fayard, 1988.

38. Duval, Jean-Maurice, *Le Faisceau de Georges Valois*, Paris : La Librairie Française, 1979.

39. Fisher, David, *Romain Rolland and the politics of intellectual engagement*, Berkeley : University of California press, 1988.

40. Foucault, Michel, *Dits et écrits*, Vol. IV, Paris : Gallimard, 1994.

41. Grémion, Pierre, *Le Congrès pour la Liberté de la Culture à Paris*, Paris: Fayard, 1995.

42. Goetschel, Pascale et Loyer, Emmanuelle, *Histoire culturelle et intellectuelle de la France au XX siècle*, Paris : Armand Colin, 1995.

43. Harris, Ruth, *The man on Devil's Island : Alfred Dreyfus and the affair that divided France*, London : Allen Lane : Penguin, 2010.

44. Hazareesingh, Sudhir, *Political Traditions in Modern France*, Oxford: Oxford University Press, 1994.

45. Huguenin, François *L'Action française : une histoire intellectuelle*, Paris: Perrin, 2011.

46. Jackson，Julian，*The popular Front in France：Defending democracy*，1934—1938，Cambridge：Cambridge University Press，1988.

47. Jaurès，Jean，*OEvres de Jean Jaurès，tone 6：L'Affaire Dreyfus*，Paris：Fayard，2001.

48. Jennings，Jeremy（ed.），*Intellectuals in Twentieth-century France，Madarins and Samurais*，London：St Martin's Press，1993.

49. Jennings，Jeremy（ed.），*Intellectuals in Politics，from the Dreyfus Affair to Salman Rushdie*，London：Routledge，1997.

50. Johnson，Martin，*The Dreyfus Affair，Honnor and Politics in the Belle Epoque*，Basingstoke，Hampshire：Macmillan Press Ltd.，1999.

51. Judt，Tony，*The Burden of Responsibility*，Chicago：The University of Chicago Press，1998.

52. Judt，Tony，*Les Passé imparfait：les intellectuels en France*，1944—1956，Paris：Fayard，1994.

53. Julliard，Jacques et Winock，Michel（sous la dir.），*Dictionnaire des intellectuels français*，Paris：Seuil，2009.

54. Kriegel，Annie，*Les Communistes française*，Paris：Seuil，1970.

55. Lacouture，Jean，*André Malraux，Une vie dans le siècle*，Paris：Seuil，1973.

56. Lacouture，Jean，*Léon Blum*，Paris：Seuil，1977.

57. Lefranc，Georges，*Histoire du Front populaire*，Paris：Payot，1965.

58. Leymarie，Michel，*Les Intellectuels et la Politique en France*，Paris：PUF，2001.

59. Leymarie，Michel et Prévotat，Jacques（éds.），*L'Action française* [1]，*culture，société，politiques*，Villeneuve d'Ascq：Presses universitaires du Septentrion，2008；

60. Lindenberg，Daniel，*Les Années souterraines* 1937—1947，Paris：La Découvert，1990.

61. Lottman，Herbert R. ，*La Rive gauche，du Front populaire à la Guerre froide*，Paris：Seuil，1981.

62. Loubet，Del Bayle，Jean-Louis，*Les nonconformistes des années* 30，Paris，Seuil，2001.

63. Luzzatto，Sergio *L'Impôt du sang，La gauche française à l'épreuve de la guerre mondiale*（1900－1945），Lyon : Presses Universitaires de Lyon，1996，

64. Miquel，Pierre，*L'Affaire Dreyfus*，Paris : P. U. F，1959.

65. Milza，Pierre，*Fascisme française：Passé et présent*，Paris：Flammarion，1987.

66. Merleau-Ponty，Maurice，*Sens et non-sens*，Paris：Nagel，1948.

67. Morin，Edgar，*Autocritique*，Paris：Seuil，1959.

68. Ory，Pascal，*Les Collaborateurs* 1940 － 1945，Paris：Seuil，1980.

69. Ory，Pascal，*L'Entre-deux-mai：histoire culturelle de la France，mai*1968—*mai*1981，Paris：Seuil，1983.

70. Ory，Pascal，*L'Aventure culturelle* （1945 － 1989），Paris：Flammarion，1999.

71. Ory，Pascal et Sirinelli，Jean-François，*Les intellectuels en France de l'affaire Dreyfus à nos jours*，Paris：Armand Colin，2002.

72. Paulhan，Jean，*Choix de lettres II*，1937－1945，Paris：Gallimard，1992.

73. Peter，C. Capitan，*Charles Maurras et l'idéologie d'Action Française*，Paris：Seuil，1972.

74. Prochasson，Christophe，*Les Années électriques*（1880－1910），Paris：La Découvert，1991.

75. Prochasson，Christophe，*Les Intellectuels，le Socialisme et la Guerre*，1900－1938，Paris：Seuil，1993.

76. Prochasson，Christophe et Rasmussen，Anne，*Au nom de la patrie，Les intellectuels et la Première Guerre mondiale* （1910 －

1919），Paris：La Découvert, 1996.

77. Prost, Antoine, *L'Enseignement en France*, Paris：Armand Colin, 1968.

78. Rebérioux, Madeleine, *La République radicale? 1898—1914*, Paris：Seuil, 1975.

79. Rémond, René, *La Droite en France de la première Restauration à la V République*, Paris：Aubier, 1967.

80. Rémond, René, *Notre Siècle(1918—1988)*, Paris：Fayard, 1988.

81. Rémond, René, *Pour une histoire politique*, Paris：Seuil, 1988.

82. Rioux, Jean-Pierre et Sirinelli, Jean-François, *La guerre d'algérie et les intellectuels français*, Paris：Complexe, 1991.

83. Robrieux, Philippe, *Histoire intérieure du Parti communiste*, Paris：Fayard, 1984.

84. Roche, Daniel, *Les Républicains des lettres*, Paris：Fayard, 1988.

85. Rolland, Romain, *Romain Rolland：Textes politiques, sociaux et philosophiques choisis*, Paris：Edition Sociale, 1970.

86. Sartre, Jean-Paul, *Plaidoyer pour les intellectuels*, Paris：Gallimard, 1972.

87. Sartre, Jean-Paul (avec Pierre Victor et Philippe Gavi), *On a raison de se révolter*, Paris：Gallimard, 1974.

88. Sartre, Jean-Paul, *L'existentialisme est un humanisme*, Pairs：Galliard, 1996.

89. Serant, Paul, *Les Dissidents de L'Action Française*, Paris：Copernic, 1978.

90. Sirinelli, Jean-François, *Génération intellectuelle, Khâgneux et normaliens dans l'entre-deux-guerres*, Paris：Fayard, 1988.

91. Sirinelli, Jean-François, *Intellectuels et Passions françaises. Manifestes et pétition au XX siècle*, Paris：Fayard, 1990.

92. Sirinelli, Jean-François, *Deux intellectuels dans le siècle, Sartre et Aron*, Paris：Fayard, 1995.

93. Sirinelli，Jean-François，*Comprendre le XXe siècle français* Paris：Fayard，2005.

94. Sorum，Paul Clay，*Intellectuals and Decolonization in France*，Chapel Hill：Unversity of North Carolina Press，1977.

95. Sternhell，Zeev，*La Droite Révolutionnaire*，Paris：Seuil，1978.

96. Sternhell，Zeev，*Ni droite ni gauche*，Paris：*Bruxelles* Complexe，1987.

97. Stone，Hary，*Writing in the shadow*，*Resistance Publications in Occupied Europe*，London：Frank Cass，1996.

98. Touchard，Jean，*La Gauche en France depuis* 1900，Paris：Seuil，1977.

99. Wall，Irwin M.，*L'Influence américaine sur la politique française* 1945—1954，Paris：Balland，1989.

100. Wall，Irwin M.，*The United States and the Making of Postwar France*（1945—1954），Cambridge：Cambridge University Press，1991.

101. Weber，Eugen，*Action Française*，Stanford：Stanford University Press，1962.

102. Weber，Eugen，*Fin de siècle*，Paris：Fayard，1986.

103. Wieviorka，Olivier et Prochasson，Christophe，*La France du XXe siècle*，Paris：Seuil，2004.

104. Winock，Michel，*Nationalisme，Antisémitisme et Fascisme en France*，Paris：Seuil，1990.

105. Winock，Michel，《*Esprit*》，*Des intellectuels dans la cité*（1930—1950），Paris：Seuil，1996.

106. Winock，Michel，*Le siècle des intellectuels*，Paris：Seuil，1999.

107. Wohl，Robert，*The Generation of* 1914，Cambridge（Mass.）：Harvard University Press，1979.

108. Whyte，George，*The Dreyfus Affair*，*a Chronological History*，New York：Palgrave Macmillan，2005.

后　记

　　在 20 世纪的帷幕即将最后落下之际,一方面是由于 20 世纪 80 年代末 90 年代初笔者首次赴法访学时即对其知识分子史研究的勃兴留下了深刻印象,并产生强烈的兴趣和共鸣,另一方面则是因为对当时国内知识界的一些现象,包括通常亦被人视为"知识分子"的一些人在坚守良知、勇于担当方面的表现有点失望,颇想为改变这种状况略尽绵薄,包括尽自己所能给国内知识界提供若干借鉴,笔者开始涉足法国知识分子史研究。

　　2000 年 4 月,在北京大学隆重召开的中国世界史学界前所未有的盛会——"20 世纪中国的世界史研究"学术讨论会上,笔者在发言中率先提出,中国的世界史工作者应当在 21 世纪加强对外国知识分子史的研究。在继之而来的几年里,笔者除了通过《法国学者对法国知识分子史的研究述评》(载《世界历史》,2001 年第 2 期)等文章,向国内学人介绍法国同行的知识分子史研究,还将较多的时间与精力用于译介法国著名知识分子雷蒙·阿隆的经典之作《知识分子的鸦片》(译林出版社 2005 年版),以及法国知识分子史研究的领军人物之一米歇尔·维诺克的扛鼎之作《自由之声:19 世纪法国公共知识界大观》(中国人民大学出版社 2006 年版)。《知识分子的鸦片》中文版甫一问世,即时常名列一些知名学术书店畅销书排行榜,或被一些著名媒体评为年度好书。在 2009 年举行的"新中国 60 年最具影响力的 600 本书"评选活动中,此书亦名列其中。而《自由之声:19 世纪法国公共知识界大观》在 2006 年由中国人民大学出版社首先列入"西方文明进程"丛书出版后,在 2009 年又由该社列入"当代世界学术名著"丛书出版。

　　与此同时,笔者还撰写并出版了《20 世纪法国知识分子的历程》(浙江大学出版社 2001 年版)一书。虽然此书在问世后获得了一些读者的肯定,包括《史学理论研究》2003 年第 1 期还发表了多有褒奖之辞的相关书评,出版社在其很快脱销后也有意重印,但由于笔者觉得因当时资料缺乏,时间紧迫(作为"计划"色彩浓厚的社科规划课题的最终成果,不得不赶在规定期限之前出书,以免因逾期被"撤项"),此书尚存在不少欠缺,故始终无意重印。

2010年秋冬,笔者所供职的浙江大学为提升通识教育的质量,着力开设了一批通识核心课程。笔者与朱晓罕博士联袂开设的《20世纪法国知识分子》被列入首批试开的通识核心课程。为便于学生学习相关内容,丞需给他们提供一本可在一定程度上充作教材的著作。鉴于《20世纪法国知识分子的历程》的出版已有10年左右,许多重要的内容暂付阙如,故极有必要在此书的基础上重新撰写一本相关著作。为此,本人盛邀朱晓罕博士共撰此书。晓罕博士在北京大学读博期间和到浙江大学任教后,曾分别前往由法国知识分子史研究的领军人物西里奈利教授主持的巴黎政治学院20世纪欧洲史研究中心、法国高等社会科学研究院雷蒙·阿隆研究中心访学,是一位对西里奈利的知识分子史研究,以及作为知识分子的雷蒙·阿隆颇有研究的青年才俊。他所撰写的涉及西里奈利的知识分子史研究,作为知识分子的雷蒙·阿隆、左拉和萨特在20世纪末的传人布尔迪厄等共10万多字的内容,以及利用在法国访学的机会或增添大量新的史料,或对一些注释及其出处逐一加以核查,对本书贡献甚巨。此外,本书第八章第四节"知识分子与法国的全球化:以ATTAC为中心的个案研究",系由笔者主持,并在2012年1月以"优秀"等级顺利结项的国家社科基金项目《战后法国知识分子社会地位与作用的历史考察》课题组主要成员、北京外国语大学国际问题研究所副教授顾杭博士撰写,谨此说明并致谢。

需要强调的是,本书所涉及的是一个相当大的题目,它对作者的识见、学养,以及资料的收集整理,等等,均要求甚高。坦率地说,我们并不认为自己能够完全胜任这一工作和具备成熟的研究条件。我们之所以斗胆抛砖,意在引玉。鉴于学力不逮,一些资料暂时无法获得,加之得赶在规定期限内出书,我们在此暂时只能来一个"大题小作",即在有限的篇幅里对20世纪法国知识分子的发展历程,进行初步的探讨。对于这一问题的更为深入的研究,以及更为像样的成果,还得有待来日,或更确切地说,还得有待别的高手。毋庸讳言,本书一定存在着许多欠缺和失当之处,在此敬祈专家和读者不吝赐教。

笔者在从事法国知识分子史研究的过程中,曾有幸得到已故中国法国史研究会名誉会长、北京大学历史系教授张芝联先生等国内的法国史专家,以及法国巴黎政治学院教授、清华大学中法人文社科研究中心首任主任杜明(Jean-Luc Domenach)先生等法国同行的鼓励与指导。为了能够更好地进行相关研究工作,2005 年秋,承蒙法国驻华大使馆文化处提供资助,法国著名历史学家、巴黎政治学院 20 世纪欧洲史研究中心主任让－弗朗索瓦·西里奈利教授盛情邀请,笔者得以前往巴黎政治学院访学。在此期间,笔者不仅收集到了大量的研究资料,而且还有很多机会能与西里奈利等多位法国知识分子史研究的名家交流,受益匪浅。此外,国内外的许多同行和友人亦在我们的研究过程中提供了各种帮助。在此,对上述师友表示深深的敬意和谢意!

本书的出版承蒙浙江大学董氏文史哲研究基金提供部分出版资助。在编辑出版过程中,始终得到早年亲任《20 世纪法国知识分子的历程》责编、现任浙江大学出版社副总编辑的黄宝忠博士的关心与支持,本书责编谢焕先生以令人感佩的敬业精神和认真细致的编辑加工,为本书增色不少,特此一并致谢。

吕一民

2012 年 7 月于浙江大学

图书在版编目(CIP)数据

良知与担当:20世纪法国知识分子史 / 吕一民,朱
晓罕著. —杭州:浙江大学出版社,2012.9(2019.3 重印)
ISBN 978-7-308-10495-1

Ⅰ.①良… Ⅱ.①吕… ②朱… Ⅲ.①知识分子—历
史—法国—20世纪 Ⅳ.①D756.561

中国版本图书馆 CIP 数据核字(2012)第 207024 号

良知与担当:20 世纪法国知识分子史

吕一民　朱晓罕　　著

责任编辑	谢　焕
出版发行	浙江大学出版社
	（杭州市天目山路 148 号　邮政编码 310007）
	（网址:http://www.zjupress.com）
排　　版	浙江时代出版服务有限公司
印　　刷	浙江新华数码印务有限公司
开　　本	710mm×1000mm　1/16
印　　张	21.25
字　　数	306 千字
版 印 次	2012 年 9 月第 1 版　2019 年 3 月第 4 次印刷
书　　号	ISBN 978-7-308-10495-1
定　　价	39.00 元

版权所有 翻印必究　印装差错 负责调换

浙江大学出版社市场运营中心联系方式:(0571)88925591;http://zjdxcbs.tmall.com